BLEICHROTH/DAHNCKE/JUNG/KUHN/MERZYN/WELTNER

FACHDIDAKTIK PHYSIK

WOLFGANG BLEICHROTH
HELMUT DAHNCKE
WALTER JUNG
WILFRIED KUHN
GOTTFRIED MERZYN
KLAUS WELTNER

Fachdidaktik Physik

AULIS VERLAG DEUBNER & CO KG · KÖLN

Die Deutsche Bibliothek - CIP-Einheitsaufnahme

Fachdidaktik Physik / Wolfgang Bleichroth ... - Köln : Aulis-Verl. Deubner, 1991
ISBN 3-7614-1351-3
NE: Bleichroth, Wolfgang

Das vorliegende Werk wurde sorgfältig erarbeitet. Dennoch übernehmen Autor, Herausgeber und Verlag für die Richtigkeit von Angaben, Hinweisen und Ratschlägen sowie für eventuelle Druckfehler keine Haftung.

Best.-Nr. 4103

Satz: Textverarbeitung Schwarz, Köln
Printed in Hungary
ISBN 3-7614-1351-3

Inhalt

VORWORT

Wer Physiklehrer werden will, muß nicht nur "seine" Physik beherrschen, sondern auch die Voraussetzungen, Bedingungen, Zielsetzungen und Möglichkeiten kennen und durchdacht haben, unter denen das Lehren und Lernen von und über Physik in den Schulen steht.
Fachdidaktische Studien einschließlich unterrichtspraktischer Anteile gehören daher heute neben dem Studium der Physik zum festen Bestand der Studienpläne in der Physiklehrerausbildung. Diese Studien anzuleiten, zu begleiten und weiterführend anzuregen ist Aufgabe und Ziel des vorliegenden Buches. Es führt in systematischer Form in die für den künftigen Physiklehrer wesentlichen Fragestellungen und Probleme sowie die gesicherten Bestände der Didaktik und Methodik des Physikunterrichts ein. Es will didaktisches Denken in Gang setzen und einen Verständnisrahmen schaffen, in den sich die künftige Arbeit in der Praxis einordnen läßt. Das Buch berücksichtigt den gegenwärtigen Erkenntnis- und Entwicklungsstand der Physikdidaktik, einer vergleichsweise jungen, eigenständigen Disziplin, die an den Pädagogischen Hochschulen und den meisten Universitäten vertreten ist. Es will aber kein Handbuch für den in der Didaktik forschenden Wissenschaftler sein, das den Stand der wissenschaftlichen Disziplin, einschließlich ihrer Forschungs- und Entwicklungsergebnisse und Methoden, umfassend darstellt. An ergänzende und weiterführende Studien ist aber gedacht, wenn zu jedem Kapitel eine Auswahl von erläuterten Hinweisen auf leichter zugängliche Literatur gegeben wird.
Die Konzeption des Buches wurde von den Autoren auf dem Hintergrund ihrer langjährigen Tätigkeit in der Physikdidaktik und in der Lehrerausbildung gemeinsam entwickelt und die Mitarbeit entsprechend persönlicher Schwerpunkte in der Didaktik und freier Arbeitskapazität aufgeteilt. Die einzelnen Kapitel und Abschnitte sind aufeinander bezogen und abgestimmt, jedoch von den Autoren in eigener Verantwortung verfaßt. Jeder Beitrag wurde in der Autorengruppe diskutiert, trägt aber dennoch letztlich die Handschrift des jeweiligen Autors. Die Autoren und ihre Beiträge sind:

Bleichroth, W.:	Kapitel 4:	Elemente der Methodik des Physikunterrichts
	Kapitel 7:	Unterrichtsplanung Abschnitte 2.2, 8.1, 8.5
Dahncke, H.:	Kapitel 3:	Lernen und Denken im Physikunterricht Abschnitte 2.3, 8.3
Jung, W.:	Kapitel 1:	Begründung und Zielsetzung des Physikunterrichts Abschnitt 8.4
Kuhn, W.:		Abschnitt 2.1.1
Merzyn, G.:	Kapitel 6:	Medien
Weltner, K.:	Kapitel 5:	Methodische Konzepte Abschnitte 2.1.2, 8.2

Das Studienbuch wendet sich vorwiegend an Studenten des Lehramts Physik und an Referendare in der zweiten Ausbildungsphase. Darüber hinaus kann aber auch der erfahrene Lehrer und der in der Lehrerausbildung Tätige nützliche Anregungen gewinnen, seine Berufspraxis immer wieder neu zu durchdenken und zu verbessern.
Die Autoren hoffen, mit dem Studienbuch einen Beitrag leisten zu können, den Physikunterricht an den Schulen und die Lehrerausbildung weiter zu fördern und zu verbessern.

Göttingen, Frankfurt/Main, Gießen, Kiel Mai 1990

Bleichroth, W.; Dahncke, H.; Jung, W.; Kuhn, W.; Merzyn, G.; Weltner K.

1 Begründung und Zielsetzung

1.1 Gegenstandsbereich des Physikunterrichts

1.1.1 Physik

Man möchte meinen, daß man jemandem, der Physik studiert oder studiert hat, nicht sagen muß, "was Physik ist". Hier geht es aber um Physikunterricht. Um zu bestimmen, was im Physikunterricht allgemeinbildender Schulen vermittelt werden soll, braucht man ein Inventar an Aspekten, unter denen Inhalte des Unterrichts betrachtet und bewertet werden: Was ist besonders wichtig? Was ist unverzichtbar? Worauf kann man am ehesten verzichten? Mit anderen Worten, was wird ausgewählt? Wenn darüber nicht blindlings entschieden werden soll, braucht man einen Konsens über solche Gesichtspunkte. Dazu kommt, daß der Physikunterricht aufgrund seiner Einordnung in den Bildungs- und Erziehungsauftrag der Schule auch Inhalte einbeziehen sollte, die im Studium der Physik allenfalls am Rande oder gar nicht vorkommen, vor allem die Verflechtung von Physik und Technik oder die soziale politische Verantwortlichkeit der Physiker im Zusammenhang mit dem Einfluß der Physik auf die Lebensverhältnisse der Menschen, die materiellen wie die geistigen. In diesem Kapitel soll in diesem Sinn zunächst die Physik, dann die Technik behandelt werden.
Eine für alle Zeiten gültige "Definition" von Physik gibt es nicht. Sowohl die Beschreibung ihres Gegenstandes wie ihre Erkenntnismethoden wandeln sich mehr oder weniger rasch. Sogar was "Erkenntnis" bedeutet, ist historischem Wandel unterworfen, und nicht nur das: auch heutzutage gibt es von unterschiedlichen Blickwinkeln aus - erkenntnistheoretischen, wissenschaftstheoretischen, soziologischen, ökonomischen, metaphysischen, anthropologischen usw. - durchaus unterschiedliche Auffassungen über das, was Erkenntnis ist, was physikalische Erkenntnis ist, was Physik ist. Dies sollte sich der Leser immer wieder vor Augen führen, auch und gerade dann, wenn ihm heutige Standpunkte dogmatisch präsentiert werden. (Glücklich sind nur die Unwissenden.) Im folgenden wird eine vorsichtige Annäherung an das Phänomen Physik versucht.

1. Gegenstand der Physik

Physik ist eine Wissenschaft. Wissenschaften können durch ihre Intention charakterisiert werden, Erkenntnisse, d.h. gesichertes, zuverlässiges Wissen, zu erzeugen. Dabei werden Erkenntnisse als Erkenntnisse-über-etwas angesehen, und daher unterscheiden sich Wissenschaften durch ihren Gegenstand.
Bezogen auf die Physik führt dies keineswegs zu einheitlichen und zeitlich invarianten Gegenstandsbestimmungen. Zwei Beispiele illustrieren das.

Beispiel 1: "Erscheinungen ohne wesentliche Veränderung der dabei beteiligten Gegenstände heißen physikalische Erscheinungen und die Wissenschaft von denselben wird Physik genannt." (*Schoedler* 1862)

Beispiel 2: "Physik kann als das Studium von Systemen definiert werden, die sich auf mathematische Terme reduzieren lassen." (*Ziman* 1968)

Beide Versuche einer Beschreibung der Physik gehen vom Gegenstand aus. Zwischen beiden Äußerungen liegen rund einhundert Jahre. Die Beschreibung im ersten Fall läßt sich nur vor dem Hintergrund eines Naturbegriffs verstehen, den der Autor der zweiten Formulierung kaum noch teilen dürfte: "Natur nennen wir den Inbegriff oder die Gesamtheit alles dessen, was durch die Sinne wahrgenommen werden kann". Der zweite Autor mag z.B. an Systeme von Photonen oder anderen Elementarteilchen denken, und das sind gewiß keine Erscheinungen der Natur im Sinne des ersten Autors. An der ersten Formulierung läßt sich auch die Verschränkung zwischen physikalischem Fortschritt und dem Verständnis der Aussagen illustrieren, die schon erwähnt wurde: Wie unterscheiden wir eine wesentliche von einer unwesentlichen Veränderung? Wenn ein Proton in ein Neutron und ein Positron zerfällt - ist das eine unwesentliche Veränderung? Die Beurteilung dessen, was eine wesentliche Veränderung ist, muß sich am Stand der Wissenschaft orientieren. Man erkennt: Selbst wenn es gelänge, die Physik durch Charakterisierung ihres Gegenstandes zu definieren, so würde sich die Bedeutung dieser Definition dennoch mit dem Fortschritt der Physik ändern. Bezüglich des zweiten Beispiels mag man meinen, damit werde die Physik nicht abgegrenzt. Denn auch andere Bereiche lassen sich mathematisieren, z.B. gesellschaftliche oder biologische Systeme. Die Formulierung verlangt jedoch, daß die Systeme auf mathematische Terme *reduziert*

werden können, d.h. in ihnen haben nur die strukturellen Aspekte Bedeutung. Für gesellschaftliche Systeme z.B. dürfte das niemals zutreffen.
Man könnte die Formulierung aus Beispiel zwei auch wie folgt abändern: Physik ist das Studium der auf mathematische Terme *reduzierbaren* Aspekte von Systemen. Man kann das auch so ausdrücken: Physik ist das Studium mathematischer Modelle als Modelle von realen Systemen. Vom didaktischen Standpunkt aus ist es wichtig, auf folgendes hinzuweisen: Der Gegenstand der Physik wird in dieser abgeänderten Formulierung nicht durch eine Ausgrenzung von Systemen aus der Gesamtheit der in der Welt vorkommenden Systeme bestimmt, sondern durch einen Aspekt, unter dem viele, ganz unterschiedliche Systeme betrachtet werden können. Sie alle haben in mehr oder weniger hohem Maße ihren physikalischen Aspekt. So kann z.B. ein Musikstück physikalisch betrachtet werden, indem man die Tonspektren als Funktion der Zeit darstellt; möglicherweise gibt es dafür sogar eine "Formel". Ein Musikstück ist natürlich viel mehr. Der Musikfreund interessiert sich nicht für das Spektrum, sondern sieht vor sich die Hörner, die Streicher, das Klavier, und er sieht das in einem historischen und biographischen Zusammenhang, in dem das Musikstück etwas bedeutet. Der Physikalismus ist die Auffassung, daß sich schließlich alle diese Aspekte auch auf Physik reduzieren lassen. Als Programm ist er alt, war auch höchst fruchtbar. Dem steht die Auffassung gegenüber, daß der physikalische Aspekt nur einer neben anderen ist, die auf ihn nicht reduziert werden können. Man kann an dieser Erörterung erkennen, daß solche Fragen für den Unterricht bedeutungsvoll sind: Es macht einen Unterschied für das Selbstverständnis der Schüler, ob wir die Botschaft des Physikalismus vermitteln oder den Aspektcharakter und damit die Beschränktheit der Physik (*Litt, Th.*, *Wagenschein, M.*).

2. Physik als Wissensbestand

Physik unter diesem Aspekt umfaßt jeweils das, was in Lehrbüchern der Physik, die der Ausbildung von Physikern dienen, dargestellt wird. Es stellt die Basis dar, auf der neues Wissen gewonnen wird. Dabei kann es sich um Einzelwissen (experimentelle Ergebnisse) oder um Theorien handeln. In der Regel wird angegeben, in welchem Ausmaß ein Wissen als gesichert angesehen wird. Physikalisches Wissen ist nie sicher in einem absoluten Sinn. Es gibt viele Beispiele aus der Geschichte dafür, daß ein einst als gesichert angesehenes Wissen revidiert werden mußte, im Lichte neuer experimenteller

Daten oder neuer theoretischer Ansätze. Zum physikalischen Wissensbestand gehören auch noch nicht gesicherte Theorien, speziell rivalisierende Erklärungen, die natürlich als solche gekennzeichnet werden müssen. Sie sind aber Bestandteile der Physik.
Im Bereich der künstlichen Intelligenz hat sich die Unterscheidung zwischen "deklarativem" und "prozeduralem Wissen" etabliert. In Bezug auf die physikalischen Wissensbestände wäre das etwa vergleichbar mit dem Unterschied zwischen "Faktenwissen" und "Methodenwissen". Ein Beispiel für den ersten Typ ist das Gravitationsgesetz, $F_{Grav} \sim 1/r^2$. Ein Beispiel für den zweiten Typ ist das Justieren eines *Michelson*-Interferometers. Vom Standpunkt der Physikdidaktik markiert diese Unterscheidung ein schwieriges Problem. Auf der einen Seite nämlich ist sie schwer zu bestreiten und schon aus pragmatischen Gründen nicht zu vermeiden; aber es gibt auch systematische Gründe. Es kann nämlich z.B. jemand sehr wohl wissen, wie ein *Michelson*-Interferometer funktioniert, aber nicht in der Lage sein, ein solches Instrument wirklich in Betrieb zu setzen. Das heißt, das Wissen liegt auf der Ebene einer theoretischen Erklärung (Interferenz von Lichtbündeln durch Strahlteilung), nicht auf der Ebene konkreter Prozeduren. Dies ist auch systematisch gesehen eine sinnvolle Ebene, weil es im allgemeinen im Detail sehr viele und ganz unterschiedliche Apparate und Prozeduren gibt, durch die der Sachverhalt "Interferenz von Licht durch Strahlteilung" als realisiert gedacht wird. Wollte man in dieses Wissen seine Abhängigkeit von den jeweils bekannten konkreten Prozeduren einbeziehen, wäre Physiklernen in jeder Phase immer auch Erlernen experimenteller Expertise - und das könnte niemand bewältigen. Die physikalischen erklärenden Theorien werden ja gerade deshalb konstruiert, weil sie von den Einzelheiten der Experimentierkunst losgelöste Sachverhalte postulieren, d.h. die Fülle des prozedualen Einzelwissens reduzieren, was auch deshalb sinnvoll ist, weil Prozeduren veralten, verschwinden, durch neue abgelöst werden. Eine neue raffinierte Variante eines Interferenzversuchs ändert nicht unser Wissen über das Zustandekommen von Interferenzerscheinungen. Das ist die eine Seite. Die andere ist aber die damit verbundene Gefahr einer Loslösung des Wissens von der Realität. So kann es z.B. sein, daß jemand die *Maxwellschen* Gleichungen kennt, weiß, daß sie einen sehr umfassenden Bereich der Wirklichkeit beschreiben, auch mit ihnen rechnen kann, aber doch nicht in der Lage ist, ein Experiment zu machen, aus dem z.B. das Induktionsgesetz herauskommt. In der weit fortgeschrittenen heutigen Physik, z.B. der Hochenergiephysik, ist das "deklarative Wissen", nämlich die Theorien der Theo-

retiker, so weit entfernt von der experimentellen Realität, daß sich ein eigener Typ des Physikers entwickelt, der zwischen der Theorie und dem Experimentalphysiker vermitteln muß: Es ist keineswegs einfach, das theoretische Wissen auf reale Experimente zu beziehen, oder gar solche Experimente wirklich durchzuführen. Das wirft aber die Frage auf, ob ein Theoriebestand, der nicht auf experimentelle Realität bezogen werden kann, noch als physikalisches Wissen zu bezeichnen ist.
In einer Diskussion über eine gegenwärtig viel diskutierte Supertheorie hat z.B. der Nobelpreisträger *Glashow* gesagt: "Ganz besonders ärgern mich meine Freunde, die Superstring-Theoretiker, weil sie überhaupt nichts über die Natur (physical world) sagen können ... Es erscheint ihnen überhaupt nicht nötig, Experimente zu machen, denn die Wahrheit ihrer Theorie ist von sich aus einleuchtend (self-evident) ..." (*Davies/Brown* 1988, 182). In derselben Serie führt der Nobelpreisträger *Feynman* aus: "Nun, ich bin erstaunt darüber, daß Sie sagen, Gravitation sei nicht so wichtig. Sie ist eines der Gesetze der Physik. Es ist offenkundig, daß sich größere Mengen Materie gegenseitig anziehen, wenn sie einander begegnen. Wenn wir eine Theorie der Natur bekommen sollen, dann aber nicht erklären können, warum große Massen zueinanderstreben, dann haben wir offenbar nicht die richtige Beschreibung der Welt gekriegt! Also die Gravitation muß aus den Gesetzen herauskommen, was immer wir vorschlagen!" (*Davies/Brown*, 1988, 200).
Diese hier nur andeutungsweise wiedergegebenen Äußerungen herausragender Physiker vermitteln einen Eindruck davon, wie weit gestreckt und angespannt die Wissensbestände der Physik heute sind. Es ist auch ein didaktisches Spannungsfeld. Wie immer das Problem im Unterricht gelöst wird - und dazu wird in den methodischen Kapiteln etwas zu sagen sein -, es ist klar, daß es nicht ohne Kompromisse geht. Das "deklarative Wissen" kann leichter und vollständiger vermittelt werden als das "prozedurale". Daher besteht seit Jahrzehnten die Gefahr der Stoffüberlastung im Verein mit bloßem Verbalismus und Formalismus, was am Ende auf bloßes Scheinwissen hinausläuft. Die wichtigste Maßnahme, mit der man dieser Gefahr begegnen kann, besteht im eigenen Experimentieren der Schüler. Es ist aber klar, daß diese Möglichkeit beschränkt ist, schon aus Zeitgründen. Es wird daher abzuwägen sein, in welchem Ausmaß "prozedurales Wissen" selbst in "deklaratives" verwandelt und so auch vermittelt werden kann, z.B. in Form detaillierter historischer Fallstudien. Mit dem "prozeduralen Wissen" ist na-

turgemäß eine enge Verbindung mit der innerwissenschaftlichen Technikentwicklung hergestellt.
Physikalisches Wissen unterliegt typischen Veränderungen: Konstante Größenwerte z.B. werden genauer bestimmt bzw. korrigiert (k, h, e). Bei Gesetzen und Theorien werden im Laufe der Zeit die Gültigkeitsgrenzen neu bestimmt, in der Regel eingeschränkt. Nur sehr selten wird physikalisches Wissen, wenn es einmal in den Lehrbuchkanon aufgenommen wurde, später als schlicht falsch verworfen, soweit es sich jedenfalls um Beziehungen zwischen Größen handelt. So ist z.B. $F = m a$ trotz Relativitätstheorie nicht schlicht falsch, vielmehr eine gültige Formel, wenn man m als konstant ansehen darf und die Geschwindigkeit als klein gegen c (Lichtgeschwindigkeit im Vakuum).
Anders liegen die Dinge bei den physikalischen Vorstellungen über nicht direkt Beobachtbares. Hier gibt es, besonders in der modernen Physik, große Schwankungen: Licht ist ein Teilchenstrom vs Licht ist kein Teilchenstrom, sondern eine Welle; Kathodenstrahlen sind Teilchenströme vs sie sind keine Teilchenströme, sondern Wellen. Viele Physiker neigen heute dazu, solchen Vorstellungen lediglich einen heuristischen Wert zuzuerkennen und sie nicht als erkenntnisfähige Gegenstände in der Physik anzusehen. Es gibt aber keinen Konsens darüber, wo genau die Grenze zwischen Objekten, über die es physikalisches Wissen gibt, und bloßen Hilfen für das Arbeiten mit solchem Wissen zu ziehen sei.
Das physikalische Wissen kann nach verschiedenen Gesichtspunkten zusammengefaßt werden, z.B. nach den klassischen Disziplinen oder nach übergeordneten Gesichtspunkten, z.B. Erhaltungssätze; Transportphänomene; Felder. Zur Zeit gibt es keine neue kanonische Einteilung der Physik als einem Wissensbestand. Es folgen typische Beispiele für gängige Einteilungen des physikalischen Wissens:

Klassische Physik:

Klassische Mechanik, Akustik, Thermodynamik, Elektrodynamik, Optik, Relativitätstheorie.

Moderne Physik:

Quantenmechanik, Atomphysik, Kernphysik, Hochenergiephysik, Physik der kondensierten Materie (z.B. Festkörperphysik und Halbleiterphysik), Plasmaphysik.

Angewandte Physik / technische Physik:
Elektrotechnik, technische Thermodynamik, Elektronik etc.

Eine Orientierung an übergeordneten Konzepten versucht folgende Gliederung (nach *Walcher/Kahmke*):

- Mechanische Grundlagen
- Struktur der Materie
- Wechselwirkungen und Felder
- Energie
- Strömungsvorgänge
- Materie in Feldern
- Grenzflächen
- Periodische Vorgänge
- Strahlung.

Bisher wurde Physik als reine Physik betrachtet, die versucht, die aufgedeckten und im Labor erzeugten Sachverhalte auf letzte, nicht weiter analysierbare Elemente zurückzuführen. Die Teildisziplinen der Physik - die sich ohnehin ständig vermehren - sind jedoch unterschiedlich exakt und haben das Ideal einer Reduktion auf letzte Elemente unterschiedlich weit verwirklicht. Diese Einschränkung gilt in verstärktem Maße, wenn man die Disziplinen der angewandten Physik berücksichtigt. Diese überschneiden sich ohnehin sehr stark mit technikwissenschaftlichen Disziplinen. (Vgl. Abschnitt 1.1.2)

3. Physik als System bewährter Methoden

Physik umfaßt unter diesem Aspekt

(1) Allgemeine Verfahren:
  a. Verfahren des Experimentierens,
  b. Verfahren des Theoretisierens.

(2) Spezielle Methoden

(1a) Experimentieren im strengen Sinn ist von Vorstellungen über Abläufe bestimmt und besteht darin, reproduzierbare Bedingungen zu konstruieren, unter denen sich der vorgestellte Ablauf direkt oder indirekt reproduzierbar feststellen läßt. Gewöhnlich leitet man aus dem vorgestellten Ablauf eine bestimmte Hypothese ab, aus der meist mit Hilfe umfangreicher Theorien *Voraussagen* über bestimmte Effekte unter bestimmten Bedingungen

hergeleitet werden. Die Prüfung einer Hypothese ist daher ein sehr komplexer Prozeß. Bei einem Experiment, das zur Bestätigung oder Widerlegung einer Hypothese gemacht wird, muß man zwischen der zu prüfenden Hypothese und den vielen Annahmen unterscheiden, die man stillschweigend oder ausdrücklich macht, um den Ausfall des Experiments herzuleiten. Stimmt der Ausfall des Experiments mit der Voraussage überein, wird man das als Bestärkung oder Bestätigung der Hypothese ansehen. Man spricht oft auch von einer Verifikation. Haben sich aufgrund einer Hypothese viele neue Voraussagen machen lassen, die experimentell bestätigt wurden, dann wird die Hypothese oft auch eine Theorie genannt. Doch ist der Sprachgebrauch hier keineswegs eindeutig.
Streng logisch gesehen beweist die experimentelle Bestätigung einer Hypothese wenig über ihre Wahrheit. Denn man kann davon ausgehen, daß es viele andere Hypothesen gibt, die zu denselben Voraussagen führen. Sie alle zu finden bzw. zu konstruieren und alle bis auf schließlich eine auszuschließen, wäre ein höchst aufwendiger Prozeß. In aller Regel geht die Wissenschaft auch nicht so voran. Die Möglichkeiten der Hypothesenbildung sind durch die zeitgenössische Vorstellungswelt begrenzt und unterliegen in der Regel einem historischen Kontinuitätsprinzip. Grundlegende Fortschritte entstehen, wenn neue Vorstellungen eingeführt werden, die zunächst fremdartig und geradezu absurd erscheinen. Beispiele liefert die Physik unseres Jahrhunderts. So hat *Einstein* die selbstverständliche Vorstellung einer absoluten Gleichzeitigkeit von Ereignissen aufgegeben. Und *Planck* entwikkelt nach langwierigen Versuchen die Vorstellung, daß schwingungsfähige Systeme (Oszillatoren) Energie nur in ganzzahligen Vielfachen eines bestimmten Quantums haben können. In beiden Fällen wurde die Vorstellungswelt der klassischen Physik verlassen, und damit waren ganz neue Möglichkeiten der Hypothesenbildung eröffnet, an die man vorher nicht gedacht hatte.
Streng logisch würde die Bestätigung einer Hypothese die Widerlegung aller anderen voraussetzen. Doch ist die Widerlegung durch das Experiment noch problematischer als die Bestätigung durch das Experiment. Denn wenn eine Voraussage, die aus einer Hypothese hergeleitet ist, nicht eintritt, dann folgt keineswegs, daß sie falsch ist: Es kann auch sein, daß eine der zahlreichen *Annahmen*, die wir bei der Herleitung auch verwendet haben, falsch ist. Wie schon bemerkt, ist man sich oft gar nicht klar darüber, welche Annahmen man eigentlich in die Herleitung einer Voraussage gesteckt hat. Ein klassisches Beispiel für das Versagen der Widerlegung durch das Expe-

riment ist *Galilei*s Versuch, die Kirche davon zu überzeugen, daß der Himmel keine unveränderliche Kristallsphäre sei. Er demonstrierte z.B. die Phasen der Venus mit Hilfe eines Fernrohrs: Änderte sich das Aussehen dieses Sterns, konnte der Himmel nicht das unveränderliche Wesen haben, das ihm das mittelalterliche Weltbild zuschrieb. Aber *Galileis* experimentelle Überlegung beruhte auf Annahmen, z.B. der, daß ein Fernrohr auch sehr weit entfernte Objekte getreu abbildet. Theologen fanden das überhaupt nicht überzeugend und sie bestritten lieber diese Annahme, statt sich von der Falschheit ihrer Theorie des Himmels überzeugen zu lassen. Es gibt in der Geschichte der Physik und der Naturwissenschaften generell immer wieder Beispiele dafür, daß sog. experimentelle Widerlegungen nicht endgültig sind. Grundlegende Fortschritte wurden dadurch erreicht, daß man begann, die stillschweigenden Annahmen unter die Lupe zu nehmen, und geniale Gelehrte führten dann neue und ungewohnte Vorstellungen ein, die die Experimente in einem neuen Licht erscheinen lassen.
Ob man es nun darauf anlegt, eine Hypothese so viel wie möglich zu bestätigen ("Verifikationismus"), oder sie möglichst zu widerlegen ("Falsifikationismus"), ist eine Stilfrage: Genaugenommen kann eine Hypothese ebenso wenig endgültig bestätigt wie endgültig widerlegt werden. Und bis heute gibt es keine allgemein angenommene Erklärung, wie wissenschaftlicher Fortschritt eigentlich erfolgt und worin die Rationalität von Wissenschaft besteht. Glücklicherweise kann Wissenschaft auch ohne solche Erklärung betrieben werden. Doch läßt sich dann nicht ausschließen, daß die wissenschaftliche Praxis eines Tages in eine Sackgasse führt. Manche vermuten das heute und verlangen nach "alternativer Wissenschaft". Bislang ist diese Bewegung aber über bloßes Wünschen nicht hinausgelangt.
Systematisches Experimentieren setzt die Kenntnis der relevanten Variablen voraus und bestätigt sie zugleich. Oft besteht der Fortschritt aber auch darin, daß neue Variablen mehr oder weniger zufällig entdeckt werden. Systematisches Experimentieren führt beim Erfolg zu einer systematischen Korrelation zwischen den Variablen. Oft wird das *Messen* als eine für die Physik besonders charakteristische Methode angesehen. Messen ist jedoch nichts anderes als eine Anwendung der Ergebnisse systematischen Experimentierens. Experimentieren, speziell Messen, hat eine stark technische Komponente. Denn es müssen, wie allgemein gesagt wurde, "Bedingungen konstruiert" werden; das sind in der Regel Apparate und Instrumente.
Der Bau von Apparaten war von Anfang an ein Bestandteil der Physik (Luftpumpen, astron. Meßinstrumente, Hebelwerke), und handwerkliche

Präzision gehörte sowohl zu den Voraussetzungen wie in Form ständiger Verfeinerungen auch zu Resultaten der physikalischen Entwicklung (als Beispiel sei an Linsen, Linsensysteme, die Korrektur von Linsenfehlern etc. erinnert).
Als wesentlich für das Experimentieren wurde das Herstellen reproduzierbarer Bedingungen genannt. An dieser Stelle ist zu beachten, daß in der Regel Experimente keinen absolut reproduzierbaren Ausfall haben. Insbesondere *streuen* Meßergebnisse mehr oder weniger stark, und physikalische Erkenntnisse (thermische Bewegung, *Heisenberg*sche Unschärferelation) führen zu dem Schluß, daß es naturgesetzliche Grenzen der Verkleinerung der Meßwertstreuung gibt. In der klassischen Physik geht man davon aus, daß dennoch in jedem Augenblick jede physikalische Variable eines Systems einen genauen Wert hat, der jedoch aufgrund unkontrollierter Störvariablen nicht genau bekannt ist (Exhaustionsprinzip). Unter diesen Umständen stellt die Formel als Ergebnis systematischen Experimentierens selbst eine Hypothese dar, die nach statistischen Verfahren geprüft werden kann: Alles, was man aufgrund von Messungen sagen kann ist, daß die Formel nicht im Widerspruch zu den Meßergebnissen steht. Ob die Vorstellung, die Natur selbst sei strengen mathematischen Gesetzen unterworfen, richtig ist, wird damit nicht geprüft.
Die Vorstellung, daß reproduzierte Bedingungen auch zur Reproduktion des Ausfalls eines Experiments führen, wird in dieser einfachen Form heute i.a. nicht mehr angenommen. Es gibt viele Anordnungen, bei denen es selbst bei strengster Kontrolle der Parameter zu weiten Streuungen bestimmter Effekte kommt. Ein Beispiel ist die statistische Streuung von Photonen auf einer photographischen Platte hinter einem Spalt, der von einem außerordentlich schwachen Lichtstrahl beleuchtet wird. Bisher sind alle Versuche, neue Variablen festzustellen, deren Kontrolle die Streuung einschränken würde, gescheitert.
Daher sind die meisten Physiker davon überzeugt, daß die (mikroskopischen) Einzelereignisse Nstochastischer atur sind. Reproduzierbar sind nicht die Einzeleffekte, sondern bei sehr vielen Einzelereignissen die Verteilungsfunktionen, die Mittelwerte, sowie andere statistische Größen. Heute gehen die meisten Physiker von der Vorstellung aus, die reproduzierbaren Wahrscheinlichkeitsverteilungen seien exakten mathematischen Gesetzen unterworfen, obgleich das für Verteilungen so wenig festgestellt werden kann wie für klassische Größen. Eine außerordentliche Fülle von Ergebnissen ist aber mit dieser Vorstellung verträglich.

(1b) Eine Beschreibung der experimentellen Methode erfordert, wie wir gesehen haben, die Berücksichtigung allgemeiner Vorstellungen über die Gegenstände, deren Verhalten durch Experimente bestimmt werden soll. Das Verhalten sehr komplexer Naturerscheinungen führt im allgemeinen zu eher verwirrenden Ergebnissen. Daher versucht man in zwei Richtungen weiterzukommen. Man konstruiert möglichst *einfache* Anordnungen, die möglicherweise naturwüchsig nicht vorkommen, und man gewinnt an ihnen Gesetzmäßigkeiten. Beispiele aus der Geschichte der Physik sind *Galileis* schiefe Ebene oder *Newtons* Prismen. Wenn man mit vielen derartigen Versuchen Erfolg hatte, kann man von komplexen Naturerscheinungen *Modelle* konstruieren, die einerseits aufgrund der einfachen Gesetze rechnerisch beherrschbar sind, andererseits aber die komplexeren Naturerscheinungen annähernd *darstellen*. Ein einfaches Beispiel ist das häufig verwendete Modell von Ebbe und Flut, bei dem man die Erde als rotierende Kugel betrachtet, auf deren Oberfläche das Wasser sich frei bewegen kann. Andere Beispiele sind die Gase oder die Modelle für die elektrische Leitfähigkeit. Die Annäherung der Modelle an die Wirklichkeit kann laufend verbessert werden. Offenkundig gibt es zwei Sorten von Modellen, solche, die durch Weglassen bzw. Vereinfachung entstehen und solche, die durch Erfindung bzw. Konstruktion neuer Systeme entstehen. Ein Beispiel für ein Modell der ersten Art ist das erwähnte Modell von Ebbe und Flut, ein Beispiel für ein Modell der zweiten Art ist das Modell für ein ideales Gas.
In beiden Fällen geht man davon aus, daß das Modell die Naturvorgänge mehr oder weniger gut abbildet. Die Validierung solcher Modelle, vor allem der konstruktiven, zählt zu den erfolgreichsten Erkenntnismethoden der Physik. Betrachet man dagegen ein Modell nur als ein heuristisches Hilfsmittel zur Erleichterung von Rechnungen o.ä.m., sollte man besser von Analogien sprechen.
Unabhängig von den Modellen, die im allgemeinen mit Hilfe mathematischer Methoden beschrieben werden, ist die *mathematische Systematisierung* der aus systematischem Experimentieren gewonnenen Formeln eine andere wichtige Methode der Physik. So wie man in der Mathematik Komplexe von Aussagen zu axiomatisieren versucht, so versucht man in der Physik Komplexe von experimentellen Formeln aus *Prinzipien* herzuleiten. Auf diese Weise entstehen mathematische Theorien. Soweit sie sich als zuverlässig bewährt haben, lassen sich daraus Ergebnisse auch von neuen Experimenten herleiten. Heute verwendet man dazu immer häufiger Näherungsverfahren mit Hilfe von Großcomputern. Viele sehen in der Konstruktion zuver-

lässiger mathematischer Theorien als einer Art von Voraussage-Maschinen die Hauptleistung der Physik.
Theoriekonstruktion als eine Art des Experimentierens mit mathematischen Strukturen bestimmt jedoch erst in unserem Jahrhundert in der fortgeschritteneren Physik (Quantentheorie, Relativitätstheorie, Elementarteilchentheorie) stärker den Stil der Physik. In früheren Entwicklungsphasen war die Theorie wesentlich auf Modelle bezogen, die einen einleuchtenden Zusammenhang darstellen sollten und die eher geeignet wäre, das menschliche Bedürfnis nach Verstehen zu befriedigen. Da die neuere Physik in Bereiche vorgestoßen ist, die weitab von der alltäglichen Erfahrung der Menschen liegen, versagen jedoch klassische Modelle, und die Menschen müssen lernen, sich mit ganz anderen Objekten und neuartigen Sachverhalten vertraut zu machen, um allmählich eine neue Form von Anschaulichkeit zu finden. Derartige Prozesse sind nicht ganz neu, sondern etwa aus dem Studium anderer Kulturkreise bekannt. Das Bedürfnis nach verstehbaren und einsichtigen Zusammenhängen über bloßen Formalismus hinaus ist auch in der neuen Physik durchaus lebendig.

(2) Neben den zwei allgemeinen Methoden des Experimentierens und des Theoretisierens umfaßt das Methodeninventar der Physik wie bereits erwähnt viele *spezielle Methoden*, die ständig aufgrund fortschreitender Erkenntnisse und neuer technischer Möglichkeiten weiterentwickelt werden. Solche speziellen Methoden dringen auch immer stärker in Anwendungsgebiete vor, etwa in die Zell- und Neurophysiologie, die Medizin, in die Fertigungs- und Kontrolltechnik der Industrie. Als Beispiele seien die Isotopentechniken oder die Anwendung der Laserstrahlen genannt. Ein anderes Beispiel stellt die Anwendung der Halbleiter-Meßelektronik in der Biomechanik dar, z.B. die Messung der Druckverteilung und des Druckverlaufs beim Laufen auf den Fußsohlen oder in den Gelenken.
Diese Hinweise illustrieren eine typische Entwicklungstendenz: Während man zu Beginn der Entwicklung naiv von bestimmten Vorstellungen ausgehend etwas über etwas wissen wollte - z.B.: Wie fällt ein Stein? Wie bewegt sich ein Pfeil? - und entsprechende Methoden ersann, beginnen sich allmählich die Methoden zu verselbständigen. *Die Menschen suchen nach möglichen Verwendungen ihrer Methoden.* Das ist eine tiefliegende Verbindung zwischen Physik und Technik. Die Verselbständigung der Methoden kann aber auch als noch weitergehend gesehen werden: nämlich die Methode erzeugt überhaupt erst das, worüber man etwas erfahren will. Wie

weit man diesem Gedanken jedoch folgt, hängt letzten Endes von erkenntnistheoretischen Grundentscheidungen ab (z.B. Idealismus, Realismus). Grenzfragen dieser Art werden im allgemeinen nicht mehr als physikalische Fragen angesehen.

4. Physik als systematisierte und organisierte Forschungsaktivität

Physik als Wissensbestand ist durch Forschung entstanden. Unter diesem Gesichtspunkt wird Wissen als Antwort auf eine Frage und als Ausgangspunkt für neue Fragen verstanden. Methoden kann man als Instrumente betrachten, um Antworten zu finden bzw. zu konstruieren. Neue Fragen ergeben sich oft aus dem Versuch einer routinemäßigen Verwendung bekannter Erkenntnisse und Methoden. Dabei können z.B. bisher nicht beachtete Voraussetzungen fraglich werden (Beispiel: Absolutheit der Gleichzeitigkeit). Neue Fragen entstehen auch, wenn getrennt entwickelte Gebiete miteinander in Zusammenhang gebracht werden, z.B. *Newton*sche Mechanik und *Maxwell*sche Elektrodynamik, oder wenn Theorien und bekannte Effekte in Konflikt geraten. Beispiele sind die Periheldrehung des Merkur, das Energiespektrum des schwarzen Strahlers, der Gang der Bremsspannung mit der Frequenz beim Photoeffekt etc.
Forschung kann sehr unterschiedlich organisiert sein, z.B. in der Art eines Meisterbetriebs mit Lehrlingen, einer arbeitsteiligen Produktion der industriellen Produktion einer Fabrik. Solche Organisationsformen sind nicht ohne weitreichende Auswirkungen. Während sich der traditionelle Meisterbetrieb einen eher spontanen und freien Arbeitsstil leisten konnte, verlangt die aufwendige Forschungsfabrik, z.B. Großforschungsanlagen wie Beschleuniger, eine genaue Planung des Arbeitseinsatzes. Hier muß naturgemäß auch die Neigung viel größer sein zu fragen, was man mit der teuren Ausrüstung machen kann: Die Exploration ihrer Möglichkeiten gewinnt Priorität vor orginären Fragen. Die arbeitsteilig organisierte Forschungsgruppe arbeitet typischerweise in Schüben, an sog. Projekten. Fragen der Finanzierung spielen dabei eine oft ausschlaggebende Rolle.
Die Organisation der Forschung darf aber weder allein aus der Sicht des individuellen Forschers noch aus der der Gruppe gesehen werden. Wesentlich ist der Gesichtspunkt der *Konsensbildung*. Sowohl die Fragen wie die Antworten müssen *konsensfähig* sein. Das schließt z.B. das rein private Betreiben von Forschung aus: Ergebnisse müssen publiziert werden, einer kritischen Replikation und Diskussion unterzogen werden. Das setzt eine effek-

tiv organisierte Kommunikation voraus (Zeitschriften, Tagungen, Kolloquien, Bücher). Physik als organisierte Forschung verfügt nicht über ein dogmatisches Lehramt. Sie ist jedoch auf Konsens bei allen, die sich sachverständig gemacht haben, gerichtet, und in der Regel stellt er sich auch her. Kritische Prüfung und rationale Argumentation sind die allein zulässigen Verfahren dieser Konsenserzeugung. Es ist jedoch wohlbekannt, daß oft auch andere Kriterien zumindest vorübergehend eine Rolle spielen, z.B. Autorität. Da die Zahl der Sachverständigen, die letzten Endes definieren, was eine physikalische Fragestellung und eine gültige Antwort ist, vergleichsweise klein ist aufgrund der hohen Spezialisierung, ist Physik wie andere ähnliche Wissenschaften von ihrer Organisation her durchaus Gefahren ausgesetzt, sowohl von innen durch Manipulation und Parteibildung wie auch von außen, z.B. durch Finanzierungsdruck, ökonomische Interessen, Geheimhaltungsvorschriften u.ä.m. Bisher bestand jedoch kein Anlaß, an der Effektivität des Systems zu zweifeln, das sich selbst in totalitären Gesellschaftssystemen weitgehend durchsetzen konnte. Letzten Endes schlägt die interessenbestimmte Manipulation von Antworten, ja sogar der Auswahl der Fragen, negativ auf das manipulierende System zurück. Denn jedes System benötigt zu seiner Selbsterhaltung *zuverlässiges* Wissen, *zuverlässige* Verfahren, um Antworten zu finden, um Ereignisse vorauszusagen und ähnliches mehr. Physik als organisierte Forschung, das läßt sich ohne Übertreibung feststellen, ist das effektivste System zur Beschaffung zuverlässiger, voraussagekräftiger, handlungsrelevanter Informationen, das die Menschheit kennt. Ohne Zweifel liegt das nicht nur an der auf Erzeugung von Konsens gerichteten Organisation ihrer Forschungsaktivitäten. Es liegt nicht zuletzt an den zugelassenen Fragen: Nur zuverlässig beantwortbare Fragen werden als physikalische zugelassen. Dies zeigt noch einmal die Bedeutung, die der Ausarbeitung der Fragen in der Forschung zukommt. Man kann allerdings in der Regel nicht von vornherein wissen, ob die interessierenden Fragen schließlich diese Qualität haben.

5. Physik als Bestandteil der Gesellschaft (Institution)

Während Forschungsgruppen häufig informell zusammenarbeiten, haben sich bestimmte Beziehungsmuster zu Institutionen mit formaler Konstitution verfestigt. Dazu gehören vor allem wissenschaftliche Institutionen wie Universitäten und Hochschulen, bzw. die entsprechenden Physikabteilungen, Großforschungseinrichtungen, Forschungsinstitutionen wie die der

Max-Planck-Gesellschaft u.a. Die Institutionen haben bestimmte Aufgaben und verfahren nach festen, oft gesetzlich abgesicherten Regeln. Insbesondere die Hochschuleinrichtungen dienen der Ausbildung des Nachwuchses, verleihen Diplome und andere akademische Grade und berufsrelevante Berechtigungen. Sie sorgen damit nicht nur für ihre eigene Erhaltung als Institution, sondern sie wirken auch in vielfältiger Weise in andere Bereiche der Gesellschaft hinein. So bilden sie z.B. Lehrer aus, Ingenieure u.a.m. Sie beschicken Gutachtergremien von politischen Institutionen und nehmen auf diese und viele andere Weisen am politischen Leben teil. Umgekehrt üben andere gesellschaftliche Gruppen und Institutionen Einfluß auf die organisierte Physik aus, die heute viel stärker als noch vor wenigen Jahrzehnten von äußeren Finanzierungsquellen (Auftragsforschung, Drittmittel) abhängig ist.

6. Physik als Bestandteil der Kultur

Physik ist häufig als Bestandteil der menschlichen Kultur beschrieben worden, so daß hier einige Bemerkungen genügen müssen.
Kultur kann als Ergebnis und als Vorgang verstanden werden. Kultur entsteht, indem Menschen gegebene Möglichkeiten formen. Kultur in diesem Sinn als verfeinerte Hervorbringung der Menschheit umfaßt so unterschiedliche Bereiche wie eine Kultur des Sehens, des Essens, des Bauens, des Sprechens, aber auch der Sprache, der Musik usw. Dabei können diese Kulturleistungen durchaus auch ihre dunkle Kehrseite haben. Man denke z.B. an große Baudenkmäler wie die Pyramiden. Ohne Zweifel gehört die Physik zu diesen Hervorbringungen, und manche sehen bei den Wissenschaften insgesamt, besonders aber in der Physik, die Trennung von Kopf und Handarbeit auf der Grundlage von Unterdrückung und Warenproduktion als die dunkle Kehrseite dieser Hervorbringung. Andere heben die Loslösung der wissenschaftlichen Vernunft von der moralischen als negative Kehrseite hervor. So konnte man aufgrund wissenschaftlicher Anstrengungen Atombomben, Wasserstoffbomben, Raketen mit Mehrfachsprengkörpern, Satelliten u.a.m. herstellen - aber durfte man das auch? Man konnte Kernkraftwerke bauen - durfte man es auch? Erst langsam setzt sich in Wissenschaft und Industrie die Einsicht durch, daß man moralische Fragen nicht einer mehr oder weniger gut informierten, mehr oder weniger emotionalisierten Öffentlichkeit überlassen kann. Dies sind Beurteilungen, die nur innerhalb sehr allgemeiner Rahmenvorstellungen diskutiert werden können.

Heute spielen solche eher kritischen Sichtweisen in der öffentlichen Diskussion jedoch eine gewisse Rolle, und daher kann man sie schon aus diesem Grunde nicht einfach ignorieren. Man denke an die intensive Diskussion über Kernenergie, Nuklearwaffen, *Laser*-Waffen, oder Gentechnologie.
Kultur wird in der Regel als etwas regional und zeitlich Begrenztes verstanden, oft unter dem Blickwinkel eines einheitlichen Stils oder einer dominanten Ausprägung. Kulturen hat man auch unter dem Aspekt von organischem Wachstum und Verfall betrachtet. In jedem Fall ist unbestritten, daß Kulturen nicht statisch sind. An diesem kulturellen Wandel nimmt auch die Physik teil. Was wir heute unter Physik verstehen, ist Teil der technisch orientierten Kultur der westlichen Industrienationen mit einer außerordentlichen Anziehungskraft für Menschen aus anderen Kulturen. Die aus dem Mittelalter und der Antike in die Neuzeit hinein nachwirkenden kulturellen Dominanten des Wahren, Guten, Schönen mit ihrem religiösen Hintergrund sind gegenüber der Idee autonomer menschlicher Hervorbringung zurückgetreten. So ist für viele Physiker die Frage nach Wahrheit kein Thema mehr. Entscheidend ist nur, ob die Theorie funktioniert. Ähnlich ist für Künstler die Frage nach Schönheit weithin irrelevant geworden. Es geht bei ihnen ebenfalls eher um die Frage, was ihre Hervorbringung bewirkt oder leistet. Gegen diese generelle Leistungs- und Produktionsorientierung hat sich in den westlichen Ländern eine zumindest partiell an östlichen Kulturtraditionen orientierte Gegenkultur entwickelt.
Diese Hinweise mögen hier genügen. Eine systematische Darstellung der Physik als ein Bestandteil verschiedener Kulturen liegt bisher nicht vor (vgl. aber *Needham*). Man muß aber gegenüber einer historisch-naiven Wissenschaftsgläubigkeit diesen Gesichtspunkt des Gestalt- und Stilwandels in den Kulturen hervorheben. Was von der heutigen Gestalt der Physik überdauern wird, wissen wir nicht.

1.1.2 Technik

A Technikbegriffe

1. Technik und Techniken

Eine Technik ist ein erprobtes Verfahren mit einigermaßen bekanntem Ablauf und mehr oder weniger sicherem Ergebnis. Das entscheidende Kennzeichen einer Technik ist ihre *Effizienz*, und *technischer Fortschritt* bestand zunächst primär in Verbesserung der Effizienz. Beispiele sind Jagd-

oder primitive Kommunikationstechniken. Dazu kommen natürlich neue Techniken, die zum Teil zufällig entdeckt und dann verbessert wurden, z.B. das Feuermachen. Man kann ohne Übertreibung sagen, daß die Evolution des Menschen mit der Evolution seiner Techniken zusammenfällt.
Im Laufe der Entwicklung entstanden Techniken für immer weitere Bereiche, die Effizienz von Techniken wurde selbst aufgrund von Techniken gesteigert. Diese Technisierung wurde durch das Entstehen technischer Wissenschaften systematisiert. Man kann bei der Ausdehnung der Technik auf immer weitere Bereiche grundsätzliche Veränderungen der Lebensverhältnisse der Menschen erkennen: Zunächst bezogen sich die Techniken auf die "instrumentelle Beherrschung der Natur". Mit dem Seßhaftwerden der Menschen begann sich die Technik allmählich auf die "organisatorische Beherrschung der Gesellschaft" auszudehnen. Verwaltungs- und Gesetzestechniken waren maßgebliche Erfindungen dieser Epoche in der Entwicklung orientalischer Stadtstaaten. Mit Beginn der Neuzeit schließlich wurde die Technik total. Der Mensch selbst, sein Denken, Fühlen, Wollen wurde nach dem Modell der vielbewunderten mechanischen Automaten vorgestellt, deren Präzision und mechanische Zuverlässigkeit zu den wichtigsten Katalysatoren des Übergangs von der Scholastik zur neuzeitlichen Naturwissenschaft gehören dürfte. Der Mensch selbst wurde zum Anthropomorphismus (*Spaemann*, 1981, 11).

2. Technik als Lebensform

Läßt man die geschichtliche Entwicklung beiseite und betrachtet man Technik heute, so kann man sie als eine umfassende Lebensform, d.h. als eine grundsätzlich alle Lebensbereiche formende Struktur beschreiben. Technik bildet heute nach *Ellul* ein System, das aus seiner Natur heraus total ist und ständig auf neue Bereiche übergreift. Beschränkte sich Technik zunächst auf den Bereich der Maschinen und Apparate, so hat sie sich heute ausgedehnt auf Ökonomie, Soziologie (Sozialtechnik, Sozialingenieur), Psychologie, Biologie, Pädagogik, Politik, ja Anthropologie. Dabei wird nicht nur überall methodisch die Zweck-Mittel-Beziehung analysiert, woraus verläßliche Instrumente entstehen. Grundsätzlich beginnt man auch immer mehr, sich selbst als technischen Apparat zu verstehen, z.B. als Computer. Dabei werden nicht nur niedere, sondern auch zunehmend höhere Funktionen des Menschen simuliert ("künstliche Intelligenz"), und über die Frage, ob Computer denken oder gar Bewußtsein haben können, gibt es inzwischen eine ernsthafte philosophische Diskussion. In zunehmendem Maße beginnen die Menschen, ihr eigenes Verhalten in Begriffen der Computertechnik zu deuten. Manche sehen darin eine unaufhaltsame Entwicklung: Die Menschen werden schließlich zu relativ unbedeutenden Bestandteilen eines die Möglichkeiten eines Menschen weit überschreitenden technischen Systems, das natürlich von Menschen auch nicht mehr kontrollierbar ist.

3. Technik als Welt der Finalität

Dieser Aspekt kommt in verschiedenen Ausprägungen vor. So wird z.B. Technik als ein rationales Instrument der Bedürfnisbefriedigung beschrieben, oder als Systematisierung der Mittel-für-einen-Zweck-Beziehung.
Man geht dabei davon aus, daß die technische Entwicklung mit einem bestimmten Bedürfnis anfängt, sich in der Planung zweckmäßiger Verfahren zur Befriedigung des Bedürfnisses fortsetzt, um schließlich den Plan in die Tat umzusetzen. Auf diese Weise sedimentieren sich erfolgreiche Handlungsformen, die als Techniken tradiert werden. Anstelle von Bedürfnissen werden auch bestimmte erwünschte Funktionen als Ziel technischen Handelns genannt. Die Erfindung und Konstruktion, z.B. einer Falle, illustriert beides: Das Bedürfnis mag die Nahrungsaufnahme sein, woraus das Ziel, ein Tier zu fangen, resultiert. Das Fangen ist eine Funktion, Fallenstellen ist eine mögliche Lösung des Problems. Man kann bei dieser primitiven Technik bereits sehen, daß Bedürfnis und Funktion durchaus getrennt werden können: Man kann sich leicht jemanden vorstellen, der immer raffiniertere Fallen konstruiert, selbst aber Vegetarier ist. Derartige Verselbständigungen sind charakteristisch für das moderne System der Technik.
Man darf überhaupt diesen Aspekt der Finalität nicht überstrapazieren: Heute werden Bedürfnisse, z.B. durch Reklametechniken, produziert, und man sucht systematisch nach allen möglichen technischen Funktionen und prüft erst danach, ob ein Bedürfnis dafür besteht, ob es mit ökonomisch vertretbarem Aufwand produzierbar ist etc. *Ellul* hat unter diesen Umständen das "Schwinden der Zwecke" beklagt und die Übermächtigkeit der Mittel als Grundübel unserer Zeit diagnostiziert. Dies mag heute noch übertrieben sein, zumal sich Gegenkulturen zu unserer technischen Kultur zu entwickeln beginnen. Es wurde jedoch schon bemerkt, daß Technik der Tendenz nach ein expandierendes System geworden ist, aus dem man nicht beliebig "aussteigen" kann.

Mit der Welt der Technik im Sinne der Finalität war von Anfang an die Welt der Wirtschaft eng verbunden. Wirtschaftliche Organisation macht Technik in dem heutigen Ausmaß industrieller Produktion überhaupt erst möglich, und umgekehrt leben wirtschaftliche Einheiten, Fabriken, Aktiengesellschaften u.a.m. von technischen Neuerungen. Die zunächst sekundär scheinenden Techniken der Verteilung und der Kommunikation spielen eine immer wichtigere Rolle gegenüber der Produktion von Apparaten.
In diesem Zusammenhang muß noch darauf hingewiesen werden, daß es schwierig ist, Technik in diesem allgemeinen Sinn von Kunst zu trennen. Manchmal wird Technik als Bereich der Artefakte definiert. Aber auch Künstler stellen materielle Artefakte her, die Funktionen haben, Bedürfnisse befriedigen, ja sie sind sogar Bestandteile der Ökonomie. Die Grenze dürfte nicht leicht zu ziehen sein.

4. Technik als Technologie

"Technologie" wird häufig einfach im Sinn von bestimmten Techniken verwendet (z.B. Halbleitertechnologie). Das Wort kann aber auch für die technischen Wissenschaften verwendet werden. Ihr breites Spektrum - z.B. Technikwissenschaft, technische Wissenschaften, Ingenieurwissenschaften, Konstruktionswissenschaften, bis hin zu sehr allgemeinen Systemwissenschaften oder gar einer Praxeologie - kann hier nicht ausgebreitet werden.

1.1.3 Physik und Technik

A Einleitung

Für das Entstehen der modernen Naturwissenschaften, besonders der Physik, spielten die allmählich gewachsenen "Künste", speziell die mechanischen, eine herausragende Rolle. Mechanische Geräte realisieren *Mechanismen*. Diese sind nichts anderes als Abbildungen mathematischer Algorithmen in die Materie hinein. Der Gedanke, daß erkannte Zusammenhänge als zuverlässig funktionierende Mechanismen darstellbar sein müßten, enthielt in nuce die Verbindung zwischen Mathematik, handwerklicher Präzision und Experiment, die den Unterschied zwischen der neuzeitlichen Naturwissenschaft und der bloß denkerischen scholastischen darstellt.
Der Zusammenhang zwischen Technik und Naturwissenschaft war damit im Prinzip hergestellt. Das Neue war die "experimentelle Methode", nicht etwa das induktive Verfahren in *Bacons* Novum Organon. Dessen Motto "natura

parendo vincitur" zeigt gleichwohl den beherrschenden Grundzug der Epoche an. Steigerung des Wohlstandes versprach man sich von dieser neuen Wissenschaft. *Boyles* 1664 erschienenes Werk "Usefulness of Natural Philosophy" exemplifiziert das gut.
Mit der Etablierung technischer Hochschulen bzw. technischer Wissenschaften entwickelte sich ein Bewußtsein übergreifender Gemeinsamkeiten: Technik wurde wissenschaftlich, d.h. methodisch-rational betrieben, und Wissenschaft verstand sich immer mehr als Produkt von Techniken. Technische Wissenschaften strebten aber, und darin lag die Differenzierung, keine Reduktion auf letzte Prinzipien an. Eine solche Intention zeichnete die sog. Grundlagenwissenschaften (Physik, Chemie) aus. Die Trennung zwischen den Grundlagenwissenschaften wie der Physik und technischen Wissenschaften wird damit weitgehend beseitigt. Doch bleiben wichtige Unterschiede. So hat man gesagt, die Physik sei hypothetisch-deduktiv orientiert, die technischen Wissenschaften dagegen projektiv-pragmatisch. Im ersten Fall wird das rein Gedankliche betont, im zweiten die Intention auf materielle Herstellung. Doch handelt es sich eher um unterschiedliche Akzente. In beiden Fällen geht man jedenfalls von einem Entwurf aus, der dann ausgearbeitet wird. Und letzten Endes zielt ja auch Physik auf materielle Realisierung im Experiment.

B Beziehungen zwischen Physik und Technik nach speziellen Gesichtspunkten

Konsens besteht nur in der negativen Aussage, Technik sei keine angewandte Physik/Chemie. Darstellungen heben je nach Standpunkt auf Gemeinsamkeiten oder auf Unterschiede ab. Hier soll ein einfacher Ansatz zur systematischen Beziehungsanalyse folgen.

1. Technik aus Physik

Dieser Zusammenhang erscheint nahezu trivial. Dennoch ist die Verwertung physikalischer Erkenntnisse in der Technik ein langwieriger Prozeß. Denn die technische Möglichkeit muß erst einmal entdeckt, ökonomische Fragen müssen beantwortet, Fertigungs und Materialprobleme gelöst werden, überhaupt typisch technische Probleme, die mit zahllosen Details zu tun haben. Neuere Beispiele sind Elektrotechnik und Halbleitertechnik. Physikalische sind hier oft mit technischen Problemen kaum entwirrbar verzahnt.

2. Physik aus Technik

Auch dieser Zusammenhang ist leicht zu verstehen: Bei der Planung technischer Fertigungsprozesse entstehen oft Fragen, die man an einen Physiker weitergibt. Die meisten kann er mit physikalischer Routine beantworten. Aber von Zeit zu Zeit ergeben sich Fragen, die einen physikalischen Forschungsprozeß ingangsetzen. Ein bekanntes Beispiel ist *Carnots* Frage nach der Verbesserung des Wirkungsgrades von sog. Wärmekraftmaschinen. Daraus entstand der zweite Hauptsatz der Thermodynamik. Aktuelle Beispiele kommen aus der Kerntechnik, aus der ebenfalls physikalische Fragestellungen, in der Regel natürlich recht komplexe, entstanden. Denn die Technik bringt neue Verbindungen ganz verschiedener Gebiete mit sich. So spielten etwa in den kernphysikalischen Grundlagenexperimenten Probleme der Materialtechnologie kaum eine Rolle. Für den Reaktorbau stellte dieses Gebiet aber eine neue Herausforderung dar.

3. Technik in der Physik

Die Entwicklung von Teilgebieten der Physik, etwa der Astronomie, der Optik, der Wärmelehre, zeigt, daß immer zwei Elemente Hand in Hand gehen: neue Ideen, die zu Experimenten führten, und der Bau präziser Apparate (innerwissenschaftliche Technik). Man denke etwa an die Entwicklung der Luftpumpe, oder an die Optik: Ohne Glastechnologie, vor allem Schleiftechniken, ist ihre Entwicklung kaum vorstellbar.

1.2 Begründung und Legitimation des Physikunterrichts

1.2.1 Allgemeines zum Legitimationsbegriff

Wie wird Physikunterricht legitimiert? Diese zentrale Frage für die Fachdidaktik der Physik kann verschieden verstanden werden. Einmal kann nach historischen Abläufen gefragt werden, nämlich: Wie kam es zur Einführung von Physikunterricht? Welche Argumente hat man dafür angeführt? Welche Gruppen innerhalb der Gesellschaft haben den Prozeß vorangetrieben, und welche haben Widerstand geleistet? Dieser interessanten historischen Frage kann hier nicht nachgegangen werden. Im Kapitel 2 wird anhand von einigen Quellen exemplarisch dazu etwas gesagt werden. Doch ginge eine systematische Darstellung weit über den Rahmen dieses Buches hinaus.

Die Frage läßt sich aber auch anders auslegen, z.B.: Wie wird heute Physikunterricht gerechtfertigt? Auch dies ist eine Frage, die auf Beschreibung und Analyse zielt und jedem Leser letzten Endes die Entscheidung überläßt, welche Argumente er für überzeugend hält. Die weitergehende Frage wäre: Wie *ist* er legitimiert? Aber Fragen dieser Art lassen endgültige Antworten von der Qualität der Gültigkeit, die man aus der Physik gewohnt ist, nicht zu. Man kann aber fragen, welche Antworten die Autoren dieses Buches für gültig ansehen (Vergleiche dazu S. 42). Oft wird gesagt, Entscheidungen über gesellschaftliche Einrichtungen wie die Schule werden nicht aufgrund der Überzeugungskraft von Argumenten, sondern von Interessen getroffen. Doch läßt sich ein Gegensatz zwischen Argumenten und Interessen nicht aufrechterhalten: Werden Interessen artikuliert, entstehen Argumente. Die meist polemisch gemeinte Frage, wessen Interessen eine Einrichtung wie Physikunterricht diene, ist natürlich auch eine Frage nach Argumenten. Die Feststellung, daß eine bestimmte Ausprägung des Physikunterrichts wirtschaftlichen Interessen diene, bedeutet gerade, daß daraus Argumente für diese Ausprägung von Physikunterricht entwickelt werden können. Die Bewertung der Interessen und der entsprechenden Argumente hängt letzten Endes an der übergeordneten "politischen Philosophie". Schon aus dieser Sicht heraus muß man von der Vorstellung Abschied nehmen, Fachdidaktik könne endgültige Argumente liefern.

1.2.2 Legitimationsargumente

1.2.2.1 Argumentationstypen

Eine schlüssige Systematik von Argumentationsweisen ist bisher nicht geleistet worden. Einige Ansätze mögen zunächst zeigen, in welchem Rahmen sich die Diskussion bewegt. Die von *Robinsohn* (1967) Ende der sechziger Jahre ausgehenden Legitimationsbemühungen haben den Bezugspunkt Fach erst einmal ausgeklammert, um dem Zwang zur Rechtfertigung des Bestehenden zu entgehen. Der Ansatz sieht im ersten Schritt eine Zerlegung eines Lebenslaufs (Curriculum) in *Lebenssituationen* vor. Im zweiten Schritt sollen dann Qualifikationen ermittelt werden, die zur Bewältigung dieser Situationen nötig sind. Nun erst, im dritten Schritt, wird überlegt, mit welchen Mitteln, u.a. auch, mit welcher wissenschaftlichen Disziplin diese Qualifikationen erreicht werden können. Ob dabei so etwas wie Physikunterricht legitimiert werden kann, ist offen. Denn das Programm wurde nie

ausgeführt. Zuerst müßte dazu ein Konsens darüber erzielt werden, nach welchen Normen Lebenssituationen zu bewältigen sind. Das Inventar an Lebenssituationen müßte auch stabil sein, was aber fraglich ist.
In Zeiten rascher Veränderung erstarkte stets die Idee der formalen Bildung als ein Versuch, auf Unvorhersehbares vorbereitet zu sein. Diejenigen Disziplinen haben gute Aussicht, auch über Formalia hinaus etwas zu dieser Vorbereitung beizutragen, die einen Bestand an dauerhaftem Grundwissen und einem dauerhaften Methodenkanon besitzen. Die Physik gehört gewiß dazu. Man hat auch argumentiert, daß die zunehmende Geschwindigkeit der Veränderung in den Lebensverhältnissen, in den Künsten und Wissenschaften, das Bewußtsein nicht nur der historischen, sondern selbst der individuellen Identität bedrohe. Man kann es auch anders ausdrücken: Die gemeinsame Basis der Kommunikation zwischen und sogar innerhalb der Generationen verfällt. Einige sehen in Formalwissenschaften wie Mathematik die letzte Bastion einer solchen Gemeinsamkeit (*Bruner* 1967). Obwohl die Physik selbst eine schwerwiegende Revolution erfahren hat (Quantenmechanik), besitzt sie doch eine breite klassische Basis, die nach der Auffassung vieler Physiker in ihrem Grundbestand für die neuen Entwicklungen unverzichtbar ist. Daher läßt sich die Physik der Mathematik in ihrer Qualität als Kommunikationsbasis, als Instrument, Bewußtsein der Identität zu wahren, an die Seite stellen. Dies ist jedenfalls ein Gedanke, der die Kritik an *Robinsohn*s Ansatz positiv ergänzen kann.
Ein anderer Ansatz, der dem *Robinsohn*s verwandt ist, geht davon aus, daß man für bestimmte *Handlungsfelder* lernt (*Giel* et al. 1974). Sie übernehmen die Rolle der Lebenssituationen. Das Beispiel verdeutlicht, daß man sehr häufig von einem ganz bestimmten Blickwinkel aus an die Legitimationsproblematik herangeht. Und in der Tat ist eigentlich nur auf diese Weise eine Systematik begründbar. Es gibt aber keinen Konsens über den richtigen Blickpunkt.
Ein weiterer wichtiger Aspekt ist die Bezugnahme auf (1) das Individuum oder auch (2) Gruppen bzw. Gemeinschaften. Beispiele für den ersten Aspekt sind etwa: Physikunterricht ist für die Entwicklung einer Persönlichkeit nötig. Oder: Physikunterricht hat für jedermann praktischen Nutzen im späteren Leben (z.B. für die Reparatur kleinerer Schäden an Autos oder Elektrogeräten, für sachlich begründete Kauf- und Investitionsentscheidungen, z.B. bei der Anschaffung einer HiFi-Anlage, einer Heizungseinrichtung usw.).

Beispiele für den zweiten Aspekt sind etwa: Physik ist eine Grundlagenwissenschaft, deren Erkenntnisse bisher stets zu großen technischen Neuerungen geführt haben. Physik kann am besten gedeihen in einem Klima verbreiteten Interesses. Oder: Physik hat wesentliche Auswirkungen auf das Leben aller Menschen. Um Physiker kontrollieren zu können, braucht man eine mit Physik ausreichend vertraute Öffentlichkeit.
Da eine Systematik von Legitimationsargumenten einen Konsens über den richtigen Blickwinkel voraussetzt, der nicht als gegeben angenommen werden kann, erscheint es sinnvoller, eine Reihe von typischen Legitimationsargumenten ohne Anspruch auf Systematik und Vollständigkeit darzustellen, die bestimmte Akzente setzen. Eine mögliche Liste solcher Akzente ist z.B.: Bedarfsargumente, Bedürfnisargumente, anthropologische (philosophische, religiöse usw.) Argumente, Relevanzargumente, wissentschaftstheoretische, -systematische und -historische Argumente, Transferargumente. Da es sich dabei um *Akzentsetzungen* handelt, ist eine eindeutige Klassifikation von Argumenten meist nicht möglich.

1.2.2.2 Bedarfsargumente

A Ökonomische Bedarfsargumente

Physiker und Techniker werden gebraucht, um den Betrieb technischer Systeme (z.B. in der Industrie) aufrechtzuerhalten. Dieser Betrieb wirft ständig neue Probleme auf, die neues physikalisches und technisches Wissen verlangen. Man braucht daher gute Physiker, die nicht nur den Wissensbestand verwalten und anwenden, sondern auch ständig neues Wissen gewinnen. In diesem Zusammenhang wird auch oft die Konkurrenzfähigkeit unserer nationalen Wirtschaft als Argument angeführt.
Das Problem mit diesem Argument ist nicht nur die Schwierigkeit einer Prüfung seiner Gültigkeit; aufgrund historischer Analysen spricht immerhin einiges dafür. Das Problem ist die Schlußfolgerung, es müsse möglichst *jeder* Physikunterricht erhalten. Es wäre zumindest plausibel aus einer Analogiebetrachtung bezüglich anderer Wissenschaften, daß der gesellschaftliche Bedarf auch auf andere Weise gedeckt werden könnte. Ob der Rekrutierungsprozeß für Physiker besser früh oder später ingang gesetzt werden sollte, ist eine offene Frage.

Schlüssiger scheint ein verwandtes Argument zu sein, das man das Argument vom kulturellen Reizklima nennen könnte: Eine Wissenschaft gedeiht am besten in einem Klima verbreiteter Anerkennung und allgemeinen Verständnisses. Die Argumentation kann mit dem Rekrutierungsargument verbunden werden: Günstiges öffentliches Klima und optimale Rekrutierung können Folge einer frühzeitigen allgemeinen Beschäftigung mit der betreffenden Disziplin sein. Vor allem Ostblockstaaten verfolgen diese Politik in vielen Disziplinen.
Obgleich hier keine Analyse der logischen Struktur der Argumente vorgesehen ist, soll doch exemplarisch auf die Änderung der Argumentationsstruktur beim letzten Beispiel hingewiesen werden: Dort heißt es nicht mehr: "also muß es - möglichst früh und verbreitet - Physikunterricht geben", sondern "Physikunterricht hat zur Folge, daß ...", oder "Physik trägt dazu bei ...". Beide Strukturen spiegeln unterschiedliche Erwartungen hinsichtlich der Möglichkeiten der Legitimation. Im ersten Fall hofft man, die Notwendigkeit von Physikunterricht aus grundlegenden Prämissen zwingend herleiten zu können. Im zweiten Fall ist man bescheidener: Man zeigt auf, welche positiven Wirkungen von Physikunterricht zu erwarten sind und bietet dies als Argument an, wohlwissend, daß die Schlüssigkeit der Argumentation von umfassenderen Prämissen abhängt, die letzen Endes nicht argumentativ entschieden werden.
Man kann die globalen ökonomischen Bedarfsargumente in vielfältiger Weise verfeinern. So wird argumentiert, eine Industriegesellschaft unserer Komplexität und Dynamik brauche eine breite Schicht von Menschen, die Sachverhalte ihrer physikalisch-technischen Lebenswelt ausreichend verstehen und durchschauen, so daß sie sich jedenfalls orientieren können, was z.B. auch das verständnisvolle Lesen von Berichten über neue physikalische und technische Entwicklungen einschließt. Dies ist noch immer ein Argument vom Standpunkt des ökonomischen Bedarfs.

B Politische Bedarfsargumente

Dem ökonomischen lassen sich politische Bedarfsargumente zufügen. Der oben erwähnte Handlungs- und Kommunikationsspielraum läßt sich auch als etwas ansehen, was politisch zu fordern ist. In die Argumentation gehen dann Verfassungsgrundsätze ein. Wir gehen hier vom Modell einer demokratischen Verfassung aus, die zumindest politische *Kontrolle* aller das Gemeinwesen betreffenden Entwicklungen einschließt. Geht man von dieser

Prämisse aus, so heißt das zunächst, daß im Prinzip jedermann eine Chance haben muß, die Experten auf die Probe zu stellen. Ist dazu aber allgemeiner und verbreiteter Physikunterricht nötig? Manche Laien arbeiten sich rasch bei Bedarf in ein Sachgebiet ein. Hier ist folgende Fortsetzung der Argumentation zumindest plausibel: Physik - und andere exakte Naturwissenschaften - sind stark akkumulierende, voraussetzungsgebundene Disziplinen, deren Vorstellungs-, Denk- und Arbeitsweisen sich sehr weit vom im Alltag Gewohnten entfernt haben. Ein ständig wachsendes Untersuchungsmaterial deutet darauf hin, daß das Lernen von Physik langwierig und eher dem Einleben in eine fremde Kultur vergleichbar ist als dem Auswendiglernen von Vokabeln, woran das Schullernen de facto immer noch orientiert ist. Daraus folgt die Notwendigkeit einer frühzeitigen und breiten Einführung des Physikunterrichts, *sofern* er geeignet angelegt ist.
Ein anderes politisches Bedarfsargument geht von der Forderung nach Chancengleichheit aus. Dies ist ein diffuser Begriff - doch ist an der Argumentation, die von Chancengleichheit ausgeht, jedenfalls soviel richtig, daß die jungen Menschen, die in eine durch Physik und Technik geprägte Welt hineinwachsen, benachteiligt sind, denen eine Einführung in die grundlegenden Vorstellungen und Arbeitsweisen von Physik und Technik vorenthalten wird. Das gilt gleichermaßen für ihre berufliche Zukunft wie für die Gestaltung ihres persönlichen Lebens. Ohne physikalisch-technische Grundbildung bleiben sie aus der Kommunikationsgemeinschaft über Sachverhalte ausgeschlossen, die ihr Leben in erheblichem Umfang bestimmen.

1.2.2.3 Bedürfnisargumente

A Anthropologische Bedürfnisargumente

Mit ökonomischen und politischen Bedarfsargumenten werden häufig anthropologische Bedürfnisargumente verbunden. Ein anthropologischer Ansatz ist die *Didaktik der geistigen Grundrichtungen* (*Flitner* 1960 Kap. 11). Eine andere Variante geht von *Grundbedürfnissen* wie Daseinsbewältigung, -erhellung und -deutung aus. Eine weitere Liste von Grundbedürfnissen ist: Sicherheitsbedürfnis, Herrschaftsbedürfnis, Erklärungsbedürfnis. Die Beziehungen zu Physik und Technik liegen auf der Hand, ebenso wie der Umstand, daß bei den Bedürfnisargumenten der Bezugspunkt sich von der Gesellschaft auf das Individuum verschoben hat. Während anthropologische Bedürfnisargumente auf Wesensbestimmungen des Menschseins beruhen,

kann man Bedürfnisargumente auch mehr pragmatisch formulieren: Sie dienen den Entfaltungsmöglichkeiten des Individuums, nämlich physikalische Grundbildung dient der Verbesserung der individuellen Chancen beim Eintritt in das Berufsleben und der Verbesserung der Chancen für eine berufliche Karriere. Der Physikunterricht wirft mit anderen Worten einen individuell-ökonomischen Nutzen ab, und das nicht nur für den, der eine berufliche Karriere anstrebt, die auf physikalische Vorkenntnisse spezialisiert ist, sondern auch und gerade für den, der eine physikfremde Laufbahn anstrebt: Grundkenntnisse in Physik und ein Grundverständnis für die Arbeits- und Denkweise der Physiker und allgemeiner für deren Lebensweise weitet den Horizont und erweitert die Möglichkeiten der Kommunikation und der Zusammenarbeit. Und damit sind vielfältige, wenn auch im einzelnen nicht vorhersehbare Verbesserungen der beruflichen Arbeitsmöglichkeiten verbunden.
Bei dieser Art von Argumenten wird nicht primär auf die Notwendigkeit von schulischem Physikunterricht geschlossen werden können, wohl aber umgekehrt auf einen gewichtigen *Beitrag* der Physik zur Befriedigung von Grundbedürfnissen, wodurch man Physik*unterricht* als legitimiert ansehen kann. Von solchen Ansätzen aus läßt sich aber schwerlich ein Physikunterricht im engen fachsystematischen Sinn rechtfertigen. Der solchen Bedürfnissen entsprechende Unterricht muß in erheblichem Umfang auch Unterricht *über* Physik sein und die technischen Bereiche berücksichtigen, die mit der Umwelt eng zusammenhängen.

B Kulturelle Bedürfnisargumente

Mit anthropologischen Bedürfnisargumenten hängen kulturelle eng zusammen; beide sind schwer gegeneinander abzugrenzen. Die anthropologische Sicht stellt stark auf Wesensbestimmungen des Menschen ab, die kulturelle auf die schöpferische Freiheit und Selbstdefinition des Menschen. Unterschiedliche Wissenschaften und Wissensbereiche sind solche schöpferischen Hervorbringungen, und kulturelle Bedürfnisargumente gehen davon aus, daß der Zugang zu den verschiedenen Typen dieser kulturellen Hervorbringungen offengehalten werden muß: Wissen in der Mathematik z.B. ist von anderer Qualität als Wissen in der Physik oder der Soziologie oder der Rechtswissenschaften, und davon verschieden wiederum ist Kunstverständnis und poetische Wahrheit. Es gibt bereichsspezifische Besonderheiten der Gewinnung von Wissen, seiner Qualität und seiner Sicherheit, seiner Funktion, der konsenserzeugenden Verfahren in den verschiedenen Bereichen. Da Physik weithin als Paradigma für die Wissensform der exakten Naturwissenschaft angesehen wird, läßt sich daraus die Forderung nach Physikunterricht ableiten.

Das Argument kann durch die These verstärkt werden, daß Wissen überwiegend "still" ist (tacit knowledge) und sich in nicht bewußten "Kontexten des Wissens" (*Broudy* 1977), des Denkens, Wahrnehmens und Urteilens äußert. Selbst wenn in der Schule gelernte Physik für die sogenannte praktische Verwendung nicht mehr zur Verfügung steht, ist doch ein Kontext von stillem Wissen entstanden. Solche Kontexte lassen sich in vielen kulturellen Hervorbringungen nachweisen, auch in Kunst und Literatur.

Eine andere kulturelle Argumentation geht davon aus, daß die moderne Naturwissenschaft, insbesondere die Physik, das neuzeitliche Denken und Weltverständnis entscheidend geprägt hat. Die Teilnahme am heutigen kulturellen Leben erfordert daher eine Einführung in das Weltbild der Naturwissenschaft, speziell in das der Physik, und in deren Denk- und Arbeitsweisen.

1.2.2.4 Transfer-Argumente

Die zunehmende Akkumulation des Wissens in der Physik und der hohe Grad ihrer Spezialisierung hat dazu geführt, daß die Bedeutung des Physikunterrichts für die allgemeine Intelligenzentwicklung, das Denken, das Lernen (des Lernens), für Einstellungsänderungen etc. stärker beachtet wurde gegenüber den Inhalten. Eine solche Wendung geht mehr oder weniger explizit mit Transfererwartungen einher (sie wird hier jedenfalls unter diesem Aspekt betrachtet). Die Argumentation geht in der Regel von der Prämisse aus, daß bestimmte allgemeine Fähigkeiten wie z.B. Problemlösefähigkeit - sicher der wichtigste Aspekt von Intelligenz - oder kreatives Denken, naturwissenschaftlich geschultes Urteilsvermögen, eine naturwissenschaftliche Einstellung oder Haltung: Objektivität, abwägende Betrachtung, Aushalten von Ungewißheit gegenüber raschem Urteil, Skepsis gegenüber dem eigenen Resultat u.a., - wünschenswerte Errungenschaften für alle Menschen darstellen. Geht man von der Erwartung aus, daß im Physikunterricht erworbene Fähigkeiten und Einstellungen sich auf das Alltagsleben übertragen, also eine gewisse Prägung der Menschen bewirkt wird, dann kann man argumentieren, der Beitrag des Physikunterrichts in dieser oder jener Hinsicht sei sehr gewichtig, so daß auf ihn nicht verzichtet werden sollte.

Dies ist ein Argument, das sehr empfindlich gegen eine andere Organisation des schulischen Lernens ist, gerade weil es auf allgemeine Fähigkeiten abstellt. Fachübergreifender Unterricht oder Projektunterricht wären plausiblere Schlußfolgerungen. Es liegt auf der Hand, daß Physikunterricht am besten durch etwas legitimiert werden kann, *was nur Physik leisten kann*. Eine komparative Argumentation, wonach Physik bzw. Physikunterricht dies oder jenes besser als ein anderes Fach leiste, muß schon deshalb höchst unsicher sein, weil diese Leistung, betrachtet als Ergebnis von Unterricht, nicht nur vom Fach, sondern in hohem Maße von der Anlage des Unterrichts abhängt.
Daß Transfer nur in bescheidenem Umfang stattfindet und durch gezieltes Transfertraining besonders gefördert werden muß, sei der Vollständigkeit halber zum Schluß noch erwähnt.

1.2.3 Kritische Potenz der Legitimationsdiskussion

Legitimationsargumente sind auch Anlässe für Kritik an tatsächlichen oder vorgeblichen Besonderheiten des gegenwärtigen Physikunterrichts. Diese Kritik führt unter Umständen zur Forderung nach Abschaffung von Physikunterricht. Die Fachdidaktik hat in der Regel versucht, die Kritik dadurch aufzufangen, daß sie neue Unterrichtsformen, -inhalte, -ziele aufnahm oder die Akzente neu verteilte. Oft wird z.B. kritisch angemerkt, der Physikunterricht berücksichtige die Bedürfnisse und Interessen der Schüler nicht genügend. Diese Kritik hat sehr vielfältige Motive. Sie kann sich gegen Inhalte richten, gegen Unterrichtsmethoden, gegen Schwerpunkte der Zielsetzung u.a.m. So wird heute eine stärkere Einbeziehung technischer Sachverhalte in den Schulunterricht gefordert, weil diese der Interessenlage der Heranwachsenden und ihrer späteren Lebenswelt besser entsprechen. Andere verlangen eine neue Organisation des Unterrichts, weg von der physikalischen Systematik. An deren Stelle sollen Lebensbereiche oder Handlungsräume u.ä.m. treten. Ohne solche Einbettung des Sachlernens in reale Situationen oder deren Simulation könne weder ein allgemeines Interesse aufrechterhalten noch der Sinn des jeweiligen Lerninhalts eingesehen und zu einem auch außerhalb der Schule verwertbaren Besitz werden (*Giel* 1974). Dies sind nur einige Kritikpunkte, die sich leicht vermehren ließen. Als Konsequenz wird z.B. ein eigener Technikunterricht gefordert. Doch kann der Kritik auch durch stärkere Integration technischer Sachverhalte in den Physikunterricht Rechnung getragen werden. Schwieriger ist es, eine andere Organisation des Unterrichts als eine angemessene Antwort auf diese Kritik zu finden. Vorschläge dazu haben sich nicht durchsetzen können (integrierter naturwissenschaftlicher Unterricht, mehrperspektivischer Unterricht, Projektunterricht). Hier geht es nicht um eine detaillierte Beschreibung dieser Alternativen (s. Kap. 8), vielmehr sollte die kritische Potenz der Legitimationsdiskussion exemplifiziert werden.

1.2.4 Zusammenfassende Bewertung der Legitimationsargumente

In den vorangehenden Abschnitten wurden die wichtigsten Legitimationsargumente diskutiert, die heute in den verschiedensten Variationen vorgebracht werden. Welche zusammenfassende Bewertung verdienen nun alle diese Argumente? Nach unserer Auffassung kommt einer Reihe von ihnen besonderes Gewicht zu:

1 Physik ist eine paradigmatische Grundlagenwissenschaft, und zwar hinsichtlich ihrer Arbeitsweisen wie hinsichtlich ihrer Ergebnisse. Einen Zugang zu ihr nicht anzubieten, würde bedeuten, menschliche Erfahrungs- und Entfaltungsmöglichkeiten vorzuenthalten.

2 Auch würden dadurch für das Leben entscheidende Bereiche aus der Kommunikationsgemeinschaft ausgeschlossen.

3 Die Mehrheit der Menschen hätte keine Chance, Bereiche rational zu kontrollieren, die tief in ihr Leben eingreifen.

4 Weiterhin würde der Zugang zu Berufen mit naturwissenschaftlichen Komponenten eingeschränkt. Obwohl dies nicht unbedingt zu einer tiefgreifenden Hemmung der wirtschaftlichen und technisch-wissenschaftlichen Entwicklung führen müßte, würde es jedenfalls viele Talente aus diesem Bereich fernhalten und die Basis für die Unterstützung des für die wirtschaftliche Entwicklung notwendigen Bereichs der physikalischen Forschung und Entwicklung in breiten Schichten der Bevölkerung schwächen.

5 Solange es konkurrierende Unternehmen und Nationalwirtschaften gibt, wird physikalisch-technische Innovationsfähigkeit für wirtschaftlichen Wohlstand entscheidend sein. Dies gilt erst recht dann, wenn man stärker als bisher daran geht, das Nord-Süd-Gefälle zu beseitigen, alternative und "mittlere" Technologien zu entwickeln u.a.m. Solche neuen Entwicklungen, wie sie heute vielfach diskutiert und gefordert werden,

verlangen nicht weniger, sondern mehr physikalische und technologische Kompetenz.

6 Was im Physikunterricht behandelt wird, kann nicht nur durch seinen unmittelbaren Nutzen gerechtfertigt werden. Man muß es auch als Basis sehen, auf der späteres Weiterlernen möglich ist bzw. sehr erleichtert wird. Glücklicherweise bietet jedoch gerade die elementare Physik, die in dieser stark akkumulierenden Disziplin nicht übersprungen werden kann, viele Möglichkeiten, Erscheinungen des Alltagslebens zu verstehen und damit auch die Handlungsmöglichkeiten zu erweitern. Auch ist die Auseinandersetzung mit dem physikalischen Weltbild, die für unsere Kultur prägend ist, bereits auf diesem Niveau möglich.

Wir meinen, daß man die negativen Folgen nicht akzeptieren kann, die ohne eine schulische Einführung in Physik eintreten müßten; auf die positiven Beiträge darf man nicht verzichten. Dies sind Urteile, die keine logische Stringenz beanspruchen und auch nicht auf Experimenten beruhen. Sie besitzen jedoch hohe Plausibilität - und in aller Regel haben die Urteile, auf denen individuell oder kollektiv Handlungsentscheidungen gegründet werden, keine andere Qualität. Die Urteile sind, und das entspricht dem Standard der wissenschaftlichen Kultur, so ausgearbeitet, daß sie jederzeit der Prüfung zugänglich und für Einwände und Gegenargumente offen sind. Auch decken diese Urteile die Details der Realisierung nicht: Sie legitimieren nicht unbedingt den Physikunterricht, wie er heute ist. Vielmehr verlangen sie eine Gestaltung dieses Unterrichts, der den Legitimationsargumenten angemessen ist, und engen insoweit auch die vertretbaren Formen von Physikunterricht ein. Konkretisierungen dieser Einschränkungen liefern insbesondere die im folgenden Abschnitt zu behandelnden Zielkataloge.

1.3 Allgemeine Zielsetzungen des Physikunterrichts

1.3.1 Systeme der Zielbeschreibung und -formulierung nach Allgemeinheitsgrad und Detaillierung

Legitimationsdiskussionen behandeln im allgemeinen die Frage der Bildung und Erziehung sehr allgemein. Zieldiskussionen erfordern viel detailliertere Überlegungen. Sie sind außerdem an vorgegebenen Rahmenbedingungen wie etwa die Verfassung und die Schulgesetzgebung gebunden. Doch bleibt ein weiter Spielraum für die Ausgestaltung dieses Auftrags.

Es gibt zahlreiche Systeme der Beschreibung von Zielen. Eine einheitliche Auffassung hat sich bisher nicht durchgesetzt. In jedem System aber muß zumindest unterschieden werden:

(a) nach Allgemeinheitsgrad bzw. Detaillierung der Ziele,

(b) nach der Art der verlangten Leistung.

Schon in der Terminologie gibt es Unterschiede, die unterschiedliche Akzente setzen. Spricht man z.B. von *Lernzielen*, dann betrifft das primär die Schüler. Spricht man von *Lehrzielen*, so hat man eine Forderung an die Lehrer im Auge.
Den meisten Zielsystemen liegt ein *Zielebenen-Modell* zugrunde.
Auf der *höchsten Ebene* werden Ziele sehr allgemein beschrieben: Legitimationsargumente werden in Forderungen umgesetzt. Die Sprache ist die der politischen Deklaration und moralischen Appelle. Ziele dieser Art werden z.B. Richtziele, Leitziele, allgemeine Lernziele etc. genannt. Es besteht Konsens darüber, daß Ziele auf der höchsten Ebene nicht genügen, sondern daß detaillierte Beschreibungen auf niedriger Ebene notwendig sind.
In welcher Beziehung die niederen Ebenen zu den jeweils höheren stehen, ist kontrovers. Einige glauben, detaillierte Ziele ließen sich aus allgemeineren deduzieren. Die überwiegende Auffassung ist aber, daß dies nicht möglich ist. Die Detaillierung ist ein komplexer Prozeß, der zudem von vielen Randbedingungen (Alter, der Schüler, zur Verfügung stehende Zeit, konkurrierende andere Angebote) abhängt. Die Detaillierung ist nämlich auch ein Selbstverständigungsprozeß derart, daß man rückfragt: War das Richtziel wirklich so gemeint? Man kann das an folgendem allgemeinen Ziel exemplifizieren: Der Mensch soll ein über Alltagsverständnisse hinausgehendes Verständnis von Naturvorgängen erwerben. Die Deduktion lautete: *Newton*sche Mechanik dient einem über Alltagsverständnisse hinausgehenden Naturverständnis, ergo muß der Mensch Newtonsche Mechanik lernen. An dieser Stelle fragen wir naturgemäß zurück: Hatten wir die allgemeine Forderung denn so gemeint?
Wie lassen sich nun die der höchsten Ebene folgenden Zielbeschreibungen charakterisieren? Zunächst läßt sich feststellen, daß man im allgemeinen von mindestens drei Ebenen ausgeht, und damit wollen wir uns hier begnügen.
Die *mittlere Ebene* wird eine stärkere Spezifizierung enthalten. Es ist die Ebene der Lehr- und Stoffpläne, die auf der Ebene der Lehr- und Lernereignisse im Klassenzimmer Entscheidungs- und Gestaltungsspielräume las-

sen. Eine gängige Bezeichnung für Ziele auf dieser mittleren Ebene ist *Grobziele*, Groblernziele, etc.
Auf der *unteren Ebene* werden noch detailliertere und konkretere Ziele formuliert. Sie werden oft *Unterrichtsziele*, Feinlernziele o.ä.m. genannt. Sie lassen den höchsten Grad der Erfolgskontrolle zu.
Häufig wird eine Diskrepanz zwischen den Richtzielen und den Unterrichtszielen empfunden. Die ersten klingen anspruchsvoll und bedeutend, während Unterrichtsziele meist fachlich-eng formuliert sind. Das Ziel z.B., fähig zu sein, die Grenzen der physikalischen Methode zu beurteilen, kontrastiert recht merkwürdig mit dem Unterrichtsziel, die Schüler sollten zur Anwendung des *Ohm*schen Gesetzes befähigt werden. Man muß daher vor dem Mißverständnis warnen, Richtziele könne man *unmittelbar* zu Unterrichtszielen machen. Die einzelnen Unterrichtsereignisse und -sequenzen können lediglich dazu *beitragen*, daß Richtziele erreicht werden. Nur dem Physikunterricht als Ganzem kann man es auftragen, Richtziele zu erreichen. Dasselbe gilt erst recht für die übergeordneten Bildungs- und Erziehungsziele. So kann z.B. der Physikunterricht allein die Schüler nicht zu "mündigen Bürgern" machen; er kann aber dazu beitragen.

1.3.2 Zwei inhaltlich bestimmte Zielkataloge

Das Drei-Ebenen-Schema bildet ein Raster für die Einordnung von Zielen. Sie können auch als Instrumente zur Konstruktion von Zielen und von Aufgaben zum Überprüfen des Lernerfolgs verwendet werden ("Operationalisierung"). In diesem Abschnitt seien ergänzend zwei Beispiele von Katalogen referiert, die sich auf das Ebenen-Schema beziehen lassen, zugleich aber Beispiele für dezidierte Zielentscheidungen darstellen.

A Der erste Katalog (Science Objectives: National Assessment of Educational Progress, USA) wurde für den naturwissenschaftlichen Unterricht entwickelt, er läßt sich aber ohne weiteres auf die Physik spezialisieren:

I. Kenntnis der grundlegenden Fakten und Prinzipien der Physik;

II. Fähigkeiten und Fertigkeiten, die für die typischen physikalischen Verfahren grundlegend sind:

 A Fähigkeit, ein physikalisches Problem zu identifizieren und zu definieren.

- B Fähigkeit, eine physikalische Hypothese vorzuschlagen bzw. als solche zu erkennen.
- C Fähigkeit, Validierungsverfahren vorzuschlagen bzw. auszuwählen (logische und empirische).
- D Fähigkeit, benötigte Daten zu beschaffen, z.B. durch Experimente.
- E Fähigkeit, Daten zu interpretieren, d.h. die Bedeutung von Daten zu verstehen und zu erkennen; Schlußfolgerungen und Verallgemeinerungen zu formulieren und sie auf der Grundlage bekannter oder gegebener Information zu beurteilen (bewerten).
- F Fähigkeit, die logische Konsistenz von Hypothesen mit einschlägigen Gesetzen, Fakten, Beobachtungen oder Experimenten zu überprüfen.
- G Fähigkeit, quantitativ und formal (symbolisch) zu argumentieren.
- H Fähigkeit zu unterscheiden: zwischen Tatsache, Hypothese und Meinung (Auffassung); zwischen relevantem und irrelevantem; zwischen Modell und Beobachtungen, zu deren Beschreibung und Erklärung das Modell entwickelt wurde.
- J Fähigkeit, physikalische Gesetze und Prinzipien in vertrauten oder neuen Situationen zu verwenden.

III. Verstehen der Physik als Forschungsprozeß, d.h. verstehen, daß

- A physikalische Erkenntnis aus Beobachtungen und Experimenten, der Interpretation der Beobachtungen und der experimentellen Ergebnisse entsteht; solche Beobachtungen und Experimente kritischer Überprüfung unterzogen werden und reproduzierbar sein müssen;
- B Beobachtungen zu Gesetzen verallgemeinert werden;
- C Gesetze im Rahmen von Theorien verallgemeinert bzw. eingeschränkt werden;
- D manche Fragen einer physikalischen Untersuchung zugänglich sind, andere nicht;
- E Messen ein wichtiger Zug der Physik ist, weil durch die Entwicklung quantitativer Unterscheidungen die Formulierung und die Sicherung von Gesetzen erleichtert wird;

F Physik kein abgeschlossenes Unternehmen ist und vermutlich nie sein wird.

IV. Entwickeln von Einstellungen gegenüber Physikern, der Physik und den Folgen von Physik, und zwar aufgrund eines angemessenen Verständnisses der Physik.

Insbesondere soll der Lernende

A für den Unterschied zwischen Physik und Anwendung von Physik sensibilisiert werden;

B eine sachgerechte Einstellung zu Physikern erwerben;

C die Beziehung zwischen Physik und mißverstandener Physik und Aberglauben verstehen;

D bereit und willens sein, bewußt im Alltagsleben grundlegende physikalische Prinzipien anzuwenden und Vorgehensweisen zu benutzen, wo das angebracht ist;

E neugierig sein auf physikalische Aktivitäten und an ihnen teilnehmen und zwar ohne Bezugnahme auf den Beruf o.a.

Die Ziele I - IV lassen sich der *obersten Ebene* zuordnen. Doch erfolgt jeweils eine Detaillierung innerhalb jeder Zielklasse, die man der *zweiten Zielebene* zuordnen kann. Unterrichtsziele (dritte Ebene) werden hier nicht genannt.
Es fällt auf, daß es bei den Zielen keinen expliziten Bezug auf soziale und politische Kompetenzen gibt. Auch fehlt ein expliziter Bezug auf die Technik sowie auf die Gefahren der physikalischen Forschung. Das System spiegelt den ungebrochenen Optimismus, nämlich den Glauben an Notwendigkeit und Segen des naturwissenschaftlichen Fortschritts, der für die Curriculumentwicklung nach 1960 in den USA charakteristisch war. Dabei war der Gedanke ausschlaggebend, daß im wirtschaftlichen Konkurrenzkampf mit der sozialistischen Sowjetunion die liberal-demokratischen USA ins Hintertreffen zu geraten drohten, weil sie die Bildung in den exakten Naturwissenschaften vernachlässigt hatten.
Dies illustriert den Zusammenhang des Zielkatalogs mit den Legitimationsargumenten. Sie stehen im Hintergrund und bestimmen die Auswahl und Bewertung der Ziele, hier sind es vor allem ökonomische Bedarfsargumente, die sich in den Zielen auswirken.

Man könnte die vier Zielklassen des Katalogs noch einmal in zwei große Gruppen einteilen: Auf der einen Seite steht die Gruppe, die man mit der Marke "Physik verstehen" versehen kann. Sie beinhalten Verstehen von Wissensbeständen und Verstehen von Forschungsprozessen. Die zweite Gruppe ließe sich übergreifend durch "Positive Einstellung zur Physik haben" charakterisieren. Man wird kaum fehlgehen in der Annahme, daß diese zweite Gruppe (IV) in höherem Maße als die erste übergeordnete Bildungsziele enthält, durch die die Ziele der ersten Gruppe als legitimiert angesehen werden: Der Erwerb von Wissen und das Verstehen von Forschungsverfahren dient letzten Endes der Hinwendung zur Physik, ihrem kritischen Gebrauch u.ä.m. An einer Formulierung wie IV E wird besonders deutlich, daß dabei nicht allein von ökonomischen Bedarfsargumenten ausgegangen wird, sondern daß auch kulturelle Bedürfnisargumente mitschwingen: Es geht nicht bloß um den eng verstandenen "Nutzen" des Physiklernens im Sinne ökonomischer Vorteile, sondern um eine Bereicherung der persönlichen Erfahrungs- und Wirkungsmöglichkeiten. Insgesamt ist der Eindruck eines ungebrochenen Glaubens an die Physik nicht zu übersehen.

B Im Unterschied dazu beruht der zweite Katalog auf einer Rezeption der kritischen Diskussion im Zusammenhang mit Atombomben, Kernenergie, Umweltverschmutzung, kurz, der Wachstums- und Sinnkrise, die seit etwa Mitte der siebziger Jahre in den hochentwickelten Industriestaaten um sich gegriffen hat. Die Autoren dieses Katalogs *(Häussler/Lauterbach* 1976) akzeptieren die Wendung, die auch von vielen Wissenschaftstheoretikern vollzogen wurde: Weg von einer idealisierten Betrachtung der Physik als einem logischen System und einer rein aus rationalen Prozessen bestehenden "Forschung", hin zu einer realistischen Betrachtungsweise, in der die Physiker als Menschen unter Menschen, eingebunden in soziale Beziehungen gesehen werden, mit menschlichen Motiven und Interessen. Die Autoren akzeptieren auch die enge Verpflechtung zwischen Physik und Technik innerhalb des gesellschaftlichen Interessen- und Kräftespiels.
Die Ziele werden nach vier Bezugsfeldern gruppiert. Man stellt sich vor, daß es Ziele gibt im Hinblick auf das *Fach*, im Hinblick auf die *Gesellschaft*, auf die *Umwelt* und auf den *Schüler* bzw. den Unterricht. Dahinter steht eine Analyse der Physik in einem gesellschaftlichen Beziehungsgeflecht, was auch zur Folge hat, daß die Legitimationsargumente in systematischer Weise verknüpft und bewertet werden: letzten Endes sind politische Legitimationsargumente ausschlaggebend. Das kann hier nicht dargestellt werden, vielmehr

läßt sich nur das Schema der Ziele reproduzieren. (Der Leser sei auf die Originalarbeit verwiesen).

A Deutungsbereich Naturwissenschaft/Technik

"Der Schüler ...

A_1 erkennt, daß die Menschen mit Hilfe von Naturwissenschaften und Technik die Welt verändert haben und dauernd verändern.

A_2 erkennt, daß mit Hilfe von Naturwissenschaften und Technik sowohl Vorteile für die Lebensbedingungen der Menschen erreicht wurden als auch Nachteile.

A_3 kennt tatsächliche und potentielle Fehlentwicklungen in und aus Naturwissenschaften und Technik und setzt sich mit diesen auseinander.

A_4 kennt Strukturierungen, wesentliche Denk- und Sichtweisen, grundlegende Begriffe und Prinzipien und methodische Grundlagen, die in Naturwissenschaften und Technik objektiviert (bedeutsam) sind.

A_5 kennt Grenzen und Gültigkeitsbereiche von naturwissenschaftlichen und technischen Erkenntnissen und Aussagen.

A_6 hat Einblick in den heutigen Forschungs- und Entwicklungsbetrieb und kennt einige ihrer Steuerungs- und Kontrollinstanzen.

A_7 erfährt, daß naturwissenschaftliche Erkenntnisse technisch verwertbar sind und umgekehrt, daß technologische Entwicklung die Naturwissenschaften vor neue Erkenntnisprobleme stellen kann.

A_8 erkennt, daß Naturwissenschaften und Technik eng mit Wirtschaft, Politik und sozialer Lebenswelt verflochten sind.

A_9 kennt die historische Entwicklung von Naturwissenschaften und Technik mit den jeweiligen Bedingungsfaktoren, die diese Entwicklung beeinflußt haben."

B Gesellschaftsbezogener Handlungsbereich

"Der Schüler ...

B_1 prüft bei Entscheidungen, die Individuen und Gesellschaft betreffen, inwiefern zweckrationales und objektives Denken und Handeln aus Naturwissenschaften und Technik Geltung beanspruchen können.

B_2 analysiert naturwissenschaftliche und technische Argumente daraufhin, ob sie gültig sind, d.h. ihrem Objektbereich entsprechen oder zur Legitimation von außernaturwissenschaftlichen Entscheidungen mißbraucht werden.

B_3 befragt Experten, fragt nach und analysiert kritisch deren Aussagen und berücksichtigt diese bei seinen Entscheidungen.

B_4 versucht den Standpunkt von Betroffenen zu verstehen und setzt sich für deren Interessen ein.

B_5 sucht nach möglichen Problemen, die in und aus Naturwissenschaften und Technik entstehen können, fördert Lösungsmöglichkeiten für bestehende Probleme und wehrt mögliche Gefahren mittels seiner politischen, wirtschaftlichen und sozialen Möglichkeiten.

B_6 besitzt "scientific literacy" und versucht, mit Hilfe geeigneter Quellen und Personen selbständig naturwissenschaftliche und technische Informationen zu verarbeiten und zu verwenden.

B_7 nutzt naturwissenschaftliche und technische Kenntnisse im Zusammenhang mit Kenntnissen typischer Arbeitsabläufe, Arbeitsbedingungen, Qualifikationen und Entwicklungstendenzen in verschiedenen Berufsfeldern zur Berufsentscheidung.

B_8 sucht nach übergreifenden Zusammenhängen bei spezialisierten Tätigkeiten, nach der Bedeutung ihres Inhalts und der Angemessenheit ihrer Form und nutzt naturwissenschaftliche und technische Kenntnisse, damit sie menschenangemessen gestaltet werden.

B_9 arbeitet selbständig und produktorientiert mit anderen zusammen und orientiert seine Arbeit am Gesamtinteresse.

B_{10} nutzt naturwissenschaftliche und technische Kenntnisse zur Entwicklung und Einhaltung einer ökologischen, d.h. umweltfreundlichen und für sich gesunden Lebensführung."

C Umweltbezogener Handlungsbereich

"Der Schüler ...

C_1 nutzt naturwissenschaftliche und technische Kenntnisse, um Vorgänge in seiner Umwelt besser verstehen zu können und ihnen gegenüber handlungsfähiger zu werden.

C_2 trägt zu einer verantwortungsbewußten Umweltgestaltung aktiv bei.

C_3 wendet sich seiner Umwelt mit problemsuchenden und problemlösenden Fähigkeiten zu und benutzt diese, um entdeckte Schwierigkeiten erklärend und Lösungen entwickelnd zu bewältigen.

C_4 weiß um die Möglichkeit und Grenzen naturwissenschaftlichen und technischen Wissens und Könnens beim unmittelbaren Umgang mit natürlichen und technischen Sachverhalten.

C_5 nutzt naturwissenschaftliche und technische Kenntnisse und Verfahren zur angemesseneren Situationsbewältigung bzw. Bedürfnisbefriedigung.

C_6 schützt sich gegenüber psychischen und physischen Gefahren und beugt ihnen dadurch vor, daß er seine Handlungen unter Einbeziehung entsprechender naturwissenschaftlicher und technischer Kenntnisse plant und durchführt."

D Handlungsbereich Unterricht

"Der Schüler ...

D_1 überprüft und artikuliert seine schulischen Interessen, formuliert diesen entsprechend Ziele für Lernen und Unterricht und versucht, sie verantwortungsvoll für seine und anderer Gegenwart und Zukunft durchzusetzen.

D_2 analysiert und bewertet Lehrpläne und legt sie in vertrauensvoller Zusammenarbeit mit seinem Lehrer entsprechend seinen schulischen Interessen aus.

D_3 ist bereit und fähig, Neues zu erlernen, alternative Positionen und Meinungen abzuwägen und sinnvoll Erkanntes zu vertreten.

D_4 verabredet und vereinbart Regeln gemeinsamen Unterrichtshandelns und hält sich daran.

D_5 ist teamfähig und kooperiert an geeigneten Aufgaben mit anderen und übt verantwortungsbewußt Solidarität.

D_6 beschäftigt sich mit Erfahrungen zum Lehren und Lernen, um das Lernen zu lernen, und nutzt seine Kenntnisse zur Verbesserung der Lernbedingungen und zum Weiterlernen.

D_7 ist bereit, sich in begründeten Fällen mit einem Sachverhalt grundsätzlicher aueinanderzusetzen, um die Erschließung anderer Inhaltsbereiche vorzubereiten und zu erleichtern."

Der Leser wird nach der Lektüre dieses sehr umfassenden Zielkatalogs unschwer das Vorherrschen politischer Legitimationsargumente erkennen und an besonders deutlichen Beispielen lokalisieren können. Die Sprache moralischer Appelle ist ebenso deutlich wie das Zurücktreten fachspezifischer Ziele. Im Grunde wird eben versucht zu definieren, was, aus der Sicht der Autoren, ein guter Mensch ist.
Wie problematisch solche Versuche sind, läßt sich aus der Diskussion einiger Beispiele unschwer erkennen. Nehmen wir zunächst A_8. Dieses Ziel basiert deutlich auf politischen Legitimationsargumenten. Aber das ist hier nicht der interessante Punkt: Die Frage ist, wie ein derartiges Ziel in konkrete Unterrichtsereignisse umgesetzt wird, m.a.W. was ein Lehrer daraus macht. Liest man die Formulierung darauf noch einmal durch, erkennt man, daß das Ziel einen viel zu weiten Spielraum abdeckt: Der eine Lehrer kann sich darauf bei der Vermittlung eines marxistischen Verständnisses dieses Zusammenhangs berufen, der andere bei der eines dezidiert liberaldemokratischen. Daß es enge Verflechtungen gibt, ist nicht zweifelhaft. Aber welcher Art sie sind, wie weit Physik, Technik usw. z.B. durch wirtschaftliche Interessen bestimmt sind, darüber gibt es keinen Konsens. Diese Diskussion exemplifiziert, was wiederholt hervorgehoben wurde: Weder Legitimationsargumente noch die von ihnen gedeckten Richtziele bestimmen schon, wie der Unterricht aussieht. In dem Beispiel käme es z.B. darauf an, ob es verläßliche Fakten über diese Verflechtung gibt, wer sie auswählt und bewertet: Offensichtlich sind wir hier in einem Bereich, der anders als die Physik keine simplen Fakten liefern kann.
Nehmen wir als zweites Beispiel B_4. Die Herkunft des Ziels aus der politischen Diskussion erkennt man bereits an der Wortwahl. Auch hier bleibt aber die Umsetzung in Unterricht offen. So wäre in jedem Einzelfall zu entscheiden, wer z.B. Betroffener ist. Sind z.B. beim Bau einer Mülldeponie nur die betroffen, die ihre Wohnungen in der Nähe haben, also etwa die

umliegenden Dörfer? Kann man solche ökonomisch weitreichenden Anlagen abkoppeln vom Wohl *aller* Bürger? Das Problem wird im B_9 explizit angesprochen: Was ist das "Gesamtinteresse"?
Schließlich sei noch auf Formulierungen in B_5 und C_3 hingewiesen, die das Problem-*suchen* sehr stark betonen - so, als gäbe es nicht schon genug. Dieser angezielte Mensch wird keine Fabrik bauen, keine neue Maschine konstruieren, kein neues Produkt verkaufen, weil er mit der Dialektik des Anfangens nicht fertig wird: Vor jedem Schritt wird eine offenbar unendliche Suche nach möglichen Problemen, schädlichen Folgen u.ä.m. beginnen. Dieser Mensch hat nichts zu lachen. Und er ist in einer ausweglosen Situation, wenn er erst beginnt zu fragen, welche Probleme sein ständiges Fragen und Problemsuchen selbst aufwirft. Wir sollten daraus lernen, daß Schule und Erziehung nicht die großen Menschheitsprobleme lösen kann.
Die Auswahl der beiden Zielkataloge ist natürlich in gewissen Grenzen willkürlich. Sie exemplifizieren aber sehr gut den Wandel in den Auffassungen und sind damit bestens geeignet, den Leser für Fragen des Zusammenhangs zwischen Zielformulierungen und Legitimationsargumenten zu sensibilisieren, ein Zusammenhang, dem er in den Zielformulierungen der jeweils aktuellen Lehrpläne nachgehen sollte.
Abschließend sei noch einmal darauf hingewiesen, daß Zielkataloge dieser Allgemeinheit über das konkrete Unterrichtsgeschehen noch wenig aussagen. Eine engere Bestimmung wird durch Lehrpläne vorgenommen. Die Zielproblematik, wie sie sich in Lehrplänen darstellt, wird im folgenden Kapitel behandelt. Die Rolle von Richtzielen und Groblernzielen für die Unterrichtsziele wird im Kapitel 4 exemplifiziert.

Literaturhinweise

Zur Charakterisierung dessen, "was Physik ist", gibt es eine unübersehbare Fülle von Literatur. Hier sei ein Buch besonders empfohlen, das von einem Physiker geschrieben ist und überaus reichhaltiges Material ausbreitet:

Ziman, J., 1982.

Ergänzend die älteren Bücher:

Ziman, J., 1968.

Ziman, J., 1976.

Das Verständnis der exakten Naturwissenschaften insgesamt wurde nachhaltig von einer inzwischen "klassischen" Arbeit verändert:

Kuhn, T.S., 1967.

Viele dieser Gedanken, deren Kern darin besteht, daß grundlegende Änderungen in den Naturwissenschaften nicht rein logisch zu verstehen sind, findet man freilich schon viel früher; ein wichtiges Werk ist in diesem Zusammenhang:

Duhem, P., 1978.

Die üblichen Pendelausschläge hin zu einem historischen Relativismus werden nun erkennbar gedämpft. Typisch dafür:

Batens, D., van Bendegem, J.P., 1988.

Historische Betrachtungen über den mit dem Entstehen der neuzeitlichen Naturwissenschaft verbundenen Wandel des Weltverständnisses findet man beschrieben in:

Heidelberger, M., Thiessen, S., 1981.

Böhme, G., van den Daele, W., Krohn, W., 1977.

Den Zusammenhang zwischen dem Entstehen der neuzeitlichen Naturwissenschaft und gesellschaftlich-technischen Wandel wird knapp aber eindringlich dargestellt in der Studie:

Mathias, P., 1977.

Zum Technikbegriff gibt es ebenfalls eine Fülle unterschiedlicher Veröffentlichungen. Einen radikalen, unverändert aktuellen Technikbegriff vertritt mit einer Fülle von Analysen über die Technikfolgen:

Ellul, J., 1964.

Über die didaktische Diskussion über Technik und Physik kann man sich orientieren in:

Traebert, W.E., Spiegel, H.R., 1982.

Traebert, E., 1979.

Das Thema Physik als Kulturleistung ist nicht geschlossen dargestellt worden; der Titel von *Simonyi* 1990 weckt übertriebene Erwartungen. Es gibt eine umfangreiche Darstellung der Entwicklung der chinesischen Naturwissenschaft von *Needham*. Davon ist eine Zusammenfassung in deutsch empfehlenswert:

Needham 1984.

Lesenswert ist auch die Essay-Sammlung desselben Autors:

Needham 1979.

Literatur über Legitimation und Ziele findet man in Abhandlungen über Didaktik der Physik, meist allerdings ohne explizite Trennung beider Aspekte:

Bleichroth, W., 1978.

Born, G., Druxes, H., 1983.

Töpfer, E., Bruhn, J., 1976.

Jung, W., 1970.

Jung, W., 1981.

Oy, von, K., 1978.

Schietzel, C., 1968.

Willer, 1977.

Wagenschein, M., 1968.

Weltner, K., 1971.

Eine speziell auf die Bedürfnisse der Physik zugeschnittene Taxonomie von Zielen hat entwikkelt:

Nedelsky, L., 1965.

Als Beispiel einer sehr kritischen Analyse von Zielsetzung und Realität des heutigen Physikunterrichts findet man z.B. in:

Nolte-Fischer 1989.

Sehr kritisch ist auch die Analyse von *Kremer*, der die Interessenlage der Physiklehrer dafür verantwortlich macht, daß wünschenswerte Reformen unterblieben. Er bezieht insbesondere die Zeit des "Dritten Reichs" mit ein:

Kremer, 1985.

Der bislang gründlichste Versuch, Ziele durch Legitimationsargumente zu begründen ist:

Häußler, P., Lauterbach, R., 1976.

Das folgende Bändchen, dem das erste Beispiel eines Zielkatalogs im Text entnommen ist, beschreibt auch, aber nur formal, das Verfahren, nach dem der Katalog entwickelt wurde:

National Assessment of Educational Progress 1969.

In diesem Zusammenhang kann auch die "Delphi-Studie" des IPN erwähnt werden, eine Übersicht gibt:

Häußler, P. 1987.

Die Übersetzung von Lernzielen in Unterrichtsziele durch Unterrichtsplanung wird dargestellt in:

Duit, R. / Häußler, P. / Kircher, E., 1981.

Literatur

Batens, D., van Bedegem, J.P., Editors: Theory and Experiment. Recent Insights and New Perspectives on Their Relation. Dordrecht: Reidel, D. 1988.

Bleichroth, W.: Die Didaktik des Physik/Chemie-Unterrichts als Wissenschaft. In: didactica 3 (1969). Abgedruckt in: Bleichroth, W. (Hrsg.): Didaktische Probleme der Physik. Darmstadt: Wiss. Buchgesellschaft 1978.

Born, G., Druxes, H., Siemsen, F.: Kompendium Didaktik Physik. München: Ehrenwirth 1983.

Böhme, G., van den Daele, W., Krohn, W.: Experimentelle Philosophie. Ursprünge autonomer Wissenschaftsentwicklung. Frankfurt a.M.: Suhrkamp 1977.

Broudy, S.: Types of Knowledge and Purposes of Education. In: *Anderson, R.C., Spiro, R.J., Montague, W.E.* (Hrsg.): Schooling and the Acquisition of Knowledge. Hillsdale: L. Erlbaum 1977.

Bruner, J.S.: Towards a Theory of Instruction. Harvard University Press: Cambridge (Mass.) 1967.

Davies, P.C.W., Brown, J.: Superstrings. A Theory of Everything? Cambridge: Cambridge University Press 1988.

Duhem, P.: Ziel und Struktur der physikalischen Theorien. Hamburg: Meiner 1978.

Duit, R., Häußler, P., Kircher, E.: Unterricht Physik. Materialien zur Unterrichtsvorbereitung. Köln: Aulis 1981.

Ellul, J.: The Technological Society. Translated from the French by John Wilkinson. With an Introduction by Robert K. Merton. New York: Vintage Book Knopf & Random House 1964.

Flitner, W.: Hochschulreife und Gymnasium. Heidelberg: Quelle und Meyer 1960.

Giel, K., Hiller, G.H., Krämer, H.: Stücke zu einem mehrperspektivischen Unterricht. Stuttgart: Klett 1974.

Häußler, P., Lauterbach, R.: Ziele naturwissenschaftlichen Unterrichts. Zur Begründung inhaltlicher Entscheidungen. Beltz: Weinheim 1976.

Häußler, P.: Eine Erhebung zu einer erwünschten physikalischen Bildung. In: physica didactica 14 (1987) 3, 13-24.

Heidelberger, M., Thiessen, S.: Natur und Erfahrung. Von der mittelalterlichen zur neuzeitlichen Naturwissenschaft. Reinbeck: Rowohlt: 1981.

Heimann, P., Otto, G., Schulz, W.: Unterricht. Analyse und Planung. Hannover: Schroedel 1965.

Jung, W.: Anstöße. Ein Essay über Didaktik der Physik und ihre Probleme. Frankfurt a.M.: Diesterweg 1981.

Jung, W.: Beiträge zur Didaktik der Physik. Frankfurt a.M.: Diesterweg 1970.

Kremer, A.: Naturwissenschaftlicher Unterricht und Standesinteresse. Marburg: Redaktionsgemeinschaft Soznat 1985 (Reihe Soznat Mythos Wissenschaft).

Kuhn, T.S.: Die Struktur wissenschaftlicher Revolutionen. Frankfurt a.M.: Suhrkamp 1967.

Litt, Th.: Naturwissenschaft und Menschenbildung. Heidelberg: Quelle und Meyer 1959.

Mathias, P.: Wer entfesselte Prometheus? Naturwissenschaft und technischer Wandel 1600 - 1800. In *Musson, A.E.* (Hrsg.): Wissenschaft, Technik und Wirtschaftswachstum im 18. Jahrhundert. Frankfurt a.M.: Suhrkamp 1977.

National Assessment of Educational Progress. Science Objectives. Committee on Assessing the Progress of Education. Michigan: Ann Arbor 1969.

Nedelsky, L.: Science Teaching and Testing. New York: Harcourt, Brace 1965.

Needham, J.: Wissenschaftlicher Universalismus. Frankfurt a.M.: Suhrkamp 1979.

Needham, J.: Wissenschaft und Zivilisation in China: Suhrkamp 1984.

Nolte-Fischer, G.: Bildung zum Laien. Zur Soziologie des schulischen Fachunterrichts. Weinheim: Deutscher Studienverlag 1989.

Oy, von, K.: Aufgabe und Bedeutung der Physik als Schulfach. Der Mathematische und Naturwissenschaftliche Unterricht 31 (1978) Heft 1, 1-7.

Robinsohn, S.B.: Bildungsreform als Revision des Curriculum. Neuwied/ Berlin: Luchterhand 1967.

Schoedler, R.: Das Buch der Natur. Braunschweig: Vieweg 1862 (11. Aufl., 1. Aufl. 1846).

Schietzel, C.: Technik, Natur und exakte Wissenschaft. Teil I: Die Theorie. Braunschweig: Westermann 1968.

Spaemann, R., Löw, R.: Die Frage Wozu? Geschichte und Wiederentdeckung des teleologischen Denkens. München-Zürich: Piper Verlag 1981.

Simonyi, K.: Kulturgeschichte der Physik. Frankfurt a.M.: Verlag H. Deutsch-Thun 1990.

Töpfer, E., Bruhn, J.: Methodik des Physikunterrichts. Heidelberg: Quelle und Meyer 1976.

Traebert, E., (Hrsg.): Technik als Schulfach. Bd. 2. Düsseldorf: VDI-Verlag: 1979.

Traebert, W.E., Spiegel, H.R. (Hrsg.): Technik als Schulfach. Bd. 1. Düsseldorf: VDI-Verlag: [3]1982.

Wagenschein, M.: Die Pädagogische Dimension der Physik. Braunschweig: Westermann 1968.

Weltner, K.: Aspekte der Lernziele des Physikunterrichts. In: Westermanns Päd. Beitr. 23 (1971) 113-145.

Willer, J.: Repetitorium Fachdidaktik Physik. Bad Heilbrunn: Klinkhardt 1977.

Ziman, J., Public Knowledge. The Social Dimension of Science. Cambridge: Cambridge University Press 1968.

Ziman, J.: The Force of Knowledge, The Scientific Dimension of Society. Cambridge: Cambridge University Press 1976.

Ziman, J., Wie zuverlässig ist wissenschaftliche Erkenntnis? Braunschweig: Vieweg 1982.

2 Die Inhalte des Physikunterrichts

Im 1. Kapitel wurden Physik und Technik mit ihren vielfältigen Verflechtungen als der Gegenstandsbereich des Physikunterrichts umrissen. Auf diesem Hintergrund wurden dann die Legitimation des Physikunterrichts erörtert und die Problematik seiner Zielsetzungen diskutiert. Dabei ist deutlich geworden, daß sowohl die Legitimationsargumente als auch die Zielkataloge einem gesellschaftlich bedingten zeitlichen Wandel unterliegen.
Das 2. Kapitel wendet sich den Inhalten des Physikunterrichts zu, mit denen die jeweils als gültig angesehenen Ziele erreicht werden können.
Was Inhalte des Physikunterrichts sind, wird durch Lehrpläne weitgehend festgelegt. Hier sind die Inhalte nach sachlichen Gesichtspunkten geordnet, gegliedert und in eine zeitliche Reihenfolge gebracht. Die sprachliche Formulierung für einen Inhalt ist meist kurz und prägnant und umfaßt unausgesprochen die Aufforderung, daß der Inhalt zum Unterrichtsinhalt gemacht werden soll. Ob und auf welche Weise er es tatsächlich geworden ist, zeigt sich erst im Unterricht selbst oder in der nachträglichen Reflexion. In diesem Kapitel werden die Inhalte im Vorfeld des Unterrichts, gleichsam als potentielle Unterrichtsinhalte betrachtet. In dieser Form sind sie Bestandteil der Lehrpläne. Um sachgerecht mit Lehrplänen umgehen zu können, um sie zu verstehen und beurteilen zu lernen, ist es sinnvoll, vorher einige grundsätzliche Überlegungen über die Inhalte anzustellen.
Zuerst ist die Frage zu klären, welche unterschiedlichen Arten von Inhalten im Physikunterricht überhaupt vorkommen können. In einem ersten Abschnitt werden daher die typischen Inhalte aus Physik und Technik in systematischer Betrachtung mit ihren charakteristischen Merkmalen dargestellt und in ihren Zusammenhängen untersucht.
Der zweite Abschnitt beschäftigt sich mit der grundsätzlichen Frage, wie aus der übergroßen Fülle von Gegenständen und Sachverhalten aus Physik und Technik diejenigen ausgewählt werden können, die Inhalte des Physikunterrichts sein sollen. Es werden Gesichtspunkte diskutiert, unter denen eine Auswahl vorgenommen und die Auswahlentscheidung begründet werden kann. Daran schließen sich grundsätzliche Überlegungen zur Elementarisie-

rung, d.h. zur didaktischen Aufbereitung der Inhalte in Hinsicht auf die zu unterrichtenden Schüler.
Der dritte Abschnitt handelt schließlich von den Lehrplänen selbst, von ihren charakteristischen Merkmalen, ihrem historischen Wandel und von ihrer Umsetzung in Unterricht.

2.1 Arten und Strukturen der Inhalte

Inhalte des Physikunterrichts sind wesentlich bestimmt durch die besondere Art und Weise der Erkenntnisgewinnung in der Physik und durch die Erkenntnisse und Ergebnisse, die durch die Anwendung dieses methodischen Vorgehens gewonnen wurden. Zu den Inhalten des Physikunterrichts gehören aber auch Sachverhalte und Gegenstände aus der Technik, die mit den physikalischen Inhalten in Zusammenhang stehen, sowie die Bedeutung, die physikalischen Erkenntnissen und technischen Entwicklungen mit ihren Folgen für den Einzelnen und die Gesellschaft zukommt. Dies begründet sich aus den Zielsetzungen, wie sie im 1. Kapitel diskutiert wurden. Die Inhalte des Physikunterrichts sind demnach von sehr vielfältiger Gestalt. Es lassen sich folgende Arten von Inhalten unterscheiden:

Inhalte aus der Physik:

- beobachtbare Phänomene,
- methodische Konzepte,
- physikalische Begriffe,
- experimentelle Methoden,
- physikalische Gesetze,
- physikalische Theorien,
- Modelle,
- Zusammenhänge zwischen Physik, Individuum und Gesellschaft, auch in historischer Sicht.

Inhalte aus der Technik:

- Technische Funktionszusammenhänge,
    - auf einem einzelnen physikalischen Zusammenhang beruhend,
    - Komplexe Zusammenhänge,
- Technische Systeme,
- Technische Verfahren und Prinzipien,
- Historische Zusammenhänge der technischen Entwicklung,
- Zusammenhänge zwischen Technik, Gesellschaft und Individuum.

Die verschiedenen Inhalte sollen in den folgenden Abschnitten mit Beispielen belegt und im einzelnen näher charakterisiert werden.

2.1.1 Inhalte aus der Physik

2.1.1.1 Beobachtbare Phänomene

Naturphänomene oder Naturvorgänge und Erscheinungen, wie sie in der Erfahrungswelt der Schüler wahrgenommen und beobachtet werden können, eröffnen den Zugang zur Physik und sind daher Inhalte, die meist am Anfang einer Unterrichtseinheit stehen. Solche Phänomene sind z.B.: Fall, Trägheit, Licht und Schatten, Reflexion, Brechung und Beugung von Licht; Sieden, Verdampfen und Verdunsten von Flüssigkeiten; Anziehung und Abstoßung von Magnetpolen oder elektrisch geladenen Körpern; Wärmeausdehnung, Elektrizitätsleitung u.v.a.m. Es gehören aber auch einige Grundphänomene dazu, die nicht unmittelbar, sondern nur in bestimmten experimentellen Anordnungen beobachtet werden können, wie z.B. die *Brown*sche Molekularbewegung, die Nebelkammerbahnen von Elementarteilchen oder die Szintillation auf dem Leuchtschirm in der Nähe radioaktiver Substanzen.
Aus dem Umgang und der Erfahrung mit Phänomenen und aus deren gezielter Beobachtung entstehen die Fragen, die mit Hilfe des methodischen Konzepts der Disziplin (der Methode der Physik) untersucht werden sollen. Dies ist eine einschränkende Sichtweise, bei der bestimmte Qualitäten des Phänomens außer Betracht bleiben. Das Phänomen "Licht" zum Beispiel wird in der Physik auf bestimmte Fragestellungen eingeengt, Elemente des Naturerlebens und dessen Darstellung in Kunst und Dichtung bleiben ausgeklammert.

In diesem Sinne kann man sagen, erst die Methode konstituiert die Phänomene bzw. den Gegenstand der Physik und des Physikunterrichts.

Dabei muß hervorgehoben werden, daß der methodische Zugriff auf die sich stets gleich bleibenden Phänomene im Laufe der historischen Entwicklung der Naturwissenschaften eine ständige Wandlung erfahren hat. Die moderne relativistische Erklärung der Lichtausbreitung beruht auf anderen methodischen Prinzipien als die mechanischen Äthertheorien des 19. Jahrhunderts.

So bieten die beobachtbaren Phänomene als Unterrichtsinhalte die Möglichkeit, die besondere Sichtweise, den einschränkenden Aspekt unter dem die Natur in der Physik betrachtet wird, immer wieder bewußt zu machen.

2.1.1.2 Methodische Konzepte

Das methodische Konzept der Physik ist als "System bewährter Methoden des Experimentierens und des Theoretisierens" bereits im 1. Kapitel abgehandelt worden. Wie dort weiter erörtert wurde, gehört es zu den Zielsetzungen des Physikunterrichts, daß der Schüler wesentliche Denk- und Sichtweisen sowie methodische Grundlagen der Physik kennenlernt.

Daher ist das methodische Konzept zentraler Inhalt des Physikunterrichts.

Allerdings wird es selten als geschlossenes System thematisiert werden, sondern die methodischen Einzelelemente, wie Begriffsbildung, Quantifizierung, Methoden des Experimentierens, Modellvorstellungen, werden an geeigneten Beispielen bewußt gemacht. Sie werden daher in den folgenden Absätzen dargestellt.
Um jedoch den Zusammenhang zwischen den methodischen Einzelelementen herzustellen, der als "methodisches Konzept der Physik" in zusammenfassender Reflexion unterrichtlich zu behandeln ist, sollen in diesem Absatz noch einmal die wesentlichen Grundzüge der Methode der Physik mit ihren historischen Wurzeln ausführlicher dargestellt werden.
Allgemein wird *Galilei* als der Erfinder der physikalischen Methode bezeichnet und konstatiert, durch seine experimentelle Arbeitsweise habe er die Methode der Physik begründet. Dabei wird Richtiges und völlig Falsches in Unkenntnis der tatsächlichen historischen und wissenschaftstheoretischen Zusammenhänge in bedenklicher Weise miteinander vermischt.
Deshalb müssen wir die Methode der Physik nicht nur vor dem Hintergrund des heutigen Standortes der Wissenschaftstheorie, sondern auch im historischen Kontext untersuchen. Fragen drängen sich auf. Hat nicht auch *Archimedes* fast 2000 Jahre vor *Galilei* ausgezeichnet experimentiert und physikalische Gesetze in Form von mathematischen Realitionen formuliert? Warum gilt er dann nicht als der Begründer der physikalischen Methode?
Auch *Aristoteles*, dem eine oberflächliche Betrachtung nur rein spekulatives Denken über die Natur unterstellt, hat in der Tat experimentiert und aus seinen Experimenten Schlüsse gezogen. Die Alchemisten haben ebenfalls experimentiert. *Francis Bacon* hat vor *Galilei* die Rolle des Experiments in

den Naturwissenschaften herausgestellt. Der französische Physiker und Wissenschaftshistoriker *Pierre Duhem* konnte zeigen, daß während des ganzen Mittelalters naturphilosophische Strömungen vorhanden sind, deren exponierte Vertreter und Interpreten man mit Recht als "Vorläufer" *Galilei*s bezeichnen kann; z.B. *Oresme* und *Buridan*.
Trotzdem ist es richtig, *Galilei* als den eigentlichen Begründer der Methode der Physik anzusehen!
Es kommt nämlich nicht nur darauf an, ob ein Naturforscher experimentiert, sondern wie er die Rolle des Experiments im naturwissenschaftlichen Erkenntnisprozeß einschätzt, d.h. wie Theorie und Experiment miteinander verbunden werden. Nach *Kant* ist das Experiment ein dramatisches Spiel zwischen zwei Partnern, der "Vernunft" und der "Natur". In der Vorrede seiner "Kritik der reinen Vernunft" (2. Aufl.) hat er dieses aufregende Drama der Erkenntnisgewinnung in hervorragender Weise bildhaft beschrieben:
"Als *Galilei* seine Kugeln die schiefe Fläche mit einer von ihm selbst gewählten Schwere herabrollen oder *Toricelli* die Luft ein Gewicht, was er sich zum voraus dem einer ihm bekannten Wassersäule gleicht gedacht hatte, tragen ließ, oder in noch späterer Zeit *Stahl* Metalle in Kalk und diesen wiederum in Metall verwandelte, indem er ihnen etwas entzog und wiedergab; so ging allen Naturforschern ein Licht auf. Sie begriffen, daß die Vernunft nur das einsieht, was sie selbst nach ihrem Entwurf hervorbringt, daß sie mit Prinzipien ihrer Urteile nach beständigen Gesetzen vorangehen und die Natur nötigen müsse, auf ihre Fragen zu antworten, nicht aber sich von ihr allein gleichsam am Leitbande gängeln lassen zu müssen; denn sonst hängen zufällige, nach keinem vorher entworfenen Plane gemachte Beobachtungen gar nicht in einem notwendigen Gesetze zusammen, welches doch die Vernunft sucht und bedarf. Die Vernunft muß mit ihren Prinzipien, nach denen allein übereinkommende Erscheinungen für Gesetze gelten können, in einer Hand und mit dem Experiment, das sie nach jenen ausdachte, in der anderen an die Natur gehen, zwar um von ihr belehrt zu werden, aber nicht in der Qualität eines Schülers, der sich alles vorsagen läßt, was der Lehrer will, sondern eines bestallten Richters, der die Zeugen nötigt, auf die Frage zu antworten, die er ihnen vorlegt. Und so hat sogar Physik die so vorteilhafte Revolution ihrer Denkart lediglich dem Einfalle zu verdanken, demjenigen, was die Vernunft selbst in die Natur hineinlegt, gemäß, dasjenige in ihr zu suchen (nicht ihr anzudichten), was sie von dieser lernen muß, und wovon sie für sich selbst nichts wissen würde. Hierdurch ist die Naturwissenschaft

allererst in den sicheren Gang einer Wissenschaft gebracht worden, da sie so viel Jahrhunderte durch nichts weiter als ein bloßes Herumtappen gewesen war".

Die beiden Angelpunkte der naturwissenschaftlichen Methode sind die "mathematischen Prinzipien" und das "Experiment". Besonders wichtig im Hinblick auf unsere oben gestellte Frage, wer eigentlich aufgrund welchen Ansatzes der Erfinder der naturwissenschaftlichen Methode sei, ist die Formulierung "Experiment, das sie (die Vernunft) nach jenen (mathematischen Prinzipien) ausdachte", von besonders entscheidender Bedeutung. Sie sagt nämlich das Entscheidende aus, über die Relation der beiden Elemente des Erkenntnisprozesses naturwissenschaftlichen Denkens und Wahrnehmens, d.h. mathematische Deduktion und empirische Induktion. Nach *Kant* ist *Galileis* Methode dadurch gekennzeichnet, daß erst das theoretische Konzept bestimmt, was gemessen wird. *Von Weizsäcker, C.F.* (1990) stellt in diesem Zusammenhang fest: "Die neuzeitliche (durch *Galilei* begründete) Naturwissenschaft ist das Kind einer Ehe zwischen Philosophie und Handwerk". Die Wurzeln der Herausbildung des naturwissenschaftlichen Denkens reichen zurück bis ins 6. Jahrhundert vor Christus ins klassische Griechenland. Hoffnungsvolle Triebe entwickelten sich dann besonders bei *Platon* (428-348), *Aristoteles* (384-322) und *Archimedes* (287-212).

Erst *Galilei* vollzieht in Kenntnis der ideengeschichtlichen Wurzeln die bedeutsame Synthese zwischen seinen drei Vorläufern. Mit *Aristoteles* ist *Galilei* davon überzeugt, daß die Erforschung der Natur mit der Sinneserfahrung beginnt.

Deshalb machen ihn Vertreter eines naiven Positivismus gern zum Kronzeugen einer "rein induktiven Methode", mit der er die theoretischen Spekulationen der aristotelischen Naturphilosophie den Todesstoß versetzt haben soll. Die Legende will, daß er das Fallgesetz "rein experimentell" bei Fallversuchen am schiefen Turm zu Pisa gefunden haben soll. Diese Mär, die erstaunlicherweise auch heute noch kolportiert wird, ist eine völlige Verdrehung der tatsächlichen Methode *Galileis*.

Hören wir *Galilei* (1890-1909) selbst, was er im Zusammenhang mit seinen Versuchen an der schiefen Ebene über die Rolle des Experiments in seinem methodischen Konzept sagt:

"*Ich habe ein Experiment darüber angestellt, aber zuvor hatte die natürliche Vernunft mich ganz fest davon überzeugt, daß die Erscheinung so verlaufen mußte, wie sie tatsächlich verlaufen ist.*"

Hier ist deutlich gesagt, warum *Galilei* experimentiert: Das im platonischen Ansatz wurzelnde theoretische Konzept wird im Experiment getestet.

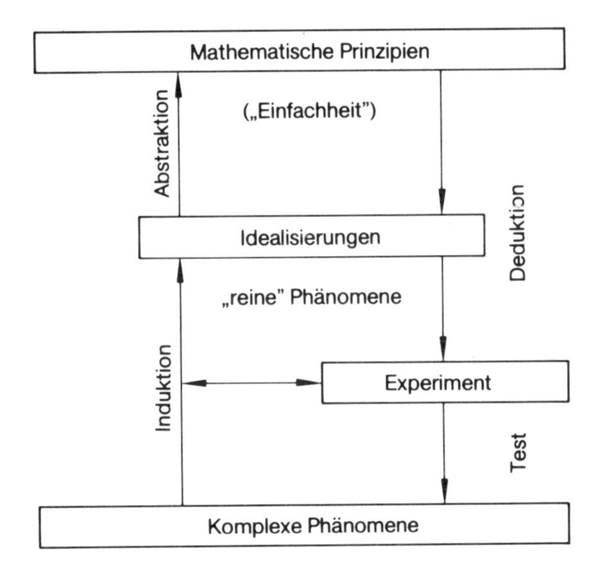

Die Methode *Galileis*

Galilei erklärt:
"Ich will mich im Experiment davon überzeugen, daß die beim natürlichen Fallen auftretenden Beschleunigungen mit den vorher (durch die Theorie) beschriebenen übereinstimmen."

Während bei *Platon* die mathematischen Ideen ein nur durch reines Denken sich erschließendes Dasein in einer übersinnlichen Welt außerhalb von Raum und Zeit führen, werden sie bei *Galilei* mit den Phänomenen konfrontiert und getestet. Dies ist jedoch erst möglich, wenn man in einem abstrahierenden Idealisierungsprozeß den "reinen Fall" oder das abstrakte Phänomen aus der komplexen Vielfalt der Naturphänomene herausisoliert; denn nur bei einem solchen idealisierten Fall ist die Mathematisierung möglich und im experimentellen Test überprüfbar. Dies konnte er von *Archimedes* lernen.

Beim Idealisierungsprozeß kommt es darauf an, die - wie *Galilei* sagt - "am besten passenden Begriffe und Definitionen" zu finden. Wie diese Anpassung der mathematischen Abstrakta an die Naturphänomene geschieht, verrät uns *Galilei* selbst:

"*Bei der Untersuchung der natürlichen beschleunigten Bewegung ließen wir uns von den Gewohnheiten der Natur selbst leiten, die uns in all ihren verschiedenen Prozessen lehrt, nur die allgemeinsten, einfachsten und leichtesten Mittel anzuwenden.*"

Die mathematische Beschreibung der Naturphänomene, die dem aristotelischen Konzept zuwiderlief, wird jetzt bei *Galilei* möglich, weil er die für die Entwicklung der physikalischen Methode so folgenschwere Trennung zwischen Physik und Technik in der Antike aufhebt.
Erst nach Aufhebung der kategorialen Trennung von Physik und Technik wird durch diesen bedeutsamen Paradigmawechsel das Experiment nun auch zu einem essentiellen Bestandteil der Methode der klassischen Physik.
Hervorzuheben ist, daß die Mathematisierung nun nicht mehr wie bei *Archimedes* ein ontologisch neutrales Hilfsmittel ist, sondern im Sinne der pythagoreisch-platonischen Tradition in die Seinsweise der Phänomene hineinprojiziert wird. Dies impliziert aber auch das folgenreiche Konzept, die Natur als große Maschine aufzufassen.
Die von *Galilei* begründete klassische Physik erreicht ihren ersten Höhepunkt in *Newtons* berühmtem Werk "Philosophiae naturalis principia mathematica", in dem ein geschlossenes mathematisches Konzept der Mechanik und Astronomie entwickelt wird. Seine ungewöhnliche Tragfähigkeit zeigt sich darin, daß das Fallen eines Steines und die Bewegung des Mondes aus dem gleichen Grundgesetz der Massenanziehung hergeleitet werden.
Die Methode *Newtons* besteht aus *drei* wesentlichen operativen Schritten. Der *erste Schritt* betrifft die Aufstellung der "principia mathematica". Da die Definitionen, Axiome und Theoreme nicht wie in der Mathematik nur rein logisch, sondern im Prozeß einer intuitiv geleiteten Abstraktion an den Phänomenen abgelesen werden, sollte man sie besser "physikalische Prinzipien" nennen.
Newton unterscheidet zwischen den "absoluten Größen", den Abstrakta und den "wahrnehmbaren Maßen", die in den Phänomenen zu suchen sind.

Der *zweite und wichtigste Schritt* der Methode *Newtons* besteht in der Auf stellung von *Korrespondezregeln* (semantischen Zuordnungsregeln), die den theoretischen Termen und Sätzen des mathematischen Systems und den korrespondierenden Beobachtungsstücken einen physikalischen Sinn verleihen. Sie haben einen semantischen und ontologischen Gehalt. *Newton* geht davon aus, daß dann mittels einer intuitiv erratenen theoretischen Struktur empirische Sachverhalte abgebildet werden können. Dies geschieht durch Aufzeigen von experimentellen Operationen, die damit auch zugleich ein prinzipielles Meßverfahren der physikalischen Größen definieren.
Der *dritte Schritt* in *Newton*s Methode ist auf die Prüfung der deduktiven Folgerungen aus den Sätzen des durch Intuition empirisch inspirierten Axiomensystems im Experiment gerichtet. So hat z.B. *Newton* zur Prüfung seines III. Axioms Experimente mit zusammenstoßenden Pendeln aus verschiedenen Materialien durchgeführt. Das I. und II. Axiom sah *Newton* durch Beobachtungsdaten unseres Planetensystems bestätigt, z.B. durch seine berühmte Mondrechnung.
Wie steht es mit *Newton*s stolzer Behauptung: "Hypotheses non fingo?"
Es ist die Behauptung, er komme bei seiner axiomatischen Methode ohne metaphysische Hintergrundsüberzeugungen aus. Dies ist jedoch keineswegs der Fall. *Newton*s "absoluter Raum", den er als "Sensorium Gottes" bezeichnet, zeigt besonders deutlich, wie wenig *Newton* seinem methodischen Vorsatz, "okkulte Qualitäten" aus der Physik zu verbannen, wirklich treu geblieben ist.
Das in den "Principia" (1686) vertretene methodische Konzept wurde das Fundament, auf dem in den folgenden zwei Jahrhunderten das Gebäude der klassischen Physik errichtet wurde. Aber es meldete sich auch Kritik gegen dieses mechanistische Weltbild an.
Der französische Philosoph und Herausgeber der großen Enzyklopädie *Diderot* wandte sich gegen die Unzulänglichkeiten eines mechanistischen Erklärungsversuchs der Welt und *Ernst Mach* kritisierte "das Pleonastische, Tautologische und Abundante" des *Newton*schen Konzeptes. Ebenso unterzog der französische Physiker und Wissenschaftstheoretiker *Pierre Duhem* in seinem 1908 erschienenen Werk "Ziel und Struktur der physikalischen Theorien" die Methode *Newton*s einer kritischen Analyse.
Nachdem wir die historische Herausbildung der physikalischen Methode in ihren wesentlichen Entwicklungsphasen verfolgt haben, soll nun eine Analyse dieser Methode vom Standpunkt der heutigen Wissenschaftstheorie her erfolgen.

Ein Blick in die gängigen Lehrbücher der Physik zeigt, daß entweder ein wissenschaftstheoretisches Konzept überhaupt nicht vorhanden ist, oder unbewußt bzw. bewußt veraltete wissenschaftstheoretische Positionen eines naiven Positivismus, Instrumentalismus und Operationalismus vertreten werden.
Dabei werden meist die folgenden dogmatischen Behauptungen zum Credo erhoben:

1. Beobachtung und Experiment bilden die alleinige Quelle der naturwissenschaftlichen Erkenntnis.
2. Naturwissenschaftliche Begriffsbildungen werden nur aus Beobachtungen und Experimenten gewinnen.
3. Naturwissenschaftliche Begriffe müssen durch operationale Definitionen exakt festgelegt und veranschaulicht werden.
4. Hypothesenbildung erfolgt ausschließlich aufgrund empirischer Erfahrung.
5. Naturwissenschaftliche Gesetze und Theorien lassen sich direkt durch Verallgemeinerungen spezieller empirischer Daten im Prozeß der generalisierenden Induktionen finden.
6. Theorien sind effektive Verfahren zur ökonomischen Beschreibung von Sinneswahrnehmungen.
7. Theorien sind systematisch geordnetes, konzentriertes Erfahrungswissen, das nicht über die Erfahrung hinausgeht.
8. In Form eines sogenannten "experimentum crucis" führt ein Experiment eine Entscheidung zwischen einander widersprechenden Theorien herbei.
9. Theorien haben lediglich syntaktische Funktion als formaler Übersetzungsmechanismus von empirischen Daten in mathematische Beschreibungen ("Datenmühlen"). Sie zielen nicht auf Wirklichkeitsstrukturen ab, sondern sie sollen als mathematische Brücken zwischen tatsächlichen und möglichen Beobachtungen gelten.
10. Modelle vermitteln keinen Einblick in Wirklichkeitsstrukturen. Indem sie lediglich der Vorhersage und instrumentellen Manipulation der Phänomene dienen, haben sie rein praktischen, utilitaristischen Charakter. Es ist zweckmäßig, von Fall zu Fall unterschiedliche Modell auch nebeneinander zu benutzen. Da sie nur "Denkhilfen" sind, ist die Pro-

blematik einer Synthese sich gegenseitig ausschließender Modellvorstellungen im Sinne der Idee einer einheitlichen Wirklichkeitsstruktur ausgeklammert. Der ontologische Verzicht wird im Sinne einer "Komplementarität der Modelle" legitimiert bzw. zum methodischen Prinzip erhoben.

Da derartige Dogmen nicht bloß "Einleitungen" und "Bemerkungen zur Methode der Physik" von Physiklehrbüchern, sondern auch in den Präambeln und Handreichungen zahlreicher Lehrpläne herumgeistern - einige davon sind ihnen sogar wörtlich entnommen - war es notwendig, sie hier zum Teil vorwegnehmend kritisch aufzuführen.
Im folgenden werden die weiteren Arten der Inhalte aus heutiger wissenschaftstheoretischer Sicht unter dem Blickwinkel eines hypothetischen Realismus behandelt.

2.1.1.3 Physikalische Begriffe

Um Beobachtungen und Erfahrungen sprachlich ausdrücken und mitteilen zu können, benötigt man Begriffe und Symbole. Sie müssen zweckmäßig und einfach sein und dürfen nicht im Widerspruch stehen mit anderen Begriffen, die die gleiche Erfahrung betreffen. Die physikhistorische Analyse zeigt, wie solche Beobachtungs-Begriffe einer empirischen Grundsprache, z.B. der an die Erfahrung der Muskelkraft, Körper verformen zu können, anschließende Begriff Kraft, im Laufe der Entwicklung immer weiter ausgeschärft wurde, bis zu der theoretischen Vorstellung, Gravitationskräfte als Krümmung der Raum-Zeit-Welt zu interpretieren. Dabei zeigt sich, daß physikalische Begriffe nicht logisch auf Beobachtungsbegriffe zurückgeführt werden können.
Mit Hilfe *klassifikatorischer Begriffe* wird die komplexe Vielfalt physikalischer Phänomene und Vorgänge in eine qualitative Ordnung gebracht. Unter Absehung aller anderen betrachtet man eine spezifische Eigenschaft zur Klasseneinteilung. So werden z.B. physikalische Körper klassifiziert in "feste", "flüssige" und "gasförmige" oder nach ihrer elektrischen Leitfähigkeit in "Leiter", "Halbleiter" und "Isolatoren". Physikalische Bewegungsvorgänge klassifiziert man nach "geradliniger", "kreisförmiger", "periodischer", "gleichförmiger" oder "beschleunigter" Bewegung. Aufgrund klassifikatorischer Einteilung lassen sich bereits einfache qualitative naturgesetzliche Aussagen

einer vorwissenschaftlichen Erfahrung formulieren, z.B. alle Metalle leiten den elektrischen Strom.
Die nächste Stufe der physikalischen Begriffsbildung zielt auf eine graduelle Differenzierung verschiedener physikalischer Eigenschaften, ihren Vergleich, deren Änderungen oder das Auffinden von Beziehungen der physikalischen Objekte untereinander. Dazu benötigt man *komparative Begriffe*, wie z.B. "wärmer", "kälter", "wärmer als", "gleichwarm wie". Eine solche komparative Einteilung bezeichnet man als topologische Ordnung.
Mit Hilfe komparativer Begriffsbildungen ist es möglich, physikalische Zusammenhänge als halbquantitative Gesetze in der Form von "Je ... desto ..."-Beziehungen zu formulieren: "Bei der Schwingung eines Federpendels ist die Frequenz um so größer, je kleiner die Pendelmasse". Will man die klassifikatorische Einteilung "warm" bzw. "kalt" feiner und differenzierter machen, so brauchte man sehr viele sprachliche Bezeichnungen, wie z.B. "lauwarm", "kochendheiß" ... . Eine derartige verbal-komparative Einteilung würde nicht nur an den sprachlichen Möglichkeiten scheitern; sie bereitet auch unüberwindliche Probleme bei der Formulierung von Begriffsrelationen.
Diese Problematik löst die Physik durch Einführung *metrischer Begriffe*, indem den physikalischen Objekten und Vorgängen Zahlen bzw. Funktionen zugeordnet werden, mit deren Hilfe man qualitative Verschiedenheiten durch quantitative Unterschiede physikalischer Größen ausdrückt. Dabei werden für physikalische Größen allgemein reelle Zahlen vorausgesetzt, obwohl praktisch nur rationale Zahlen meßbar sind. Der Begriff der elektrischen Feldstärke z.B. wird metrisiert durch die operationale Definition:

$$\vec{E} = \frac{\vec{F}}{Q}$$

Mit Hilfe metrisierter Begriffe werden Meßvorschriften für physikalische Größen geschaffen. Diese enthalten Angaben darüber, wann physikalischen Größen der gleiche Zahlenwert, ein bestimmtes Vielfaches oder ein bestimmter Bruchteil zukommen soll. Die "Einheit" der physikalischen Größen wird durch die Definition eines jederzeit reproduzierbaren "Normals" festgelegt. Den physikalischen Größen ordnet man ganz bestimmte sprachliche Beziehungen und Formalzeichen (Symbole) zu. Eine vollständige Erfassung einer physikalischen Größe erfolgt durch Angabe ihres Größenwertcs. Man definiert: *Größenwert = Zahlenwert mal Einheit.* Mit Hilfe metrischer Begriffe läßt sich unsere oben angegebene "Je-desto-Beziehung" zwischen Frequenz und der Masse des Federpendels formelmäßig als umgekehrte Proportionalität schreiben:

$$\nu \sim \frac{1}{m} .$$

Im Experiment lassen sich die physikalischen Größen μ und m messen. Die Messungen zeigen, daß es sich nicht um eine direkte umgekehrte Proportionalität handelt. Die theoretische Behandlung der Federschwingung als Projektion einer Kreisbewegung liefert die Formel:

$$\nu = \frac{1}{2\pi} \sqrt{\frac{D}{m}}$$

wobei D die Direktionskraft der jeweiligen Spiralfeder ist.

Auch hier sei noch einmal darauf hingewiesen, daß es nicht möglich ist, aus Meßreihen der physikalischen Größen γ und m den Proportionalitätsfaktor $1/2\pi$ und den Wurzelausdruck "induktiv" zu gewinnen. Dieser mathematische Zusammenhang ist nur aus der Schwingungstheorie herzuleiten.

Die mathematische Erfassung physikalischer Phänomene und Vorgänge zielt auf eine quantitative metrisierbare Strukturierung des Erfahrungsbereiches. Dies ist eine entscheidende Voraussetzung für physikalische Theorienbildung. Ohne mathematische Syntax sind physikalische Theorien kaum formulierbar. Mathematisierung ist ein essentielles Element des physikalischen Denkens.

Das Wesen der Mathematisierung kann nur dann verstanden werden, wenn der Lernende in die Lage versetzt wird, sowohl den mathematischen Ansatz zu interpretieren, als auch das Ergebnis langer Rechnungen wieder verbal zurückzuübersetzen.

Beispiel: Rückübersetzung des mathematisch formulierten Induktionsgesetzes

$$U_{ind} = -n \cdot \frac{dB}{dt}$$

in Je-desto-Beziehungen.

Die Induktionsspannung ist um so größer
- je größer die Windungszahl *n* der Induktionsspule,
- je stärker sich das Magnetfeld in der gleichen Zeit ändert,
- je kürzer die Zeit ist, in der die Magnetfeldänderung erfolgt.

(Das Minuszeichen - *Lenz*sche Regel - symbolisiert die Energieerhaltung.)

Physikalische Begriffe (physikalische Größen) sind stets *theoriegeleitet*. Sie enthalten Annahmen über die grundsätzliche Existenz von Naturgesetzen und dementsprechende Postulate beim Klassifizieren, Vergleichen und Messen.
Theoretische Begriffe können nicht durch bloße Generalisierung aus der Sinneserfahrung deduziert werden. Sie entspringen der schöpferischen Phantasie und Intuition. Es gibt dafür keine erlernbare Methode der Begriffsbildung. Nach *Einstein* muß man sie einfach der Natur ablauschen. Rechtfertigung erfahren solche Begriffe erst nachträglich durch den pragmatischen Erfolg der gesamten Theorie und zwar in dem Maße, wie die Begriffe eine kohärente Übersicht über die Sinneserlebnisse ermöglichen.

2.1.1.4 Experimentelle Methoden

Um den Ausgang und Ablauf von Experimenten und Untersuchungen zu verfolgen und abschätzen oder um Experimente und Untersuchungen selbst durchführen zu können, sind Kenntnis und Verständnis experimenteller Methoden vonnöten. Es sind dies insbesondere Methoden des Messens physikalischer Größen, wie Temperaturen, elektrische Ströme, Kräfte, Zeiten, Aktivitäten radioaktiver Präparate usw. Die physikalischen Grundlagen der Meßmethoden sowie die Handhabung und Ablesung der Meßgeräte sind demnach Inhalte des Physikunterrichts. Zu dieser Art von Inhalten gehören auch Methoden der Untersuchung physikalischer Eigenschaften, wie z.B. die elektrische Leitfähigkeit verschiedener Stoffe, das Reflexionsvermögen von Oberflächen oder das Durchdringungsvermögen radioaktiver Strahlung.

Die experimentellen Methoden fördern eine große Anzahl von Ergebnissen zutage. Eine gewisse Auswahl aus allen Gebieten der Physik bilden eine besondere Art von Inhalt des Physikunterrichts, die als Natur- oder Materialkonstanten mit ihren Zahlenwerten und Einheiten gelernt werden. Beispiele sind die Lichtgeschwindigkeit, die Erdbeschleunigung, die Elementarladung, der Siedepunkt des Wassers, der Schmelzpunkt des Eises, die Schallgeschwindigkeit in Luft.

2.1.1.5 Physikalische Gesetze

"Ein physikalisches Gesetz ist ein objektiver, d.h. intersubjektiv überprüfbarer Zusammenhang zwischen Körpern, Vorgängen und Sachverhalten in der unbelebten Natur, besonders auch zwischen Größen, die man an Körpern und Vorgängen messen kann, der sich in vielen Beobachtungen und Versuchen als konstant auftretend oder auch wiederholbar erwiesen hat. Man schließt daraus, daß dieser Zusammenhang allgemein gültig und notwendig ist." (*v.Oy, K.* 1977, 48).
Dabei gilt es jedoch zu beachten, daß es nicht möglich ist, physikalische Gesetze auf induktivem Wege zu gewinnen. Jedes planmäßige Experiment ist immer theoriegeleitet und dient nur dadurch zur Auffindung eines gesetzmäßigen Zusammenhangs, daß es verschiedene Hypothesen darüber prüft.
Galilei hat die Formel für den freien Fall als beschleunigte Bewegung nicht induktiv aus empirischen Daten gewonnen. Im Unterricht solle daher die Formel

$$s = \frac{1}{2} g t^2$$

nicht nach der Methode der generalisierenden Induktion gefunden werden, indem man die verbundenen Meßpunkte (s, t) als den Graphen einer Parabel deklariert. Der Graph dient der empirischen Überprüfung des hypothetisch geforderten Zusammenhangs zwischen Weg und Zeit bei einer beschleunigten Bewegung. Ebenso kann die Linsenformel

$$\frac{1}{a} + \frac{1}{b} = \frac{1}{f}$$

nicht aus Meßreihen von Bild-, Gegenstands- und Brennweite der Linse "induktiv" erarbeitet werden. Die Meßreihen dienen auch hier der Überprüfung der aus dem Strahlenmodell theoretisch gewonnenen Formel.

Die Beispiele lassen erkennen, daß Gesetze nicht direkt aus Meßreihen herleitbar sind, sondern umgekehrt der hypothetisch vermutete gesetzliche Zusammenhang erst anzeigt, welche Parameter unter welchen Bedingungen gemessen werden sollen.

Naturwissenschaftliche Erkenntnisse lassen sich nicht durch den Prozeß der generalisierenden Induktion, d.h. direkt von speziellen empirischen Einzelerfahrungen zu Allaussagen verallgemeinern. Die Erfahrung verweist auf geeignete mathematische Konzepte, aber sie können nicht aus ihr deduziert werden.
So ist das *Coulomb*sche Gesetz nicht aus Meßdaten im Prozeß der generalisierenden Induktion abgeleitet, sondern theoretisch in Analogie zum Gravitationsgesetz postuliert worden.
Ebenso zeigt die historische Analyse, daß der Photoeffekt, dem in den gängigen Lehrbuchdarstellungen bei der Begründung der Quantentheorie als empirische Basis eine zentrale Rolle zugesprochen wird, diese keineswegs gespielt hat. Wenn man die Materie quantelt, dann läßt sich der Photoeffekt durchaus auch ohne Quantelung des Strahlungsfeldes, d.h. nach der klassischen Wellentheorie des Lichtes, theoretisch behandeln.

Dies zeigt noch einmal in aller Deutlichkeit, daß es keinen direkten, logisch zwingenden Weg von empirischen Daten zu einer ganz bestimmten Theorie gibt.

Auch *Davison* und *Germer* konnten ihre Elektronenbeugungsmuster ohne Rückgriffe auf die theoretische Vorstellung von "Elektronenwellen" (*De Broglie*) mit besonderen Annahmen über die Struktur der Atome deuten.
Die Beispiele sollten zeigen, daß es nicht sinnvoll ist, eine induktive Methode von einer deduktiven zu trennen. Das methodische Vorgehen der Physik erfolgt nicht in einem Fall induktiv und in einem anderen deduktiv. Es ist stets bestimmt durch ein unauflösbares Zusammenspiel dieser beiden methodischen Komponenten.
Beide Verfahren beruhen auf einer Reihe von Voraussetzungen, die durch Erfahrung nicht begründet und überprüft werden können. Durch sie wird aber physikalische Erfahrung überhaupt erst möglich.

Physikalische Gesetze als Unterrichtsinhalte können in drei verschiedenen Arten oder Stufen auftreten, als

- nicht quantitative Gesetze oder Allsätze
- als halbquantitative Gesetze
- als quantitative Gesetze.

Beispiele für *Allsätze* sind: Alle Metalle leiten den elektrischen Strom; alle Körper erfahren in Flüssigkeiten einen Auftrieb. Solche Sätze beruhen auf Verallgemeinerungen einer großen Zahl singulärer Beobachtungen. Der Induktionsschluß von endlich vielen Beobachtungssätzen auf den Allsatz läßt sich jedoch logisch nicht begründen. Es gibt nach Auffassung heutiger Wissenschaftstheoretiker kein nachweisbares Induktionsprinzip. Die Sätze werden pragmatisch solange als gültig angenommen, als nicht ihr Gegenteil bewiesen wird, und das ist bisher nicht vorgekommen. Ähnlich verhält es sich mit Allsätzen, die auch als *Naturprinzipien* bezeichnet werden, wie z.B. das Prinzip der Energieerhaltung und das der Erhaltung des Impulses.
Bei den *halbquantitativen Gesetzen* werden die Bedingungen näher untersucht, unter denen die zugehörigen Allsätze gelten. Sie werden meist in die "Je-desto-Form" gebracht, z.B.: Je wärmer ein Metall ist, desto schlechter leitet es den elektrischen Strom. Je länger der Hebelarm, desto größer die Kraftwirkung. Je flacher ein Lichtbündel auf eine Wasserfläche trifft, desto größer der Brechungswinkel.
Halbquantitative Gesetze gehen in *quantitative* über, wenn die beteiligten Variablen gemessen und die am Vorgang beteiligten Meßgrößen aufgrund einer Arbeitshypothese in einen mathematischen Zusammenhang gebracht werden. In der mathematischen Formelsprache erscheinen sie dann als Hebelgesetz, Brechungsgesetz, *Ohm*sches Gesetz, Reflexionsgesetz o.ä.
Es ist noch hervorzuheben, daß die Gesetze mit ihren verschiedenen Stufen der Formulierung nicht nur als Endergebnis eines meist experimentellen Herleitungsprozesses Inhalte des Unterrichts darstellen, sondern auch der Herleitungsprozeß selbst als Anwendungsfall der physikalischen Methode der Erkenntnisgewinnung.

2.1.1.6 Physikalische Theorien

Unter einer physikalischen Theorie versteht man eine geordnete Menge von Einzeldaten sowie Gesetzesaussagen, die durch logische Ableitungsbeziehungen untereinander verbunden sind. Eine Theorie ist ein hypotetisch-deduktives System, mit dem man einen bestimmten Wirklichkeitsbereich erklären kann. Sie erlaubt nachprüfbare Vorhersagen zu machen. Als Beispiele seien genannt: Die Quantentheorie, die kinetische Theorie der Wärme, die Korpuskular- und Wellentheorie des Lichts, die spezielle Relativitätstheorie.

Als Unterrichtsinhalte kommen geschlossene physikalische Theorien in der Regel nur in der Sekundarstufe II in Betracht.
Ein entscheidendes Hilfsmittel bei der Erfindung, Anwendung und Weiterentwicklung physikalischer Theorien sind *Modelle*. Sie sind vereinfachte Repräsentanten der Realität, d.h. eine bildhafte oder schematische begriffliche Repräsentation eines realen physikalischen Objektes oder Vorganges.
So ist das Modell (oder nach *Bunge, M.* [1970] besser das "Modellobjekt") der kinetischen Gastheorie z.B. ein Behälter mit kleinen Stahlkugeln. Wendet man auf dieses Modellobjekt das theoretische Konzept der klassischen Mechanik an, dann liefert dies das theoretische Modell der kinetischen Gastheorie. Dieses hypothetisch-deduktive System bezieht sich speziell und unmittelbar auf Modellobjekte, aber nur indirekt auf reale Gase.
Physikalische Theorien sind hinsichtlich ihres erkenntnistheoretischen Status' immer *hypothetisch*. Sie sind kein ikonisches Abbild der Wirklichkeit. Sie gehen davon aus, daß eine reale Welt mit bestimmten Strukturen existiert, die man approximativ erkennen kann. Eine Theorie ist der Wirklichkeit um so adäquater, je länger und besser sie permanenten Versuchen widersteht, sie zu falsifizieren.

2.1.1.7 Modelle

Im Zusammenhang mit Erklärungen und Deutungen physikalischer Sachverhalte oder im Rahmen physikalischer Theorien werden Modelle verwendet und bilden damit eine besondere Art von Inhalten des Physikunterrichts.

Es lassen sich dabei zwei Hauptarten von Modellen unterscheiden:

1. Ikonische (bildhafte) Modelle;
2. Symbolische oder abstrakt-mathematische Modelle

Die *ikonischen Modelle* sind Erzeugnisse des menschlichen Geistes, Vorstellungen, die sich der Mensch von etwas Realem aber sonst Unanschaulichem macht.

Nach dem Grad des Realitätsbezuges unterscheidet man hier wiederum zwei Arten:

1. Solche, die durch Idealisierung der Realität entstehen, wie z.B. das Modell des Massenpunktes, das Strahlenmodell des Lichts, das Modell des starren Körpers, das Modell der Punktladung.

2. Solche, die nur in der Vorstellung existieren, mit sehr geringem Bezug zur Realität. Beispiele für solche reinen Denkmodelle sind das Teilchenmodell des Festkörpers, das Modell der Lichtwelle, das Lichtquant, das Kern-Hülle-Modell des Atoms, das Tröpfchenmodell des Atomkerns, das Elektron.

Symbolische oder abstrakt-mathematische Modelle sind Relationsgefüge zwischen physikalischen Größen, die gar nicht oder nur zum Teil unmittelbar beobachtet werden können. Sie entziehen sich der anschaulichen Deutung und sind nur als Symbole der Wirklichkeit aufzufassen. Ein typisches Beispiel ist die *Schrödinger*sche Wellengleichung.

Zusammenhänge zwischen Physik, Individuum und Gesellschaft auch in historischer Sicht.

In den meisten Zielkatalogen für den Physikunterricht wird gefordert, die Physik mit ihren Denk- und Arbeitsweisen und ihren Ergebnissen nicht nur als Wissenschaft zu vermitteln, sondern auch in ihrer Bedeutung für Technik, Wirtschaft und Gesellschaft.
Die Themen, die unter dieser Zielstellung Inhalte des Physikunterrichts werden, handeln *von* und *über* Physik, sind aber nicht im eigentlichen Sinne physikalische Themen. Beispiele sind Fragen der Energieversorgung, der Energiewirtschaft, die Auswirkung radioaktiver Strahlung auf Mensch und Umwelt, Organisation und Förderung physikalischer Großforschung.
Solche Inhalte werden im Zusammenhang und in Verbindung mit passenden physikalischen oder häufiger physikalisch/technischen Themen behandelt.

2.1.2 Inhalte aus der Technik

Im ersten Kapitel werden die engen, aber gleichzeitig diffizilen Beziehungen zwischen Physik und Technik dargestellt. Häufig entwickelt sich neue Technik aus der physikalischen Forschung und ihren Ergebnissen. Umgekehrt entwickelt sich auch physikalische Forschung häufig aufgrund technischer Problemstellungen. Von *Dessauer* (1958) ist die für diesen Zusammenhang fundamentale Tatsache betont worden, daß jedes Experiment, das einen neuen Zusammenhang erschließt, wiederholbar ist und zur Grundlage neuer Technik werden kann.

Der Unterricht über Technik im Rahmen des Physikunterrichts geht von der Lebenssituation des Menschen in der heutigen Welt aus. Diese ist zunehmend von der Technik geprägt. Der Unterricht soll dem Schüler grundlegende Vorgänge und Zusammenhänge seiner natürlichen und technischen Umwelt erschließen. Dabei soll ihm deutlich werden, daß die Physik dem Bedürfnis des Menschen entspringt, die Umwelt zu erkennen und sie zu verstehen - und die Technik dem Bedürfnis, sie zu gestalten.

Der Unterricht im Teilgebiet Technik soll

- Verständnis, d.h. Sachwissen über technische Gegenstände und Verfahren vermitteln,
- Handlungsfähigkeit aufbauen für die Gestaltung der technischen Umwelt,
- Urteilsfähigkeit entwickeln im Hinblick auf Technik und die Kontroversen über technische Entwicklungen und ihre Folgen.

Die wechselseitige Verflechtung zwischen Technik und Physik wurde im Laufe der Geschichte enger. Heute ist eine Trennung kaum noch möglich. Eine Ausgliederung technischer Inhalte aus dem Physikunterricht und die Einrichtung eines eigenständigen Technikunterrichts ist dieser engen Verflechtung wegen nicht sachgerecht. Die kontroverse Diskussion über diese Ausgliederung ist in Kapitel 8 im Abschnitt 8.2 dargestellt. Jeder, der neue technische Entwicklungen verstehen und bewerten will, der sich ernsthaft um Kontrollen des Gebrauchs und Mißbrauchs von Technik bemüht, muß physikalische und technische Begriffe kennen. Damit wird der Schüler darauf vorbereitet, die öffentliche Diskussion über Umweltprobleme und Technikfolgen sachgerechter zu beurteilen und an ihr verstehend teilzunehmen. Für künftige aktuelle Themen kann diese Sachkenntnis allerdings kaum bereitgestellt werden. In der Schule sollte man daher vielmehr gelernt haben, sich Sachkenntnisse zu erwerben, sich also gezielt Informationen zu beschaffen. Auch aus diesem Grunde ist es wichtig, die Informationsbeschaffung - siehe den Abschnitt 6.3 über Schulbücher - im Rahmen des Unterrichts zu üben. Dies ist eine Komponente des autonomen Lernens.
Die Auswahl der Inhalte aus dem Bereich Technik führt jedoch auf Probleme für den Lehrplanaufbau. Technik, technische Gegenstände und besonders technische Systeme - Energieversorgung, Transport und Verkehr, Nachrichtenübermittlung, Produktionssysteme u.a. - sind nach anderen Gesichtspunkten aufgebaut als nach den Ordnungsprinzipien der Physik. Es

sind durchweg komplexe Systeme, deren Verständnis oft Kenntnisse aus mehreren Bereichen der Physik voraussetzt. Das macht es schwierig, technische Systeme in ihrem Gesamtzusammenhang im Physikunterricht zu behandeln.
Das Unterrichtsziel, technische Handlungsfähigkeit aufzubauen, wird in Kapitel 5 weiter ausgeführt. Mit diesem Unterrichtsziel sind vor allem methodische Fragen verbunden, wie beispielsweise der Umfang der Selbsttätigkeit, die Art der Auseinandersetzung mit technischen Aufgaben, die Herstellung einfacher technischer Anlagen u.a.
Für die Auswahl der technischen Sachverhalte, die im Unterricht behandelt werden sollen, gibt es zwei Gesichtspunkte, die sich ergänzen müssen:

- Bedeutung und Repräsentativität des technischen Gegenstands in unserer Umwelt.
- Erklärbarkeit der Funktionszusammenhänge durch Physik und Zugänglichkeit für den Schüler.

Glücklicherweise gibt es eine große Zahl technischer Gegenstände, die unter beiden Gesichtspunkten als Unterrichtsinhalte bedeutsam sein können.

2.1.2.1 Technische Funktionszusammenhänge als Unterrichtsinhalte

2.1.2.1.1 Funktionszusammenhänge, die auf einem einzelnen physikalischen Zusammenhang beruhen

Das Funktionieren vieler technischer Gegenstände beruht auf der Nutzung eines einzigen physikalischen Zusammenhangs. Es ist sinnvoll, diese Gegenstände zu behandeln, wenn der korrespondierende physikalische Zusammenhang behandelt wird. Dann ist im technischen Gegenstand die Physik wiederzufinden. Viele physikalische Zusammenhänge finden wir im übrigen nicht in der ursprünglichen Natur vor, sondern eben nur in technischen Gegenständen.

1. Beispiel: Wärmewirkung des elektrischen Stromes.

Die Wärmewirkung des elektrischen Stromes wird in der Elektrizitätslehre behandelt. Sie erklärt die Funktion von Fön, Heizlüfter, Bügeleisen, Toaster und der elektrischen Kochplatte. In allen finden wir Heizspiralen, in denen elektrische Energie in Wärmeenergie umgewandelt wird. Auch die Glühwendeln der Lampen können als Heizspiralen verstanden werden. Al-

lerdings kommen hier bereits neue technische Gesichtspunkte, Randbedingungen und Konstruktionsmerkmale hinzu: um zu leuchten, muß die Glühwendel auf eine sehr hohe Temperatur gebracht werden. Dabei würde sie in der Luft sofort oxidieren, also verbrennen.
Sie muß daher - also nicht nur aus Sicherheitsgründen - in einem Glaskolben eingeschmolzen werden, aus welchem der für die Verbrennung notwendige Sauerstoff entfernt ist. Sie muß weiter aus einem Material mit extrem hohem Schmelzpunkt bestehen, wie beispielsweise einer Osmium-Wolfram-Legierung.

2. Beispiel: Magnetische Wirkung des elektrischen Stroms.

Eine unmittelbare technische Anwendung des elektrischen Stroms ist der Magnetkran. Die magnetische Wirkung kann aber auch benutzt werden, um Türöffner, Eisenbahnsignale und Weichen zu bauen. Durch den Bau eines Relais ist es möglich, mit Elektromagneten Schalter zu bewegen und dann größere Ströme ein- und auszuschalten. Weiter kann man drehbar gelagerte Magnete durch geschicktes Ein- und Ausschalten eines Elektromagneten zur Drehung bringen und von hier aus die Funktion des Elektromotors erschließen. Endlich kann man die magnetische Wirkung des Stroms benutzen, um die Stärke des Stroms mit Meßgeräten zu bestimmen.

3. Beispiel: Lorentzkraft.

Sie wird im fortgeschrittenen Unterricht der Elektrizitätslehre behandelt. Mit ihr können sehr unterschiedliche technische Gegenstände erklärt werden: Im TV-Gerät werden Elektronenstrahlen mit Elektromagneten abgelenkt. Dies geschieht auch im Oszilloskop. Einen Lautsprecher erhält man, wenn man eine Spule in ein Magnetfeld bringt, die Spule mit einer Membran verbindet und den Strom im Takt der Sprachschwingungen fließen läßt. Einen Generator erhalten wir, wenn wir einen Draht in einem Magnetfeld bewegen. Die Lorentzkraft wirkt dabei auf die frei beweglichen Ladungsträger (Induktion bei bewegtem Leiter). Den Generator finden wir als Fahrraddynamo, als Lichtmaschine im Auto und, das ist das wichtigste, in allen Kraftwerken, die unser elektrisches Netz mit Strom versorgen.

4. Beispiel:

Wenn im Grundkurs der Mechanik der Zusammenhang zwischen Kraft, Masse und Beschleunigung sowie der Satz "actio = reactio" behandelt wird, ist es möglich, viele scheinbar unterschiedliche technische Zusammenhänge aus einem Prinzip heraus zu verstehen: der Vortrieb der Schiffsschraube, des Ruders und des Propellers beruht auf Reaktionskräften. Wassermassen oder Luftmassen werden nach hinten beschleunigt. Dazu bedarf es beschleunigender Kräfte. Die entgegengesetzt gerichteten Reaktionskräfte sind die nach vorn gerichtete Vortriebskraft. Das gilt auch für Düsentriebwerke. Der Auftrieb von Hubschrauberrotoren beruht auf dem gleichen Zusammenhang, nur werden jetzt Luftmassen nach unten beschleunigt. Auch die Tragflächen der Flugzeuge lenken Luftströmungen um und lenken sie nach unten ab. Die Reaktionskraft bei der Tragfläche heißt "aerodynamischer Auftrieb". Genauso läßt sich die vortreibende Wirkung des Segels verstehen. Schließlich ist auch die Antriebskraft eines Raketentriebwerks die Reaktionskraft der nach hinten bechleunigten Verbrennungsgase. Die Beispiele zeigen, daß es physikalische Zusammenhänge gibt, die das Funktionieren vieler technischer Gegenstände erklären. Die technischen Gegenstände können dann als Anwendung der durch physikalische Experimente gewonnenen Erkenntnisse gesehen werden. Oft wird der technische Gegenstand Anlaß für die Fragestellung des Unterrichts sein, denn technische Gegenstände interessieren und wecken Interesse. Die technischen Sachverhalte dürfen also nicht beiläufig am Rande des Physikunterrichts stehen. Gerade wegen der engen Verflechtung zwischen Physik und Technik darf ihr Gewicht für den Unterricht von den wegen ihrer Ausbildung stark an der Physik orientierten Lehrern nicht zu gering eingeschätzt werden.

2.2.1.2 Komplexe technische Funktionszusammenhänge

Viele technische Gegenstände sind komplex. Sie sind nicht von einem einzigen physikalischen Zusammenhang her zu erschließen, sondern in ihrem Funktionszusammenhang wirken Elemente zusammen, die auf ganz unterschiedlichen physikalischen Gesetzmäßigkeiten beruhen. Ihrer Bedeutung wegen müssen diese technischen Gegenstände auch im technischen Zusammenhang behandelt werden. Der technische Zusammenhang liegt dann quer zur Ordnung der physikalischen Bereiche.

1. Beispiel: Die Verbrennungskraftmaschine

Eine physikalische Grundlage ist, daß Gase bei der Verbrennung heiß werden. Eine zweite physikalische Grundlage ist, daß der Druck eingesperrter Gase mit der Temperatur ansteigt. Darauf beruhen die Verbrennungskraftmaschinen wie der Ottomotor und der Dieselmotor. Die Konstruktion einer Maschine, die es gestattet, in schneller zeitlicher Folge derartige Verbrennungen wiederholt ablaufen zu lassen und die sich ausdehnenden Gase periodisch Arbeit leisten zu lassen, ist eine typisch technische Leistung und das Ergebnis ist ein komplexer technischer Gegenstand. Bei der unterrichtlichen Behandlung sind typisch technische Überlegungen nötig. Zunächst sind die vier Takte des Motors von ihrer technischen Aufgabenstellung her verständlich zu machen. Im Arbeitstakt leisten die durch die Verbrennung erhitzten Gase Arbeit. Dann müssen die verbrannten Gase im Auspufftakt aus dem Verbrennungsraum entfernt werden. Anschließend muß ein neues Brennstoff-Luftgemisch in den Verbrennungsraum eingesaugt werden. Im Verdichtungstakt muß der Kolben in eine Position gebracht werden, bei dem die heißen Gase erneut Arbeit leisten können. Dann ist die Zündung durch elektrische Funken, die Erzeugung der dazu notwendigen Spannung und die Koordination des Zündzeitpunkts mit der Kolbenstellung zu erklären. Als nächstes ist die Umwandlung der Hin- und Herbewegung des Kolbens in eine Drehbewegung vermittels Pleuelstange und Kurbelwelle darzustellen. Daraufhin muß die Steuerung der Ventile durch Nockenwellen erklärt werden. Der Gesamtzusammenhang erfordert Kenntnisse aus vielen Bereichen der Physik.

2. Beispiel: Kältemaschine.

Kältemaschine (Kühlschrank) und Wärmepumpe sind technische Gegenstände, die große Bedeutung im täglichen Leben haben und deshalb im Mittelstufenunterricht in ihrer technischen Funktion erklärt werden müssen. Die Kälteerzeugung beruht auf der Verdunstung oder Verdampfung einer Kühlmittelflüssigkeit im Verdampfer. Die Verdampfung wird dadurch verstärkt, daß der Kühlmitteldampf mittels eines Kompressors abgesaugt wird. Der Kühlmitteldampf wird in einem Speicher, dem Kondensator, komprimiert. Infolge der Kompression erhitzt sich der Kühlmitteldampf und nach der Abkühlung verflüssigt er sich. Schließlich erfolgt die Rückführung der abgekühlten Kühlmittelflüssigkeit in den Verdampfer. Auch hier brauchen wir verschiedene physikalische Grundlagen. Für ein Verständnis des technischen Funktionszusammenhangs reichen meist qualitative Kenntnisse der physikalischen Zusammenhänge aus.
Dem Oberstufenunterricht bleibt es vorbehalten, die thermodynamischen Fragen des Wirkungsgrades zu vertiefen und auf der Grundlage des 2. Hauptsatzes zu verstehen.

3. Beispiel: Elektrische Energieversorgung

Die im Haushalt genutzte elektrische Energie ist mehrfach transformiert: am Anfang stehen Primärenergiequellen wie: Erdgas, Erdöl, Kohle oder auch Kernbrennstoff. Die Primärenergie wird in Wärmeenergie transformiert durch Verbrennung oder im Atomreaktor durch Kernspaltung. Die Wärmeenergie wird durch Dampfturbinen in mechanische Energie transformiert. Die mechanische Energie wird durch Generatoren in elektrische Energie transformiert. Diese wird über Leitungen in die Haushalte transportiert. Im Haushalt wird die elektrische Energie in unterschiedlicher Weise transformiert, in Wärme bei Kochplatte und Mikrowellenherd, Waschmaschine und Geschirrspüler; in mechanische Energie bei Waschmaschine, Staubsauger, Küchenmaschine, Kompressorkühlschrank. Weiter finden mehrfache Energieumwandlungen statt bei den Kommunikationssystemen Telefon, Radio, TV, Videoanlage.

2.1.2.2 Technische Systeme

Bereits am Beispiel der elektrischen Energieversorgung ist deutlich geworden, daß es sich hier um ein System handelt, das aus ganz unterschiedlichen Elementen zusammengesetzt ist. Das gilt auch für Produktionssysteme, Verkehrssysteme, Nachrichtensysteme. Es gilt aber auch für komplexe technische Gegenstände wie Flugzeug, Auto, Fernsehapparat u.a. Derartige Systeme lassen sich nicht mehr als Anwendungen oder Beispiele einzelner physikalischer Zusammenhänge darstellen. Wenn sie im Zusammenhang dargestellt werden sollen, entsteht ein Ordnungsprinzip, das quer zur physikalischen Systematik liegt. Hier entsteht ein Problem für den Physikunterricht, das nur dadurch aufgelöst werden kann, daß in begrenztem Umfang exemplarisch Systeme in ihrem technischen Zusammenhang behandelt werden.

Hier kommen in erster Linie in Betracht die Systeme der Energieversorgung, der Nachrichtentechnik, der Datenverarbeitung sowie Auto und Flugzeug. Die Behandlung derartiger Systeme mit ihren wechselseitigen Verflechtungen steht unter dem Gesichtspunkt, Grundlagen für die rationale Urteilsbildung im Hinblick auf die heutigen Technikkontroversen zu schaffen.

2.1.2.3 Technische Verfahren und Prinzipien

Es gibt eine Reihe technischer Verfahren und Prinzipien, man könnte sie auch Techniken nennen, deren Bedeutung vor allem in technischen Funktionszusammenhängen offenbar werden, die aber in die physikalische Systematik nicht einzuordnen sind.

Ein Beispiel ist bereits genannt: Das Prinzip der Umwandlung von Bewegungen. Bei der Verbrennungskraftmaschine aber auch bei der Dampfmaschine, muß die Hin- und Herbewegung des Kolbens in eine Drehbewegung umgewandelt werden.
In der Nähmaschine muß die Drehbewegung des Motors in eine Hin- und Herbewegung der Nadel umgewandelt werden. Hierher gehört auch die Umwandlung von Drehbewegungen in geradlinige Bewegungen durch Schneckengetriebe und Spindeln, beispielsweise bei elektrischen Fensterhebern der Autos, elektrisch zu betätigenden Rolläden und Garagentoren.

Als nächstes Beispiel sei das Prinzip der Selbststeuerung genannt, der Regelkreis. Das Prinzip wurde zum erstenmal technisch beim Zentrifugalregulator der Dampfmaschine benutzt, um die Umdrehungszahl der Dampfmaschine bei wechselnder Belastung konstant zu halten. Wenn die Umdrehungszahl bei geringer Belastung über den gewünschten Wert ansteigt, drosselt der Zentrifugalregulator die Dampfzufuhr. Damit sinkt die Drehzahl wieder ab. Bei hoher Belastung sinkt die Umdrehungszahl und der Zentrifugalregulator erhöht die Dampfzufuhr. Damit steigt die Umdrehungszahl wieder an.
Das Prinzip des Regelkreises finden wir bei vielen Reglern, so beim Thermostaten, der die Heizung einschaltet, wenn die Zimmertemperatur zu stark absinkt, oder der im Kühlschrank das Kühlaggregat einschaltet, wenn der Kühlraum zu warm wird. Unterrichtsinhalt ist das Prinzip des Regelkreises: Ein Fühler mißt den IST-Zustand der Regelgröße, ein Vergleichsglied vergleicht den IST-Zustand mit einem SOLL-Zustand, und ein Stellglied löst Wirkungen aus, die die Differenz zwischen SOLL- und IST-Wert reduzieren. Diese einzelnen Glieder können physikalisch sehr unterschiedlich realisiert werden. Im Unterricht wird ein einfaches Modell eines solchen Regelkreises mit Hilfe eines Bimetallstreifens gebaut (nacherfindender Unterricht). Es ist deutlich zu machen, daß auch andere Realisierungen möglich sind, wie die Betätigung von Schaltern mit Hilfe der Ausdehnung eingesperrter Gase oder Dämpfe. Die automatische Regelung der Wasserversor-

gung von Pflanzen oder das automatische Einstellen einer Beleuchtung sind reizvolle Unterrichtsinhalte.

Letztes Beispiel: Umwandlung und Transport von Information:

Beim Fadentelefon werden Schallschwingungen in mechanische Schwingungen einer Membran überführt, durch einen Faden weitergeleitet und am anderen Ende wird wieder eine Membran zu Schwingungen angeregt. Beim Mikrofon, von dem es unterschiedliche Realisierungsmöglichkeiten gibt, wird durch die Schallschwingungen eine Membran angeregt, die mit einer Spule verbunden ist. Die Spule schwingt in einem Magnetfeld, dadurch werden elektrische Wechselspannungen induziert. Die Wechselspannungen können verstärkt, fortgeleitet und auf der Empfängerseite wieder in mechanische Schwingungen transformiert werden. Bei allen Transformationen bleibt eine neue Größe invariant, die Information.
Information ist ein Grundbegriff zwischen Technik und Physik, der eine fundamentale Rolle beim Verständnis der Funktion von Kommunikationssystemen spielt. Der Begriff "Information" tritt neben die physikalischen Grundbegriffe wie "Energie" und "Masse".

2.1.2.4 Historische Zusammenhänge der technischen Entwicklung

Technik hat ebenso wie Physik eine lange Entwicklungsgeschichte. An ausgewählten Beispielen der Entwicklung technischer Bereiche kann deutlich gemacht werden, wie Physik in der Technik zu finden ist, aber auch Technik in der Physik. Anregungen zu historischen Betrachtungen gibt *Teichmann* (1981). *Klemm* (1954) orientiert seine Darstellung der Entwicklung der Technik an der Entwicklung der technischen Probleme. Hier kann Unterricht direkt anschließen. Die historisch frühen Lösungen sind zumeist sowohl von ihrem technischen Zusammenhang her, wie von der verwendeten Physik her einfach - und somit auch einfach zu verstehen. Von der Technik her stehen die Finalität und der technische Impuls im Vordergrund.

Beispiel: Die Aufzeichnung und Wiedergabe der menschlichen Sprache löste *Edison* mit einem verblüffend einfachen und durchsichtigen Verfahren: die Schallschwingungen bewegen eine Membran; die Membran bewegt einen Stift, der eine Spur auf einer Wachstrommel aufzeichnet; diese Spur kann wieder durch einen Stift abgetastet werden, der jetzt eine Membran bewegt, die ihrerseits Schallschwingungen der Luft anregt. Die folgende Entwicklung steht unter dem Aspekt der Verbesserung. Jede Verbesserung macht die technischen Lösungen wirksamer, sicherer und ökonomischer - jedoch auch komplexer und in den Einzelheiten schwerer zu verstehen. *Berliner* ersetzte *Edisons* Wachstrommeln durch die viel leichter herstellbare und reproduzierbare Schallplatte mit einer spiraligen Aufzeichnung der Tonspur auf Tonrillen. Später wurde die mechanische Abtastung der Tonrillen durch magnetische Aufzeichnungs- und Abtastsysteme ersetzt: das Tonband. Heute wird bei der CD-Platte die Schallinformation digital gespeichert und mit Laserlicht abgetastet. In den modernen Lösungen ist der gesamte Erkenntnisstand der Physik enthalten.

Aus einer einfachen Erfindung oder einer einfachen Maschine wird durch Verbesserungen ein hochkomplexes System mit den beliebig vielen Einzelfunktionen. Die Entwicklung des Kraftfahrzeugs mit der darin enthaltenen Elektronik, einschließlich des ABS-Systems, ist ein anderes Beispiel. Man könnte auch die Entwicklung der Flugtechnik von *Lilienthal*s Gleiter und *Wright*s Motorflugzeug bis zu modernen Überschallflugzeugen nehmen oder die Entwicklung der Telegrafiertechnik von *Marconi* über die Rundfunktechnik zur Bildübertragung beim TV.
Ein Vorteil der historischen Betrachtungsweise ist für den Unterricht evident: Die Entwicklung der meisten Bereiche der Technik geht von klaren und für den Schüler verständlichen Aufgabenstellungen aus. Am Anfang stehen oft monokausale Lösungen, die meist mit elementaren physikalischen Kenntnissen zumindest qualitativ zu verstehen sind. Erst in der Weiterführung zu den modernen Lösungen kommen sukzessiv Probleme hinzu, die das Verständnis erschweren: Komplexität, Systemcharakter und Abhängigkeit von der Kenntnis vieler physikalischer Grundlagen.
Gerade die Analyse dieser historischen Zusammenhänge zeigt im übrigen auch die wechselseitige Befruchtung von Physik und Technik.

2.1.2.5 Zusammenhänge zwischen Technik, Gesellschaft und Individuum

In den grundsätzlichen Betrachtungen zur Technik wurde im ersten Kapitel festgestellt, daß die Evolution des Menschen und seiner Gesellschaft der Evolution seiner Techniken entspricht. In der Verkürzung und Vereinfachung wirft diese Feststellung ein Schlaglicht auf die Bedeutung der technischen Entwicklung für den gegenwärtigen Zustand unseres gesellschaftlichen Systems und das Leben und die Lebensumstände des einzelnen. Daß wir in einer hochentwickelten und damit künstlichen Welt leben, nimmt der Heranwachsende nicht wahr, denn ihm erscheinen die technischen Randbe-

dingungen und Möglichkeiten genauso selbstverständlich und naturgegeben wie die natürliche Umwelt. Gerade weil nun aber die technische Entwicklung kontrovers diskutiert wird, und weil technischer Fortschritt zu Gefährdungen führen kann, ist es wichtig, Zusammenhänge zu erkennen.
Ein Beispiel sei genannt: die Energieversorgung. Sie ist ein Schlüsselproblem der gesellschaftlichen Entwicklung. Dahinter verbirgt sich die Tatsache, daß die Entwicklung der Energietechnik unsere Gesellschaft radikal verändert hat. Zu Recht wird die von der Erfindung, besser der Vervollkommnung der Dampfmaschine ausgelöste technische Entwicklung der Energieversorgung, die "erste industrielle Revolution" genannt. Aus der Mechanik war seit der Renaissance als "Goldene Regel der Mechanik" bekannt, daß Getriebe und Hebelmechanismen Kräfte und Drehmomente transformieren, daß aber die hineingesteckte Arbeit höchstens gleich der am Ende der Transformation herauskommenden nutzbaren Arbeit ist. Diese Maschinen erzeugen keine mechanische Energie. Abgesehen von den Fällen, in denen Wind- oder Wasserenergie genutzt werden konnte, mußte alle Primärenergie durch die Muskeln von Menschen oder Tieren erzeugt werden. Transport über Land, Transport im Bauwesen, Materialbearbeitung und Bodenbearbeitung für die Nahrungsgewinnung hatten als einzige Energielieferanten Zugtiere oder Menschen.
Dies ist der Grund dafür, daß alle vergangenen Kulturen auf einer rechtlichen oder faktischen Sklaverei beruhten, der der Großteil der Bevölkerung unterworfen war. Es scheint bekannter, daß die griechische und die römische Kultur auf Sklaverei beruhten, als daß in Preußen die Abschaffung der Leibeigenschaft noch keine 200 Jahre zurückliegt. Auch die Situation des "Handarbeiters" in den Fabriken, den Bergwerken und auf den Feldern war bis ins 19. Jahrhundert einer Sklaverei nicht unähnlich. Solange der Mensch als Kraftmaschine benutzt werden mußte, konnte dies nicht geändert werden. Erst die Erfindung und Entwicklung der Dampfmaschine hat hier eine grundlegende Änderung möglich gemacht. Die Dampfmaschine war das erste technische Gerät, durch das es gelang, in großem Umfang aus chemischer Energie mechanische Energie zu gewinnen. Mit der Dampfmaschine konnten Webereien betrieben, Bergwerke entwässert, Kohle ans Tageslicht gefördert und große Ländereien gepflügt werden. Eine Dampfmaschine konnte Schiffe antreiben und eine große Zahl von Wagen über Schienen ziehen.
Die Dampfmaschine und ihre Verwendung war teuer und zwang zur Bildung von Kapitalgesellschaften. Die Dampfmaschine brachte denjenigen,

die sie nutzen konnten, große Rationalisierungsgewinne, so daß Karl Marx die Entwicklung der industriellen Gesellschaft in einer zunehmenden Konzentration sah. Diese Entwicklung wurde bereits zu seinen Lebzeiten durch zwei neue technische Entwicklungen in der Energietechnik gebrochen: die Erfindung des Otto-Motors und die Erfindung des Elektromotors. Beides waren Kleinkraftmaschinen, die von kleinen und mittleren Gewerbetreibenden ohne großen Kapitaleinsatz genutzt werden konnten. Damit beschleunigte sich der Ersatz von Mensch und Tier als Energiequelle und gleichzeitig wurde der Rationalisierungsvorsprung des Großbetriebs zum Teil weitgehend gebrochen, ökonomisch konnte sich jetzt die größere Flexibilität des Kleinbetriebs auswirken. *Werner von Siemens* bereits hat diese gesellschaftspolitische Bedeutung des Elektromotors und der kleinen Kraftmaschine deutlich gesehen. Ein menschenwürdiges Leben mit einem angemessenen Anteil frei verfügbarer und frei gestaltbarer Zeit für alle ist ohne die moderne Energietechnik nicht möglich.
Nicht verschwiegen werden darf, daß diese Entwicklung der Energietechnik neue Probleme aufgeworfen hat, die zu Gefährdungen für Umwelt und Klima führen. Die Verbrennung fossiler Brennstoffe führt zur Abgabe von Kohlendioxid. Es gibt viele Anzeichen, daß dadurch auf lange Sicht der Wärmehaushalt der Erde verändert wird. Ein Ansteigen der mittleren Temperaturen hätte aber verhängnisvolle Folgen. Viele Landstriche können veröden, möglicherweise können auch die Polkappen abschmelzen und zu einem Ansteigen der Meeresspiegel führen. Eine verstärkte Nutzung der Kernenergie birgt Risiken anderer Art. Wie die künftige Entwicklung gesteuert wird, hängt von der politischen Willensbildung ab. Hier gibt es Kontroversen und diese kontroversen Diskussionen werden anhalten, ja an Schärfe zunehmen, weil Korrekturen der Energiepolitik mit Einschränkungen und Verzichten verbunden sein werden.
Die Zusammenhänge zwischen der Entwicklung der Technik und der Entwicklung unserer Gesellschaft sind Unterrichtsinhalte, deren Bedeutung zunimmt und vermutlich weiter steigen wird. Der Schüler muß diese Zusammenhänge kennen, um die heutigen und die künftigen Kontroversen, die sich auf die Gefährdung unserer Umwelt durch Technik und den Schutz und die Erhaltung unserer Umwelt durch neue Techniken beziehen, in ihren Proportionen sehen zu können. Und schließlich können dabei im Physikunterricht ebenso wie im Chemieunterricht dem Schüler Wege gezeigt und begründet werden, wie auch der Einzelne dazu beitragen kann, die

Umwelt zu schützen. In dem von *Wiebel* (1987) herausgegebenen Berichtsband finden sich Diskussionsbeiträge zu genau diesem Problemkreis.
Deutlich wird hier im übrigen auch, daß gerade beim Thema Umweltgefährdung und Umweltschutz technische und naturwissenschaftliche Sachverhalte und Gesichtspunkte, Meßverfahren und Wirkungen nicht mehr voneinander getrennt werden können.

2.2. Zur Auswahl der Inhalte

Inhalte für den Physikunterricht auszuwählen, ist eine Aufgabe, die seit den Anfängen dieses Unterrichtsfachs an den Schulen besteht. Lösungen dieser Aufgabe in Gestalt von Lehrplänen hat es daher auch von Anfang an gegeben. Mit den Fortschritten in Physik und Technik und mit den zeitbedingten Wandlungen in den Zielsetzungen des Physikunterrichts waren dies aber stets Lösungen auf Zeit. Bei den in angemessenen Zeitabständen erforderlichen Lehrplanrevisionen blieben stets gewisse Kernbestände an Inhalten aus allen Gebieten der Physik bis in gegenwärtige Lehrpläne hinein erhalten. Das liegt u.a. daran, daß die Inhalte des Physikunterrichts nicht isoliert nebeneinander stehen, sondern in sachliche Zusammenhänge eingebunden sind, die bei der Auswahl berücksichtigt werden müssen. So kann die Entscheidung für einen bestimmten Inhalt gleichzeitig die Entscheidung für andere Inhalte nötig machen, wenn sie Voraussetzungen für das Lernen dieses Inhalts sind. Mit der Entscheidung gegen einen Inhalt können u.U. andere Inhalte ausgeschlossen werden. Neue Inhalte auf Kosten der traditionellen Bestände einzuführen ist daher meist schwierig und erfordert eine ausführliche Begründung und eine überzeugende Argumentation.
Vor der Aufgabe, begründete Entscheidungen über die Auswahl von Inhalten zu treffen, steht nicht nur jede Lehrplankommission, sondern auch der einzelne Lehrer, wenn er seinen Unterricht gewissenhaft und zeitgemäß plant. In solche Begründungs- und Argumentationszusammenhänge für die Inhaltsauswahl einzuführen, ist der Sinn dieses Abschnitts.
Im folgenden werden daher zuerst Gesichtspunkte erörtert, die bei Auswahlentscheidungen zu berücksichtigen sind. Ausführlicher und gesondert wird sodann auf die Elementarisierung von Inhalten eingegangen, die als ein Gesichtspunkt bei der Inhaltsauswahl beachtet werden muß.

2.2.1 Gesichtspunkte für Auswahlentscheidungen

Eine notwendige Bedingung dafür, daß die Ziele des Physikunterrichts erreicht werden können, ist erfüllt, wenn seine Inhalte den Zielen entsprechend ausgewählt wurden. Ziele und Inhalte müssen miteinander in Einklang stehen.

Ein erster Gesichtspunkt für die Auswahlentscheidungen ist also die Betrachtung der Inhalte auf ihre Zielkonformität hin. Kataloge von Leitzielen, wie sie im 1. Kapitel diskutiert wurden oder wie sie in Präambeln von Lehrplänen und Richtlinien angegeben sind, stellen also zugleich Kriterienkataloge für die Inhaltsauswahl dar.

Wir wollen uns bei unseren weiteren Überlegungen auf den folgenden Zielkatalog beziehen, der explizit als Katalog von Gesichtspunkten für die Inhaltsauswahl formuliert wurde. Er ist von einer Expertengruppe auf der Basis des im Kapitel 1 vorgestellten Zielkatalogs von *Häußler/Lauterbach* (1976) (vgl. Abschnitt 1.3.2) erarbeitet worden und wurde im Rahmen von Empfehlungen zur *Entwicklung von Lehrplänen für den Physikunterricht der Sekundarstufe I* (1976) veröffentlicht.

16 Gesichtspunkte für die Inhaltsauswahl

Ist der Inhalt geeignet,

(1) - grundlegende Begriffe und Gesetze aus der Naturwissenschaft zu erarbeiten?

(2) - für Naturwissenschaft und Technik wesentliche Denkweisen, Methoden, Darstellungsformen, Arbeitstechniken und Verfahren zu erlernen?

(3) - die Grenzen, Vorläufigkeit und Einseitigkeit naturwissenschaftlicher Aussagen aufzuweisen?

(4) - die Erschließung anderer inhaltlicher Bereiche zu erleichtern?

(5) - aufzuweisen, daß naturwissenschaftliche Erkenntnisse technisch verwertbar sind und daß technologischer Fortschritt die Naturwissenschaft vor neue Erkenntnisprobleme stellen kann?

(6) - die wechselseitige Verflechtung von Naturwissenschaft und Technik, Wirtschaft und sozialer Lebenswelt aufzuweisen?

(7) - die historische Entwicklung von Naturwissenschaft und Technik und die jeweiligen Faktoren, die zu dieser Entwicklung geführt haben, aufzuzeigen?

(8) - die durch Naturwissenschaft und Technik ermöglichten Fehlentwicklungen aufzuweisen, d.h. ist er ein kontroverses Thema unserer Zeit?

(9) - zu demonstrieren, wie Naturwissenschaft und Technik unsere Umwelt verändert haben und wie man zur verantwortungsbewußten Mitgestaltung beitragen kann?

(10) - zu demonstrieren, wie heute naturwissenschaftliche Forschung und technische Entwicklung vollzogen oder beeinflußt werden können?

(11) - dem Schüler Kenntnisse und Verhaltensgewohnheiten zur physischen und psychischen Gesunderhaltung zu vermitteln?

(12) - dem Schüler Fähigkeiten, Kenntnisse und Fertigkeiten zur unmittelbaren Lebensbewältigung zu vermitteln?

(13) - die natürliche und technische Umwelt begreifen zu helfen?

(14) - Neigungen, Interessen und Probleme der Schüler gemäß ihrer Lernerfahrungen zu berücksichtigen?

(15) - selbstorganisiertes Lernen, kreatives Denken und selbständiges wie kooperatives Handeln anzuregen und zu ermöglichen?

(16) - selbständiges Experimentieren der Schüler zu ermöglichen?

Ähnliche Zielkataloge findet man in den Präambeln gültiger Lehrpläne und Richtlinien. Sie werden dort jedoch gewöhnlich nicht in Fragen an die Inhalte gekleidet, sondern als allgemeine Ziele formuliert, die die Schüler erreichen sollen.

Wie läßt sich nun feststellen, ob und inwieweit eine Konformität zwischen Inhalten und Zielen besteht?

Am einfachsten ließe sich diese Feststellung sicherlich treffen, wenn aus den Zielformulierungen bestimmte Inhalte auf deduktivem Wege abgeleitet werden könnten. Daß dieser Weg, von den Zielen auf die Inhalte zu schließen, wegen des hohen Allgemeinheitsgrades der Ziele prinzipiell nicht gangbar ist, sollte schon aus den Überlegungen über Zielsetzungen im Kapitel 1 deutlich geworden sein. Wie sollte sich zum Beispiel aus einem Ziel, grundlegende physikalische Gesetze und Begriffe zu erarbeiten, ableiten lassen, *welche* Gesetze und Begriffe dies sein sollen?

Es bleibt also nur der Weg, umgekehrt von dem zur Auswahl anstehenden Inhalt auf die Ziele hin zu fragen und zu prüfen, ob der jeweilige Inhalt prinzipiell geeignet sein könnte, eines oder auch mehrere Leitziele des Zielkatalogs zu erreichen. In dieser Frageform ist daher der oben angeführte Katalog von vornherein formuliert worden. Je breiter das Spektrum der angesprochenen Ziele ist, desto geeigneter wird der Inhalt für die Auswahl erscheinen.

An einem Beispiel soll im folgenden erläutert werden, wie die Überprüfung eines Inhalts auf Zielkonformität vorgenommen werden kann:

In Frage stehe ein Inhalt aus der Optik: "Totalreflexion - Lichtleiter", d.h. ein physikalisches Phänomen und eine seiner technischen Anwendungen.

In dieser knappen begrifflichen Formulierung, wie sie meist in Lehrplänen auftreten, ist ein Zusammenhang mit dem Zielkatalog noch nicht ohne weiteres herstellbar. Dies wird leichter möglich, wenn man sich eine Vorstellung davon macht, wie der durch die Begriffe "Totalreflexion - Lichtleiter" bezeichnete Inhalt für den Unterricht entfaltet werden könnte. Ein erster Schritt dazu könnten Überlegungen sein, die die Sachzusammenhänge betreffen, in denen die beiden Begriffe stehen. In den Blick kommen Beispiele für Totalreflexion aus der Erfahrung der Schüler, Bedingungen, unter denen das Phänomen eintritt (Reflexion, dünneres und dichteres Medium, Brechung, Brechzahl, Grenzwinkel), ferner Aufbau und Funktionweise eines Lichtleiters, Anwendungen und Bedeutung des Lichtleiters in Medizin und Nachrichtentechnik. Auf die Möglichkeit, die Sachzusammenhänge bei der späteren Planung des Unterrichts in einem Sachstrukturdiagramm darzustellen, sei an dieser Stelle bereits hingewiesen (vgl. 7.3).
In einem nächsten Schritt könnte nun der Zielkatalog ins Spiel gebracht werden. Unter seinem Einfluß ließen sich einzelne Bereiche des entfalteten Inhalts mehr oder weniger stark gewichten und akzentuieren. So könnte man beispielsweise das physikalische Phänomen zurücktreten lassen und dafür die technischen Anwendungen stärker hervorheben. Man könnte sich weiter entscheiden, die technische und wirtschaftliche Bedeutung des Lichtleiters am Beispiel der Nachrichtenübermittlung herauszuarbeiten.
Am Ende dieses Entfaltungs- und Akzentuierungsprozesses steht eine differenziertere Vorstellung über den Inhalt in Hinsicht auf den Unterricht. Sie läßt sich zusammenfassen und einschließlich der unterrichtlichen Absichten in Form eines Lernzieles der mittleren Ebene (vgl. 1.3.1) formulieren. Es könnte für unser Beispiel etwa folgendermaßen lauten:

Das Phänomen der Totalreflektion und seine Bedeutung kennen, seine Anwendung im Lichtleiter und dessen technische und wirtschaftliche Bedeutung am Beispiel der Nachrichtenübertragung erfahren.

Mit der Formulierung des Lernziels ist nun die Möglichkeit gegeben, noch einmal genauer zu prüfen, mit welchen Zielen des Leitzielkatalogs es in Einklang steht. Legen wir den oben angeführten Gesichtspunktekatalog zugrunde, so könnten es vor allem die Ziele (1), (5), (6) und (13) sein.
Nach dieser Überprüfung läßt sich dann feststellen, daß der Unterrichtsinhalt "Totalreflexion - Lichtleiter" mit wenigstens vier Zielen des Zielkataloges in Einklang steht, wenn er in der durch das formulierte Lernziel bestimmten Weise aufgefaßt wird. In diesem Sinne ist der Inhalt also geeignet, einen Beitrag zur Erreichung mehrerer Leitziele zu leisten. Seine Auswahl wäre damit prinzipiell gerechtfertigt.
Unser Beispiel hat gezeigt, daß der Inhalt unter dem Gesichtspunkt einer Überprüfung der Zielkonformität durch seine sachliche Beschreibung zugleich eine Orientierung und Akzentuierung erfahren hat, die von dem zugrundegelegten Leitzielkatalog ebenso bestimmt ist wie von dessen Interpretation durch denjenigen, der die Überprüfung vornimmt. Eine allgemeingültige Auswahlentscheidung ist unter diesem Gesichtspunkt nicht zu erwarten. Vielmehr ließe sich eine große Zahl weiterer, ähnlich gelagerter Inhalte ebenso als konform mit den genannten Zielen nachweisen.
Der Gesichtspunkt der Zielkonformität bezeichnet eine zwar notwendige, aber noch nicht hinreichende Bedingung für die Inhaltsauswahl. Es müssen also zusätzliche Gesichtspunkte für die Auswahl herangezogen werden.
Solche weiteren Gesichtspunkte ergeben sich aus der Überlegung, daß die Auswahl von Inhalten stets für eine bestimmte Schülergruppe vorgenommen werden muß, d.h. für Schüler einer bestimmten Altersstufe, Interessenlage, geistigen Leistungsfähigkeit und mit bestimmten Lernvoraussetzungen. Zur Klärung greifen wir auf unser Beispiel zurück.
Wir nehmen an, daß der Inhalt "Totalreflexion - Lichtleiter" für die 7. Klasse einer Realschule bestimmt sein soll. Nehmen wir weiter an, daß in der betreffenden Region ein Versuchsprojekt der Bundespost zur Erprobung von Glasfaserkabeln im Gange ist und in der Öffentlichkeit diskutiert wird, so kann ein natürliches Interesse der Schüler erwartet werden. Aber auch ohne einen solchen aktuellen Anlaß müßte nach der bisherigen Lerngeschichte der Klasse abgeschätzt werden, ob und ggf. wie der Inhalt in den Fragehorizont der Schüler gerückt werden kann, so daß sie ihn für sich als

bedeutsam ansehen. Anders ausgedrückt: ob und ggf. wie die Schüler für den Inhalt motiviert werden können. Die Frage nach der "Motivierbarkeit" für den Inhalt ist also ein weiterer Gesichtspunkt für die Auswahl.
Ist die Frage, wie im vorliegenden Falle, positiv zu beantworten, so ist weiter zu fragen, ob das Thema bzw. der Inhalt auf einem für diese Schüler angemessenen Niveau behandelt werden kann. Der Inhalt muß dazu entsprechend aufbereitet, d.h. vereinfacht, elementarisiert werden. Im vorliegenden Beispiel ist die Elementarisierung sicherlich möglich, wenn die Totalreflexion lediglich als Phänomen und die technische Anwendung im Lichtleiter lediglich im Prinzip dargestellt werden soll. Auch die technisch-wirtschaftlichen Zusammenhänge können sicher auf einem für die Schüler verständlichen Niveau dargestellt und erarbeitet werden (z.B. Kostensenkung durch Einsparung von Kupfer). Damit kann auch unter dem Gesichtspunkt der "Elementarisierbarkeit" die Auswahl des Inhalts als hinreichend begründet gelten.

Die Überlegungen am Beispiel haben gezeigt, daß die Auswahl von Unterrichtsinhalten unter den folgenden drei Gesichtspunkten vollzogen werden kann:

1. Die mit dem Inhalt zu verfolgenden Ziele (einer mittleren Zielebene) sind mit den Leitzielen des Physikunterrichts, wie sie in den jeweils gültigen Lehrplänen oder anderen Zielkatalogen niedergelegt sind, in Beziehung zu setzen. Es ist zu prüfen, inwieweit sie mit den Leitzielen in Einklang stehen, d.h. inwieweit die Zielsetzung für den zu wählenden Inhalt und die Leitziele konform sind. Die Inhalte sind also unter dem Gesichtspunkt ihrer *Zielkonformität* zu betrachten.
2. Die Inhalte sind in Hinsicht auf die Interessenlage der zu unterrichtenden Schülergruppe zu betrachten, und es ist abzuschätzen, inwieweit die Schüler für das zu wählende Unterrichtsthema motiviert werden können. Die Inhalte sind also unter dem Gesichtspunkt der *Motivierbarkeit* für den Unterrichtsinhalt zu überprüfen.
3. Die Inhalte sind daraufhin zu untersuchen, inwieweit sie auf ein für die betreffenden Schülergruppe angemessenes Niveau transformiert werden können, inwieweit sie sich für die Schüler elementarisieren lassen. Sie sind also unter dem Gesichtspunkt ihrer *Elementarisierbarkeit* zu untersuchen.

Das behandelte Beispiel hat ferner deutlich gemacht, daß der Zielkonformität unter den drei Gesichtspunkten das größte Gewicht zukommt. Daß der Inhalt mit den Zielen in Einklang steht, ist eine notwendige aber noch nicht hinreichende Bedingung für die Inhaltsauswahl. Die Gesichtspunkte der Motivierbarkeit und Elementarisierbarkeit müssen daher noch zusätzlich berücksichtigt werden, um einen Inhalt für eine bestimmte Schülergruppe in einer bestimmten unterrichtlichen Situation endgültig auszuwählen.

An einen ausgewählten Inhalt sind demnach drei Forderungen zu stellen, die zugleich erfüllt sein müssen:

1. Der Inhalt muß prinzipiell geeignet sein, einen Beitrag zur Erreichung von Leitzielen des Fachs zu leisten.
2. Der Inhalt muß so geartet sein, daß die Schüler für einen zielgerichteten Lernprozeß motiviert werden können.
3. Der Inhalt muß sich für die betreffende Schülergruppe so elementarisieren lassen, daß ein sachangemessenes Verständnis bei den Schülern erreicht werden kann.

Es könnte so scheinen, als hätte man mit den drei Auswahlgesichtspunkten bzw. den drei Forderungen an den Inhalt ein Instrumentarium zur Verfügung, dessen bloße Anwendung zu zweifelsfreien allgemeingültigen Auswahlentscheidungen führen würde. Das kann jedoch schon deshalb nicht der Fall sein, weil hier, wie bei jeder derartigen Entscheidung, subjektive Komponenten in den Entscheidungsprozeß einfließen. So ist die Beschreibung der Inhalte und die Formulierung der Lernzicle sowie ihre Zuordnung zu den Leitzielen von den Einstellungen und Auffassungen des auswählenden Lehrers zum Physikunterricht beeinflußt. Erst recht spielen bei der Beurteilung der Motivierbarkeit für den Inhalt und seiner Elementarisierbarkeit die Unterrichtserfahrung des Lehrers, sein methodisches Geschick und sein Repertoire an Unterrichtsmedien eine wesentliche Rolle.
Die Auswahlgesichtspunkte weisen demnach vielmehr Frage- und Denkrichtungen auf, die den Entscheidungsprozeß ermöglichen und erleichtern helfen. Ihre Anwendung schränkt die Beliebigkeit von Auswahlentscheidungen ein und führt zu differenzierten Begründungszusammenhängen, die die getroffene Entscheidung rechtfertigen können. Umgekehrt können getroffene Auswahlentscheidungen, wie sie beispielsweise in den Inhaltskatalogen der Lehrpläne vorliegen, in ihren Begründungszusam-

menhängen mit Hilfe der genannten drei Forderungen im einzelnen überprüft bzw. nachvollzogen werden. Dies ist z.B. bei der Unterrichtsplanung von besonderer Bedeutung, wie in Kapitel 7 gezeigt wird (vgl. insbesondere Abschnitt 7.3).
In der bisherigen Darstellung und Entwicklung der drei Gesichtspunkte ist ihre Handhabung nur zum Teil ausführlicher erläutert worden. So wurde am Beispiel gezeigt, wie die Zielkonformität nach der differenzierten Entwicklung und Beschreibung des Inhaltes mit Hilfe von Zielen der mittleren Ebene zu überprüfen ist. Die Untersuchung der Motivierbarkeit für den Inhalt und seine Elementarisierbarkeit bedürfen dagegen noch näherer Erläuterungen. Diese beiden letzten Gesichtspunkte berücksichtigen stärker die Interessenlagen und die spezielle Lernsituation der Schüler und führen daher bald auf unterrichtsmethodische Fragen, die im 4. Kapitel behandelt werden. Möglichkeiten und Verfahren zur Motivierung der Schüler werden dort im Abschnitt 4.3.1 ausführlich dargestellt.
Das Problem der Elementarisierung muß hingegen zuerst unter inhaltsbezogenen Aspekten betrachtet werden. Es wird daher im folgenden Abschnitt gesondert behandelt.

2.2.2 *Zur Elementarisierung der Inhalte*

2.2.2.1 Drei Aspekte der Elementarisierung

Als Inhalte des Physikunterrichts können Gegenstände und Sachverhalte aus Physik und Technik nur dann zugelassen werden, so hatten wir im vorangegangenen Abschnitt u.a. gefordert, wenn sie sowohl mit den Zielsetzungen des Physikunterrichts vereinbar sind als auch auf einem Niveau unterrichtet werden können, das dem Auffassungsvermögen und der geistigen Leistungsfähigkeit der Schüler entspricht. Das Anforderungsniveau für die Inhalte muß also dem Auffassungsvermögen der Schüler angepaßt werden. Das bedeutet in der Regel ein Absenken von einem höheren auf ein niedrigeres Niveau. Aus der Sicht des Lehrers ist mit der Niveauabsenkung eine Vereinfachung des Inhalts verbunden, die dem Schüler den Zugang erleichtern soll. Wir hatten diesen Anpassungsvorgang im vorhergehenden Abschnitt als "Elementarisierung" bezeichnet und damit in erster Linie den *Aspekt der Vereinfachung eines Inhalts* angesprochen. Unter diesem Aspekt kommt jedoch nur ein Teil des Begriffsumfangs von Elementarisierung in

Sicht. Um ihn vollständig zu erfassen, muß Elementarisierung noch unter zwei weiteren Aspekten betrachtet werden.

Ein zweiter Bedeutungsaspekt eröffnet sich, wenn man "elementar" im Wortstamm des Begriffs als "grundlegend" versteht. In dieser Bedeutung als "das Grundlegende" erweist sich "das Elementare" als eine altvertraute pädagogische Kategorie, deren Wurzeln in der Geschichte der Pädagogik weit zurückreichen. Zuerst hat *Pestalozzi* (1746 bis 1827) den Begriff im Zusammenhang mit seiner "Elementarmethode" verwendet. Der Kerngedanke war, daß sich Bildung nur ereignen kann, wenn auf das Einfache, das Grundlegende zurückgegangen wird. In neuerer Zeit hat *Klafki* (1959) das pädagogische Problem des Elementaren umfassend und systematisch durch die Geschichte der Pädagogik verfolgt und in eine "Theorie der kategorialen Bildung" einbezogen. Im Zusammenhang dieser Theorie kennzeichnet *Klafki* das Elementare als ein "doppelseitig Erschließendes", d.h. "Im Elementaren erschließt sich dem jungen Menschen ein kleinerer oder größerer Ausschnitt seiner Wirklichkeit. Aber zugleich erschließt sich derjenige, der elementares Wissen und Können... gewinnt, damit selbst der ihn umgebenden dinglichen und geistigen Wirklichkeit." (*Klafki* 1961, 128) Als "das Elementare" ist hier das an einem Inhalt, einem Besonderen, zu gewinnende Allgemeine zu verstehen. Es ist dies z.B. das anschaulich erfaßbare Prinzip, die grundlegende Idee, das Gesetz, der tragende Wirkungs-, Bedeutungs- oder Zweckzusammenhang, von dem aus sich dieser eine Inhalt erschießt, das aber auch viele weitere Inhalte zu erschließen vermag. In der Physikdidaktik hat vor allem *Wagenschein* (1965) den Begriff des Elementaren im Zusammenhang mit seinem Prinzip des Exemplarischen Lehrens eingeführt (vgl. auch Kap. 8.1). Er bezeichnet das Elementare als ein auf der Seite des schon fachlich erschlossenen Objektes zu suchendes und herausgeholtes "allgemeines Ergebnis, das die Vielzahl der Einzelfälle beherrscht .... Es ist das Einfache, das "nicht so einfach" ist und mit dem die Schule deshalb nicht beginnen kann .... Vom Einstieg aus muß er (der Unterricht, d. Verf.) zum Elementaren hinabsteigen und es freilegen. Sind dann die elementaren Sätze angeeignet, so bedeuten sie beherrschende Schlüsselstellungen." (*Wagenschein* 1965, 306-307)

Der Begriff des Elementaren, wie er im Zusammenhang der Bildungstheorie in der geisteswissenschaftlichen Pädagogik entwickelt wurde, eröffnet also neben dem der Vereinfachung eines Inhalts einen *zweiten Bedeutungsaspekt von Elementarisierung*:

Mit Elementarisierung ist unter diesem Aspekt jener analytische Vorgang gemeint, der auf die Freilegung der grundlegenden Idee, des Grundprinzips oder des erschließenden Kerngedankens, d.h. auf *Bestimmung des Elementaren* eines Inhalts gerichtet ist. Dieses Elementare sollen die Schüler an einem Inhalt erfassen und verstehen. Es ist also als Ziel des Unterrichts (auf der unteren oder mittleren Zielebene) für jede Schülergruppe jeweils neu zu bestimmen und festzulegen. Erst dadurch wird es möglich, die Konformität mit den Leit- oder Richtzielen eines gegebenen Zielkatalogs festzustellen und die Auswahl des Inhalts zu rechtfertigen. Es sei daran erinnert, daß wir an unserem Beispiel "Totalreflexion - Lichtleiter" bei den Überlegungen zum Ziel des Unterrichts bereits eine Elementarisierung andeutungsweise vorgenommen hatten, ohne diesen Vorgang freilich schon als Elementarisierung zu bezeichnen (vgl. 2.2.1). An dieser Stelle wird also rückblickend deutlich, daß ein Zusammenhang, im Sinne einer Wechselwirkung, zwischen den beiden Auswahlkriterien "Zielkonformität" und "Elementarisierbarkeit" besteht.

Vor die Aufgabe der Elementarisierung von Inhalten sieht sich der Lehrer auf allen Ebenen seiner Tätigkeit gestellt: Bei der Auswahl von Inhalten hat er, wie bereits ausgeführt, zu prüfen, ob sie in Hinsicht auf die zu unterrichtenden Schüler elementarisierbar sind. Für Inhalte, die in Lehrpläne bereits aufgenommen sind, wird diese Forderung in der Regel als erfüllt angesehen. Die meisten Lehrpläne geben auch Hinweise zum Niveau, auf dem die Inhalte unterrichtet werden sollen, ferner über die grundlegenden Einsichten, die an den Inhalten zu gewinnen sind. Solche Hinweise finden sich in Lernzielangaben, Realisierungshilfen oder Erläuterungen zu den Themenkreisen. Trotz dieser Vorgaben bleibt es jedoch Aufgabe des Lehrers, im Einzelfall die Elementarisierung von Inhalten für eine bestimmte Schülergruppe selbst vorzunehmen. Dies gilt insbesondere bei der Planung der Vorgehensweise in der einzelnen Unterrichtsstunde oder innerhalb einer Unterrichtseinheit. Hier stellt sich das Problem der Elementarisierung unter einen *dritten Aspekt*: Der Inhalt muß auf dem für die Schüler angemessenen Niveau im Hinblick auf die zu erreichenden grundlegenden Einsichten in eine Folge von Unterrichtsschritten gebracht werden. Der Inhalt muß gleichsam in einzelne, aber miteinander zusammenhängende "*Elemente*" zerlegt werden. Jedem Element wird eine zielgerichtete Funktion im Lernvorgang übertragen, die zusätzlich durch den Einsatz von Experimenten und anderen Unterrichtsmedien unterstützt wird.

Nach Darlegung des Begriffsumfanges soll in den folgenden Abschnitten die Aufgabe der Elementarisierung unter den drei Aspekten der Vereinfachung, der Aufdeckung des Elementaren und der Zerlegung in methodische Elemente weiter präzisiert und Möglichkeiten ihrer Lösung erörtert werden. Wenn wir die Abschnitte den einzelnen Aspekten zuordnen, so geschieht dies lediglich aus systematischen Gründen: Es lassen sich jeweils aspektbezogene grundsätzliche Überlegungen anstellen und an geeigneten Beispielen erläutern. Aus den unterschiedlichen Beispielen kann aber nicht geschlossen werden, daß es drei verschiedene Arten von Elementarisierung gibt, die zu jeweils unterschiedlichen Ergebnissen führen. Die Aufgabe, einen Inhalt zu elementarisieren, führt vielmehr zu einer Lösung, die unter Berücksichtigung aller Aspekte zustandekommt. In den folgenden Abschnitten ist lediglich einer der Aspekte besonders hervorgehoben.

2.2.2.2 Elementarisierung als Vereinfachung

Wenn Elementarisierung unter dem Aspekt der Vereinfachung allgemein als ein Vorgang beschrieben wurde, durch den ein Inhalt von einem höheren auf ein niedrigeres Niveau gebracht wird, so ist zuerst zu klären, wie und wodurch sich das Niveau von Inhalten kennzeichnen und beschreiben läßt.
Im ersten Abschnitt dieses Kapitels sind die verschiedenen Arten der Inhalte mit entsprechenden Beispielen charakterisiert worden. Um Aussagen über das Niveau der Inhalte machen zu können, gehen wir aus von den verschiedenen Formen, in denen die Inhalte in Lehrbüchern, Lehrplänen o.ä. repräsentiert sein können. Es lassen sich drei Formen unterscheiden:
Der größte Teil der Inhalte ist als *verbalsprachliche Aussage* repräsentiert, z.B. als Beschreibung oder Erklärung eines Sachverhalts, als Definition, als Formulierung eines physikalischen Gesetzes, einer Regel, einer Meßvorschrift oder eines technischen Funktionszusammenhanges.
Andere Inhalte sind als *bildhaft-symbolische Darstellung* ausgewiesen, z.B. als bildhafte Darstellung eines Atommodells oder als elektrisches Schaltbild.
Die dritte Form ist die *formal-mathematische Darstellung*. Beispiele sind Einheitenzeichen, Formelzeichen, physikalische Formeln oder auch Pfeildarstellungen von Vektoren.
Für einzelne Inhalte bestehen auch mehrere Repräsentationsformen nebeneinander, die sich gegenseitig ergänzen.

Betrachtet man nun einen Inhalt in seiner jeweiligen Repräsentationsform, so lassen sich Aussagen über das Niveau machen, auf dem der Inhalt dem Lernenden begegnet. An einigen Beispielen soll dies gezeigt werden:

1. Beispiel: Verbalsprachliche Formulierung eines Gesetzes

"*An einem ausgedehnten, starren Körper herrscht Gleichgewicht, wenn sowohl die Resultierende aller auf ihn einwirkenden Kräfte als auch das resultierende Moment in Bezug auf einen beliebigen Punkt null werden.*"

Der Fachmann wird unschwer erkennen, daß es sich hier um die allgemeine Formulierung der Gleichgewichtsbedingung aus einem Hochschullehrbuch handelt. Die Aussage ist von hoher Allgemeinheit und besitzt einen großen Gültigkeitsumfang, indem sie von allem Konkreten, Gegenstandsbezogenen absieht. Ein "ausgedehnter, starrer Körper" kann unendlich viele Gestalten haben, z.B. die des Balkens einer Waage. Ebenso schließt ein "beliebiger Punkt" viele Möglichkeiten ein, z.B. den Mittelpunkt einer Drehachse. Ferner ist über die Arten "aller auf ihn einwirkenden Kräfte" keine konkrete Aussage gemacht. Die Gleichgewichtsbedingung ist also überaus *abstrakt* formuliert. Zugleich ist die Formulierung von hoher *Komplexität.* So sind in den Begriffen "Gleichgewicht", "Moment" oder "Resultierende" Kenntnisse zusammengefaßt, die schon vorher erworben sein müssen, um den Satz verstehen zu können.
Bei dieser kurzen Analyse des Beispiels haben sich bereits einige Aussagen über das Niveau ergeben. Zusammenfassend läßt sich feststellen, daß die Formulierung des Gesetzes auf einem hohen Abstraktions- und Komplexitätsniveau steht. Mit der Analyse ist zwar keine scharfe Festlegung oder gar Definition des Niveaus erfolgt, wohl aber eine Ausgangsebene beschrieben, von der eine Elementarisierung ausgehen müßte. Die Aufgabe bestünde darin, die Abstraktheit und Komplexität abzubauen und damit das Niveau abzusenken. Daß das Niveau des Beispiels für Schüler als zu hoch angesehen werden muß, leuchtet unmittelbar ein.

2. Beispiel: Bildhaft-symbolische Darstellung einer elektrischen Schaltung

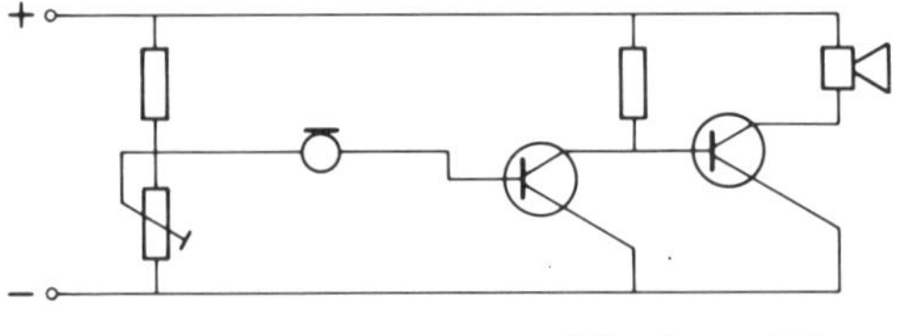

Mikrofonverstärker

Der Mikrofonverstärker als Inhalt ist gewöhnlich als Schaltbild repräsentiert. Hinzu tritt meist eine verbale Erklärung der Wirkungsweise. Diese soll hier aber außer Betracht bleiben, da deren Niveau durch das des Schaltbildes bestimmt wird.

Was kann nun über das Niveau des Schaltbildes gesagt werden? Wie jedes elektrische Schaltbild ist es auf dem Wege über vielfältige Abstraktionen aus einer realen Schaltung entstanden. Die verwendeten Schaltzeichen sind symbolische Darstellungen realer Bauteile, deren komplexe Eigenschaften sie gleichzeitig verkörpern. Kombinationen und Verbindungen von Schaltzeichen kennzeichnen komplexe Teilfunktionen oder die Gesamtfunktion der Verstärkerschaltung. Eine Aussage über das Niveau ergibt sich aus einer Betrachtung der Komplexität der Schaltung. Es handelt sich hier um einen zweistufigen Verstärker, in dessen Schaltbild die Schaltzeichen nicht weiter bezeichnet und dimensioniert sind, d.h. offenbar um ein Prinzipschaltbild.
Die Aufgabe der Elementarisierung besteht dann darin, die Komplexität zu vermindern (z.B. durch Übergang auf einen einstufigen Verstärker) und damit das Schaltbild zu vereinfachen.

3. Beispiel: Formal-mathematische Darstellung der Definition eines physikalischen Begriffs

Geschwindigkeit $$\vec{v} = \lim_{\Delta t \to 0} \frac{\Delta \vec{s}}{\Delta t} = \frac{ds}{dt}$$

Die Begriffsdefinition der Geschwindigkeit in Form einer mathematischen Formel stellt zweifellos den Inbegriff der Abstraktheit und der Komplexität eines physikalischen Zusammenhangs dar. Das mathematische Niveau der infinitesimalen Darstellung korrespondiert mit dem physikalischen der Idealisierung als Momentangeschwindigkeit. Damit ist das höchste in diesem

Beispiel mögliche Niveau gekennzeichnet. Die Definition ist von höchster Allgemeingültigkeit. Eine Senkung des Niveaus ist z.B. durch Übergang auf die Formel

$$v = \frac{s}{t}$$

möglich. Damit ist physikalisch der Übergang auf die Definition der Durchschnittsgeschwindigkeit bei gradliniger, gleichförmiger Bewegung verbunden. Der Gültigkeitsumfang der Definition ist wesentlich eingeschränkt, ihre Abstraktheit und Komplexität entsprechend verringert.

An den drei Beispielen hat sich gezeigt, daß sich die Aussagen über das Anspruchsniveau eines Inhalts gewinnen lassen, wenn man ihn in seiner jeweiligen Repräsentationsform unter den Gesichtspunkt seiner Abstraktheit und seiner Komplexität analysiert. Damit läßt sich die Aufgabe der Elementarisierung als Vereinfachung genauer fassen:

Die Aufgabe der Elementarisierung besteht darin, die Abstraktheit eines Inhaltes zu vermindern und seine Komplexität abzubauen mit dem Ziel, den Inhalt für den Schüler angemessen zu vereinfachen und damit leichter verstehbar zu machen.

Es ist dies in erster Linie eine *konstruktive* Aufgabe. Die Lösung muß ausgedacht, entwickelt oder erfunden werden und zwar in Hinsicht auf die jeweils zu unterrichtende Schülergruppe.

Das bei der Lösung der Aufgabe vorherrschende Merkmal der "Reduzierung" von Abstraktheit und Komplexität wird durch den Begriff "Didaktische Reduktion" besonders hervorgehoben, der in der Literatur anstelle von Elementarisierung häufig verwendet wird (z.B. *Grüner* (1967), *Salzmann* ·(1982)). Außerdem sind die Begriffe "Vereinfachung" (*Salzmann* (1982), "Umsetzen von Aussagen und Inhalten" (*Kath/Kahlke* (1982), "Didaktische Transformation" (*Möhlenbrock* (1982)) in Gebrauch.

Wir behalten hier den umfassenderen, die verschiedenen Aspekte der Aufgabe besser kennzeichnenden Begriff "Elementarisierung" bei.

Lösungsansätze für die Elementarisierung als Vereinfachung

Wenn die Aufgabe der Elementarisierung hauptsächlich darin zu sehen ist, die Abstraktheit eines Inhalts zu vermindern und seine Komplexität abzubauen, so deuten sich darin bereits Ansätze zu einer Lösung an, wie sich in den drei diskutierten Beispielen gezeigt hat.

Machen wir uns zuerst noch einmal klar, wodurch Abstraktheit und Komplexität allgemein gekennzeichnet sind, und versuchen wir zu beschreiben, worin ihre Verminderung bzw. ihr Abbau bestehen kann:
"Abstrakt" nennen wir eine Aussage oder eine Darstellung, wenn sie von der Realität des unmittelbar Wahrgenommenen, des Angeschauten abgehoben und nur noch im gedanklichen, im Begrifflichen existiert. Dabei werden gemeinsame Merkmale vieler Einzeltatsachen zusammengefaßt und hervorgehoben, Unterschiedliches vernachlässigt oder weggelassen, so daß die Darstellung oder Aussage auf viele Einzelfälle zutrifft. Sie besitzt damit einen hohen Allgemeinheitsgrad und einen großen Gültigkeitsumfang. "Vermindern der Abstraktheit" ist dann als gegenläufiger Vorgang zu verstehen, d.h. als Konkretisierung. Dies wird erreicht durch Rückführung zum Gegenständlichen, Anschaulichen, durch die Betrachtung von Einzelfällen und Einzelbeispielen. Mit dem Gewinn an Anschaulichkeit und Konkretheit geht allerdings ein Verlust oder zumindest eine Einschränkung des Allgemeinheitsgrades und des Gültigkeitsumfanges der Aussage einher.
"Komplex" nennen wir einen Sachverhalt, wenn er eine Menge von Einzelelementen umfaßt, die zueinander in Beziehung stehen und einen einheitlichen Gesamtzusammenhang, eine Ganzheit bilden. Die Betrachtung der Ganzheit verdeckt die beteiligten Einzelelemente und ihre Verknüpfungen oder läßt sie in den Hintergrund treten. "Abbau der Komplexität" bedeutet dann zunächst, die Einzelelemente und ihre Beziehungen zueinander unter der Ganzheit zu erkennen und aufzudecken, sodann die Zahl der Elemente auf ein Maß zu reduzieren, das den Gesamtzusammenhang noch erkennen läßt.
Damit ist formal beschrieben, in welcher Richtung die Lösung der Elementarisierungsaufgabe zu suchen und zu finden ist. Offen geblieben ist noch die Frage, wie weit die Elementarisierung, d.h. die Verminderung des Abstraktionsgrades und der Abbau der Komplexität im Einzelfall vorangetrieben werden soll. Maßgebend hierfür sollten die altersstufengemäße geistige Entwicklung, die geistige Leistungsfähigkeit und die Lernvorgeschichte der Schülergruppe sein, für die die Elementarisierung vorgenommen werden soll. Lernvorgeschichte meint hier die zu dem betreffenden Inhalt vorhandenen Alltagserfahrungen, Vorstellungen und erworbenen Vorkenntnisse der Schüler, an die angeknüpft werden kann. Genauere Aussagen hierüber und Abschätzungen, was seinen Schülern zumutbar ist, kann der Lehrer nur aus der Beobachtung und Erfahrung mit dieser Lerngruppe machen. Er sollte sich dabei jedoch leiten lassen und Erkenntnisse verwenden, die in der

psychologischen und in der fachdidaktischen Forschung gewonnen wurden. So können z.B. die Untersuchungen *Piagets* (z.B. in *Piaget/Inhelder* (1969)) zur Entwicklung des Denkens in konkreten und formalen Operationen bei der Elementarisierung von Inhalten für eine bestimmte Altersstufe hilfreich sein. Auch die Forschungsergebnisse über Schülervorstellungen zu physikalischen Begriffen (z.B. Kraft, Energie, elektrischer Stromkreis) sollten bei der Entwicklung von Elementarisierungen in diesen Bereichen berücksichtigt werden. Im Kapitel 3 sind Forschungsergebnisse zum Lernen und Denken im Physikunterricht zusammengetragen, die auch für die Konstruktion von Elementarisierungen von Bedeutung sein können. Der Leser sei angeregt, die Forschungsergebnisse anhand der angegebenen Literatur weiter zu verfolgen. Bisher sind allerdings nur wenige Arbeiten bekannt geworden, in denen Ergebnisse von Untersuchungen zu unterrichtlichen Konsequenzen insbesondere für Elementarisierungen geführt haben. Zu nennen sind hier z.B. die Arbeiten zu Begriffen der *Newton*schen Mechanik von *Jung/Wiesner/Engelhardt* (1981) sowie die Arbeiten zum Energiebegriff von *Duit* (1986). Hier öffnet sich auch in Zukunft ein weites Feld didaktischer Forschung und Entwicklung.
Demgegenüber existiert ein breites Angebot von Lösungen der Elementarisierungsaufgabe für die meisten Inhalte und Themen des Physikunterrichts, bei denen der Bezug zum Schüler eher intuitiv und aus der Erfahrung des betreffenden Lehrers oder Autors hergestellt wurde. In Schulbüchern, Unterrichtsanleitungen, Curricula, z.T. auch in Lehrplänen findet man die Inhalte und Themen für die verschiedenen Schularten und Schulstufen in entsprechend elementarisierter Form vor. Der Lehrer muß entscheiden, ob er die jeweilige Lösung übernehmen oder modifizieren will oder ob er eine eigene Lösung entwickelt.
Für die Entwicklung von Elementarisierungen finden eine Reihe von Vorgehensweisen Anwendung, die zur angestrebten Reduktion der Abstraktheit und Komplexität führen können. So nennt *Jung* (1972) "7 Arten fachlicher Vereinfachung", wie sie auch in der Wissenschaft Physik vorkommen. *Weltner* (1983) beschreibt ein Prozeßmodell der Elementarisierung von Erklärungen, das die Lösung in mehreren Approximationsschritten erreicht.

Im folgenden sollen einige Vorgehensweisen vorgestellt werden, die für die Konstruktion von Elementarisierungen unter dem Aspekt der Vereinfachung hilfreich sein können.

Rückführung auf das Qualitative

Viele Begriffe in der Physik sind als Größen quantitativ gefaßt, gesetzmäßige Zusammenhänge werden als Verknüpfungen von Größen mathematisch formuliert. Physikalische Größen sind nicht nur abstrakt, sondern bilden auch einen komplexen Zusammenhang zwischen Zahlenwert und Einheiten aufgrund von Meßverfahren. Ein Verzicht auf die quantitative Fassung eines Begriffs durch Rückführung auf seine qualitativen Merkmale bedeutet daher einen Abbau von Komplexität und somit eine Vereinfachung.

Hierfür einige Beispiele:

- Die Eigenschaft eines Leiters, den Stromfluß zu behindern, wird elektrischer Widerstand genannt.
- (Mechanische) Arbeit ist die Überwindung eines Widerstandes längs eines Weges.
- Wenn jemand die gleiche Arbeit in kürzerer Zeit verrichtet, so leistet er mehr. Die (mechanische) Leistung bezeichnet also das Arbeitstempo.

Inwieweit in den Definitionen die Grundidee des Begriffes, sein Elementares, erhalten geblieben ist, bleibe dahingestellt.

Bei abgeleiteten Größen, wie beim letzten Beispiel, werden sich komparative Begriffe ("gleich", "kürzer", "mehr") nicht vermeiden lassen, die auf quantitative Veränderungen hinweisen. Man spricht dann besser von Elementarisierung durch *Rückführung auf das "Halbquantitative"*. Das trifft insbesondere auch dann zu, wenn die Relationen zwischen den beteiligten Größen durch Je-desto-Formulierungen ausgedrückt werden.

Beispiele:

- Je größer die Spannung in einem elektrischen Stromkreis, desto größer der Strom.
- Je größer das Volumen eines Körpers, der ins Wasser taucht, desto größer die Auftriebskraft.

Diese Form der Elementarisierung durch Reduktion auf das Halbquantitative wird sehr häufig angewendet. Auf eine Gefahr muß allerdings noch hingewiesen werden. Die Je-desto-Beziehung läßt den Eindruck einer einfachen Proportionalität entstehen, die jedoch nicht immer zutrifft, z.B. besteht beim Fallgesetz zwischen Weg und Zeit ein quadratischer Zusammenhang.

Vernachlässigung

Der Abbau von Komplexität zum Zwecke der Vereinfachung ist stets mit Vernachlässigungen verbunden. So spielen zum Beispiel bei der experimentellen Untersuchung der Brechung von weißem Licht an der Grenzfläche zweier Medien auch Dispersion, Streuung und Reflexion eine Rolle. Diese Erscheinungen werden bei der Beschreibung des Phänomens Brechung als Nebeneffekte häufig vernachlässigt. Beim freien Fall wird der Luftwiderstand (durch die Wahl entsprechender Fallkörper) als "Störung" unberücksichtigt gelassen. Theorien und Modelle können durch Vernachlässigung ebenfalls vereinfacht werden. So werden beispielsweise beim Teilchenmodell des Festkörpers die Teilchen (kompakte Kugeln) zunächst als ruhend betrachtet, ihre Wärmebewegung also vernachlässigt. Manche Begriffe, wie z.B. "Lichtstrahl", kommen überhaupt nur durch Vernachlässigung zustande. Hier wird die räumliche Ausdehnung realer schmaler Lichtbündel vernachlässigt. Bei der Verwendung des Begriffs in der geometrischen Optik vernachlässigt man dann zusätzlich alle Streu- und Beugungseffekte.

Überführung in bildhaft-symbolische Darstellungen

Eine geradezu klassische Weise der Vereinfachung ist die Überführung verbal-sprachlicher oder formal-mathematisch repräsentierter Inhalte in bildhaft-symbolische Darstellungen. Sie wird nach dem bekannten Satz "Ein Bild sagt mehr als tausend Worte" in äußerst vielfältiger Gestalt angewendet. Der Inhalt wird der Anschauung zugänglich gemacht, er wird konkretisiert und damit seine Abstraktheit vermindert. Außerdem läßt sich durch die Überführung in eine bildhaft-symbolische Darstellung auch die Komplexität abbauen. Insgesamt wird der Inhalt dadurch vereinfacht und für die Lernenden leichter zugänglich gemacht.
Hierzu einige Beispiele, die die Vielfalt der Möglichkeiten dieses Lösungsansatzes zeigen:
Technische Geräte und Einrichtungen werden in Aufbau und Funktionsweise durch Schema- oder Schnittzeichnungen dargestellt. Einzelheiten der Konstruktion werden vernachlässigt, um die für das Funktionieren wichtigen Teile hervortreten zu lassen. Bekannte Beispiele sind der Elektromotor, der Viertakt-Motor, die hydraulische Presse, das Dosenbarometer, das Kernkraftwerk. Für das, was hervorgehoben werden soll, was vernachlässigt werden kann und wie es übersichtlich anzuordnen ist, bleibt im einzelnen ein weiter Spielraum. Er wird eingeengt durch das, was als Elementares an

dem jeweiligen Inhalt bestimmt worden ist. Die Vielfalt des Angebots von Unterrichtsmedien zu einem solchen Objekt zeugt davon.
Weniger Spielraum für die Darstellung besteht, wenn gesetzmäßige Zusammenhänge oder die Relation zweier (oder mehr) physikalischer Größen von der sprachlichen Darstellung oder der mathematischen Formel in Graphen übergeführt werden. Bekannte Beispiele sind die "Wechselstromkurve", das p-V-Diagramm, das s-t-Diagramm. Vorausgesetzt, daß die Schüler in das Interpretieren von Graphen eingeführt worden sind, wird der Zusammenhang zwischen den Größen auf diese Weise anschaulich dargestellt und für die Lernenden leichter zugänglich.
Manche Zusammenhänge und Vorgänge lassen sich auch als Fließschaubild vereinfacht und anschaulich darstellen, z.B. die Folge der Energieumwandlungen in einem Kraftwerk.
Es gibt, wie oben gesagt, bestimmte Inhalte aus dem Bereich Elektrik und Elektronik, die als Schaltbilder in bildhaft-symbolischer Darstellung repräsentiert sind. Als solche sind sie abstrakt und komplex. Sie stellen jedoch selbst schon Vereinfachungen der meist verwirrenden Realität elektrischer Schaltungen dar, indem die Bauteile und ihre leitenden Verbindungen auf dem Papier in eine übersichtliche Anordnung gebracht werden. Durchschaubarkeit und Verständnis der Schaltung wird damit gefördert. Kompliziertere Schaltbilder lassen sich durch Zusammenfassen bestimmter funktioneller Teilbereiche (z.B. als Operationsverstärker mit dem Schaltzeichen ⊳) weiter vereinfachen.
Eine andere Art bildhaft-symbolischer Darstellungen liegt vor, wenn unanschauliche Sachverhalte in ein Analogiemodell übertragen werden, das sich seinerseits anschaulich darstellen läßt. Ein bekanntes Beispiel ist die Wasseranalogie, die oft zur Veranschaulichung des Stromflusses in einem elektrischen Stromkreis herangezogen wird. Der Wasserstromkreis wird dann als geschlossene Rohrleitung mit Kreiselpumpe, Absperrhahn und Turbine (Wasserrad) gezeichnet. Der Wert der Wasseranalogie für das Verständnis von Begriffen und Zusammenhängen der Elektrizitätslehre ist in der Fachdidaktik allerdings umstritten. Empirische Untersuchungen müßten und könnten hier (wie im Grunde bei jeder Elementarisierung) Klärung bringen.

2.2.2.3 Elementarisierung als Bestimmung des Elementaren

Wenn Elementarisierung nicht nur Vereinfachung der Inhalte bedeutet, sondern auch die Bestimmung des jeweils zugrundeliegenden Elementaren,

so ist zunächst genauer in den Blick zu nehmen, welcher Art solche Elementaria bei Inhalten des Physikunterrichts sein können.
Bei Inhalten aus dem *Bereich Physik* ist das Elementare meist unmittelbar erkennbar als *allgemeine Gesetzmäßigkeit*, die vielen einzelnen Fällen zugrunde liegt. So liegt dem Phänomen "Freier Fall" das allgemeine Gesetz "Alle Körper werden von der Erde angezogen" zugrunde. Dies ist ein Sonderfall des noch allgemeineren Gesetzes der Massenanziehung: "Alle Körper ziehen sich gegenseitig an".
Dem Brechungsgesetz liegt das Phänomen Brechung zugrunde, d.h. die allgemeine Gesetzmäßigkeit, daß ein Lichtstrahl immer dann abgeknickt wird, wenn er schräg auf die Grenzflächen zweier lichtdurchlässiger Medien fällt. Dies wiederum ist eine Folge unterschiedlicher Fortpflanzungsgeschwindigkeit der Strahlung in den beteiligten Medien. Diese letztere allgemeine Gesetzmäßigkeit beruht allerdings auf zusätzlichen theoretischen Annahmen über die Natur der Strahlung.
Die Beispiele zeigen, daß die das Elementare darstellenden allgemeinen Gesetzmäßigkeiten einen unterschiedlichen Grad der Allgemeinheit und damit des Gültigkeitsumfanges aufweisen können. Sie sind auf unterschiedlichem Niveau formuliert. Im Prozeß der Elementarisierung muß also bestimmt werden, welcher Grad der Allgemeinheit, d.h. welches Niveau für die jeweilige Schülergruppe als angemessen anzusehen ist. Dies geschieht unter dem Gesichtspunkt der Vereinfachung für die Schüler. Im Fall der optischen Brechung: ob bei der Bestimmung des Elementaren die Wellentheorie des Lichtes einbezogen werden soll oder nicht.
Bei *physikalischen Begriffen* stellt sich als Elementares die jeweilige Idee, der Grundgedanke dar, der zur Bildung des Begriffs geführt hat. Dem Kraftbegriff liegt z.B. der Gedanke zugrunde, die Ursachen von Verformungen und von Bewegungsänderungen "Kräfte" zu nennen. Der Begriff "Masse" bezeichnet die Eigenschaft aller Körper, "schwer" zu sein (eine Kraft nach unten auszuüben, die wir Gewicht nennen) und "träge" zu sein (sich Änderungen ihres Bewegungszustandes zu widersetzen). Beide Begriffe beruhen auf zwei unterschiedlichen aber zusammengehörigen elementaren Merkmalen.
Es ist bei beiden Begriffen zu entscheiden im Hinblick auf die jeweilige Schülergruppe in welcher Reihenfolge, in welchem zeitlichen Abstand und ob überhaupt die beiden Merkmale behandelt werden sollen. Im Falle des Kraftbegriffs fällt die Entscheidung z.B. meist zugunsten des sogenannten statischen Kraftbegriffs aus, u.a. weil sich aus Verformungen leicht ein

Meßverfahren für Kräfte (Federkraftmesser) entwickeln läßt. Der dynamische Kraftbegriff wird dann ggf. in zeitlichem Abstand behandelt.
Bei *technischen Geräten, Sachverhalten und Einrichtungen* steckt das Elementare einerseits in den physikalischen Gesetzmäßigkeiten, die zweckentsprechend genutzt werden, andererseits in den konstruktiv-technischen Ideen, die diese Nutzung möglich machen und als Lösungen technischer Aufgaben zu verstehen sind.
Es gibt also mindestens zwei Elementaria, die den technischen Sachverhalt erschließen, so daß er "im Prinzip" verstehbar wird. Ob noch weitere Elementaria aufgesucht werden sollten, die z.B. die wirtschaftliche, ökologische oder soziale Bedeutung des Inhalts betreffen, müßte in Hinsicht auf die Konformität mit den Leitzielen des Physikunterrichts entschieden werden.
Zur Erläuterung einige Beispiele:
Beim Elektromotor (Gleichstrom) ist das Elementare unter physikalischem Aspekt die anziehende bzw. die abstoßende Kraft, die die Pole der beteiligten Magnete aufeinander ausüben. Unter technischem Aspekt ist es die grundlegende Idee, den Elektromagneten (die Spule) um eine feste Achse quer zur Spulenachse drehbar zu machen und die Rotation der Achse durch Kollektor und Schleifkontakte (Bürsten) für den periodischen Wechsel der Stromrichtung in der Spule zu nutzen. Unter ökologischem Aspekt könnte man den Elektromotor als besonders umweltfreundlich hervorheben.
Die Halbleiter-Diode beruht physikalisch auf dem stromrichtungsabhängigen Durchlaßvermögen in der Grenzschicht zweier unterschiedlich dotierter Halbleitermaterialien (p-, n-leitendes Material). Die technische Idee ist, dieses Verhalten als "elektrisches Ventil" zu nutzen. Das tiefere Verständnis des physikalisch Elementaren ist nur möglich auf der Grundlage von Einsichten in die Theorie der Elektrizitätsleitung. In Hinsicht auf die Zumutbarkeit für eine bestimmte Schülergruppe kann eine Beschränkung auf das technisch Elementare nötig sein. Der technische Gegenstand Halbleiter-Diode wird dann als "Schwarzer Kasten" (black-box) mit der Eigenschaft des stromrichtungsabhängigen Durchlaßvermögens (Ventilwirkung) betrachtet. Damit wird das Funktionieren auf die Funktion reduziert.
Bei Inhalten, die sehr komplexe und umfangreiche technische Zusammenhänge bezeichnen, wie z.B. beim Inhalt "Energieversorgung", der in vielen neueren Lehrplänen genannt wird, können außer im physikalischen und konstruktiv-technischen Bereich auch Elementaria im technisch-wirtschaftlichen, ökologischen und im sozialen Umfeld des Inhalts aufgesucht werden. Durch eine umfassende Analyse der einzelnen Strukturelemente des kom-

plexen Inhalts, in unserem Beispiel "Erzeugung" (Kraftwerke) - Transport - Verteilung elektrischer Energie, gelangt man zu einer größeren Zahl sehr unterschiedlicher Elementaria. Bei diesem analytischen Vorgehen kann die Aufstellung eines Strukturdiagramms hilfreich sein (vgl. Abschnitt 7.3). Das Ergebnis, die "Liste" der gefundenen Elementaria, entsteht aufgrund subjektiver Sichtweisen und Gewichtungen der zu erreichenden allgemeinen Ziele und der Angemessenheit für die Schüler und wird je nach Bearbeiter unterschiedlich ausfallen.
Die Überlegungen und die Beispiele haben gezeigt, daß die Elementaria eines Inhalts auf dem Wege über eine differenzierte Sachanalyse aufgesucht werden müssen, die mehrere Aspekte umfaßt. Mit diesem analytischen Vorgang gehen jedoch ständig Überlegungen einher, die einerseits die Elementaria auf die allgemeinen Ziele des Physikunterrichts beziehen, andererseits die Angemessenheit und einfache Zugänglichkeit für die betreffende Schülergruppe abschätzen. Es handelt sich also nicht allein um einen analytischen Vorgang, sondern zugleich um einen Entscheidungsprozeß, der zur Bestimmung der Elementaria für eine bestimmte pädagogische Situation führt. Elementaria sind also nicht etwas ein für alle Mal Feststehendes, sondern sie müssen von Fall zu Fall neu bestimmt werden.

Im folgenden sollen weitere regulative Leitgedanken vorgestellt werden, die bei der Bestimmung des Elementaren im oben genannten Sinn Beachtung finden sollten. Wir beziehen auch hier die Überlegungen von *Jung* (1972) mit ein.

Generalisierung

Das Elementare, das der Schüler an einem Inhalt erfassen soll, gelangt in vielen Fällen erst durch einen Prozeß der Generalisierung (Verallgemeinerung) zur Einsicht. Das ist z.B. der Fall, wenn eine physikalische Gesetzmäßigkeit aufgefunden werden soll. Um auf ihr Vorhandensein schließen zu können, müssen eine Reihe von Einzelbeispielen betrachtet werden, in denen die Gesetzmäßigkeit wirkt. Wieviele Beispiele das sein müssen, ehe die Generalisierung erfolgen kann, muß von Fall zu Fall entschieden werden. Meist sind es zu wenige. Es handelt sich ja nicht, wie in der Mathematik, um einen beweisbaren induktiven Schluß! Es kommt auch vor, daß zur vermeintlichen Vereinfachung von Ausnahmefällen abgesehen wird, wenn z.B. formuliert wird "Alle Körper dehnen sich beim Erwärmen aus" (was bekanntlich für Gummi und für Wasser [in bestimmten Temperaturbereichen] nicht zutrifft). Solche "übermäßigen Generalisierungen" (*Jung* 1972) sollten besser vermieden werden.

Musterbeispiele

Physikalische Phänomene, Gesetze, Begriffe und technische Funktionszusammenhänge werden gewöhnlich an einfachen, überschaubaren Musterbeispielen eingeführt, in denen das Elementare prägnant zutage tritt. Häufig werden zur Veranschaulichung typische Experimente herangezogen. Beispiele sind der Leiterschaukel-Versuch für das elektromotorische Prinzip, das Eintauchen eines Magneten in eine Spule für den Begriff Induktion, die periodische Bewegung eines Fadenpendels für den Begriff Schwingung, das ebene Feldlinienbild mit Eisenfeilspänen für den Begriff Magnetfeld u.v.a.. So nützlich solche Musterbeispiele für die erste Einführung auch sind, so sehr muß doch beachtet werden, daß das Elementare in ihnen häufig in einer Form auftritt, die sich dem Lernenden so stark einprägt, daß sie der späteren Generalisierung im Wege steht. Beim Induktionsversuch ist z.B. für die Schüler die Bewegung des Magneten vorherrschend, die damit verbundene zeitliche Änderung des Magnetfeldes bleibt unbeachtet. Der am Fadenpendel eingeführte Schwingungsbegriff läßt sich nur schwer auf den unanschaulichen Fall elektromagnetischer Schwingungen übertragen. Das ebene Feldlinienbild behindert die Einsicht, daß Magnetfelder stets eine räumliche Ausdehnung haben.
Bei der Wahl und Behandlung von Musterbeispielen muß also darauf geachtet werden, daß das Elementare in vollem Umfang von den Schülern erfaßt werden kann.

Frühere historische Entwicklungsstufen

Auf der Suche nach geeigneten Musterbeispielen kann manchmal eine Rückbesinnung auf frühere historische Entwicklungsstufen des Inhalts hilfreich sein, in denen das Elementare ursprünglicher und deutlicher erkennbar wird. Das bietet sich häufig bei technischen Sachverhalten an. Wenn z.B. auf das Kohlekörner-Mikrophon zurückgegriffen wird, um das Prinzip der Wandlung von Druckschwankungen in Stromschwankungen deutlich zu machen. Andere Beispiele sind frühe Formen des Elektromotors oder der Wasserturbinen als Wasserräder. Das Prinzip der Rasterung beim Fernsehbild läßt sich an der *Nipkow*-Scheibe zeigen. Auch bei physikalischen Begriffen oder Theorien kann auf historische Entwicklungsstufen

oder auf historische Originalexperimente zurückgegriffen werden, um das Elementare aufzudecken. Beispiele sind die *Brown*sche Bewegung zur Theorie der Wärme als Teilchenbewegung, der *Oerstedt*-Versuch zum Begriff des elektromagnetischen Feldes, der *Rutherford*sche Streuversuch zur Weiterentwicklung des Atommodells zum Kern-Hülle-Modell.
Die weiterreichende Bedeutung wissenschaftshistorischer Betrachtungen für den Physikunterricht kann an dieser Stelle nicht erörtert werden. Es wird dazu auf den Sammelband von *Ewers, M.* (1978) verwiesen.

2.2.2.4 Elementarisierung als Zerlegung in (methodische) Elemente

Diesem dritten Aspekt von Elementarisierung liegt die Einsicht zugrunde, daß Lernen als ein Aufbauvorgang betrachtet werden muß. Unterrichtsziele werden nicht im ersten Anlauf erreicht, grundlegende Einsichten nicht an einem Beispiel gewonnen, die Erklärung komplexer Sachverhalte nicht ohne Strukturierung und Reduzierung der Komplexität verstanden. Der jeweilige Inhalt muß also in geeignete Elemente zerlegt werden, die, in eine für den Lernvorgang passende Abfolge gebracht, eine schrittweise Erfassung und Aneignung des Inhalts möglich machen. Elementarisierung unter diesem dritten Aspekt zielt also darauf ab, solche für die betreffende Schülergruppe faßlichen Elemente zu finden. Es ist dies ein erster Schritt für die Planung des Unterrichts.
Wie gelangt man zu einer dem Inhalt angemessenen Zerlegung in Elemente? Wir können dazu auf die unter dem zweiten Aspekt der Elementarisierung angestellten Überlegungen zurückgreifen und sie fortführen: Ansatzpunkt bilden die für den Inhalt bestimmten Elementaria, die als grundlegende Einsichten von den Schülern gewonnen werden sollen. Sie sind an der aufgestellten speziellen Sachstruktur des Inhalts orientiert und stellen Ziele des Unterrichts dar. Der Weg zu diesen Zielen führt über Teilschritte, die durch aktualisierte Vorerfahrungen, Vorkenntnisse oder Vorstellungen der Schüler, durch passend ausgewählte Musterbeispiele, Einsicht in Lösungen technischer Fragestellungen u.ä. gekennzeichnet sind. Diese Teilschritte stellen die gesuchten Elemente dar, die unter dem 3. Aspekt der Elementarisierung aufgefunden bzw. konstruiert und in eine geeignete Reihenfolge gebracht werden müssen. Diese Elemente und die daran gewonnenen grundlegenden Einsichten zusammengenommen erschließen den Inhalt als Ganzes für die Schüler. Am Beispiel der Kältemaschine (Kompressor-Kühlschrank) (vgl. *Weltner* (1983)) soll dies verdeutlicht werden:

Im gedachten Fall (7.-9. Schuljahr) wurden die Elementaria aus dem physikalischen Hintergrund und aus dem technischen Funktionszusammenhang der Kältemaschine bestimmt. Auf Elementaria aus anderen Bereichen, z.B. dem wirtschaftlichen oder ökologischen Bereich (Entsorgung von FCKW), wurde hier verzichtet.

Elementaria unter physikalischem Aspekt

Physikalisch liegt der Kältemaschine das allgemeine Gesetz der Temperaturerniedrigung beim Verdunsten oder Verdampfen von Flüssigkeiten zugrunde. (Die physikalische Erklärung aus der Theorie der Wärme als tiefergehendes Elementares wurde für diese Schülergruppe nicht als angemessen angesehen.)
Der Weg zu dieser elementaren Einsicht führt über die Teilschritte bzw. Elemente der folgenden Art:

- Aktualisierung der Vorerfahrungen: Frieren bei nasser Haut nach dem Baden.
- Erweiterung der Vorerfahrung durch Versuche mit geeigneten Flüssigkeiten (Alkohol, Äthylchlorid), bei denen der Abkühlungseffekt verstärkt auftritt, da die Verdunstung rascher erfolgt.
- Weitere Beschleunigung der Verdunstung und damit des Abkühlungseffektes durch Abpumpen des Dampfes (Druckminderung).

Elementaria unter technischem Aspekt

Technisch wird diese allgemeine Gesetzmäßigkeit genutzt durch die Idee eines Kühlmittel-Keislaufs, bei dem der Abkühlungseffekt durch Absaugen des Dampfes verstärkt und der Flüssigkeitsverlust durch nachfolgende Verflüssigung und Rückführung in das Verdampfungsgefäß wieder ausgeglichen wird. Der Kreislauf wird in Gang gehalten durch den Kompressor, der auf der Eingangsseite als Saugpumpe, auf der Ausgangsseite als Druckpumpe wirkt. Bei der Kompression des Dampfes tritt Erwärmung ein. Der Kreislauf kann somit auch als "Transportsystem" für Wärme aufgefaßt werden, bei dem auf der Verdampferseite Wärme entzogen wird, die auf der Kompressorseite wieder entsteht. Das System kann auch als Wärmepumpe genutzt werden, wenn man die Kompressorseite in den zu erwärmenden Raum bringt.

Diese elementaren Einsichten in dem Funktionszusammenhang lassen sich wiederum auf dem Wege über einzelne Teilschritte bzw. Elemente erreichen. Diese ergeben sich, wenn man den Kreislauf des Kühlmittels in technische Einzelprobleme und deren Lösungen zerlegt; z.B.:

- Wie läßt sich der Abkühlungseffekt verstärken?
  Absaugen des Dampfes aus geschlossenem Gefäß durch Saugpumpe.
- Wie kann man den abgesaugten Dampf des Kühlmittels platzsparend aufbewahren?
  Kompression durch Druckpumpe (Kompressor) in geschlossenem Gefäß.
- Wie kann man das Kühlmittel wieder verflüssigen?
  Abkühlen des bei der Kompression erwärmten Dampfes, Kondensation als physikalisches Phänomen.
- Wie läßt sich das Kühlmittel dem Verdampfergefäß wieder zuführen?
  Einleiten über ein Ventil (Kapillare).

Die technisch-konstruktiven Lösungen werden am realen Kühlschrank aufgesucht (Verdampfergefäß im Inneren des Kühlschranks, Kompressor, Kondensatorgefäß (Grill) an der Rückwand, Ventil (Kapillare)). Der geschlossene Kühlmittelkreislauf sowie das "Wärme-Transportsystem" werden erkannt. Die Einsicht in den technisch-physikalischen Funktionszusammenhang läßt sich dann auf die Wärmepumpe und ihre technischen Realisierungen übertragen.
Das Beispiel zeigt eine mögliche Lösung für die Aufgabe, den Inhalt Kältemaschine (Kompressorkühlschrank) für Schüler im 7.-9. Schuljahr zu elementarisieren. Wir haben das Ergebnis des Elementarisierungsprozesses hier unter dem Aspekt der Zerlegung in (methodische) Elemente betrachtet. Ebenso hätten wir es unter den Aspekten der Vereinfachung oder der Bestimmung der Elementaria ansehen können. Daß Überlegungen und Entscheidungen unter diesen Aspekten eingeflossen sind, sollte deutlich geworden sein. So wird an dem Beispiel noch einmal gezeigt, daß bei einer Elementarisierung von Inhalten stets Vereinfachungen, Bestimmungen von Elementaria und Zerlegungen in Elemente gleichermaßen im Spiel sind.

2.2.2.5 Beurteilungskriterien für Elementarisierungen

Zur Lösung der Aufgabe der Elementarisierung haben wir unter den Aspekten der Vereinfachung, der Bestimmung des Elementaren und der Zerlegung in methodische Elemente eine Reihe von Vorgehensweisen und regulativen Leitgedanken vorgestellt und im Zusammenhang einer Theorie der Elementarisierung ausführlich erläutert und begründet. Diese steht im Einklang mit einer Theorie, die *Kircher* (1985) auf der Grundlage der Allgemeinen Modelltheorie von *Stachowiak* (1973) entwickelt hat.
Im Verlauf unserer Überlegungen sollte deutlich geworden sein, daß es zuverlässige Handlungsanweisungen für die Entwicklung von Elementarisierungen im Sinne eines allgemein für jede Schülergruppe und für jeden Inhalt anwendbaren Algorithmus nicht geben kann. Zu vielfältig ist die Art der Inhalte, zu unterschiedlich sind die Zielsetzungen und zu verschiedenartig sind die Entscheidungen, die im Hinblick auf eine bestimmte Schülergruppe und Lernsituation getroffen werden müssen.
So bleibt also nur der eingeschlagene Weg, sich beim Entwickeln von Elementarisierungen an Kriterien zu orientieren, die im Prozeß ständig präsent sind und eine Beurteilung der Güte, der Zulässigkeit und Zuverlässigkeit der Lösung ermöglichen. Diese Kriterien sind im Verlauf unserer Überlegungen immer wieder angesprochen und einbezogen worden. Sie sollen zum Schluß noch einmal zusammenfassend aufgeführt werden:

1. Kriterium: *Angemessenheit für die geistige (kognitive) Struktur der Schüler*

Dieses Kriterium ist das wichtigste, läßt sich aber am schwierigsten anwenden. Seine Handhabung verlangt einerseits Einsichten in Theorien des Lernens und Denkens, andererseits Kenntnisse und Erfahrungen über Vorwissen, Vorverständnis und Vorstellungen der Schüler zu dem jeweiligen zu elementarisierenden Inhalt. Daraus ist abzuschätzen, ob und wie der elementarisierte Inhalt in die vorhandene kognitive Struktur der Schüler paßt und welche Veränderungen bei seiner Aneignung vor sich gehen müssen.
Piaget faßt diese kognitiven Prozesse unter dem Begriff "Assimilation" zusammen. Je mehr die Elementarisierung in ihrer Struktur der vorhandenen kognitiven Struktur angemessen ist, desto leichter ist sie assimilierbar. Sehr viel schwieriger wird die Aneignung, wenn sich trotz Elementarisierung keine Anknüpfungspunkte in der kognitiven Struktur finden lassen, wenn also weitgehend neue Vorstellungen und Schemata aufgebaut werden müssen. In *Piagets* Theorie werden solche Vorgänge als "Akkommodation" be-

zeichnet. Es ist auch zu prüfen, inwieweit durch die Elementarisierung falsche Assoziationen hervorgerufen werden können, die den Lernvorgang eher behindern als fördern. In unserem Beispiel der qualitativen Definition der mechanischen Arbeit (vgl. S. 104) kann beispielsweise der Begriff Widerstand (der längs eines Weges überwunden werden muß) vom Schüler ganz anders verstanden werden als vom Lehrer gedacht.

2. Kriterium: *Fachliche Richtigkeit*

Dieses Kriterium leuchtet unmittelbar ein. Es sollte bei der Entwicklung von Elementarisierungen grundsätzliche Beachtung finden. Es ist also stets zu prüfen, ob der elementarisierte Inhalt vom Standpunkt der Wissenschaft noch als richtig angesehen werden kann oder ob sich eine Verfälschung eingeschlichen hat. Häufig besteht die Gefahr, daß als Folge der Elementarisierung ein Inhalt nur bedingt richtig unterrichtet wird. Das gilt vor allem bei der Verwendung von Modellen und Analogien. Auch hier muß abgewogen werden: Weder eine einseitige Bevorzugung fachlicher Richtigkeit, wenn dabei das Verständnis auf der Strecke bleibt, noch eine schrankenlose Simplifizierung können die Lösung sein.

3. Kriterium: *Entwicklungsfähigkeit*

Elementarisierungen werden vorgenommen, um den Schülern den Zugang, häufig einen ersten Zugang, zu einem Inhalt zu erleichtern und zu ermöglichen. Im Verlaufe des Unterrichts, manchmal auch erst Schuljahre später, wird der gleiche Inhalt wieder aufgenommen und auf ein höheres Niveau weitergeführt. Die erste Elementarisierung muß also unter Berücksichtigung der drei Aspekte in einer Weise vorgenommen werden, daß sie möglichst bruchlos, d.h. ohne daß ein Umlernen nötig wird, auf dieses höhere Niveau weiterentwickelt werden kann.
Wenn die drei genannten Kriterien bei der Entwicklung von Elementarisierungen angewandt werden müssen, so leuchtet unmittelbar ein, daß sie auch für die Beurteilung von Elementarisierungsvorschlägen herangezogen werden sollten, wie sie in Schulbüchern, Unterrichtsanleitungen u.ä. zahlreich angeboten werden.

2.3 Lehrpläne für den Physikunterricht

2.3.1 Merkmale von Lehrplänen

In der Bundesrepublik Deutschland ist das Kultus- und Bildungswesen föderalistisch organisiert und geprägt. Deshalb liegt bei uns eine Lehrplanvielfalt vor, die jeden Darstellungsrahmen innerhalb dieses Buches sprengt. Dennoch gibt es Gemeinsamkeiten, Konstanten, Invarianten, die in ihrer Summe die gemeinschaftlichen Überzeugungen von wichtigen Elementen eines Physiklehrplans bilden. In diesem Abschnitt verfolgen wir das Ziel, solche Gemeinsamkeiten (und im Kontrast dazu einige Unterschiede) in zweierlei Hinsicht herauszuarbeiten: Zum einen wollen wir uns der Frage zuwenden, wann und womit hat der Physikunterricht in den allgemeinbildenden Schulen begonnen und wohin hat diese historische Entwicklung geführt? Zum anderen wollen wir Invariablen im aktuell bestehenden Lehrplansystem, also länderübergreifend und schulartübergreifend darstellen.
Nimmt man einen heute gültigen Lehrplan der Physik eines beliebigen Bundeslandes und einer beliebigen Schulart oder Schulstufe zur Hand, wird man zunächst feststellen, daß er eine sogenannte Präambel enthält, weiter einen Stoffkatalog einschließlich der Zuweisung von Inhalten zu Klassenstufen, Angaben über Zeitrichtwerte und teilweise methodische Hinweise sowie Vorschriften bzw. Hinweise zu Lernerfolgskontrollen. Schließlich werden teils direkt, teils indirekt Hinweise auf den Verbindlichkeitsgrad des Lehrplans gegeben.
In *Präambeln* werden die vom Physikunterricht allgemein zu erreichenden Ziele beschrieben (z. B. Der Physikunterricht dient der ordnenden Erschließung der natürlichen und technischen Umwelt der Schüler). Solche Ziele sind in Kapitel 1 beschrieben und erläutert.
Darüber hinaus machen Präambeln Angaben über die Einordnung des Unterrichtsfachs (hier Physik) in den gesamten Fächerkanon der Schule und geben darüberhinaus Rechtfertigungen dafür, daß es des Physikunterrichts im Rahmen eines allgemeinbildenden Schulwesens bedarf (Legitimation). In Präambeln wird also das Verständnis von Physikunterricht insgesamt formuliert, das die Mitarbeiter an einem Lehrplan selbst vertreten und bei den Lehrern, die den Lehrplan ausführen, auslösen möchten.
Die Inhalte des Physikunterrichts werden nach Jahrgangsstufen geordnet dargestellt. Zumeist wird der sogenannte *Unterrichtsstoff* durch Angabe von *Lernzielen* beschrieben. Oft folgen *methodische Hinweise* als zielergänzende

Angaben. Hier wird im Lehrplan versucht, Hilfen für die Unterrichtsplanung und Unterrichtsdurchführung bereitzustellen. I. a. reichen diese Hilfen nicht aus. Viele Lehrpläne geben deshalb auch Hinweise auf weiterführende Literatur und auf bestimmte Experimente.
Der Detaillierungsgrad ist sowohl bei heute existierenden Lehrplänen als auch im Laufe der historischen Entwicklung außerordentlich verschieden gewesen. Von Kurzformulierungen, wie z. B. "Die wesentlichsten Erscheinungen des Magnetismus", bis zu außerordentlich detaillierten Zielformulierungen mit mehreren Zielen pro Unterrichtsstunde, ist so ziemlich alles vorhanden. Darin kommt nicht nur eine unterschiedliche Auffassung über die notwendige Genauigkeit von Angaben in Lehrplänen zum Ausdruck. Vielmehr steht dahinter auch eine sehr unterschiedliche Absicht, dem Lehrer neben seiner Methodenfreiheit auch mehr oder weniger inhaltlichen Entscheidungsspielraum zu geben. Die Inhalte sind stets bestimmten Klassenstufen zugeordnet. Dabei werden verschiedene Aufbauprinzipien verfolgt. Im *linearen Prinzip* werden die Inhalte der Physik nacheinander in sich geschlossen behandelt, ein Wiederaufgreifen erfolgt nicht. Demgegenüber wird bei der Befolgung des *Spiralprinzips* (die Bezeichnung geht auf *Bruner*, 1960/1979, zurück) das gleiche Sachgebiet mit unterschiedlichem kognitiven Anspruch in verschiedenen Vertiefungsstufen immer wieder aufgegriffen.
Die *Zeitrichtwerte* werden grob durch die sogenannte Stundentafel vorgegeben. Die Stundentafel sagt, wieviel Wochenstunden Physikunterricht in einer bestimmten Jahrgangsstufe einer bestimmten Schulart erteilt werden müssen. Diese Werte können recht unterschiedlich sein. Typischerweise erhält ein Hauptschüler vom 7. bis 9. Schuljahr insgesamt sechs Wochenstunden Physik, in denen noch einige Anteile Chemie enthalten sind. Ein Gymnasiast erhält zumeist vom 7. bis 10. Schuljahr acht Wochenstunden Physik (ohne Chemie). Innerhalb eines Schuljahrgangs zeigen die Zeitrichtwerte von Lehrplänen sehr häufig, daß der angegebene Stoff in weniger als der Unterrichtszeit eines Schuljahres abzuhandeln sei. Die verbleibende Zeit soll zur weiteren methodischen und inhaltlichen Ausgestaltung für den Physiklehrer, z. B. für Bezüge zum Umweltschutz oder für inhaltliche Vertiefungen, zur Verfügung stehen. De facto wird diese "Restzeit" sehr häufig zur Behandlung des vorgeschriebenen Stoffkatalogs mit benötigt. Das liegt keineswegs immer nur am Lehrplan, sondern sehr oft an zeitlichen Belastungen des Schulalltags, die in Abschnitt 2.3.3 dargestellt werden. Schließlich gehören zum Lehrplan Hinweise auf evtl. geforderte *Erfolgskontrollen* (Tests, Klassenarbeiten).

Der *Verbindlichkeitsgrad* des Lehrplans wird i. a. sehr verschieden formuliert. Lehrpläne sind im juristischen Sinne Dienstanweisungen für den Lehrer. Es hängt dabei wesentlich von dem bereits angesprochenen Detaillierungsgrad der Lehrplanangaben ab, worauf sich diese Dienstanweisungen beziehen. Ebenso wird die Verbindlichkeit im Begriffnamen angedeutet: Es ist nicht nur vom Lehr*plan*, sondern auch von *Richtlinien*, *Rahmen*richtlinien oder in der Sekundarstufe II von *Kurs-Struktur-Plan* die Rede. In fast allen Fällen bleibt dem Lehrer ein Interpretations- und Handlungsspielraum, der größer ist als die juristische Formulierung zunächst vermuten läßt (siehe Abschnitt 2.3.3.4).
Die bisher genannten Merkmale sind mit unterschiedlicher Akzentuierung in aktuell existierenden Lehrplänen stets vorhanden. Sie haben sich im Laufe der historischen Entwicklung nach und nach entwickelt, sind aber in ihren Ansätzen bereits sehr früh (z. B. in dem Lehrplan der Bayerischen Volksschulen von 1806) erkennbar. Trotzdem soll nicht verkannt werden, daß es Positionen gibt, die sich in der historischen Entwicklung teilweise sehr deutlich verändert haben und die auch heute noch von Bundesland zu Bundesland in Deutschland sehr verschieden sein können.

Als Beispiele nennen wir:

- Die Legitimation des Physikunterrichts und die allgemeinen Ziele des Physikunterrichts. Beides ist vom politischen und gesellschaftspolitischen Konsens abhängig und deshalb der Wandlung unterworfen.
- Einzelne Inhalte des Unterrichts. Die Entwicklung der Wissenschaft Physik verlangt eine ständige Aktualisierung von Lehrplänen. Diese Notwendigkeit hat sowohl in der geschichtlichen Entwicklung als auch in der Gegenwart zu unterschiedlichen Entscheidungen über Lehrpläne geführt. Das zeigt sich z. B. in dem Streit, ob bei gleichbleibender Stundenzahl die geometrische Optik im Physikunterricht verbleiben könne, wenn die Elektronik neu hinzukommt.
- Die Zuordnung zu anderen Fächern im naturwissenschaftlichen, aber auch im nichtnaturwissenschaftlichen Bereich. Geschichtlich und nach Schularten verschieden wird in Lehrplänen das Verhältnis von Physik und Mathematik gesehen. Aber auch die Eigenständigkeit der Fächer Biologie, Chemie, Physik ist keineswegs immer anerkannt gewesen und wird auch heute noch unter dem Stichwort Integrierter Naturwissenschaftlicher Unterricht diskutiert.

Wir knüpfen an unsere eingangs gemachten Bemerkungen zur Lehrplanvielfalt an. Wir hoffen, deutlich gemacht zu haben, daß diese Vielfalt nicht im Sinne der Berichterstattung über den gegenwärtigen Zustand erfaßt werden kann. Wir müssen uns deshalb in den beiden folgenden Abschnitten 2.3.2 "Historischer Abriß" mit einem Längsschnitt und in dem Abschnitt 2.3.3 "Arbeit mit bestehenden Lehrplänen" mit einem Querschnitt durch die Lehrplanlandschaft begnügen.

2.3.2 Historischer Abriß - Längsschnitt durch die Lehrplanlandschaft

Seit den ersten Versuchen, eine allgemeine Schulpflicht einzuführen (Weimarer Schulordnung von 1619), sind Lehrpläne - auch die Lehrpläne für einzelne Schularten und Schulfächer - stets Ausdruck der gesellschaftlichen Auffassung über Lehren und Erziehen in den Schulen gewesen.
Diese Auffassungen haben sich deutlich gewandelt. Dies kann schlagwortartig schon durch die Titel der jeweils geltenden allgemeinen Pläne verdeutlicht werden.

- 1736 Principia regulativa, der General-Schulen-Plan unter *Friedrich-Wilhelm I.*, König von Preußen
- 1763 Das General-Land-Schulreglement in Preußen
- 1806 Erster Lehrplan mit naturwissenschaftlichem Unterricht in Bayern
- 1854 Regulative (entworfen als Reaktion auf die Revolution von 1848 durch v. *Raumer* und *Stiehl*) in Preußen
- 1872 Allgemeine Bestimmungen in Preußen
- 1908 Methodische Weisungen, betreffend die Schulrevisionen (versuchte Abkehr vom mechanistischen Unterrichtsbetrieb, Hinwendung zum Prinzip der Eigentätigkeit im Unterricht u.a. beeinflußt von den Meraner Beschlüssen "Reformvorschläge für den mathematischen und naturwissenschaftlichen Unterricht" von 1905)
- 1921/22 Richtlinien zur Aufstellung von Lehrplänen in Preußen (in der neugegründeten Weimarer Republik schlägt der traditionelle Bildungsföderalismus - jetzt verbunden mit der höheren Einschätzung des Individuums durch die Demokratie - stärker durch als im Kaiserreich. Zur gleichen Zeit wie die Preußischen Richtlinien erscheint in Bayern eine sehr detaillierte Lehrordnung)

- 1939 Allgemeine Richtlinien (Die offene Bezeichnung "Richtlinien" täuscht hier. Es handelt sich um eine reichseinheitliche bindende Vorschrift. Textbestandteile wie "Straffe Gesamtausrichtung" machen schnell klar, wie der nationalsozialistische Staat mit dem Bildungsföderalismus und dem Lernbedürfnis des einzelnen umgegangen ist.)
- Nachkriegszeit in der Bundesrepublik Deutschland: Lehrpläne, Richtlinien, Rahmenrichtlinien (Der Bildungsföderalismus lebt wieder auf und bringt schon im Titel erkennbare höchst unterschiedliche Auffassungen über die Funktion von Lehrplänen hervor. Lehrpläne werden u.a. nach einem langwierigen Verfahren auch unter Beteiligung von Fachverbänden und Elternverbänden erarbeitet und in Kraft gesetzt.)

Die Aufzählung der Titel macht ohne weitere Diskussion deutlich, wie das Verhältnis des Staates zum Lehrplan bis zum Ende des Zweiten Weltkrieges und teilweise darüberhinaus ist: Er soll eine möglichst präzise Anweisung an den Lehrer sein. Der Lehrer ist in diesem Verständnis überwiegend ein ausführendes Organ und dient dem Staat und der Gesellschaft bei der Vorbereitung und Gestaltung der Zukunft durch Erziehung und Unterricht.
In den einzelnen Bundesländern der Bundesrepublik Deutschland wird eine entsprechende Bindung des Lehrers heute offener gesehen: Der Lehrer besitzt Methodenfreiheit. Sein inhaltsbezogener Entscheidungsspielraum wird prinzipiell eingeschränkt. Dies geschieht aus juristischen Gründen (z.B. wegen des Gleichbehandlungsprinzips). Lehrpläne haben also immer einen juristischen Aspekt. Dieser Umstand verleitet u.U. dazu, im Lehrplan zu Unrecht das Instrument einer kontrollbegierigen Obrigkeit zu sehen. Der Wunsch nach der Schaffung von Lehrplänen, wie wir sie heute kennen, ist historisch von Pädagogen aus Wissenschaft und Schulpraxis vorgetragen und schließlich durchgesetzt worden:
"Dahin rechne ich, ..., daß ihnen ein genauer Lehrplan gegeben werde, ..." schreibt *Herbart* 1823 über Bürgerschulen und fordert konkret "... erweiterten Unterricht in der gesamten Naturkunde." Diese Äußerung zeigt, daß es darum ging, mit konsequenter Lehrplanarbeit zu beginnen und zugleich einige vorhandene Unterrichtselemente aus der "Naturkunde" insbesondere der Physik weiterzuentwickeln und in den Schulen abzusichern. Der Beginn von Physikunterricht liegt also vor 1823. Vieles weist darauf hin, daß er ungefähr in die Zeit des preußischen General-Land-Schulreglements um 1770 fällt. Dazu ist ein Aufsatz von *Friedrich Adolph Wilhelm Diesterweg* aus dem Jahr 1840 hilfreich. *Diesterweg* schreibt hier über den früheren Aufsatz von

Basedow (1768): "Vor siebzig Jahren standen die Naturwissenschaften noch auf zu tiefer Stufe, um geistig bildend behandelt werden zu können, und man hatte sich über die Methodik derselben noch gar zu wenig verständigt." Der Ansatz, den *Basedow* und wenig vor ihm *Hecker* gemacht hat, war nicht in der gewünschten Weise erfolgreich. Er enthält aber interessante konkrete Forderungen zum Physikunterricht:

- "Die Gründe der Geometrie, sofern sie zur gemeinsten Mechanik gehören, und dieser Teil der Mechanik selbst wird der Rechenkunst beigefügt. Aus den übrigen mathematischen Wissenschaften wird ohne Demonstration nur so viel Belehrung von den nötigsten Wissenschaften gegeben, als unentbehrlich ist, den folgenden Unterricht brauchbarer zu machen. Dieser folgende Unterricht ist ein solches Gemisch von Naturhistorie und physikalischer Experimentalerkenntnis, als ohne großen Verlust an Kosten und an Zeit zu einem paar hundert Lehrstunden gegeben werden kann." (*Basedow*, 1768)

Wesentlich mehr ins einzelne geht *Hecker* 1749

- "Unter den nützlichen Sachen, welche wir der Jugend wollen beibringen lassen, nennen wir billig zuerst die Mechanik ... Wenn es sich tun läßt, wollen wir uns bisweilen die Meisterstücke der Künstler und Handwerker ausbitten, in dem Vorsatz, solche in der Klasse selbst zu zeigen. Von Sachen, die wir nicht wirklich sehen können, werden wir uns allerhand Risse, Zeichnungen, Kupferstiche und Modelle zulegen."
- "Wir gedenken ferner der Architektur- und Bauklasse ..." (Hier sind offenbar Elemente der Statik gemeint)
- "In der Naturalien- und Physikalischen Klasse ... Aus den drei Naturreichen, als von Mineralien, Metallen und Steinen; von Bäumen, Kräutern, Blumen, Holz, ... auch von den sogenannten vier Elementen Feuer, Wasser, Luft und Erde ... dann und wann allerhand Experimente zur Untersuchung des Wassers, Biers, Weins und anderer Dinge ... Scheidung der Metalle, von Destillier-, Schmelz- und Kalköfen ..."
- "... Manufaktur, Kommerz- und Handelsklasse ... Unterricht geben von der Vergleichung der ... Maße und Gewichte ..."

Die Zitate zeigen, daß *Basedow* und *Hecker* jeweils einen Rahmen für Physikunterricht zogen. Den Unterricht, der an Volks- und Bürgerschulen (Vorläufer der heutigen Realschule) stattfinden sollte, beschrieben sie aber

nicht im einzelnen. Es ist deshalb erforderlich, die didaktische Diskussion der damaligen Zeit und Physikbücher für Lehrer heranzuziehen. *Diesterweg* hat in seinem Aufsatz von 1840 beides geleistet. Er hebt ein Physikbuch für Lehrer an Volksschulen besonders hervor, daß 1839 in 9. Auflage und mit seiner ersten Auflage bereits 1786 erschien:
J. H. Hellmuth: Volknaturlehre. Für Lehrer an Seminaren und gehobenen Volksschulen. Nach dem Tode des Verfassers zum zweiten Mal bearbeitet von *J. G.. Fischer*, Lehrer am Schulseminar zu Neuzelle, 9. Auflage, Braunschweig, 1839; 1. Auflage, Braunschweig 1786.
Es enthält die Kapitel: Die allgemeinen Eigenschaften der Körper - die Bewegung und das Gleichgewicht fester Körper - der Schall - die Wärme - die Luft - das Wasser - die Elektrizität - das Licht - die Lufterscheinungen.
In anderen zeitgenössischen Schulbüchern finden sich darüber hinaus Kapitel zur Himmelskunde (Weltgebäude) und Meteorologie.
Interessant ist auch die von *Diesterweg* zusammengefaßte didaktische Diskussion, die außer von Inhalten von der Legitimation des Fachs Physik und der Methodik des Unterrichts handelt. Physikunterricht hatte nach *Diesterweg* um 1800 die Aufgabe, sowohl "... zur religiösen Naturbetrachtung hin" als auch "... vom Aberglauben weg ..." zu erziehen, "geistbildend" zu sein und "für das praktische Leben auszubilden". Die beiden erstgenannten Ziele traten im Laufe der Zeit immer mehr zurück. "... nachdem nun dieser Riese (gemeint ist der Aberglaube) erledigt ist, tut es nicht mehr not, Sturm gegen ihn zu laufen". (*Diesterweg*, Sämtliche Werke, Hrsg. von *Deiters* et al., Berlin 1959, Band III, S. 390)
Im Methodenstreit der damaligen Zeit ging es vor allem um die Frage, ob die drei Stufen der Erkenntnis im Physikunterricht: "anschauen - beobachten und begreifen - vollständig begreifen" in zeitlich aufeinanderfolgenden Kursen getrennt werden dürfen oder an jedem Sachgebiet als organische Einheit auftreten müssen. Unumstritten ist in dieser Diskussion der empirische Ansatzpunkt beim Anschauen und Beobachten. Es gibt bereits auch erste Forderungen nach "Übungen im Laboratorium".
Bereits im Jahre 1806 erschien in Bayern der erste gültige Lehrplan ("Elementar-Lehrplan") mit naturwissenschaftlichen Anteilen. Er umfaßte unter den Rubriken "Natur" sowie "Zahl- und Maßverhältnisse" fast ein Drittel der gesamten Unterrichtszeit. (*Schöler*, 1970, S. 161) Die Bereiche Tiere, Pflanzen und Mineralien werden unter "Naturgeschichte" zusammengefaßt. Hier wird nur der als "Naturlehre" bezeichnete Teil wiedergegeben.

1. Klasse:

Luft (Als Lebensbedingung Wind, Sturm, Nutzen, Schaden), Feuer (Licht, Wärme, Nutzen, Schaden, Behutsamkeit mit Feuer), Wasser (Dessen Nutzen und Notwendigkeit als solches, und dann als Dampf, Tau, Reif, Nebel, Wolken, Regen, Schnee, Eis usw.), Erde (Als Körper überhaupt, und als Bestandteil anderer Körper. Die gewöhnlichsten Erdarten und ihr vorzüglicher Gebrauch).

2. Klasse:

Luft (Erscheinungen, welche Irrtum und Aberglauben veranlassen), Feuer und Wasser (In Hinsicht auf ihre Erscheinungen, ihren Nutzen und Einfluß, wobei kleine Versuche angestellt werden können), Erde (Erdschichten, Berge, Gebirge, Vulkane, Erderschütterungen und dergl. mehr).

3. Klasse:

Luft (Fortsetzung mit kleinen Versuchen), Feuer, Wasser, Erde (Als Stoff anderer Körper betrachtet).

Die hier wiedergegebenen Inhalte erinnern stark an das, was *Hecker* über die "Naturalien- oder Physikalische Klasse" schreibt, bleiben aber noch deutlich hinter zeitgenössischen Vorstellungen von Physik (wie z.B. in *Hellmuth*'s Volksnaturlehre) zurück. Fünfzig Jahre nach *Heckers* Schrift standen wesentliche Teile seiner Ideen vor der Umsetzung in Elementarschulen eines großen deutschen Staates. Allerdings setzte schon bald in Bayern ebenso wie in Preußen und Österreich eine scharfe Auseinandersetzung über den Wert von naturwissenschaftlichem Unterricht ein, die eine konsequente Weiterentwicklung sehr erschwerte. So erschien 1811 eine Überarbeitung des bayerischen Lehrplans, die den Unterricht in Naturgeschichte und Naturlehre auf nur eine Klasse beschränkte. Einen schweren Rückschlag gab es nach dem Scheitern der Revolution von 1848. Die Furcht der Monarchien galt allem aufklärenden Geist. Dazu gehörten sowohl der Inhalt von naturwissenschaftlichem Unterricht als auch Teile seiner Methodik, insbesondere die Aufstellung von Hypothesen. Die Reaktion war in allen Ländern Deutschlands im Prinzip gleich. Ein besonders krasses Beispiel bildet die sogenannte *Stiehl*sche Regulative von 1854 in Preußen. *Stiehl*, ursprünglich ein aufgeklärter Ministerialbeamter, änderte unter dem Einfluß des Ministers *v. Raumer* seine Auffassungen radikal. So wurde u.a. der Erwerb naturwissenschaftlicher Kenntnisse "in Verbindung mit dem Leseunterricht" verlangt. Erst nach der Gründung des Deutschen Kaiserreichs erfolgte mit den "Allgemeinen Bestimmungen 1872" ein neuer Aufschwung für den naturwissenschaftlichen Unterricht in allen Schularten. Erstmals erscheint das Fach Chemie als eigenständiges Element des Lehrplans.

Im Lehrplan der preußischen Volksschule wird unter Nr. 35 die Naturlehre mit zwei Absätzen behandelt:
"In dem naturkundlichen Unterricht der Schulen mit einem oder zwei Lehrern sind die Schüler zu einem annähernden Verständnis derjenigen Erscheinungen zu führen, welche sie täglich umgeben.
In der mehrklassigen Schule ist der Stoff so zu erweitern, daß das Wichtigste aus der Lehre vom Gleichgewichte und der Bewegung der Körper, vom Schalle, vom Lichte und von der Wärme, vom Magnetismus und der Elektrizität zu geben ist, so daß die Kinder imstande sind, die gewöhnlicheren Naturerscheinungen und die gebräuchlichsten Maschinen erklären zu können."

Im Lehrplan für die Mittelschule heißt es u.a.: "Naturlehre

2. Klasse (zwei Stunden)
Mechanische Eigenschaften der festen, flüssigen und luftförmigen Körper. Die einfachsten Erscheinungen des Magnetismus.

1. Klasse (drei Stunden)
Das Wichtigste aus der Lehre von der Elektrizität, von der Wärme, dem Lichte und dem Schalle, außerdem in einer besonderen Stunde die Anfangsgründe der Chemie.

In Schulen mit mehr als sechs Klassen werden namentlich die Unterweisungen aus der Physik und der Chemie zu einer mehr zusammenhängenden Darstellung dieser Disziplinen erweitert; in der Naturbeschreibung treten in solchen Schulen Mitteilungen über Bau und Bildung der Erdrinde hinzu.

Überall sind beim Unterrichte in der Naturkunde gute natürliche Exemplare oder Nach- und Abbildungen zu benutzen; in der Physik ist außerdem das Experiment der Unterweisung zugrundezulegen."

In den Volks- und Mittelschulen war die Einführung von naturwissenschaftlichem Unterricht in den Fächerkanon mit diesem Lehrplan im wesentlichen abgeschlossen. Dies gilt nicht im Gymnasium, für das noch 1879 verfügt wurde "..., daß Theorien und Hypothesen, wie sie in den Schriften von *Darwin* und *Haeckel* zum Ausdruck kommen, an preußischen höheren Lehranstalten nicht vorgebracht werden dürfen." (*Schuldt*, 1979). Dennoch gab es in den sich stürmisch entwickelnden Oberrealschulen, Realgymnasien und Gymnasien Physikunterricht. Er wurde jedoch in starker Anlehnung an die Mathematik erteilt. Hier bewirken erst die "Meraner Beschlüsse" von 1905, die von einer Kommission aus zwölf Mitarbeitern unter der Leitung des Göttinger Mathematikers *Felix Klein* vorbereitet waren, eine Neuorientierung.

Die sehr umfangreichen Beschlüsse gehen von drei fachübergreifenden Leitsätzen und jeweils drei fachspezifischen Grundsätzen aus. Diese lauten für das Fach Physik:

"Grundsatz 1: Die Physik ist im Unterricht nicht mehr als mathematische Wissenschaft, sondern als Naturwissenschaft zu behandeln.

Grundsatz 2: Die Physik als Unterrichtsgegenstand ist so zu betreiben, daß sie als Vorbild für die Art, wie überhaupt im Bereiche der Erfahrungswissenschaften Erkenntnis gewonnen wird, dienen kann.

Grundsatz 3: Für die physikalische Ausbildung der Schüler sind planmäßig geordnete Übungen im eigenen Beobachten und Experimentieren erforderlich."

Der "Bericht über den Unterricht in der Physik an den neunklassigen höheren Lehranstalten" enthält sieben Teile:
"Aufgaben des physikalischen Unterrichts - Zahl und Verteilung der Unterrichtsstunden - Methode des Unterrichts - Der Lehrplan im allgemeinen - Beispiel eines Lehrplans - Erläuterungen zum Lehrplan (Experimente, Mathematik, Aufgaben und Rechenbeispiele, technische Anwendungen, Geschichte der Physik, psychologische Grundlagen) - praktische Schülerübungen (einschl. Angaben über Einrichtungen, Ausstattungen geeigneter Arbeitsräume, Größe der Übungsgruppen, Entlastung der Fachlehrer, Anstellung eines Labordieners, Veranstaltung von Weiterbildungskursen für Physiklehrer)."

In den allgemeinen Teilen des Berichts werden sehr detaillierte Argumentationsketten vorgestellt, wie sie teilweise heute in Präambeln von Lehrplänen zu finden sind. Im Abschnitt "Beispiel eines Lehrplans" wird ein Stoffkatalog für zwei Jahre aus dem Bereich der Sekundarstufe I ("Unterstufe") und drei Jahre aus dem Bereich der Sekundarstufe II ("Oberstufe") gegeben. Wir zi-

tieren hier als Beispiel den Stoffverteilungsplan des zweiten Jahres (Abschlußjahres) der Sekundarstufe I:
"Vom Magnetismus. Grundgesetze der magnetischen Erscheinungen (Magnetpole, magnetische Verteilung, magnetisches Kraftfeld). Der Kompaß, Magnetisierung durch das magnetische Kraftfeld der Erde.
Aus der Elektrizitätslehre: Elektrische Körper, Elektrisierung durch Mitteilung; gute und schlechte Leiter, Elektrisierungsgrad und Ladungsmenge; Elektrometer. Die Reibungs-Elektrisiermaschine. Sitz der Ladungen an der Oberfläche der Leiter; elektrische Influenz; Spitzenwirkung; Leidener Flasche, Influenz-Elektrisiermaschine. Wirkung der Entladung. Elektrische Erscheinungen in der Atmosphäre. - Das galvanische Element; der elektrische Strom, seine Wärme-, Licht-, physiologischen und chemischen Wirkungen. Die magnetischen Wirkungen des Stroms, Elektromagnetismus; elektrische Klingel, Morse-Telegraph, Mikrophon und Telefon.
Aus der Akustik: Erregung des Schalles; Schwingungen von Saiten, Stäben, Platten und Pfeifen. Das menschliche Stimmorgan. Ausbreitung und Fortpflanzungsgeschwindigkeit des Schalles; Reflexion; Resonanz und Mittönen; das Einfachste vom Bau des Ohres und vom Hören.
Aus der Optik: Licht und Lichtstrahlen, Dunkelkammer ohne Linse; Beleuchtungsstärke, Reflexion an ebenen Spiegeln, Brechung des Lichts an einer ebenen Fläche. Durchgang des Lichts durch Platten und Prismen. Bilder an Sammellinsen. Wirkung der Zerstreuungslinsen. Das Einfachste vom Bau des Auges und vom Sehen, Akkommodation; Sehwinkel.
(Aus der Astronomie: Elementarste Begriffe der astronomischen Geographie im Anschluß an die eigene Anschauung der Schüler; die Bewegung von Sonne und Mond in Bezug auf die Erde und auf den Fixsternhimmel; erste orientierende Einführung in die Kopernikanische Lehre.)"

Der Stoffkatalog aller fünf Jahre enthält die wesentlichsten Elemente des damaligen physikalischen Weltbildes. So wird der Unterricht in der Unterprima z.B. bis zur Spektralanalyse geführt. Konsequenzen in Richtung auf ein Atommodell werden dem damaligen Kenntnisstand entsprechend noch nicht gezogen. Das Entscheidende und wirklich Neue der Meraner Beschlüsse liegt jedoch nicht in dem Stoffkatalog, sondern in dem auch für die höheren Schulen verbindlichen Anspruch auf Physiklernen der Schüler durch Eigentätigkeit (Schülerexperimente). Die in den Meraner Beschlüssen enthaltenen Forderungen werden für das gesamte Deutsche Reich, also unabhängig vom weiterbestehenden Bildungsförderalismus gestellt. Sie gehen dabei von der in dem Leitsatz 2 formulierten Position aus: "Die Kommission erkennt die Mathematik und die Naturwissenschaften als den Sprachen durchaus gleichwertige Bildungsmittel an und hält zugleich fest an dem Prinzip der spezifischen Allgemeinbildung der höheren Schulen." Beide Voraussetzungen, die Unabhängigkeit vom Bildungsförderalismus sowie die Gleichwertigkeit zum Unterricht in den Sprachen waren jedoch faktisch nicht gegeben. Es liefen deshalb praktisch bis zum Ende der Weimarer Republik länderspezifische Bemühungen zur Durchsetzung der Forderungen aus den Meraner Beschlüssen. (*Lietzmann*, 1930, S. 289 - 300)

Im Dritten Reich wird eine Entwicklung auf einen reichseinheitlichen Lehrplan, der allerdings noch bestimmte regionale Typisierungen erlaubt, eingeleitet. Präambeln und Stundentafeln sind dabei reichseinheitlich. Die Stoffverteilungspläne z. T auch ländertypisch. So heißt es z. B. für Sachsen im 7. Schuljahr der Volksschulen (wöchentlich zwei Stunden für Naturlehre):

"September bis Dezember:	I Das Auto / II Die Feuerwaffen
Januar bis März:	III Flugzeug und Luftschiff / IV Der Luftschutz
April bis Juni:	V Vom Wetter / VI Vom Schall"

Alle diese Unterrichtsthemen sind detailliert gegliedert und enthalten z. T. Hinweise auf einzelne Versuche. Die Unterrichtsthemen zeigen überdies eine deutliche Zentrierung der Interessen an einer militärischen Verwertung von Kenntnissen aus dem Physikunterricht.
In der Nachkriegszeit ist der für Deutschland traditionelle Bildungsförderalismus in der Bundesrepublik wieder voll zur Geltung gekommen. Dies betrifft auch die bereits angesprochene Vielfalt in den Lehrplänen für den Physikunterricht. (Siehe dazu *Köhne*, 1979, und *Haft*, *Hopmann*, *Riquarts*, *Waldow* 1986.) Trotz der erheblichen Vielfalt finden sich in allen Lehrplänen der elf Bundesländer Gemeinsamkeiten. Einiges davon soll in dem Abschnitt 2.3.3 "Arbeit mit geltenden Lehrplänen" dargestellt werden.
Es mag hier genügen, kurz auf das langwierige Erarbeitungsverfahren zu verweisen. Im allgemeinen setzt das zuständige Ministerium eine Kommission aus Fachleuten ein, zu der Ministerialbeamte, Physiklehrer und Physikdidakter gehören. Sehr oft sind diese Personen zugleich Mitglieder in wichtigen Fachverbänden (wie z. B. Förderverein für den Mathematischen und Naturwissenschaftlichen Unterricht, MNU, oder Gesellschaft für die Didaktik der Chemie und der Physik, GDCP) und bringen deren Positionen in die

Lehrplanarbeit ein. Die Verbände werden aber ebenso wie Elternbeiräte und Elternverbände zu einem ersten Entwurf angehört, so daß sie auch förmlich an der Gestaltung des Lehrplans mitwirken können. Darüber hinaus formulieren die Fachverbände auf Bundesebene Empfehlungen für die Erarbeitung von Lehrplänen. Damit erreichen sie u. a., daß die Vielfalt unterschiedlicher Lehrpläne in allen Bundesländern nicht zu groß wird. (Siehe dazu z.B. MNU, 1988.) Schließlich findet auch eine öffentliche Diskussion von Lehrplänen unter Einschaltung der Presse statt, die erhebliche Auswirkungen haben kann. Ein deutliches Beispiel dieser Art war die öffentliche Auseinandersetzung um die Hessischen Rahmenrichtlinien.

2.3.3 Arbeit mit geltenden Lehrplänen - Querschnitt durch die Lehrplanlandschaft

Es ist bereits mehrfach ausgeführt worden, daß aufgrund der Kulturhoheit der Bundesländer zahlreiche z. T. sehr verschiedene Lehrpläne für den Physikunterricht erarbeitet und in Kraft gesetzt worden sind. Es existieren also Dokumente in einer Fülle, die den Darstellungsrahmen dieses Buches sprengt. Aus diesem Grunde werden im folgenden zwei Lehrplandokumente vorgestellt, die als Prototypen für alle diese Dokumente gelten sollen. Dieser Anspruch kann natürlich nur mit Einschränkungen erfüllt werden. Immerhin haben die ausgewählten Beispiele für sich, daß sie sowohl den von der Schulaufsicht geforderten Aspekt der Unterrichtsanweisung, als auch die in der Schulpraxis entscheidenden Aspekte der Anregung und Hilfe für den Unterricht und eines nutzbaren Interpretationsspielraums erkennen lassen.

2.3.3.1 Dokument A

Das Dokument entstammt einem geltenden Lehrplan für Physik in Realschulen in den Klassen 7 - 10 (Kultusministerium Schleswig-Holstein, 1986). Es ist ein Auszug aus der Präambel des Lehrplans. Die Lehrplankommission hat jedoch die Bezeichnung Präambel durch die bescheidenere Überschrift Vorbemerkungen ersetzt. Das vorgestellte Dokument ist recht pragmatisch gefaßt. Es setzt Normen in Form von Aussagesätzen über Physikunterricht an Realschulen.

I. Aufgaben und Ziele des Physikunterrichts in den Klassenstufen 7 bis 10

Der Physikunterricht in den Klassenstufen 7 bis 10 baut auf den naturwissenschaftlichen Elementarkenntnissen der Grundschule auf. Er führt zu einem fachspezifischen Abschluß in der Realschule (siehe VII.), leitet zum berufsbezogenen Unterricht über und eröffnet die Möglichkeit einer Fortführung.

Die Auswahl der Lerninhalte erfolgte unter Berücksichtigung folgender wesentlicher Ziele des Physikunterrichts:

A. Die Schüler sollen lernen, physikalische Sachverhalte in ihrer Umwelt zu erkennen und zu verstehen. Sie sollen mit physikalischen Phänomenen der natürlichen und technischen Umwelt vertraut werden.

B. Die Schüler sollen die als "naturwissenschaftliche Methode" bezeichnete Denk- und Arbeitsweise erlernen, die durch Prozeßziele beschrieben wird. (Siehe Lernplan)

C. Die Schüler sollen erfahren, daß die Anwendung physikalischer Erkenntnisse zu technischen und gesellschaftlichen Konsequenzen geführt hat und weiterhin führen wird.

Durch das Anstreben dieser Ziele sollen die Schüler in die Lage versetzt werden, sich selbständig mit ihnen unbekannten naturwissenschaftlichen und technischen Problemen auseinanderzusetzen. Dazu gehören auch gesellschaftliche Probleme, die eine physikalische-technische Komponente haben.

II. Die Unterrichtseinheiten im Überblick

Unterrichtsinhalte, die einem physikalischen Sachgebiet oder Konzept angehören, werden nicht unmittelbar hintereinander unterrichtet, sondern jeweils in größeren zeitlichen Abständen mit steigendem Anspruchsniveau fortgesetzt.

Thema		Stunden
Klassenstufe 7		
1 Der elektrische Stromkreis		16
2 Die geradlinige Ausbreitung des Lichtes		16
3 Geschwindigkeit		6
4 Wärmeausbreitung und Ausdehnung bei Erwärmung, Temperaturmessung[1]		16
5 Töne und Geräusche		8
Klassenstufe 8		
1 Elektrischer Strom und Magnetfeld		20
2 Kraft und Arbeit		10
3 Masse und Dichte, Druck		16
4 Wärme		20
Mögliche Ergänzungen:	Auftrieb	4
	Hebel	4
Klassenstufe 9		
1 Brechung des Lichtes		30
2 Stromstärke und Spannung, Induktion		36
Klassenstufe 10		
1 Energieumwandlung		22
2 Kernphysik		22
3 Halbleiterdiode		8
Mögliche Ergänzung:	Transistor	8

Die angegebenen Stundenzahlen, die Schülerübungen und Erfolgskontrollen berücksichtigen, sind Erfahrungswerte. Sie geben dem Lehrer einen Hinweis auf den beabsichtigten Umfang und die Tiefe der Behandlung der Unterrichtseinheit. Die angegebenen Stundenzahlen decken die zur Verfügung stehenden Unterrichtsstunden nicht ab. Damit ist die Möglichkeit gegeben, punktuell nach Anregungen durch Schüler, nach Ausstattung der

---

[1] Diese Unterrichtseinheit wird in Abschnitt 2.3.3.2 als Dokument B genauer beschrieben

Lehrmittelsammlung oder nach Intentionen des Lehrers ein Sachgebiet zu vertiefen und zu erweitern.
Die in Klassenstufe 8 und Klassenstufe 10 angegebenen "Möglichen Ergänzungen" sind als Angebote zu verstehen.

III. Aufbau der einzelnen Unterrichtseinheiten

Die Unterrichtseinheiten gliedern sich in vier Teile:
Die Prozeßziele (siehe VI.) beschreiben inhaltsunabhängige Arbeitsweisen und Fertigkeiten, die schwerpunktmäßig in dem betreffenden Lernbereich eingeübt werden sollen.
Im Lernbereich werden die Lerninhalte in Stichworten angegeben.
Die Lernziele dienen einer genaueren Charakterisierung des Lernbereichs und der Intensität der Behandlung der Inhalte. Sie dienen als Vorschläge und können ergänzt werden.
Die Bemerkungen enthalten Erläuterungen zu Intentionen, didaktischen und methodischen Problemen sowie Hinweise auf Experimente.

IV. Methodische Hinweise

Die Schüler sind an selbständiges experimentelles Arbeiten heranzuführen. Hierauf ist bereits im Anfangsunterricht großer Wert zu legen. Außerdem soll der Schüler lernen, sich selbständig Informationsmaterial zu beschaffen und es auszuwerten (z.B. Schülerreferat).
Auf die Behandlung historischer Aspekte sollte nicht verzichtet werden. Dazu gehört auch die Würdigung der Verdienste bedeutender Physiker. Besichtigungen technisch-physikalischer Einrichtungen der Industrie erweitern bei sinnvoller Vorbereitung das Verständnis der Schüler für die Bedeutung physikalischer Kenntnisse.

V. Lernerfolgskontrollen

Es wird empfohlen, den Lernfortschritt der Schüler durch mindestens vier schriftliche Leistungskontrollen je Schuljahr zu überprüfen. Die hierfür verwendete Form ist dem Lehrer überlassen. Er sollte dabei verschiedene Aufgabenformen berücksichtigen (Mehrfach-Wahlaufgabe, Beschreibung und Auswertung von Versuchsabläufen u.a.).
Die Lernerfolgskontrolle sollte nicht nur die schriftlichen und mündlichen Leistungen der Schüler berücksichtigen, sondern auch die im Unterricht erarbeiteten experimentellen Fertigkeiten einbeziehen.

VI. Die Prozeßziele im Überblick

1. Beobachten und Beschreiben unter Anwendung physikalischer Begriffe:
   a) Entwickeln objektiver Begriffe und sinnvoller Definitionen,
   b) Definieren von Größen,
   c) Anwenden physikalischer Begriffe zur Beschreibung und Klassifikation von Vorgängen und Sachverhalten,
   d) Formulieren von Gesetzen.
2. Erkennen und Lösen von Problemen:
   a) Erkennen von Eigenschaften, Zusammenhängen und Problemen,
   b) Lösen von Problemen unter Anwendung physikalischer Kenntnisse,
   c) Aufstellen und Überprüfen von Arbeitshypothesen.
3. Selbständiges Experimentieren:
   a) Erwerben von Fertigkeiten im Umgang mit Geräten,
   b) zielgerichtetes Durchführen von Experimenten,
   c) Planen von Versuchsaufbauten und Versuchsdurchführungen.
4. Interpretieren von Meßdaten und Auffinden von Zusammenhängen:
   a) Verarbeiten und Einschätzen von Meßdaten,
   b) Interpretieren von Meßdaten und graphischen Darstellungen,
   c) Formulierungen von Verallgemeinerungen aufgrund aufgefundener Zusammenhänge.
5. Entwickeln und Anwenden von Modellvorstellungen:
   a) Entwickeln von Modellvorstellungen,
   b) Anwenden von Modellvorstellungen,
   c) Erkennen der Grenzen von Modellvorstellungen,
6. Anwenden physikalischer Kenntnisse:
   a) Interpretieren und Anwenden von Gesetzen,
   b) Erkennen und Erklären physikalischer Sachverhalte der Natur und in technischen Geräten,
   c) Erkennen von Konsequenzen physikalischer Forschung durch ihre technische Anwendung.

VII. Realschulabschluß im Fach Physik (Abschlußqualifikation)

Am Ende der Klassenstufe 10 soll der Schüler im Fach Physik anhand der Lernbereiche aus Klassenstufe 9 und Klassenstufe 10 nachweisen, daß er folgende Qualifikationen erworben hat:

1. Über einen Lerninhalt in fachgerechter Sprache referieren,
2. physikalische Größen mit ihren Maßeinheiten nennen,
3. physikalische Gesetze nennen und anwenden,
4. Versuche zur Beantwortung einer physikalischen Fragestellung planen, aufbauen, durchführen und beschreiben,
   - 4.1 eine physikalische Fragestellung erkennen und beschreiben können,
   - 4.2 Hypothesen zur Beantwortung der Frage aufstellen,
   - 4.3 Versuchsanordnungen zur Prüfung von Hypothesen entwerfen,
   - 4.4 Kenntnis der gebräuchlichen Experimentiergeräte nachweisen,
   - 4.5 Versuche beobachten und beschreiben,
   - 4.6 Meßdaten verarbeiten und einschätzen,
   - 4.7 schematische Darstellungen, Schaltbilder und graphische Darstellung interpretieren,
5. Modellvorstellungen zur Erklärung physikalischer Sachverhalte anwenden,
6. physikalische Grundlagen in technischen Geräten erklären,
7. Funktionsweise technischer Anlagen erklären,
8. Naturerscheinungen physikalisch erklären.

An diesem Dokument lassen sich eine Reihe von Merkmalen eines Lehrplans verdeutlichen. Die *Präambel* beschreibt die vom Physikunterricht allgemein zu erreichenden Ziele A, B und C, die durch die *Prozeßziele* ergänzt werden. Ein Lehrer, der dieses Dokument zur Grundlage von didaktischen Entscheidungen macht, kann also recht genau erkennen, auf welche *übergreifenden* Ziele es den Lehrplanautoren ankommt. Demgegenüber ist die *Einordnung* des Fachs Physik *in den Fächerkanon* der Schule stiefmütterlich behandelt. Inhaltliche Aussagen dazu fehlen fast vollständig. Lediglich unter I. und IV. finden sich Hinweise auf einen gewünschten Bezug zu technischen und technisch-gesellschaftlichen Problemen. Bezüge zu den anderen

Naturwissenschaften Biologie, Chemie, Geographie werden ebensowenig behandelt wie eine Abstimmung mit dem Mathematikunterricht. In einem etwas versteckten Hinweis (unter IV.) wird die Verbindung des Physikunterrichts mit historischen Aspekten empfohlen. Es darf allerdings bezweifelt werden, ob eine derartige Bemerkung wirklich dazu anregen kann, Verbindungen zwischen der Geschichte der Physik und der allgemeinen Geistesgeschichte im Unterricht zu verankern. Hierzu bedürfte es wohl der gezielten Empfehlung bei den einzelnen Unterrichtsabschnitten. Ein Vergleich mit dem Dokument B (Abschnitt 2.3.3.2) wird zeigen, daß solche Empfehlungen dort ausbleiben, daß aber auch dort der historische Aspekt im Unterricht nicht ausgeschlossen wird. Das ist insofern bedeutsam, als eine historische Betrachtungsweise immer auch Unterricht *über* Physik ermöglicht. Ein solcher Unterricht entspräche einer inneren Logik des Dokuments A. Obwohl es sich nämlich zum *Legitimationsansatz* nicht explizit äußert, liegt dem Ganzen natürlich eine bestimmte Vorstellung der Lehrplanverfasser über die Legitimation von Physikunterricht zugrunde. Betrachtet man die Grobziele A, B, C und die Prozeßziele, so darf man vermuten, daß anthropologische Bedürfnisargumente (siehe Kapitel 1) eine wichtige Rolle gespielt haben. Entsprechend den in Kapitel 1 vorgetragenen Argumenten müßte eine konsequente didaktische Entscheidung also zu Unterricht *über* Physik als notwendiger Ergänzung zu Unterricht *in* Physik führen.
Der Lehrplan ist in Unterrichtseinheiten gegliedert, die nach dem *Spiralprinzip* angeordnet sind. Die Elektrizitätslehre z. B. wird immer wieder aufgegriffen und auf höherem Kenntnisstand weitergeführt. Der Schüler kommt also wie auf einer Wendeltreppe in einem Turm in immer höherer Position (spiralig) an dem gleichen Fenster vorbei. Jedesmal wird dabei ein etwas weiterer Ausblick möglich. Die Titel der Unterrichtseinheiten und ihre Zuordnung zu Klassenstufen "Der elektrische Stromkreis", "Elektrischer Strom und Magnetfeld", "Stromstärke, Spannung, Induktion", "Halbleiterdiode, Transistor", zeigen das Anordnungsprinzip bereits deutlich. Zusätzlich muß berücksichtigt werden, daß in der Wärmelehre (Schaltungen mit Bimetallstreifen) sowie in der Unterrichtseinheit "Energieumwandlung" elektrische Phänomene behandelt werden. Die Wärmelehre ist in den Klassen 7 und 8 mit je einer Unterrichtseinheit vertreten und spielt in der 10. Klasse bei "Energieumwandlung" eine Rolle. Die Optik ist in zwei Schuljahren vertreten usw.
Die Diskussion um die Anordnung von Lehrplänen nach dem linearen Prinzip (also wie ein fachsystematisches Physikbuch) oder dem Spiralprinzip

ist seit langem abgeschlossen. Das Spiralprinzip hat sich - freilich in unterschiedlicher Ausprägung - durchgesetzt. Der Haupteinwand, die schlechten Behaltensleistungen der Schüler ließen ein sinnvolles Anknüpfen in der nächsthöheren Ebene nicht zu, kann geradezu ein Argument für das Spiralprinzip sein. Es bietet nämlich Gelegenheit zum Auffrischen von sonst vielleicht endgültig verschütteten Kenntnissen. Im Bild des Schülers, der auf einer Wendeltreppe im Turm auf der nächsthöheren Ebene das vertraute Fenster erreicht, bedeutet dies: Zwar ist jetzt ein weiterer Horizont zu überblicken, aber was vorher schon zu erkennen war, muß auch jetzt wieder betrachtet werden. Nur weniges darf im toten Winkel am Fuß des Turms unbeachtet bleiben.

Die *methodischen Hinweise* in den allgemeinen Vorbemerkungen (Präambel) sind knapp. Sie beschränken sich auf die bereits in den Prozeßzielen ausgedrückte Betonung von experimenteller Eigentätigkeit, die Beschaffung und Auswertung von Informationsmaterial durch die Schüler, auf die Behandlung historischer Aspekte und auf die Möglichkeit von Exkursionen. Unter III. findet sich zusätzlich die Ankündigung von sogenannten "Bemerkungen" in jeder einzelnen Unterrichtseinheit. Diese betreffen fachsystematische und experimentelle Ergänzungen und für die betreffende Unterrichtseinheit geltende methodische Hinweise (vergleiche Dokument B, Abschnitt 2.3.3.2).

Die *Zeitrichtwerte* sind durch die Gesamtstundenzahlen bei den einzelnen Unterrichtseinheiten gegeben (z. B. in der 7. Klasse; "Wärmeausbreitung und Ausdehnung bei Erwärmung und Temperaturmessung"; 16 Unterrichtsstunden). Über diese Zeitrichtwerte macht das Dokument zwei wichtige Aussagen. Zum einen werden sie als Erfahrenswerte bezeichnet: "... sie geben dem Lehrer einen Hinweis auf den beabsichtigten Umfang und die Tiefe der Behandlung der Unterrichtseinheit". Zum anderen wird darauf verwiesen, daß bei Einhaltung der Zeitrichtwerte ein Spielraum für zusätzliche "... Intentionen des Lehrers, ein Sachgebiet zu vertiefen und zu erweitern" bleibt. Dieser zeitliche Spielraum läßt sich leicht abschätzen. Ein Kalenderjahr von 52 Wochen enthält ca. 12 Wochen Schulferien. Das Schuljahr besteht also aus ca. 40 Unterrichtswochen und enthält bei zwei Wochenstunden Physik ca. 80 Unterrichtsstunden im Jahr. Wer die Schulpraxis kennt, weiß, daß davon einiges ausfällt. Gesetzliche Feiertage, Wandertage, Bundesjugendspiele, Schulfest, Tag der offenen Tür, Projektwoche sind nur einige diesbezügliche Stichworte. Gewiß ist nicht immer gerade der Physikunterricht betroffen. Man wird aber gut daran tun, die Unterrichtsplanung

auf maximal 70 Unterrichtsstunden pro Jahr anzulegen. Demgegenüber gehen die Zeitrichtwerte des Lehrplans von 62 Unterrichtsstunden im 7. Schuljahr und von 56 bzw. 66 Unterrichtsstunden im 8. und 9. Schuljahr aus. Mit anderen Worten: Wer den Zeitrichtwert bei der Unterrichtseinheit X überschreitet, muß entweder bei den anderen Unterrichtseinheiten Zeit einsparen oder den zeitlichen Spielraum für Vertiefung und Ergänzung des Unterrichts opfern. Angesichts dieser kleinen Rechnung wird verständlich, daß nicht nur über das Dokument A, sondern über alle Lehrpläne geklagt wird, sie seien zu voll. Diese Aussage wird allerdings erst dann wirklich überprüfbar, wenn man die Inhalte der einzelnen Unterrichtseinheiten studiert. Dies wird im Dokument B an einem Beispiel geschehen. Aber auch schon das Studium von Dokument A allein erlaubt den Schluß, daß der Spielraum zur zeitlichen Planung des Unterrichts klein ist. Es ist deshalb auf jeden Fall notwendig, für ein ganzes Schuljahr im voraus einen detaillierten Stoffverteilungsplan aufzustellen, in dem alle oben genannten Unterrichtsausfälle berücksichtigt sind. Dabei sollte auch die Zeit für die Sicherung des Unterrichtserfolgs, einschließlich von Wiederholungs- und Anschlußaktivitäten (Spiralprinzip) sowie für eventuelle Erfolgskontrollen (Klassenarbeiten, Tests) einkalkuliert werden.
Der hier vorgestellte Lehrplan empfiehlt pro Schuljahr mindestens vier *schriftliche Leistungskontrollen* und nennt Mehrfach-Wahl-Aufgaben, Lückentext sowie Beschreibung und Auswertung von Versuchen als mögliche Aufgabenformen, wobei die experimentellen Fähigkeiten der Schüler einzubeziehen sind.
Der *Verbindlichkeitsgrad* von Lehrplanangaben kann sehr unterschiedlich sein. In mehreren Bundesländern wird dem Lehrer im Rahmen der Methodenfreiheit verbindlich auferlegt, den Lehrplan zu erfüllen. Dazu ergibt sich eine Reihe von Fragen:

- Ist es Lehrern und Schülern überhaupt möglich, im Schulalltag dieser Auflage nachzukommen?
- Ist es der Schulverwaltung oder der Schulleitung prinzipiell oder gar faktisch möglich, die Einhaltung des Plans zu überprüfen?
- Gibt es Gründe für oder gegen eine so starke Bindung des Unterrichts an einen Lehrplan?

Fragen wie diese sollen in Abschnitt 2.3.3.4 aufgegriffen werden.

2.3.3.2 Dokument B

Das Dokument ist ein Ausschnitt aus dem gleichen Lehrplan, zu dem auch die Präambel gehört. Es handelt sich um die Unterrichtseinheit "Wärmeausbreitung und Ausdehnung bei Erwärmung und Temperaturmessung" aus dem 7. Schuljahr:

Wärmeausbreitung, Ausdehnung bei Erwärmung und Temperaturmessung

Wärmequellen werden als Energiequellen (Energieumwandler) verstanden. Verschiedene Arten der Energieübertragung von der Quelle zum Empfänger werden betrachtet.
Mit Hilfe von Kenntnissen über die Ausdehnung bei Erwärmung kann eine Vielzahl von Umweltbeobachtungen und Vorgängen in technischen Geräten erklärt werden.
Eine Einführung in den Temperaturbegriff wird über Temperaturmessungen gegeben.

Schwerpunktmäßig anzustrebende Prozeßziele:

- Anwenden physikalischer Begriffe (Energie, Wärmeleitung, Wärmetransport, Wärmestrahlung) zur Beschreibung und Klassifizierung von Erscheinungen,
- Erkennen physikalischer Sachverhalte in der Natur und in technischen Geräten,
- Beschreiben und Klassifizieren von Erscheinungen unter Verwendung einer sachgerechten Sprache,
- Erkennen physikalischer Sachverhalte in technischen Geräten, Erwerb von Fertigkeiten im Umgang mit Geräten beim Aufbau von Experimenten,
- Definieren einer Größe durch Festlegung einer Meßvorschrift, Verarbeiten von Meßdaten in graphischen Darstellungen,
- Erkennen, daß eine physikalische Größe unter Ausnutzung verschiedener physikalischer Phänomene gemessen werden kann.

Lernbereich:

- Wärmequellen (Gasbrenner, Tauchsieder, Kochplatte, Heizlüfter, Feuer, Sonne u.a.),

- Wärmetransport,
  Wärmetransport mit Antrieb (Heizlüfter), Wärmetransport ohne Antrieb (Aufsteigen warmer Luft),
- Wärmeleitung, Zusammenwirken von Wärmetransport und Wärmeleitung,
- Wärmestrahlung, Zusammenwirken aller Wärmeausbreitungsarten,
- Ausdehnung fester, flüssiger und gasförmiger Körper bei Erwärmung
- Bimetallstreifen und deren Anwendung,
- Funktionsweise von Flüssigkeitsthermometern und Messen von Temperaturen,
- Temperaturmessungen mit verschiedenen Thermometern.

Lernziele:

- Beispiele für Wärmequellen nennen,

  Elektrisch betriebene Wärmequellen als Umwandler elektrischer Energie in Wärme bezeichnen,
  Wärmequellen als Umwandler einer Energieform in Wärme bezeichnen,
- Den Begriff Wärmetransport etwa folgendermaßen beschreiben:
  Bei Wärmetransport breitet sich Wärme zusammen mit einem Stoff aus,
  Beispiele für Wärmetransport mit Hilfe von Luft und Wasser nennen,
- Den Begriff Wärmeleitung etwa folgendermaßen umschreiben:
  Bei Wärmeleitung breitet sich die Wärme durch einen Stoff aus, ohne daß der Stoff bewegt wird,
  Beispiele für die Verwendung guter und schlechter Wärmeleiter angeben,
  Angeben, daß die Wärmeausbreitung in Wasser und Luft zum überwiegenden Teil auf Wärmetransport und nur zum geringen Teil auf Wärmeleitung beruht,
- Den Begriff Wärmestrahlung etwa folgendermaßen umschreiben:
  Wärmestrahlung ist eine Form der Wärmeausbreitung, bei der kein Stoff benötigt wird,
  Beispiele für Wärmestrahlung nennen,

Angeben, daß verschiedene Körper die Wärmestrahlung unterschiedlich reflektieren bzw. absorbieren,
Helligkeit und Oberflächenbeschaffenheit als Kriterien für das Reflexions- bzw. Absorptionsvermögen nennen,
Beispiele für besonders gut reflektierende und für besonders gut absorbierende Gegenstände nennen,
Angeben, wie bei einer Thermosflasche alle drei Arten der Wärmeausbreitung verhindert werden,

- Angeben, daß sich feste, flüssige und gasförmige Körper bei Erwärmung ausdehnen und beim Abkühlen zusammenziehen können. Entsprechende Erscheinungen aus der Umwelt durch die Ausdehnung bei Erwärmung deuten,
  Angeben, daß sich verschiedene Stoffe unterschiedlich stark ausdehnen können,
  Angeben, daß sich Gase stärker als Flüssigkeiten und feste Körper ausdehnen,
- Eine einfache Schaltung mit einem Bimetallstreifen als Schalter aufbauen,
  Die Funktion von Bimetallstreifen in Regelkreisen erklären. Geräte aus der Umwelt nennen, in denen Regelkreise mit Bimetallen verwendet werden,
- Die Funktionsweise von Flüssigkeitsthermometern erklären, Messungen mit einem Flüssigkeitsthermometer durchführen,
  Temperatur-Zeit-Diagramme aufnehmen,
  Angeben, daß der "wärmere" Körper die größere Temperatur hat,
  Die Temperaturen von siedendem Wasser und von Eiswasser sowie weitere Temperaturen (z.B. Körpertemperatur, Zimmertemperatur) nennen,
- Temperaturen mit verschiedenen Thermometern messen und Beispiele für verschiedene Arten von Temperaturmessungen nennen.

Bemerkungen

- An den Beispielen der elektrisch betriebenen Wärmequellen wird der Umwandlungsprozeß verbalisiert. Bei der Wärme handelt es sich um eine Transportform der Energie. Der Lehrer sollte sich dieser Tatsache bewußt sein, auch wenn sie nicht Thema des Unterrichts ist.

Die Vorgänge in Verbrennungs-Wärmequellen werden der Chemie zugeordnet, ohne daß auf die Begriffe "chemische Reaktion" näher eingegangen wird. Auf kernenergetische Prozesse sollte nicht eingegangen werden.

- Die Aussage "feste und flüssige Körper dehnen sich bei Erwärmung aus" ist nicht generalisierbar, da es feste und flüssige Körper gibt, die sich zusammenziehen, wenn sie erwärmt werden.
  Das bekannteste Beispiel ist die als "Anomalie des Wassers bzw. des Eises" bezeichnete Tatsache, daß sich Wasser im Temperaturbereich von 0 bis 4 °C nicht ausdehnt, wenn es erwärmt wird, sondern sich zusammenzieht. Ähnlich verhält sich z. B.Quarzglas bei einer Temperatur von etwa minus 80 °C und gespanntes Gummi bei Zimmertemperatur. Weiterhin dehnt sich eine Nickel-Eisen-Legierung (invar) zwischen 0 und 100 °C fast überhaupt nicht aus, und Eisen-Platin-Legierungen weisen in einigen Temperaturbereichen negative Ausdehnungskoeffizienten auf.

- Die Schüler sollen möglichst Gelegenheit haben, selbst einfache Schaltungen mit Bimetallstreifen (z.B. Feuermelder, Blinkschaltung) aufzubauen.

- Der Temperaturbegriff wird hier über das Messen von Temperaturen als Maß für den "Warmheitsgrad" eingeführt. Er knüpft damit an die den Schülern aus ihrer Umwelt bekannten Begriffe "warm" und "wärmer als" an.
  Die Eichung eines Thermometers mit Hilfe der beiden Fixpunkte des Wassers wird als Beispiel für die Festlegung einer Maßskala behandelt. Es ist darauf aufmerksam zu machen, daß man auf diese Weise die Temperaturskala früher festgelegt hat. Heute verwendet man andere Fixpunkte und andere Verfahren zur Festlegung der Temperaturskala. Bei den Temperaturmessungen ergibt sich die Gelegenheit, Temperatur-Zeit-Diagramme aufzunehmen und die entstandenen Diagramme mit den Schülern zu diskutieren.

- Grundsätzlich eignet sich zur Messung von Temperaturen jeder temperaturabhängige Vorgang. Möglichkeiten, die an dieser Stelle gezeigt werden können, sind Bimetallthermometer, evtl. Widerstandsthermometer (elektrische Thermometer) und Temperaturfarben.

Der Text des Lehrplans verknüpft zunächst die Inhalte der Unterrichtseinheit mit den "Vorbemerkungen" (Dokument A). Die Unterrichtseinheit hat einen Zeitrichtwert von 16 Unterrichtsstunden. Ihre Inhalte sind nicht in Unterrichtsstunden geordnet, sondern durch drei Arten von Angaben charakterisiert: Im "Lernbereich" wird ein grober Katalog der Unterrichtsinhalte in Form von Stichworten gegeben. Wie in Abschnitt 2.3.2 beschrieben, sind das Angaben, die früher zur vollständigen Lehrplanformulierung ausreichen mußten. In Dokument B werden diese Angaben wie heute in allen geltenden Lehrplänen präzisiert. Es sind zwei Typen von Zielen hinzugefügt; "Lernziele" und "schwerpunktmäßig anzustrebende Prozeßziele". Die Lernziele sind in einer gegenüber früher diskutierten Ansätzen gemilderten Ausprägung "operational" formuliert. D.h., daß *beobachtbare Handlungen* der Schüler beschrieben werden, ohne daß alle Randbedingungen und Überprüfungsabsichten mitbeschrieben werden. Bei den aufgeführten Handlungen überwiegen verbale Tätigkeiten (angeben, erklären, nennen) gegenüber anderen (Messungen durchführen, Diagramme aufnehmen, Schaltung aufbauen). Es kann deshalb kaum überraschen, daß auch bei den Prozeßzielen "Beschreiben", "Klassifizieren", "Verwendung einer sachgerechten Sprache" hervorgehoben sind. Interessant ist, daß jeweils Gruppen von Ziel-Handlungen zusammengefaßt sind. Dadurch erhalten die Ziele trotz ihres Detaillierungsgrades eine mittlere Reichweite. Sie können nach den Erörterungen in Kapitel 1 zwischen den dort beschriebenen Groblernzielen und Feinlernzielen eingeordnet werden. Das System aller Ziele läßt in Verbindung mit den "Vorbemerkungen" (Dokument A) einige Vermutungen darüber zu, wie die Lehrplanautoren den Physikunterricht einordnen und legitimieren. Es kann kein Zweifel bestehen, daß der hier vorgestellte Lehrplan dem in Kapitel 1 vorgestellten 1. System von Zielen sehr nahesteht. Die sehr sporadisch auftretenden Stichworte "Umweltbeobachtungen" und "technische Geräte" lassen nur wenige Bezüge zum 2. System von Zielen möglich erscheinen. Trotzdem gibt es eine Reihe von erfolgreichen Physiklehrern, die sich dem 2. System von Zielen verpflichtet fühlen, und in seinem Sinn im Geltungsbereich der Dokumente A und B unterrichten. Man sollte sich deshalb vor allzu schnellen Urteilen über die Bindungen aus einem Lehrplan hüten. Im Schulalltag ist offenbar ein größerer Interpretationsspielraum ausnutzbar, als er aus den Lehrplanformulierungen unmittelbar abzulesen ist (vergleiche Abschnitt 2.3.3.4).
"Hinweise", "Methodische Hinweise", "Bemerkungen" oder ähnliches können versteckte Zielangaben enthalten und so einen umfangreicheren Stoff-

katalog verbergen. Bei den "Bemerkungen" des Dokuments B kann man das ausschließen. Sie legen keine zusätzlichen Unterrichtsinhalte fest, sondern haben den Charakter von Hilfen für den Lehrer. Diese Hilfen betreffen etwa je zur Hälfte physikalische und unterrichtsmethodische Fragen.

2.3.3.3 Stoffverteilungspläne, Sachstruktur, Feinziele

Studenten, wie Berufsanfänger erwarten oft, daß es einen direkten Weg vom Lehrplan zur einzelnen Unterrichtsstunde geben müsse, auch wenn sie damit vielleicht nicht die in Kapitel 1 beschriebene Deduktionserwartung verbinden.
Ein solcher Weg kann nicht ohne weiteres angegeben werden. Ihn zu beschreiten, würde den Aufbau eines Curriculum bedeuten. Dies ist mehrfach durchgeführt worden (vergleiche Kapitel 8 "Didaktische Ideen und Reformkonzepte des Physikunterrichts"), sprengt aber den Rahmen eines Lehrplans. Ein Lehrplan kann diesem Anspruch prinzipiell nicht genügen, da er zugleich Hilfe für den Anfänger im Lehrerberuf und möglichst weiten Interpretationsspielraum für den erfahrenen Physiklehrer bieten soll. Es ist problematisch genug, beide genannten Ansprüche sinnvoll zu verknüpfen.
Für eine konsequente Unterrichtsplanung werden wesentlich mehr Materialien und Informationen benötigt, als sie ein Lehrplan enthält. Die erforderlichen Informationen entsprechen etwa den Inhalten der Kapitel 3 - 6 dieses Werkes. Erörterungen zur Unterrichtsplanung im Detail werden deshalb bis zum Kapitel 7 zurückgestellt. Immerhin erlaubt der Text der Dokumente A und B Vorarbeiten zur Unterrichtsplanung. Dazu gehören die sogenannten Stoffverteilungspläne. Im folgenden werden einige solche Pläne vorgestellt, die nach dem Zufallsprinzip von berufserfahrenen Lehrern erbeten wurden. Diese Pläne sind also mehr als nur mögliche Konsequenzen aus dem Lehrplantext. Sie sind Grundlage der Unterrichtsarbeit an verschiedenen Realschulen. Die vorgestellten Stoffpläne sind jeweils auf der Ebene der Fachkonferenz, d.h. unter allen Physiklehrern einer Schule, abgestimmt.

Stoffplan 1
(keine Angaben über Anzahl und Zuordnung von Unterrichtsstunden)

1. Temperatur und Temperaturmessung,
    1.1 Ausdehnung fester, flüssiger und gasförmiger Körper bei Erwärmung,
    1.2 Die Ausbreitung der Wärme.

2. Änderung des Aggregatzustandes als Folge der Molekularbewegung,
   - 2.1 Schmelzen und Erstarren,
   - 2.2 Verdampfen und Kondensieren,
   - 2.3 Verdunsten.

Stoffplan 2
(Globalangabe von 8 + 9 Unterrichtsstunden, keine Einzelzuweisung von Themen zu Stundenzahlen)

1. Wärmeausbreitung (8 Unterrichtsstunden),
   - 1.1 Wärmequellen,
   - 1.2 Wärmetransport mit Antrieb (Heizlüfter),
   - 1.3 Wärmetransport ohne Antrieb (Aufsteigen warmer Luft),
   - 1.4 Wärmeleitung,
   - 1.5 Wärmestrahlung,
   - 1.6 Zusammenwirken aller Wärmeausbreitungsarten.
2. Ausdehnung bei Erwärmung und Temperaturmessung (9 Unterrichtsstunden),
   - 2.1 Ausdehnung fester, flüssiger, gasförmiger Körper bei Erwärmung,
   - 2.2 Bimetallstreifen und deren Anwendung,
   - 2.3 Funktionsweise von Flüssigkeitsthermometern und Messen von Temperaturen,
   - 2.4 Temperaturmessung mit verschiedenen Thermometern.

Stoffplan 3

	Thema	Unterrichtsstunden
1.	Wärmeausbreitung	10
	1.1 Wärmequellen	1
	1.2 Wärmeleitung	3
	1.3 Wärmeströmung	2
	1.4 Wärmestrahlung	3
	1.5 Zusammenwirken aller Ausbreitungsarten	1

2. Ausdehnung von Körpern bei Erwärmung und Temperaturmessung 11

   2.1 Ausdehnung von Flüssigkeiten und Flüssigkeitsthermometer 3

   2.2 Anomalie des Wassers 1

   2.3 Ausdehnung von Gasen 1

   2.4 Ausdehnung fester Körper 1

   2.5 Bimetallstreifen 1

   2.6 Temperaturbereiche und Meßverfahren 2

   2.7 Temperaturskalen 1

   2.8 Test 1

Stoffplan 4
(Zeitangabe von sieben Wochen ohne Nennung von einzelnen Stunden)

1. Ausdehnung fester, flüssiger und gasförmiger Körper bei Erwärmung
2. Funktion von Flüssigkeitsthermometern
3. Anwendungen und Beispiele aus der Umwelt
4. Umrechnungen °C in K und umgekehrt. Der Absolute Nullpunkt.
5. Bimetallstreifen und deren Anwendungen
6. Anomalie des Wassers
7. Auswirkungen an Beispielen aus der Umwelt
8. Arbeit Nr. 1

Stoffverteilungspläne werden wie bereits erwähnt, meistens zwischen allen Physiklehrern einer Schule in der Fachkonferenz abgesprochen. Sie sind also Ergebnis eines Einigungsvorgangs. Die vorgestellten Beispiele zeigen, daß diese Ergebnisse sehr verschieden ausfallen können. Das betrifft den Interpretationsspielraum gegenüber dem Lehrplantext, die Zeitplanung, die Festlegung auf Erfolgskontrolle sowie die inhaltliche Akzentuierung.
Der Stoffplan 1 ist wenig detailliert. Trotzdem ist erkennbar, daß er, anders als die Pläne 2 und 3, weit vom Lehrplantext abweicht. Unter seiner Nr. 1.1 und 1.2 wird der Inhalt der eigentlich zu behandelnden Unterrichtseinheit grob angesprochen, ohne eine Gliederung vorzunehmen.
Man muß also feststellen, daß ein mit dem Lehrplantext kaum verträglicher Stoffverteilungsplan zu offenbar konfliktfreier Unterrichtspraxis einer Schule führen kann. Daraus kann man schließen, daß es in der Schulpraxis

möglich ist, dem Lehrplan gegenüber einen Interpretations- und Handlungsspielraum auszunutzen, den der offizielle Text eigentlich ausschließt.
Demgegenüber sind die Formulierungen im Stoffplan 2 nicht nur lehrplankonform, sondern von geringfügigen Ausnahmen abgesehen, mit der Formulierung des "Lernbereichs" in Dokument B identisch. Diese Nähe zum Lehrplantext kann man verschieden deuten. Einerseits könnte sich die Fachkonferenz auf eine vollständige Erfüllung des Plans geeinigt haben. Andererseits können so verschiedene Vorstellungen über den Physikunterricht vorgelegen haben, daß der Lehrplantext als kleinster gemeinsamer Nenner in das Konferenzprotokoll aufgenommen wurde. Für die zweite Vermutung spielt auch eine Rolle, daß keine weitere Detaillierung vorgenommen wurde. Es gibt keine Zuordnung von Themen und Stundenzahlen. Die Formulierung der Lernziele und der Prozeßziele ist nicht aufgegriffen worden.
Die beiden Stoffpläne 3 und 4 sind anders angelegt. Zwar hält sich auch Stoffplan 3 an die Formulierung des Abschnitts "Lernbereich" aus Dokument B, verwertet aber zusätzlich die wesentlichen Elemente aus den Lernzielen und ordnet den so entstehenden Unterrichtsthemen Stundenzahlen zu. Damit entsteht zugleich eine erste inhaltliche Akzentuierung. Der Stoffplan 4 weicht vom geltenden Lehrplan dadurch weit ab, daß er das Thema "Wärmeausbreitung" ganz ausläßt.
Die Zeitrichtwerte des Lehrplantextes sind in den Stoffplänen 2 und 3 Grundlage der Planung. Dabei ist nicht erkennbar, ob die Stundenzahlen Mindestwerte sind. Faktisch ist dies oft der Fall. Ein Hinweis darauf ist, daß im Stoffplan 3 die Stunden für die Tests aus der Zählung ausgegliedert sind und offenbar der Planreserve entnommen werden. Sehr oft werden die Zeitrichtwerte eines Lehrplans als zu knapp empfunden. Angesichts der in Abschnitt 2.3.3.1 geschätzten Planungsreserve für Ergänzungen und Vertiefungen des Unterrichts von ca. 10 Stunden pro Schuljahr ist das ein sehr ernstes Problem. Eine Ausführlichkeit wie im Stoffplan 3 ist deshalb längerfristig kaum durchhaltbar und bringt den planenden Lehrer um die Möglichkeit, nach eigenen Vorstellungen ergänzenden Unterricht zu machen. Man mag hierin, wie es oft geschieht, eine zu große Enge des Lehrplans sehen. Dennoch zeigen die Unterschiede in den Stoffverteilungsplänen, daß ein Lehrplan keineswegs all die Zwänge hervorrufen muß, die ihm gelegentlich zugeschrieben werden.
Bereits auf der Ebene der Stoffverteilungspläne läßt ein Lehrplan sehr verschiedene didaktische Entscheidungen zu. Der oben angestellte Vergleich

der vier Pläne zeigt, daß z. B. die Einführungsstunde über den Bimetallstreifen gemäß Stoffplan 3 bzw. 4 sehr verschieden ausfallen muß. Weil dies so ist, wird auch deutlich. daß der von Berufsanfängern und Studenten oft so sehr gesuchte "Königsweg" vom Lehrplan zum Unterricht nicht angegeben werden kann. Alle entsprechenden Angaben müßten sich entweder auf ein sehr verzweigtes System von Wegen (vergleichbar der Aushändigung einer Netzkarte der Bundesbahn) beziehen oder aber wichtige mögliche Wege unberücksichtigt lassen (vergleichbar der Aushändigung einer normalen Fahrkarte für die Bundesbahn). Um im Bild zu bleiben: Eine Netzkarte der Bundesbahn kann man nur sinnvoll ausnutzen, wenn man eine Fülle von Entscheidungen auf der Grundlage von Informationen fällt. Demgegenüber ist die Benutzung der normalen Fahrkarte einfacher und bequemer, vielleicht auch langweiliger, bringt aber einen dafür gelegentlich zu recht weit entfernt liegenden Zielen. Mit Angaben über die Umsetzung von Lehrplänen verhält es sich in mancher Hinsicht ähnlich. Man kann sich auf ein Unterrichtsrezept verlassen, wie man es an zahlreichen Stellen findet (z.B. Vorbild eines erfahrenen Kollegen, Angaben in einigen Lehrerhandbüchern, Angaben in Experimentieranleitungen, lehrerzentriertes Curriculum oder in Form einer besonders bewährten Reihenfolge von Unterrichtsinhalten). Davon soll dem Berufsanfänger nicht abgeraten werden. Für den erfahrenen Lehrer wird das Befolgen von Unterrichtsrezepten unbefriedigend sein. Er wird sich die Vielfalt der möglichen Wege erarbeitet haben und die zugehörigen didaktischen Entscheidungen selbst treffen wollen, evtl. noch im Verlauf der konkreten Einzelstunde. In der didaktischen Diskussion sind immer wieder Vorschläge gemacht worden, diese Vielfalt der möglichen Wege mit angemessenem Aufwand darzustellen. Eine solche Möglichkeit besteht in der Beschreibung von *Sachstrukturen* und der Angabe von *Sachstrukturdiagrammen* bzw. *Unterrichtsstrukturdiagrammen*. Wir verweisen hierzu auf Kapitel 7.

Die im Lehrplantext (Dokument B) formulierten Ziele sind wie oben erörtert als Gruppen von Zielhandlungen zusammengefaßt und gehören somit eher zur mittleren Ziel-Ebene als zu den sogenannten Feinzielen. Abschließend soll mit einem Beispiel gezeigt werden, daß es möglich ist, lehrplanverträgliche Feinziele zu formulieren und im Unterricht auch zu erreichen. Dazu wird ein Satz von Zielen aus einer erfolgreich abgewickelten Examenslehrprobe vorgestellt.

Das Thema der Stunde ist "Die Ausdehnung fester Körper bei Erwärmung" und entspricht (auch in seiner didaktischen Einordnung) mit gewissen Abstrichen der Position 2.4 im Stoffplan 3.

"Lernziele: Die Schüler sollen ...

1. in einem Umweltbeispiel die Problematik erkennen und umschreiben können,
2. sagen können, daß sich Eisen bei Erwärmung ausdehnt und durch welchen Versuch dies zu beweisen ist,
3. sagen können, daß sich feste Körper bei Erwärmung ausdehnen können,
4. aus sekundären Erscheinungen (Bewegung eines Zeigers) Rückschlüsse aus dem primären Vorgang ziehen können,
5. die Wirkung der Wärmeausdehnung zweier Metalle als Ursache für das Verhalten des Bimetalls erkennen können,
6. technische Einrichtungen in der unmittelbaren sowie erweiterten Umwelt bewußt unter dem Aspekt "Ausdehnung" wahrnehmen und erklären können,
7. möglichst selbständig einen Versuch so planen können, daß dieser durchführbar ist,
8. bei Versuchsplanung auf Anregungen der Mitschüler eingehen und diese in eigene Überlegungen einbeziehen können."

Der Leser mag die Feinziele auf ihre Konsistenz mit dem Text des Dokuments B selbst prüfen. Er wird sowohl bei den Lernzielen wie bei den Prozeßzielen Entsprechungen finden. Die Gesamtliste der Feinziele mag für eine Unterrichtsstunde etwas zu lang sein - sicher im Zusammenhang mit dem Leistungsbedürfnis in einer Examenslehrprobe -, sie ist dennoch aufschlußreich.

Außer der prinzipiellen Möglichkeit, den Zusammenhang von Lehrplan und Einzelstunde zu wahren, zeigt sie, daß die Formulierung der Feinziele eine Reihe von didaktischen Entscheidungen voraussetzt, die bereits angesprochen wurden. Sie betreffen Experimente (Lernziele 2 bis 5), Methoden (Lernziele 1, 4, 7, 8), den Umweltbezug (Lernziele 1, 6) sowie Sachstrukturen (Reihenfolge der Lernziele gibt den beabsichtigten Stundenverlauf wieder mit Ausnahme der Lernziele 7, 8).

2.3.3.4 Wertungen des Lehrplans

Lehrpläne müssen die Sprache von Rechtsverordnungen benutzen. In Abschnitt 2.3.3.3 ist aber deutlich geworden, daß der Lehrer den Lehrplantext nicht als Bindung in didaktischen Entscheidungen anzusehen braucht. Er muß sich vielmehr sein eigenes Verhältnis zu den beiden vorhandenen Aspekten "Handlungsanweisung der Schulaufsicht" und "Hilfe zur freien Gestaltung des Unterrichts" erarbeiten. I. a. verlagert sich im Laufe der Entwicklung einer Lehrerpersönlichkeit der Schwerpunkt vom ersten zum zweiten Aspekt. Der Referendar wird dem Lehrplan zu genügen trachten. Dazu mag ihn sowohl seine relative Nähe zur Schulaufsicht als auch die persönliche subjektive Unsicherheit gegenüber Unterrichtsproblemen motivieren. Der berufserfahrene Lehrer wird viel stärker die Möglichkeit zur freien Unterrichtsplanung erkennen und auch wünschen. Ob er dabei gleich zu einem Unterricht wie dem gemäß Stoffplan 1 kommen sollte, ist eine andere Frage. Von dieser normalen Entwicklung abweichend findet man in der Schulpraxis zwei weitere Verhaltensweisen. Im einen Fall wird vom Lehrer, ob nun Berufsanfänger oder nicht, der Kontrollanspruch der Schulaufsichtsbehörde prinzipiell als Fessel für den Pädagogen angesehen. Nicht der Lehrplantext selbst löst die kritische Haltung aus, sondern der Umstand, daß er zum Instrument der Kontrolle durch eine Behörde gemacht werden könnte. Im anderen Fall wird der Lehrplan zum vermeintlichen dienstrechtlichen Schutzschild umfunktioniert: "Mein Schulleiter (Schulrat, Elternbeirat ...) kann mir nicht an den Wagen fahren. Was Sie kritisieren, sage ich immer, steht so im Lehrplan." Positionen dieser Art sind gar nicht so selten. Aus den Erörterungen insbesondere in Abschnitt 2.3.3.3 sollte deutlich geworden sein, daß beide geschilderten Positionen im Grunde unhaltbar sind. Die Idee von der "Schutzschild-Funktion" des Lehrplans beruht auf einer Selbsttäuschung. Man kann einen Lehrplan nicht einfach erfüllen, sondern muß ihn *interpretieren*. Auf der anderen Seite ist auch die Vorstellung von einer Schulaufsichtsbehörde, die nur auf Maximierung von Kontrolle und Reglement abzielt, unzutreffend. Die Situation erinnert hier an die des Physikers gegenüber den Molekülen eines Gases: Zwar kann der Physiker prinzipiell jedes einzelne Molekül durch Meßdaten erfassen, wird sich jedoch hüten, dies zu tun. Er weiß nur zu gut, daß ihm eine unverarbeitbare Fülle von Informationen droht, wenn er das auch nur mit 1 % der Moleküle versucht, und daß er zugleich den Zustand seines Systems "Gas" empfindlich stört. Da beschreibt er schon lieber ein reales Gas als ideales Gas. Er be-

gnügt sich mit der Messung von Druck, Volumen, Masse und Temperatur und verläßt sich auf den bekannten Zusammenhang zur mittleren Geschwindigkeit der Moleküle. Die Außenseiter in der *Maxwell*schen Geschwindigkeitsverteilung erfaßt er auch, ohne sich mit ihnen einzeln zu befassen.
Aus dem Bild soll nicht geschlossen werden, daß eine Schulaufsichtsbehörde über so objektive Meßdaten gegenüber der Schulpraxis verfügt wie ein Physiker gegenüber gasförmigen Körpern. Auch nicht, daß die Behörde Lehrplanverstöße ignorieren wolle. Immerhin sollte die Existenz von Stoffplänen wie dem unter Nummer 1 doch beruhigend wirken. Eine andere Frage ist, ob aus einer solchen Beruhigung der Rat zur Beliebigkeit abgeleitet werden darf. Dem muß deutlich widersprochen werden. Der gute pädagogische Grundsatz von der Gleichbehandlung der Schüler wird vom einzelnen Lehrer in der Klasse, ggf. in seiner Schule umgesetzt. Das Gleichbehandlungsprinzip reicht aber über die einzelne Klasse oder Schule - und somit über den Wirkungsbereich eines Lehrers oder einer Fachkonferenz - hinaus und betrifft neben vielen anderen auch den Bildungsanspruch aller Schüler z.B. bezogen auf Physik. Es bedarf also einiger Instrumente, um die gewünschte Gleichbehandlung wenigstens innerhalb eines gewissen Rahmens zu ermöglichen. Eines dieser Instrumente ist der Lehrplan.
Zum Grundsatz der Gleichbehandlung tritt ein rechtsstaatliches Prinzip, mit dem die Schulpraxis nicht immer sorgenfrei lebt, das sie aber zu respektieren hat: jeder Verwaltungsakt - auch in der Schule (Prüfungen, Versetzungen usw.) - muß gerichtlich überprüfbar sein. Viele Verwaltungsakte der Schule haben ihre letzten, oft kaum noch erkennbaren Ursachen im Unterricht, wenn auch selten in einzelnen Stunden. Der Lehrplan gehört zu den Grundlagen für die Umsetzung rechtsstaatlicher Prinzipien für alle am Erziehungsprozeß Beteiligten. Er sollte deshalb als Instrument im Interesse aller Schüler gehandhabt werden und insgesamt eine positive Wertung erfahren.

Literatur

Zu: 2.1 Arten und Strukturen der Inhalte

Zum methodischen Konzept der Physik

Duhem, P.: Ziel und Struktur physikalischer Theorien. Hamburg: Meiner 1978.

Galilei, G.: Le Opere VI. Florenz: Editione Nationale 1890 bis 1909.

Hempel, C. G.: Philosophie der Naturwissenschaften. Münden: dtv-Verlag 1974.

Kant, I.: Kritik der reinen Vernunft. Leipzig 1924.

Kuhn, W.: Das Wechselspiel von Theorie und Experiment. Praxis der Naturwissenschaften - Physik 31 (1982), H. 12.

Kuhn, W.: Ziel und Struktur physikalischer Theorien. Praxis der Naturwissenschaften - Physik 39 (1990), H. 2, 2.

Mittelstaedt, P.: Die Sprache der Physik. Mannheim: Bibliographisches Institut 1972.

Newton, I.: Philosophiae naturalis principia mathematica. London 1686.

Wagner, C.: Methoden der naturwissenschaftlichen Forschung. Mannheim: Bibliographisches Institut 1974.

Weizsäcker v., C. F.: Die Tragweite der Wissenschaft. Stuttgart: Wissenschaftliche Verlagsanstalt 1990.

Zur historischen Entwicklung der physikalischen Methode

Hund, F.: Geschichte der physikalischen Begriffe. Mannheim: Bibliographisches Institut 1972.

Krafft, F.: Das Selbstverständnis der Physik im Wandel der Zeit. Weinheim: Physik-Verlag 1982.

Zur physikalischen Begriffsbildung

Balzer, W.: Empirische Theorien: Modelle, Strukturen, Beispiele. Braunschweig: Vieweg-Verlag 1982.

Balzer, W.: u. *Kamlah, A.*: Aspekte physikalischer Begriffsbildung. Braunschweig: Vieweg-Verlag 1979.

Hund, F.: Grundbegriffe der Physik. Mannheim: Bibliographisches Institut 1969.

Oy v., K.: Was ist Physik? Stuttgart: Klett 1977.

Zur wissenschaftstheoretischen Reflexion über die Methode der Physik

Bunge, M.: Physik und Wirklichkeit. In: L. Krüger (Hrsg.): Erkenntnisprobleme der Naturwissenschaften. Köln: Kiepenheuer und Witsch 1970.

Kanitscheider, B.: Wissenschaftstheorie der Naturwissenschaft. Berlin: de Gruyter 1981.

Zu Inhalten aus der Technik

Bleichroth, W. (Hrsg.): Didaktische Probleme der Physik. Darmstadt: Wissenschaftliche Buchgesellschaft 1978.

Dessauer, F.: Streit um die Technik. Frankfurt 1958.

Klemm, F.: Technik - Eine Geschichte ihrer Probleme. Freiburg, München 1954.

Teichmann, J.: Wechselwirkungen zwischen Wissenschaft und Technik in der Geschichte. In: Traebert (Hrsg.): Technik als Schulfach, Bd. 4. Düsseldorf 1981. S. 137 - 158.

Traebert, (Hrsg.): Technik als Schulfach, Bd. 4. Düsseldorf 1981.

Wiebel, K. H.: Zur Didaktik der Physik und Chemie. Vorträge auf der GDCP-Tagung in Oldenburg (1986). Alsbach 1987.

Zu 2.2: Zur Auswahl der Inhalte

Duit, R.: Der Energiebegriff im Physikunterricht. Kiel 1986. Empfehlungen zur Entwicklung von Lehrplänen für den Physikunterricht der Sekundarstufe I. Naturwissenschaften im Unterricht 24 (1976), 426.

Ewers, M. (Hrsg.): Wissenschaftsgeschichte und naturwissenschaftlicher Unterricht. Bad Salzdetfurth: Franzbecker 1978.

Grüner, G.: Die didaktische Reduktion als Kernstück der Didaktik. Die deutsche Schule 59 (1967), H. 7/8.

Häußler, P. / Lauterbach, R.: Ziele naturwissenschaftlichen Unterrichts. Zur Begründung inhaltlicher Entscheidungen. Weinheim/Basel: Beltz 1976.

Jung, W.: Fachliche Zulässigkeit aus didaktischer Sicht. Arbeitspapier zum IPN-Seminar 2. Kiel: IPN polykop. 1972. auch in: Kahlke, J., Kath, F. M.: Didaktische Reduktion und methodische Transformation. Quellenband. Alsbach: Leuchtturm Verlag 1984.

Jung, W. / Wiesner, H. / Engelhard, P.: Vorstellungen von Schülern über Begriffe der Newtonschen Mechanik. Bad Salzdetfurth: Franzbecker 1981.

Kath, F. M. / Kahlke, J.: Das Umsetzen von Aussagen und Inhalten - Didaktische Reduktion und methodische Transformation, eine Bestandsaufnahme -. Alsbach: Leuchtturm Verlag 1982.

Kircher, E.: Elementarisierung im Physikunterricht. (Teil 1) physica didactica 12 (1985), H. 1, S. 17 - 24. (Teil 2) physica didactica 12 (1985), H. 4. S. 23 - 38.

Klafki, W.: Das pädagogische Problem des Elementaren und die Theorie der Kategorialen Bildung. Weinheim 1959.

Klafki, W.: Die didaktischen Prinzipien des Elementaren, Fundamentalen und Exemplarischen. In: Handbuch für Lehrer. Gütersloh 1961.

Möhlenbrock, R.: Modellbildung und didaktische Transformation. Bad Salzdetfurth: Franzbecker 1982.

Stachowiak, H.: Allgemeine Modelltheorie. Wien, New York: Springer 1973.

Salzmann, C.: Elementarisierung und Vereinfachung als Kernproblem des Lehr-Lernprozesses. Päd. Rundschau 1982, S. 525 - 556.

Wagenschein, M.: Ursprüngliches Verstehen und exaktes Denken. Stuttgart: Klett 1965.

Weltner, K.: Elementarisierung physikalischer und technischer Sachverhalte als eine Aufgabe der Didaktik des Physikunterrichts. Naturwissenschaften im Unterricht - Physik/Chemie 31 (1983), S. 303 - 310.

Zu 2.3: Lehrpläne für den Physikunterricht

Literaturhinweise

Zur Geschichte der Lehrpläne informiert man sich am besten in dem Buch vom Schöler (1970). Dort sind die hauptsächlichen Entwicklungslinien zur Geschichte des naturwissenschaftlichen Unterrichts insgesamt und darin eingebettet die Geschichte der Lehrpläne wiedergegeben. Die Originalliteratur zur Geschichte der Lehrpläne wird auch der interessierte Leser nur im Ausnahmefall studieren und dabei wohl eher nach einem typischen Beispiel als nach einer umfassenden Information streben. Wir empfehlen etwa die von Deiters und anderen (1959) gegebenen sämtlichen Werke von Diesterweg.

Einen guten Überblick über die Fülle der Physiklehrpläne für die Sekundarstufe I gibt das Buch von Köhne (1979), in der eine Synopse der Lehrpläne in den Ländern der Bundesrepublik Deutschland bis 1978 nach drei Gruppen von Kriterien (fachübergreifende Ziele und Inhalte/Fähigkeiten und Fertigkeiten/Unterrichtsmethodische Maßnahmen) vorgenommen wird. Wegen des Alters der Synopse ist natürlich nicht mehr jedes im Detail verläßlich. Man sollte deshalb das Kieler Lehrplanverzeichnis (Haft und andere, 1986) ergänzend zu Rate ziehen. In diesem Verzeichnis sind die zum Zeitpunkt der Erhebung gültigen Lehrpläne für alle Fächer und alle Schularten aufgeführt. Man findet dort also auch die 1986/87 geltenden Lehrpläne des Fachs Physik für die Sekundarstufe I verzeichnet und kann durch den Vergleich mit dem Buch von Köhne feststellen, wo inzwischen Änderungen eingetreten sind.

Darüber hinaus empfehlen wir die Stellungnahme des Fördervereins für den mathematischen und naturwissenschaftlichen Unterricht (MNU) zu Physiklehrplänen zu studieren.

Literatur

Allgemeine Bestimmungen: Zentralblatt für die gesamte Unterrichtsverwaltung in Preußen, Berlin, 31. Oktober 1872, S. 585 - 608.

Basedow, J.: Vorstellung an Menschenfreunde und vermögende Männer über Schulen, Studien und ihren Einfluß in die öffentliche Wohlfahrt, Hamburg 1768.

Bruner, J. S.: The process of education, Cambridge, Mass., 1960, deutsch: Der Prozeß der Erziehung, Düsseldorf, 1979.

Diesterweg, W.: Über den Unterricht in der Naturlehre (Physik), Rheinische Blätter für Erziehung und Unterricht, 1840, XXI, S. 225 - 342. Zitiert nach: Diesterweg, W.: Sämtliche Werke hrsg. von Deiters et al. Berlin 1961, S. 68 - 101.

Diesterweg, W.: Sämtliche Werke, hrsg. von Deiters et al. 1961, S. 390, Bd. III, Berlin 1959.

Gutzmer, A.: "Reformvorschläge für den mathematischen und naturwissenschaftlichen Unterricht". In: Zeitschrift für den mathematischen und naturwissenschaftlichen Unterricht, 36, 1905, S. 533 - 580.

Haft, H. / Hopmann, S. / Riquarts, K. / Waldow, H.-J.: Kieler Lehrplanverzeichnis, Ausgabe 1986/87, Kiel: IPN-Materialien, 1986.

Hecker, J.: Sammlung der Nachrichten von den Schulanstalten bei der Dreifaltigkeitskirche auf der Friedrichstadt in Berlin: Berlin 1749.

Hellmuth, J. H.: Volknaturlehre. Für Lehrer an Seminaren und gehobenen Volksschulen. Nach dem Tode des Verfassers zum zweiten Mal bearbeitet von J. G. Fischer, Lehrer am Schulseminar zu Neuzelle, 9. Auflage, Braunschweig, 1839; 1. Auflage, Braunschweig 1786.

Herbart: "Gutachten zur Abhilfe für die Mängel der Gymnasien und Bürgerschulen" 1823, aus Herbart: Pädagogische Schriften, hrsg. von Walter Asmus, Bd. 3, München 1965, S. 139 - 142.

Köhne, M.: Physiklehrpläne für die Sekundarstufe I, Köln: Aulis, 1979.

Kultusministerium Schleswig-Holstein: Lehrplan Realschule Physik, Kiel 1986.

Lietzmann, W.: "25 Jahre Meraner Vorschläge". In: Zeitschrift für mathematischen und naturwissenschaftlichen Unterricht, 1930, S. 289 - 300.

MNU (Hrsg.): Empfehlungen für die Erarbeitung von Lehrplänen Physik Sekundarstufe I, Beihefter. In: Der Mathematische und Naturwissenschaftliche Unterricht (MNU), 41 (1988) H. 4.

Schöler, W.: Geschichte des naturwissenschaftlichen Unterrichts, Berlin 1970. S. 161.

Schuldt, C.: Entwicklung des Physikunterrichts der höheren Schulen Preußens ..., Hamburg, Diss., 1979, S. 83.

3 Lernen und Denken im Physikunterricht

"Es gibt zwei gegensätzliche Wege, auf denen wir Kindern Physik als eine Naturwissenschaft eröffnen können. Der erste wird vom Ende her geplant: von den Grundbegriffen und den mathematischen Strukturen der heutigen Physik, und geht darauf aus, sie einleuchtend zu machen.
Den Anfang des zweiten Weges sucht der Lehrende zu finden, indem er zusieht, wie aus unbeeinflußten jungen Kindern durch die Begegnung mit absonderlichen Naturphänomenen ursprüngliche Ansätze physikalischen Verstehens herausgefordert werden."
Mit diesen Sätzen leiten *Wagenschein, Banholzer und Thiel* (1973) ihr bekanntes Buch "Kinder auf dem Wege zur Physik" ein. Sie lassen keinen Zweifel daran, daß sie sich dem zweiten geschilderten Weg verpflichtet fühlen. Diese Position wird, wie sie selbst schreiben, nicht von allen Didaktikern und Lehrern geteilt. Wir wollen deshalb in dem hier vorliegenden Kapitel Material aufarbeiten und Informationen bereitstellen, die beiden gegensätzlichen Wegen dienstbar gemacht werden können. Denn ähnlich, wie (mindestens) zwei Wege in die Physik führen können, erwerben wir Kenntnisse zum Lernen und Denken im Physikunterricht auf zwei unterschiedlichen, aber letztlich miteinander verträglichen Wegen. Zum einen stützen wir uns auf Einzelbeobachtungen und auf Fallstudien. Wir verwerten also Berichte darüber, wie Menschen der natürlichen und technischen Umwelt sowie physikalischen Phänomenen begegnen und sich mit ihnen auseinandersetzen. Daraus ziehen wir Schlüsse, die zu einer Theorie des Denkens und Lernens in der Physik weiterentwickelt werden können. Zum anderen wählen wir als Ausgangspunkt der physikdidaktischen Erkenntnis künstlich geschaffene Situationen, die auf den ersten Blick relativ wenig mit dem Denken und Lernen im Physikunterricht zu tun zu haben scheinen. Das Ausgangsmaterial dafür entnimmt man dabei sehr häufig den Laborexperimenten der pädagogischen Psychologie oder eigenständigen Experimenten, die von Ergebnissen oder Theorien der pädagogischen Psychologie beeinflußt sind.
Beiden Ansätzen wollen wir uns in den folgenden Abschnitten zuwenden. Dabei lehnen wir uns in Abschnitt 3.2 eng an *Götz, Dahncke, Langensiepen*

(1990) an. Wir werden erkennen, daß das Denken und Lernen im Physikunterricht sehr wohl Besonderheiten aufweist, die durch die Physik selbst bestimmt sind, sich aber andererseits in allgemeinere Vorstellungen vom Denken und Lernen einordnen lassen, die nicht fachspezifisch sind.

3.1 Beobachtungen im Unterricht und an einzelnen Kindern

Wir wollen zunächst das Ziel dieses Abschnitts in den Blick nehmen. Es geht uns darum, Beobachtungen, die viele Generationen von Lehrern der Naturlehre und der Physik immer wieder gemacht haben und die in den letzten 50 bis 60 Jahren systematisiert worden sind, an einigen ausgewählten Beispielen zu beschreiben und daraus Elemente einer Theorie des Denkens und Lernens im Physikunterricht zu gewinnen. Wichtig ist dabei, daß man von vornherein zweierlei beachtet:

1. Man darf eine physikdidaktische Theorie oder eine Unterrichtstheorie nicht mit den Erwartungen belasten, die man gewöhnlich an eine physikalische Theorie stellt. Insbesondere sind Prognoseleistungen wie bei physikalischen Theorien nicht möglich. Es darf also nicht erwartet werden, daß man beispielsweise für unterrichtliche Standardsituationen bestimmte Variablen und Randbedingungen fest vorgibt und dann zu Prognosen über einen zukünftigen Verlauf kommt.
2. Wir stützen uns auf Berichte über Beobachtungen im Unterricht oder an einzelnen Kindern. Dabei gehen wir natürlich stillschweigend von der Voraussetzung aus, daß die Erfahrungen, von denen berichtet wird, verallgemeinerungsfähig sind. Wir setzen also voraus, daß die Berichte jeweils für alle Kinder oder doch zumindest für viele Kinder einer bestimmten Altersgruppe und eines Kulturkreises gemeinsam zutreffen. Wir nehmen also an, daß man übergreifende, zu einer Theorie führende Aussagen machen kann. Diese Voraussetzung kann man auf zwei Wegen überprüfen. Zum einen kann man ungezielte Beobachtungen mit möglichst vielen anderen Kindern zu wiederholen versuchen. In einem solchen Fall nähert man sich der empirischen Physikdidaktik. Zum anderen kann man auf viele Einzelbeobachtungen zurückgehen, die nicht gezielt erhoben worden sind, sich aber über lange Zeit immer wieder bestätigt haben. In diesem Fall bleibt man bei Fallstudien, bedient sich aber zusätzlich des Filters "Zeit". Die Zeit hilft das Bewahrenswerte von dem zu scheiden, was weniger wichtig ist und in Vergessenheit gerät.

Wir stützen uns deshalb mit voller Absicht auch auf Beobachtungen, die weit zurückliegen und zum Teil von Menschen handeln, die nicht mehr leben.

Im folgenden stellen wir Beobachtungen und Berichte vor, die wir im wesentlichen drei Autoren und ihren Mitarbeitern verdanken: *Bleichroth, Wagenschein, Zietz.* Um dem Leser die Orientierung und Zuordnung zu Begriffen des Lernens und Denkens in der Physik zu erleichtern, geben wir solche Begriffe in der Reihenfolge, in der sie in den Berichten auftreten, vor. Sie handeln vom *magischen Denken*, vom *animistisch-anthropomorphen Denken*, (einem Denken, das tote und lebendige Körper nicht unterscheidet, also allen Dingen eine Seele, eine anima, bzw. einem Willen wie beim Menschen, Anthropos, zuschreibt), vom *Klausalzirkel*, vom *Denken in Substanzbegriffen*, vom *Denken in dynamischen Begriffen*, vom *Denken in Analogien und Gleichnissen*, von *Theoriebildung* und von der *Rückkehr zur Magie bei Erwachsenen.*
Dem stellen wir lediglich ein Eingangszitat von *Zietz*, 1963, voran, daß in ähnlicher Form auch für die anderen Autoren und ihre Mitarbeiter gelten könnte: "Das ... mitgeteilte Material zur physikalischen Theoriebildung bei Kindern des Oberstufenalters und die Form ihres Kausaldenkens stammt aus Erhebungen, die ich in den Jahren 1933 - 1939 laufend in der Oberstufe einer Hamburger Knabenvolksschule anstellte. Da ich an dieser Schule selbst als Lehrer tätig war und Naturlehreunterricht als Fachlehrer erteilte, bot sich mir die Möglichkeit, die Schüler zwanglos zu den Untersuchungen heranzuziehen, ohne daß ihnen der experimentelle Charakter der Situation bewußt wurde."

(1) (*Wagenschein/Banholzer/Thiel*, S. 47):

"Nach der Erinnerung von Frau W.:
Es wird in ihrem vierten Jahr gewesen sein.
Sie liegt im Garten auf dem Bauch. Vor ihr die Armbeuge, dahinter Gras und Büsche.
Wenn sie abwechselnd das linke und das rechte Auge schließt, sieht sie etwas, daß sie verwundert, ja erschreckt: Der Arm *bewegt* sich, springt hin und her, ganz schnell, ohne doch *selbst* etwas zu spüren.
Bewegt er sich wirklich?
'Ich muß genauer hinsehen, ohne daß der Arm es merkt', denkt sie. Sie lauert ihm auf: Ganz langsam macht sie das eine Auge zu, während das andere

aus einem schmalen Spalt hervorlugt und aufpaßt: Immer ist es schon geschehen! Nun legt sie Steinchen auf den Arm, nicht flache, sondern kleine, rundliche, in der Farbe licht. (So wie die leichten Sommerkleider sind: weiß, rosa, hellgelb, lichtblau. Denn satte Farben sind schwer.) Diese Steinchen, kalkuliert sie, müßten bei der leisesten Bewegung abfallen. Sie tun es nicht. Auf der Suche nach feineren Prüfungen fällt ihr Mömö ein, der Spitz der Familie, ihr Freund. Seine feinen schwarzen Haare gehen beim leisesten Wind in die Höhe. Auf die achtet sie nun, nachdem sie Mömö auf ihrem Arm untergebracht hat: Nichts! Nichts hat sich gerührt. Auch Mömös Gesicht sieht nicht so aus, als sei ihm was geschehen.
(Wenn man ihr glauben darf, ist es ihr auch heute noch nicht ganz geheuer.)"

(2a) (*Zietz*, S. 29):

"Eine Kerze schwimmt auf einem Korkstückchen in einer Schüssel Wasser. Es wird eine Glasglocke darüber gedeckt, Die Kerze erlischt, das Wasser steigt in der Glocke empor. ... als vorherrschender Typus der Antworten trat ... das Denken in anthropomorphen 'Denkmodellen' zutage.
Ein 8-jähriger Knabe äußert beispielsweise: 'Die Kerze wollte Luft holen. Da hat sie sich hochgesogen und hat das Wasser dann hochgezogen.' Durch Gesten wird diese Erklärung unterstützt, wobei ganz deutlich wird, daß das Kind bei dem letzten Aufflammen der Kerze vor dem Erlöschen an ein letztes 'verzweifeltes' Atemholen dachte, wobei die Kerze dann Wasser ansaugt. Die Analogie zum menschlichen Verhalten tritt also deutlich hervor."

(2b) (*Bleichroth*, S. 24):

"Im Versuch wird gezeigt, daß Papier vom Magneten nicht angezogen wird, im Gegensatz zu einem Eisenstück. Darauf ein Schüler: 'Das Papier wird vom Magneten nicht angezogen, weil es nicht will.' Oder ein anderes Beispiel: Fahrradventil. 'Die Luft *will* eigentlich aus dem Schlauch heraus, aber durch das Ventil kann sie es nicht.' Also ganz deutlich, der Luft wird ein ihr innewohnender Wille zugeschrieben. Sie wird menschlich, anthropomorph gedeutet."

(3a) (*Wagenschein/Banholzer/Thiel*, S. 35):

"Erinnerung von Herrn H.:
'Ich habe für Kindheitseindrücke ein gutes Gedächtnis, das bis in mein drittes Jahr zurückreicht und sich durch einige bedeutsame Ereignisse zeitlich

ordnen läßt, insbesondere durch einen Wohnungswechsel, der genau mit meinem 4. Geburtstag zusammenfiel.
Die Frage, woher der Wind komme, beantwortete ich mit einer Verwechslung von Ursache und Wirkung: er kam meiner Meinung nach daher, daß sich die Bäume bewegten.
... bin ich natürlich irgendwann einmal von der kindlichen Theorie abgekommen. Ob ich jemals beides zugleich geglaubt habe, daß die Bäume den Wind und dieser wieder die Bäume bewege, ist mir nicht erinnerlich. Ich bin in einer Großstadt (Dresden) aufgewachsen, aber wir verbrachten alljährlich die Sommerferien bei meinen Großeltern in Bayern, die ein Haus am Waldrand hatten. Möglich, daß ich dort darauf gekommen bin."
Der letzte der drei zitierten Absätze stand in einem 2. Brief, nachdem ich dem Verfasser mitgeteilt hatte, daß diese Theorie, die Bäume erzeugten mit ihren Zweigen den Wind, nicht selten ist, und 'ich bilde mir ein' schrieb ich ihm, 'daß Kinder, die an Waldrändern aufwachsen, am ehesten zu dieser Meinung kommen können'. Ich berichtete ihm auch, daß der 'Kausalzirkel' unter den Kindern seine Anhänger hat. (Die Zweige machen den Wind, und der Wind wieder bewegt die Zweige.)
Folgendes mag mitspielen: Hat man einmal aufgegeben, den Wind als eine Art Person zu verstehen, beginnt man also mechanistisch zu denken, so vermag man vielleicht die Luft doch noch nicht ganz körperlich zu nehmen. Als Antreiber ist ein handfester Zweig wahrscheinlicher als sie."

(3b) (*Zietz*, S. 55):

"Viele Jungen eines 6. Schuljahres wußten schon, daß der Motor durch Explosion der Benzindämpfe getrieben wird, und zwar, wie sie angaben, durch Erklärungen Erwachsener. Die übrigen schwiegen. Ich wende mich an diese mir psychologisch interessanteren und fordere sie auf, auch ihre Meinung zu sagen. Etwas schüchtern kommt die Antwort: '*Durch Dampf, durch Wasserdampf.*' Und wodurch entsteht der Wasserdampf? '*Durch Heißlaufen des Motors.*' Es handelt sich also wieder um die typische Form des Kausalzirkels. Ich faßte die Meinung dieser Jungen nun für die ganze Klasse zusammen: Der Motor läuft - er wird heiß - das Wasser wird heiß - es bildet Dampf - der Dampf treibt den Motor. Einwand der anderen, besser orientierten Schüler: '*Aber da sind doch Explosionen.*' Ich gebe das zu, frage aber, ob der Motor denn so, wie eben dargestellt, also ohne Benzinexplosionen, laufen *könnte*. Allseitige Zustimmung."

(4) (*Bleichroth*, S. 27):

"... folgende Aussagen eines 10-jährigen Mädchens über den elektrischen Strom: 'Der elektrische Strom fließt wie Wasser durch die Wasserleitung; aber der Strom fließt nur durch das Kabel. Der elektrische Strom ist ganz heiß, der Strom ist nur nicht flüssig.' Das Mädchen vergleicht also Wasser und Wasserleitung, Kabel und Wasserleitungsrohr; der Strom ist heiß, aber nicht flüssig. Er wird also aufgefaßt als eine Substanz, der man gewisse Eigenschaften zuschreiben muß...
Ein Schüler äußerte (im 6. Schuljahr): 'Der Strom geht durch den Draht zur Lampe, dort kommt er als Licht heraus. Es ist wie bei der Brause, aus der das Wasser strömt.' Auch hier wieder eine Substanzauffassung. In der Glühlampe findet eine Umsetzung statt. Das Licht kommt als feiner leuchtender Stoff aus dem Glühdraht heraus."

(5) (*Bleichroth*, S. 28, Beispiel von *Zietz*):

"'Das Schiff schwimmt, weil es innen hohl ist. Die Luft trägt das Schiff. Dadurch hebt sie das Schiff.'- Man findet in dieser Äußerung mehrere Beispiele für typische Denkweisen. Einmal wieder das anthropomorphe Denken: 'Die Luft will hinaus.' Andererseits wird der Luft eine gewisse Hebe- oder Tragkraft zugeschrieben. ... die Luft ist befähigt, das Schiff zu tragen."

(6) (*Zietz*, S. 80):

"Der andere Typus der Erklärungen bezieht sich auch auf die Bewegung, führt aber die Zentrifugalkraft ins Treffen. Die Sonne und der Mond 'rasen' am Himmel entlang und werden dadurch 'gegen die Wand gepreßt'. Die Wirkung der Fliehkraft ist den Kindern umgangsgmäßig bekannt, denn das Herumschleudern eines mit Wasser gefüllten Gefäßes oder etwa einer gefüllten Milchkanne ist ein beliebtes Spiel. Theoretisch sieht das Kind darin kein Problem. In ähnlicher Weise müssen sich also die Gestirne am Firmament halten.
In einem Falle gab ein 12-jähriger Knabe eine sehr detaillierte Schilderung des Vorganges, bei der er sich auf Beobachtungen auf einem Jahrmarkt bezog. Er hatte dort die sogenannten Todesfahrer gesehen, nämlich Motorradfahrer, die an der Innenwand eines großen trichterförmigen Behälters herumfahren und durch die Fliehkraft gegen die Wand gepreßt werden, so daß sie zuletzt oben am Rande in fast waagerechte Lage herumsausen. Genauso dachte sich dieser Junge den kosmischen Vorgang und erklärte unter Zustimmung aller Mitschüler: 'Durch einen solchen Schwung hält sich die

Sonne und die anderen Sterne am Himmel.' ... Es ist interessant, daß die Ideenwelt unserer Kinder auch hierin den Vorstellungen früherer Zeiten ähnelt. Auch damals wurden die Gesetze des kosmischen Geschehens in naiver Analogie aus den Gesetzen des alltäglichen Geschehens abgeleitet, während das wissenschaftliche Denken dann den umgekehrten Weg einschlug und die im kosmischen geltenden Prinzipien auf das irdische Geschehen ausdehnte."

(7a) *(Wagenschein/Banholzer/Thiel*, S. 45):

"Aus dem Brief des Vaters (Mathematikprofessor):
'... unser Zweiter, heute fünfeinviertel Jahre alt, der zugleich scharf beobachtender Wissenschaftler und unser Dichter wird. Von ihm stammt dieses, garantiert authentisch:
Wir sehen eine große Mondsichel hängen, gerade beim Zubettgehen: 'Oh, das sieht aus wie ein lächelnder Mund.' Zehn Minuten später ist zu unser aller Erstaunen die Sichel verschwunden, untergegangen (der Mond hing sehr tief, darum war auch die Sichel so groß). Alle sind erstaunt, und niemand weiß sich das zu erklären, bis der Kleine plötzlich ausruft: 'Oh, ja, ich verstehe, ich weiß warum - ein Auto hat ihn weggezogen' - ??? 'Ja, doch - heute nachmittag sind wir mit der Mama im Auto gefahren, und ich habe ganz genau gesehen, der Mond bleibt immer ganz neben dem Auto - es ist wie ein Magnet.'
Also - das Auto zieht den Mond mit quasi-magnetischen Kräften nach sich oder, besser gesagt, führt ihn mit sich (und das ist ja wirklich so, das kann ja jeder beobachten!). Und das Verschwinden des Mondes kommt eben davon, daß ein Auto ihn auf diese Weise weggezogen hat.
Ist das nicht ein hübsches Beispiel kluger und raffinierter kindlicher Theoriebildung?"

(7b/7c) (*Wagenschein/Banholzer/Thiel*, S. 38/39):

"Ein heute Fünfzigjähriger erinnert sich:
'Etwa im siebten Lebensjahr sah ich bei einer Lokomotive einen weißen Rauch aufsteigen und hörte dann viel später den Pfiff. Ich blieb stehen und wartete weitere Züge ab: immer dasselbe. Ich wollte einfach nicht fassen, daß der Schall durch die unsichtbare Luft Zeit brauchte!'
Vermutlich wunderte ihn, daß 'die unsichtbare Luft', also ein 'Nichts', doch etwas ist, das 'aufhalten' kann."

"Frau W. erinnert sich, wie sie vor fünfzig Jahren, als Fünfjährige, draußen vor der kleinen Stadt allein, über einen Raben staunte:
Er saß weit weg auf dem Zaun, rief 'rab-rab', und jedesmal machte er dabei eine Verbeugung. Ober vielmehr, und das wunderte sie so: nicht dabei, sondern ein bißchen vorher. Holte er da nun Luft, oder - ist sein Ruf nicht 'einfach da', sondern kommt durch die Luft herangeflogen wie ein Ball? - Um das herauszubekommen, tat sie etwas Bemerkenswertes: Sie ging von dem Raben weiter weg. Und da dauerte es denn auch länger: die Zeit zwischen der Verbeugung und dem folgenden 'rab'. - Sie tat noch mehr: und ihr damals achtjähriger Spielkamerad (heute ein Oberst) erinnert sich noch: Sie ermunterte ihn, eine Kippvorrichtung zu bauen, in der das Wasser eines Baches in Stößen überlief; auch hier war es so: Erst sah sie es kippen, dann hörte sie den Schall. Und je weiter entfernt sie stand, desto größer war die Verspätung. - Nun war sie beruhigt und wußte: die hellen wie die dunklen, die Raben- wie die Wasserrufe kommen wie Bälle durch die Luft angeflogen."

(8) (*Wagenschein/Banholzer/Thiel*, S. 74):

Herr L. erinnert sich: (Das Erinnerte muß etwa 50 Jahre zurückliegen.)
Ich habe eine merkwürdig deutliche Erinnerung aus der Obertertia, in der ich zuerst Chemie 'bekam', und natürlich gleich quantitative. Ich habe seit meiner Kindheit ein leidenschaftliches, fast magisches Verhältnis zum Wasser, zum fließenden und stehenden. Als ich H_2O gelernt hatte, wurde ich für einige Wochen tief traurig, als sei das alte Schöne nun aus, denn ich würde ja nun immer denken müssen 'das ist ja doch bloß H_2O'. Sehr kindlich, aber ich war wirklich traurig und tief gespalten. Danach verging das wieder, 'ganz von selbst', und die alte Magie war wieder da. Wie diese innere Heilung vor sich gegangen ist, weiß ich nicht (habe es nie gewußt), meine Lehrer haben jedenfalls nichts dazu getan. Und ich glaube, sie konnten auch wirklich nichts dazu tun."

Die hier wiedergegebenen Beobachtungen und Berichte stellen nur eine sehr kleine Auswahl aus dem Erfahrungshintergrund der gesamten Physikdidaktik dar. Dennoch erlauben sie es, die Hauptelemente des Denkens und Lernens in der Physik so anzusprechen, wie wir es mit der Begriffsliste vor den Berichten kurz getan haben. Dabei ist die Reihenfolge der Begriffe nicht willkürlich. Sie ist vielmehr so gewählt, daß sie im wesentlichen dem Auftreten im Wachstums-, Alterungs- und Reifeprozeß des Kindes folgt.

Von dieser immer wieder beobachteten Sequenz gibt es Abweichungen, die auch in den Altersangaben bei den einzelnen Berichten zum Ausdruck kommen. Im wesentlichen findet man jedoch relativ stabile Alterszuordnungen. Dem entspricht eine früher recht verbreitete Stufen- und Phasenlehre für das Denken und Lernen im Physikunterricht. Die Berichte bzw. Berichtsgruppen 1 bis 7 bilden solche möglichen Stufen ab. Dabei hat man bis in die 60er Jahre angenommen, daß ein Kind die Stufe (n) nicht erreichen könne, wenn es nicht zuvor die Stufe (n-1) durchlaufen habe, und daß erst nach der Stufe (n) die Stufe (n+1) möglich sei. Zwischen den jeweiligen Stufen wurde ein Entwicklungssprung, ein diskontinuierlicher Übergang vermutet. Nach heutiger Auffassung muß man diese beiden Annahmen zumindest abschwächen. Die Entwicklung geht (vom tiefen Einschnitt der Pubertät einmal abgesehen) kontinuierlicher vor sich als man früher annahm, und sie ist auch nicht allein alterstypisch, sondern zusätzlich bereichsspezifisch (*Seiler*, 1973). Das heißt, ein Kind kann sich zur gleichen Zeit, bezogen auf unterschiedliche Bereiche, etwa Biologie und Physik, in unterschiedlichen Stufen des Lernens und Denkens befinden. Die möglichen Stufen und Phasen werden bei unterschiedlichen Autoren sehr verschieden angegeben. Wir zitieren hier eine von *Zietz* (S. 44) erarbeitete Übersicht von drei Autoren.

Übersicht über die Phasen in der Entwicklung des Kausaldenkens

Bühler	*Piaget*	*Kroh*
3. Jahr Anthropomorphisierendes Denken	*3. Jahr* 1. Stadium: phychistische, finalistische, magische Erklärungen	*3. Jahr* Das physiognomische Wahrnehmen
4./5. Jahr Vermenschlichung der toten Gegenstände endet	*4./5 Jahr* (keine genaue Abgrenzung)	
6. Jahr Magisch-märchenhafte Stufe	*6./7. Jahr* 2. Stadium: artifizialistische, dynamistische Erklärungen	*6. Jahr* Magische Geisteshaltung
8. Jahr Überwindung der magischen Stufe	*8. Jahr* Annäherung an das rationale Kausaldenken mit gelegentlichen finalen Einschlägen	*8. Jahr* Beginn des Wenn-Dann-Denkens
9./10 Jahr Realistische Erklärungsweisen bei beschreibendem Verhalten		
11./12. Jahr und später Konsequente kausale Erklärungsweise	*11./12. Jahr und später* Eigentliches mechanistisches Kausaldenken	

Wir wollen nochmals deutlich darauf hinweisen, daß sich solche Phasenschemata nicht verselbständigen dürfen. Sie dienen vor allem der Orientierung des Lehrers und sollen nicht dazu benutzt werden, Kinder oder Kindergruppen in bestimmte Rubriken einzuordnen und einzuteilen. Auf die besondere Anordnung der Stufen nach *Piaget* kommen wir in Abschnitt 3.2 zurück.

Für unsere Überlegungen wollen wir die Berichte in drei bis vier Hauptgruppen einteilen. Dabei bezeichnen die ersten drei Gruppen den Weg des Kindes bis zum kausalen Denken. Die Kinder der dritten Berichtsgruppe denken gerade noch nicht kausal. Dies ändert sich mit der vierten Gruppe und setzt sich fort über die fünfte bis in die sechste. Zwar denken die Kinder auch hier noch nicht in dem Sinne kausal wie es ein Erwachsener (Physiker oder Nicht-Physiker) tun könnte oder tut, aber sie befinden sich in einer ersten Stufe der Theoriebildung, die durchaus ihre eigene Binnenlogik besitzt. *Wagenschein* hat gesagt, daß das Kind nicht unlogisch denkt, sondern anders-logisch als wir. Dies zeigt sich in den Berichten der Gruppe vier bis

sechs. Das Denken in Substanzbegriffen, in dynamistischen Begriffen und in Analogien wird zu den Hauptelementen einer kindlichen Theoriebildung auf einer elementaren Stufe. Die Berichte der Gruppe sieben führen dies fort. Gewiß zeigen (7a) und (7b) noch keine große Nähe zur "eigentlichen" Physik. Dies ist bei (7c) ganz anders. Hier zeigt sich eine beachtliche, im vollen Sinne physikalische Leistung eines fünfjährigen Kindes: Die Beobachtung eines Phänomens, die Entwicklung einer Frage mit dem dazugehörigen Theorieteil (bzw. theoretischen Vorstellungen), die Überprüfung durch ein Experiment (Fortgehen vom Raben) und schließlich die endgültige Verifizierung des Theorieteils durch einen Modellversuch, der die Theorie vom lebendigen Objekt, dem Raben, löst. Eine solche Leistung muß als Ausnahme gelten, die nur für ein besonders interessiertes und aufmerksames Kind möglich ist. Es geht übrigens auch aus anderen Berichten von *Wagenschein* hervor, daß die von ihm zitierte Frau W. (offenbar Geburtsjahrgang 1899) über die genannten Eigenschaften verfügte, ohne allerdings zu den Hochbegabten zu zählen. Als Hochbegabte bezeichnete *Wagenschein* andere Kinder.
Der letzte achte Bericht enthält eine deutliche Warnung. Wir machen uns als Erwachsene gern selbst etwas vor. So glauben wir nur allzu gerne, daß wir die kindlichen Vorstellungen und alle kindlichen Arten des Denkens und Lernens gegenüber der Physik hinter uns gelassen hätten. Der Bericht von der Rückkehr zur Magie am Beispiel des Wassers zeigt wie viele andere auch, daß dies nicht der Fall ist. Wir sollten nicht übersehen, daß für uns selbst wie für unsere Schüler eine beachtliche Stabilität von Alltagsvorstellungen gegeben ist, die wir (vielleicht) als längst überwunden angesehen haben und die zum Verdecken der eigentlichen Fragestellungen führen können. Hierzu zwei abschließende Berichte, die wir *Wagenschein* verdanken:

(9a/9b) (*Wagenschein/Banholzer/Thiel*, S. 71/72):

"Aufzeichnung des Vaters:
'Arnhild (5 Jahre, 3 Monate) erkundigt sich nach den Wolken. Ich erklärte, daß das eigentlich lauter kleine Wassertröpfchen seien. Arnhild: 'Warum sind dann Wassertropfen nicht weiß?'
Es scheint, daß Arnhild eine Antwort bekam. Eine Variante ihrer Rückfrage richtete ich (1956) an Pädagogik-Studenten: Warum ist Schnee weiß, wo doch Eis durchsichtig ist? Alle gaben vage Antworten, keine traf das Richtige. Offenbar hatte ihr Schulunterricht diese Frage nicht für nachdenkenswert gehalten, dafür aber soviel weitgehende Fach-Gelehrsamkeit vermittelt

(etwa: sin α / sin β = const.), daß nicht nur die Lösung mit deren Hilfe nicht mehr gefunden, sondern auch die *Frage* nicht mehr empfunden wurde. Nur einer schreibt: 'Das habe ich mich auch schon gefragt, normalerweise müßte doch der Schnee durchsichtig sein.' Wie wenig dazu gehört: Jeder Wassertropfen wirft das Licht zweimal zurück (einmal an seiner Vorderfläche, einmal an der inneren Rückseite). Von vielen Tropfen kommt *viel* Licht zurück. Viel diffuses Tageslicht heißt 'weiß'. Das Licht dringt nicht durch. Es wird 'in einer Unmasse von Echos' erschöpft, schreibt *Tyndall*, ein Meister verständlicher Darstellung.
Die Frische des Sehens und die kritische Prüfung der Erwachsenen-Auskünfte scheinen in der Schule in Autoritätsgläubigkeit umzuschlagen."
"Die Schule beginnt und damit oft Verwirrung; Umwege zur Physik. - Nach der Erzählung eines Pädagogen:
'Ein Mädchen hat das erste Schuljahr in einem kleinen westfälischen Ort erlebt. Nennen wir ihn Münse. Es kommt dann, mit den Eltern versetzt, in ein anderes Dorf mit anderer Schule und anderem Lehrer. Der sagt einmal: 'Die Sonne geht auf!' Da meldet sich das Kind und merkt an, vermutlich nicht eigentlich widersprechend, doch einschränkend, die Treue zum ersten, vielleicht verehrten Lehrer wahrend und zu ihrer Heimat Münse, wo es ganz andere Dinge gab als Sonnenaufgänge: 'Bei uns in Münse dreht sich aber die Erde!'"

3.2 Allgemeine Fragen des Lernens und Denkens im Physikunterricht

Wir kommen in diesem Abschnitt zur zweiten wichtigen Quelle unserer Kenntnisse über das Lernen und Denken im Physikunterricht. Dazu verlassen wir zunächst die fachspezifische Ebene und stellen uns die Frage, was wir aus den Wissenschaften beziehen können, die sich mit dem Lernen und Denken nicht bereichsspezifisch und fachspezifisch, sondern allgemein befassen. Dies tun eine Reihe von Wissenschaften, insbesondere die pädagogischen Psychologie. Die hier zur Verfügung stehende Literatur ist außerordentlich umfangreich. Wir sind auf eine Auswahl angewiesen, die im Literaturverzeichnis zu diesem Kapitel erscheint. Hiervon heben wir insbesondere die Bücher von *Hilgard* und *Bower* (1971), *Gagné* (1965), *Piaget* (1969) und *Montada* (1970) hervor.
In allen genannten Werken besteht das Ausgangsmaterial sehr oft aus physikalischen, technischen, allgemein naturwissenschaftlichen oder mathematischen Beispielen, entstammt aber fast nie dem Unterricht selbst. Es han-

delt sich hier um die eingangs geschilderte andere Vorgehensweise der Didaktik, die wir empirisch genannt haben und die an Stelle des Unterrichts künstlich geschaffene Situationen (ggf. Laborsituationen) untersucht. Dies mag dem praktizierenden Lehrer und Lehramtsstudenten zunächst als ein Nachteil erscheinen. Das muß es jedoch durchaus nicht sein. In einer künstlich geschaffenen Situation kann man die Fülle der zu beachtenden Phänomene reduzieren und damit zu genaueren Beobachtungen kommen. Ebenso ist es möglich, eine Situation so zu konstruieren, daß bestimmte theoretische Vorstellungen (etwa vom Auftreten von Kausalzirkeln) sehr gezielt untersucht werden können. Diese andere Art didaktische Informationen zu gewinnen, kann also zu einer Überprüfung und Absicherung der in Abschnitt 3.1 dargestellten Sachverhalte dienen.
Wir wollen uns in diesem Abschnitt mit den Erwartungen beschäftigen, die der Physiklehrer an die pädagogische Psychologie und hier insbesondere an die in ihr entwickelten Lerntheorien richtet. Dabei wollen wir die folgenden drei Positionen erläutern:

1. Anforderungen der Schulpraxis kann eine Lerntheorie gegenwärtig höchstens in Ansätzen genügen.
2. Eine fachspezifische Lerntheorie für den Physikunterricht ist gegenwärtig noch nicht vorhanden und für die nahe Zukunft auch nicht zu erwarten. Daß *Gagné* und *Piaget* sich bei ihren Theorien unter anderem auf das Physiklernen beziehen, steht zu dieser Aussage nicht in Widerspruch.
3. Die in der pädagogischen Psychologie vorhandenen Ansätze von Lerntheorien bilden für den Physiklehrer ein gutes Hintergrundwissen für das Verständnis und die Planung von Lernvorgängen, wenn er die Aussagen der Theorien mit seinen Kenntnissen über Inhalte und Struktur der eigenen Disziplin Physik verknüpft.

Wer diesen Positionen ohnehin zustimmt oder aus anderen Gründen an eiliger Lektüre interessiert ist, mag direkt bei Abschnitt 3.2.4 fortfahren.

3.2.1 Zum grundsätzlichen Anspruch an Lerntheorien

Wissenschaftlich ausgebildete Lehrer haben das verständliche Bedürfnis, ihre Arbeit auf Theoriesysteme zu stützen und in Bezugsrahmen einzuordnen. Dieses Bedürfnis richtet sich sowohl auf die Fachwissenschaft als auch auf die Bildungswissenschaften und hier insbesondere auf Lerntheorien.

Der Physiklehrer ist dabei in der besonderen Gefahr, den Theorieanspruch, den seine Fachwissenschaft Physik befriedigt, im gleichen Rang auf die Lerntheorien zu übertragen und somit bei sich selbst unerfüllbare Erwartungen zu wecken. Psychologen sagen gelegentlich, ihre Wissenschaft warte noch auf einen eigenen *Newton* (*Hofstätter*, 1956). Mit dieser Aussage wird gerade für den Physiker recht deutlich, welche Anforderungen an eine Lerntheorie aus der pädagogischen Psychologie vom Standpunkt des Physikers aus gestellt werden dürfen und welche nicht. Dies bedeutet allerdings nicht, daß es keine deutlich abgrenzbaren Bereiche von Lerntheorien gibt. In der pädagogischen Psychologie selbst werden solche Bereiche von Lerntheorien anhand von sechs Hauptfragen diskutiert (*Hilgard/Bower*, 1971). Diese Fragen betreffen:

1. Kapazität (wer kann wann, was lernen?)
2. Übung
3. Motivation
4. Verständnis und Einsicht
5. Transfer (auch im Sinne von Übungsübertragung)
6. Behalten, erinnern und vergessen.

Die sechs Bereiche sind formal auch die Punkte, die uns für den Physikunterricht interessieren. Darin liegt ihre Bedeutung für die Physikdidaktik. Zu allen genannten Punkten gibt es einzelne physikdidaktische Studien. Einzelne Punkte, wie z.B. Motivation, liegen auch umfassend ausgearbeitet vor (*Lind*, 1975).

Dem Ansatz der pädagogischen Psychologie entsprechend finden sich in dieser o.a. Liste keine Fachspezifika. Was z.B. Verständnis und Einsicht speziell beim Physiklernen bedeutet, bleibt hier zunächst unberücksichtigt. Einzelne Autoren haben allerdings ihre Beispiele zu lerntheoretischen Überlegungen und Untersuchungen aus dem Bereich der Naturwissenschaften gewählt. Diese Beispiele sind dann jedoch mehr Zweck als Ziel. Sie ergeben sich im wesentlichen aus den Neigungen der Autoren und wurzeln nicht im jeweiligen Theoriesystem selbst. Das Mißverständnis, es gäbe bereits physikdidaktisch geprägte Lerntheorien, ist in den letzten Jahren immer wieder im Zusammenhang mit den Autoren *Gagné* und *Piaget* aufgetreten. Vor diesem Mißverständnis sollte man ihre Theorien bewahren, damit sie nicht mit den bereits geschilderten Erwartungen belastet werden, die sie ihrer Anlage nach nicht erfüllen können. Aufgrund ihrer Beispiele aus dem Bereich der Naturwissenschaften eignen sich die Theorien beider Autoren allerdings besonders für die Erörterungen in diesem Abschnitt.

3.2.2. Der Ansatz von Gagné

Das Buch von *R.M. Gagné*, das 1965 erstmals in deutscher Sprache erschien, hat einen beträchtlichen Einfluß auf die physikdidaktische Diskussion ausgeübt. Es wurzelt im Behaviorismus, also in einem Verhaltensmodell, das auf Reiz-Reaktions-Verknüpfungen beruht. Das Buch von *Gagné* wirkte u.a. wohl deshalb so überzeugend, weil es ausgehend von einem Elementarakt des Lernens, der Reiz-Reaktions-Verknüpfung, und der darauf fußenden klassischen Konditionierung eine lineare Hierarchie von Lerntypen entwickelte. Diese Typen heißen:

1. Signallernen
2. Reiz-Reaktions-Lernen
3. Kettenbildung
4. sprachliche Assoziation
5. Diskriminationslernen
6. Begriffslernen
7. Regellernen
8. Problemlösen

In dieser Hierarchie wird der Lerntyp (8) als höchster bewertet. Alle anderen sind für die jeweils nachfolgenden Lerntypen Voraussetzung. Diese auf den ersten Blick recht einfache Hierarchie erweist sich aber bereits als Analyseinstrument für vorhandenen Unterricht als sehr schwer handhabbar. Relativ einfache Unterrichtsabschnitte führen zu umfangreichen und komplizierten Beschreibungen mit den Kategorien des *Gagné*-Ansatzes. Dabei zeigt sich, daß für die einfacheren Lernarten bis zur sprachlichen Assoziation und zum Diskriminationslernen die Beschreibungen und Definitionen von *Gagné* noch einigermaßen leistungsfähig sind. Für die höheren Lernarten vom Begriffslernen über das Regellernen (das man in einem erweiterten Sinn auch Theorielernen nennen könnte) bis zum Problemlösen gilt dies nicht mehr. Die Beschreibungen werden so umfangreich und kompliziert, daß sie bei der Analyse von Unterricht kaum noch hilfreich und für eine Konstruktion von Unterricht auf jeden Fall nicht mehr geeignet sind (*Dahncke, Duit, Niedderer*, 1973). Der wichtigste Grund für dieses Defizit liegt darin, daß die Trennung von Begriffs- und Regellernen (Theorielernen) wissenschaftstheoretische und wissenschaftsgeschichtliche Strukturen der Physik nicht berücksichtigt. *Jung* (1975) hat darauf hingewiesen, daß die Begriffe der Wissenschaft Physik gar nicht theoriefrei gebildet und definiert werden und schon deshalb auch nicht theoriefrei gelernt werden können. Dies macht deutlich, daß die von *Gagné* vorgenommene Trennung von Begriffslernen und Regellernen für das Fach Physik (und wahrscheinlich für andere Fächer auch) unangemessen ist und daß der von *Gagné* benutzte Begriff des Lernens eine spezifische Anpassung auf das Lernen von Physik nicht ohne weiteres zuläßt. Andererseits liefert der *Gagné*-Ansatz für eine Reihe von pädagogischen Prinzipien gut verständliche Begründungen. So z.B. dafür, daß für das Erlernen eines Begriffs auch Gegenbeispiele erforderlich sind: Unterscheidungslernen (multiple Diskrimination) ist Voraussetzung für den Begriffserwerb. So wird man z.B. nicht davon sprechen können, daß ein Schüler den physikalischen Begriff der Kraft vollständig erlernt hat, wenn er nicht auch in der Lage ist, ihn von umgangssprachlich nahestehenden anderen Begriffen wie z.B. Arbeit, Energie und Leistung zu unterscheiden. Der Schüler muß schon wissen, daß die umgangssprachliche Aussage "Ein Tausendmeterlauf kostet Kraft" im Sinne des physikalischen Kraftbegriffs falsch ist, weil hier ein ganz anderer Begriff, nämlich der der physikalischen Arbeit, verwendet werden müßte.

Es kommt uns hier nicht darauf an, eine Liste von Einzelleistungen des *Gagné*-Ansatzes gegenüber dem Physikunterricht zu erstellen. Wichtiger erscheint uns, deutlich zu machen, daß dieser Ansatz, wie andere auch, prinzipiell bekannte pädagogische Handlungsabläufe *nachträglich* in einen Rahmen einordnet und innerhalb dieses Rahmens verständlich macht. Elemente von Lerntheorien eignen sich also dazu, bereits bekannte Phänomene der Vermittlung von Wissen und des Unterrichts zu erklären, nicht jedoch aus gegebenen Rahmenbedingungen heraus eine Prognose auf die Lernvorgänge in einer einzelnen noch nicht bekannten zukünftigen Situation zu stellen. Es ist gewiß nicht unmöglich, daß eine Lerntheorie auch einmal ganz neue Wege in den Physikunterricht erschließt. So wurde z.B. ein recht bekanntes amerikanisches Curriculum (Science - A Process Approach, SAPA, siehe auch Abschnitt 8.3) *Gagné* folgend konstruiert. Als

Normalfall kann dies aber nicht gelten. Interessant mag hier auch die Skepsis von *Gagné* selbst sein. Er nennt die am besten bekannten psychologischen Lernprinzipien "... als Grundlage für den Entwurf wirksamer Ausbildungssituationen bemerkenswert ungeeignet" (zitiert nach *Hilgard/Bower*; 1971 S. 652).

3.2.3 Der Ansatz von Piaget

In diesem gänzlich anderen Ansatz gibt es keine lineare Hierarchie von Lerntypen wie bei *Gagné*. Schon deshalb ist eine kurzgefaßte Darstellung dieses Ansatzes schwieriger. Darüber hinaus äußert sich *Piaget* zu Mechanismen und Bedingungen des Lernens nur auf dem Hintergrund einer Entwicklungspsychologie. Man sollte deshalb bei der Lektüre der Publikationen von und über *Piaget* zwei Elemente auseinanderhalten

- die operatorischen Stufen (Entwicklungsaspekt)
- die Äquilibrationshypothese (Lernaspekt).

Piaget selbst hat die operatorischen Stufen an physikalischen Mengengrößen entdeckt und beschrieben (1969). Dieser Ansatz hat eine Flut von Folgeuntersuchungen ausgelöst, die sich überwiegend mit Gegenständen der Naturwissenschaften und Mathematik befassen. Es liegt hier umfangreiches Material vor, das eher nach theoretischer Systematisierung als nach Ausweitung durch weitere Messungen verlangt. Die Ergebnisse *Piagets* und seiner Nachfolger besagen, sehr kurz gefaßt:

- Denkakte sind geistige Rekonstruktionen von Handlungen.
- Diese Konstruktionen/Operationen erfolgen auf verschiedenen kognitiven Niveaus, die sich altersabhängig entwickeln (sensomotorische Stufe 0 - 2 Jahre, präoperationale Stufe 2 - 7 Jahre, konkretoperationale Stufe 7 - 11 Jahre, formaloperationale Stufe 11 - 15 Jahre).

Es ist Bestandteil der Theorie, daß die Ausprägung der kognitiven Niveaus vom Lerngegenstand abhängt (Bereichsspezifität *Seiler*, 1973). Es ist also sehr wohl möglich, daß ein Schüler z.B. in der Mathematik formaloperational denkt, in der Physik jedoch noch im konkretoperationalen Stadium ist und es möglicherweise während seiner Schulzeit nicht verlassen wird. Über die Ausprägung der kognitiven Niveaus und ihrer Altersabhängigkeit bei bestimmten Unterrichtsgegenständen gibt es eine Fülle von gesicherten Er-

kenntnissen. Umstritten ist, ob Unterricht, z.B. Physikunterricht, die Entwicklungsgeschwindigkeit von einem kognitiven Niveau zum nächsten beschleunigen kann und ob das ggf. wünschenswert wäre. Die Untersuchungsergebnisse innerhalb dieses Ansatzes zum Physikunterricht können desillusionierend ausfallen. So benötigt ein Schüler des englischen *Nuffield*-Kurses (O-level) nach *Shayer* (1972) derart früh das formaloperatorische Niveau, daß er dazu einen Intelligenzquotienten von 125 haben müßte. Entsprechende Untersuchungen in Deutschland gibt es noch nicht. *Gräber* und *Stork* (1984) verweisen auf intellektuelle Überforderungen im Physik- und Chemieunterricht schon auf der Sekundarstufe I. Es darf also als sicher gelten, daß es auch bei uns Verfrühungen von formaloperatorischen Ansprüchen im Physikunterricht gibt. Dies wird belegt durch weitere zahlreiche publizierte Mahnungen, wonach der Physikunterricht sehr viel stärker elementarisieren solle und den Bezug zur Lebensumwelt zu berücksichtigen habe, die bis zu dem Appell von Martin *Wagenschein* (1975) "Rettet die Phänomene" reichen.
Das zweite Element des *Piaget*-Ansatzes, die sogenannte Äquilibrationshypothese (Gleichgewichtshypothese), hat sehr viel weniger Untersuchungen angeregt als die operatorischen Stufen. Dies geht vermutlich darauf zurück, daß *Piaget* sich hier recht allgemein ausdrückt und auf physikalische Beispiele weitgehend verzichtet. Die Hypothese, die allerdings nicht auf *Piaget* allein zurückgeht, besagt, daß menschliches Denken um den Ausgleich *kognitiver* Störungen bemüht ist. Was darunter zu verstehen ist, mag an einem Beispiel verdeutlicht werden:
Wenn ein Physikstudent beim Erlernen der kinetischen Wärmetheorie eine einfache Modellvorstellung aufgebaut hat, mag er auf dem vorläufigen Kenntnisstand stehen, daß den Gasmolekülen kleine, vollelastische Kugeln entsprechen (*Dalton*-Modell). Erfährt er nun beim weiteren Lernfortschritt, daß die spezifische Wärmekapazität (Molwärme) C_V für Helium, Neon und weitere Gase $C_V = 3/2\ R$ ist, kann er sich diese neue Information auf dem Hintergrund seiner bisher erworbenen Kenntnisse gut erklären. Die neue Kenntnis ist mit seinen bisher erworbenen Kenntnissen (kognitive Struktur, kognitives Schema) kompatibel, d.h. in der Sprache des *Piaget*-Ansatzes im Gleichgewicht. *Piaget* sagt, der Lernende kann die neue Erkenntnis "assimilieren". Er wendet ein bereits erworbenes sogenanntes Assimilationsschema an. Im Fall des kognitiven Gleichgewichts werden also neue Erkenntnisse der bisherigen kognitiven Struktur widerspruchsfrei einverleibt.

Erfährt der Lernende nun darüber hinaus, daß die Molwärme C_V für andere Gase, z.B. molekularen Wasserstoff H_2, molekularen Sauerstoff O_2 und weitere Gase $C_V = 5/2$ R beträgt, so ist seine Lernsituation grundsätzlich anders. Sie ist es deshalb, weil sein bisher aufgebauter Kenntnisstand (*Dalton*-Modell) nicht ausreicht, um den Betrag der Molwärme zu erklären. Durch die neue Information ist beim Lernenden, bezogen auf sein bisheriges Assimilationsschema, eine kognitive Störung ausgelöst. Diese kann nur dadurch beseitigt werden, daß das bisherige Assimilationsschema verändert wird. Im Sinne des *Piaget*-Ansatzes spricht man hier von Akkommodation.

Im Beispiel: Die einfache Vorstellung des *Dalton*-Modells wird dadurch erweitert, daß man einem Gasmolekül jetzt nicht mehr eine kleine vollelastische Kugel sondern mehrere miteinander gekoppelte kleine Kugeln zuordnet.

Der Grundgedanke von *Piaget* besagt, daß Lernen teils Aneignungsprozesse innerhalb eines vorhandenen festen Schemas, teils Ausgleichsprozesse von kognitiven Störungen darstellt. Daran ist besonders interessant, daß mit dem Begriff der kognitiven Störung ein Lernanlaß, eine Art fachspezifische interne Motivation behandelt wird. Der Physikunterricht kann aus einer systematischen Beschreibung solcher möglicher kognitiver Konflikte, wie sie z.B. *Montada* (1970) durchführt, viel gewinnen. Allerdings ist es auch hier wiederum so, daß damit nicht grundsätzlich neue Erkenntnisse über Unterrichtsgestaltung erschlossen werden. Eher wird manches wohlerprobte methodische Hilfsmittel unter dem Gesichtspunkt der Erzeugung und Bewältigung kognitiver Konflikte im Nachhinein theoretisch verstehbar und begründbar.

Piagets Entwurf unterschiedlicher Lernarten ist weniger bekannt geworden. Er nennt diese:

1. Reifung
2. Wahrnehmung
3. voroperatorisches, unmittelbares Verstehen
4. Lernen sensu stricto (s. str.)
5. Induktion
6. Äquilibration (voroperatorische Kohärenz)
7. Deduktion

Die Kombination der Lernarten 4 und 6 wird auch als Lernen im weiten Sinn (sensu lato, s. l.) bezeichnet. Für den Unterricht bedeutsam sind die Lernarten 4 - 7. Wichtig ist, daß darin keine Hierarchie liegt. *Piaget* geht vielmehr von einer komplizierten Vernetzung der Lernarten aus (*Montada*, 1970). Daraus wird deutlich, daß nach seiner Auffassung für einsichtiges und gesichertes Lernen ("operatorische Permanenz") ein Bezug zu Deduktion und Theorie erforderlich ist. Anders als im Fall des *Gagné*-Ansatzes besteht deshalb bei *Piaget* kein Anlaß, Begriffslernen und Theorielernen oder Regellernen zu trennen. Wir kommen hierauf in Abschnitt 3.2.4 kurz zurück.

3.2.4 Bewertung der beiden Ansätze

Wir haben bereits mehrfach darauf hingewiesen, daß sowohl der *Gagné*-Ansatz als auch der *Piaget*-Ansatz dem Physikunterricht nahestehen, weil die Beispiele entsprechend gewählt sind. Andererseits sind sie nicht gezielt für das Physiklernen und schon gar nicht für den Physikunterricht in der Schule entwickelt worden. Dies führt letztlich dazu, daß sie aus der Sicht des Physiklehrers keine in sich geschlossenen Theorien sein können. In dieser Situation bleibt dem Physiklehrer, wie bereits angedeutet, nur die Position des Funktionalisten, der jeweils überzeugende Bestandteile der Theorien auswählt und damit Unterrichtssituationen zu verstehen sucht. Dabei sind Bewertungen unerläßlich. Diese können von den in Abschnitt 3.2.1 genannten sechs Hauptfragen ausgehen.
Wenn man davon ausgeht, daß Lernen letztlich auf Reiz-Reaktions-Verbindungen beruht, gibt es eigentlich nur eine mengenmäßige Einschränkung der *Kapazität*. Welche Reiz-Reaktions-Verbindung erlernt werden kann, hängt von der Lernvorgeschichte (also den bereits erworbenen Reiz-Reaktions-Verbindungen) ab. Die Konsequenz für den Physikunterricht besteht darin, in einer gegebenen Unterrichtssituation geeignete Reizkombinationen zu präsentieren. Ob dies mit Aussicht auf Erfolg geschieht, kann nur im Einzelfall entschieden werden.
Stellt man sich auf den Standpunkt, daß das menschliche Lernen nicht über Reiz-Reaktions-Verbindungen, sondern nur durch ganz andere Vorgänge erklärt werden kann, so ergeben sich daraus sehr deutliche Einschränkungen zur Frage der Kapazität. Insbesondere macht *Piaget* auf entwicklungsbedingte Lernvoraussetzungen aufmerksam, die sich der pädagogischen Beeinflussung weitgehend entziehen. Auch hier sind direkte Konsequenzen für

den Physikunterricht erkennbar, wie sie sich z.B. aus der weiter oben zitierten Publikation von *Shayer* ergeben: Für eine Reihe von Lernvorgängen in der Physik sind operatorische Niveaus erforderlich, die man nur im Ausnahmefall bei Schülern voraussetzen darf. Lernschwierigkeiten im Physikunterricht und manches Desinteresse gegenüber dem Physikunterricht sind im Rahmen des *Piaget*-Ansatzes ohne weiteres durch überhöhten kognitiven Anspruch erklärbar.

Die *Rolle der Übung* wird beim Erwerb physikalischer Erkenntnisse zurückhaltender beurteilt als in anderen Fächern wie z.B. bei den Sprachen oder der Mathematik. Im Zusammenhang mit dem *Gagné*-Ansatz ordnen wir Übung im Bereich des Selektionsaspekts des Lernens, also insbesondere bei Versuch-Irrtum-Strategien ein. Beim *Piaget*-Ansatz scheint uns Übung insbesondere dann vorzuliegen, wenn der kognitive Konflikt ausbleibt, also wenn Assimilationsschemata widerspruchsfrei benutzt werden können. Dies liegt z.B. dann vor, wenn Schüler eine kognitive Struktur (z.B. die Analogie von elektrischem Stromkreis und Wasserkreislauf) eine Zeitlang erfolgreich benutzen. Dabei ist nicht entscheidend, ob diese Analogie fachlich befriedigt.

Der Zufallsaspekt, den Lernen im Zusammenmhang mit Reiz-Reaktions-Verbindungen hat, schließt eine umfassende und befriedigende *Deutung von Motivation* aus. *Verständnis und Einsicht* beruhen nach dieser Vorstellung auf Reizgeneralisation. Hier ist nach unserer Auffassung der *Piaget*-Ansatz deutlich vorzuziehen, der Motivation, Verständnis und Einsicht auf die Äquilibrationshypothese, insbesondere auf das Auftreten von kognitiven Ungleichgewichten zurückführt. Mit den Bedingungen für eine kognitive Störung werden Parameter angesprochen, die im Unterricht beeinflußt werden können. Der *Piaget*-Ansatz hat hier seine konstruktivste Komponente. Diese Komponente zu nutzen bedeutet, ein sinnvolles System kognitiver Störungen für beziehungsvolles Physiklernen zu erarbeiten, etwa wie im Beispiel der Molwärmen in Abschnitt 3.2.3.

In der Lernpsychologie wird unter Transfer die Übertragung des Gelernten auf neue Situationen und Aufgaben verstanden. *Transferuntersuchungen* verlaufen in aller Regel sehr enttäuschend. Die Hoffnungen der Physiklehrer, daß ihre Schüler erlernte physikalische Phänomene, Gesetze oder Gesetzesgruppen in bisher unbekannten Problemsituationen entsprechend übertragen und erfolgreich anwenden könnten, wird fast nie erfüllt. Beide hier vorgestellten Theorieansätze erklären die schlechten Transferleistungen. Die Vorstellungen von den Reiz-Reaktions-Verbindungen benutzen die Reizfülle und die Schwierigkeiten der Reizgeneralisation, der *Piaget*-Ansatz den hohen Anspruch, der im Aufbau operatorischer Strukturen liegt. Nach den Vorstellungen von den Reiz-Reaktions-Verbindungen sind beim *Behalten, Erinnern* und *Vergessen* natürliche Komponenten des Lernens angesprochen. Aufgrund der Reizfülle kann über einige sehr wohl gelernte Reiz-Reaktions-Verbindungen überhaupt nicht mehr verfügt werden. Sie sind von anderen Verbindungen überlagert und verdrängt, sie sind vergessen. Andere Reiz-Reaktions-Verbindungen sind latent vorhanden, d.h. nur unter ganz bestimmten Reizkombinationen abrufbar. Für den Physiklehrer heißt dies, daß er dem Vergessen nur sehr bedingt vorbeugen kann, weil er die Reizfülle, der der Schüler durch die Schule und Außenwelt insgesamt ausgesetzt ist, weder genau kennt noch steuern kann. Innerhalb des *Piaget*-Ansatzes wäre im echten Sinn gelernt, was "operatorische Permanenz" besitzt. Demgemäß ist "Vergessen" ein Hinweis auf Defizite der Lernvorgeschichte oder auf unangemessen gewählte operatorische Niveaus. Die Dinge liegen nahe beieinander: Was vergessen wird, war auch nicht im operatorisch permanenten Sinne gelernt. "Behalten und Vergessen" läuft hier auf die Frage hinaus, wieviel Wissen beim einzelnen Schüler operatorische Permanenz erlangen kann. Die Wahl des operatorischen Niveaus und die Herbeiführung von kognitivem Gleichgewicht oder kognitiver Störung durch den Lehrer hat hierauf entscheidenden Einfluß.

3.3 Ein Blick auf die Unterrichtsrealität

Wir haben an mehreren Stellen hervorgehoben, daß Unterrichtsarbeit eine sehr praxisorientierte Tätigkeit ist, die aber theoriegeleitet vollzogen werden sollte. Der Lehrer sollte aber geistige Wurzeln in der Bezugswissenschaft Physikdidaktik erwerben und während seines beruflichen Lebens behalten und pflegen. Die intellektuelle Existenz des Physiklehrers kann und darf nicht auf die Rolle des ausführenden Organs gegenüber Lehrplananweisungen und Hinweisen in Schulbüchern, Curricula, didaktischen Anleitungen und Lehrerhandbüchern reduziert werden. Eine solche Reduzierung wird der wichtigen, reizvollen, aber auch fordernden und belastenden Aufgabe, Kinder, Jugendliche und ggf. auch Erwachsene auf ihrem Weg in die Physik zu begleiten und zu führen, nicht gerecht.
Diese Position bedeutet letztlich, daß es einer wissenschaftlich fundierten Unterrichtstheorie zur Physik zumindest aber wichtiger Theorieelemente

dazu bedarf. Die Abschnitte 3.1 und 3.2 haben gezeigt, daß es solche Theorieelemente gibt, daß aber die Ausformulierung einer vollständigen allseits akzeptierten Theorie des Physikunterrichts von der Physikdidaktik der Zukunft noch eingefordert werden muß. Die Position bedeutet ferner, daß die vorhandene Theorie oder die Theorieelemente nicht zu bloßen Handlungsanweisungen an den Lehrer degradiert werden dürfen. Eine didaktische Theorie ist dazu da, daß sich der Lehrer ihrer souverän bedient. Das bedeutet mit anderen Worten: Er darf von ihr im Detail nicht abhängen, sollte aber sehr wohl in ihr zuhause sein. Die didaktische Theorie liefert das Fundament, die Säulen und weiteres Baumaterial für ein Haus, dessen Errichtung, Einrichtung, Bewahrung, Pflege und Ausbau die eigenständige, sehr individuelle Aufgabe des einzelnen Lehrers ist und bleiben muß. In einem anderen Bild gesprochen: Eine didaktische Theorie ist für den benutzenden Lehrer ein Sprungbrett, kein Sofa!

Wir haben diese Bemerkungen nicht gemacht, um die legitime Frage von Lehrern und Lehrerstudenten nach der Tauglichkeit der Theorie für den Alltag grundsätzlich zurückzuweisen. Es geht uns vielmehr um eine wissenschaftsorientierte Einordnung der bisherigen Ausführungen. Die Überlegungen von 3.1 und 3.2 taugen nicht für eine Rezeptologie nach dem Muster "man nehme ... und konstruiere so mit absoluter Sicherheit guten Physikunterricht", wohl aber für das notwendige Hintergrundwissen, um in der Unterrichtssituation aufmerksam auf das hören zu können, was uns die Schüler direkt oder indirekt mitteilen und uns direkt oder indirekt fragen. Die Überlegungen sind auch nicht gedacht zur Deduktion, zur förmlichen Ableitung von Unterrichtshilfen aus der Theorie, sehr wohl aber dazu, das zu erhellen, was gute Physiklehrer über viele Generationen eigentlich schon immer wußten. Zum Teil konnten sie dies von ihren Vorbildern übernehmen, zum anderen Teil wußten sie es sich in einem intuitiv-induktiven Verfahren über viele Jahre der Unterrichtspraxis zu erarbeiten. Auf diesem Hintergrund verwenden wir nun, da wir selbst in der Situation von Lernenden sind (hier nicht gegenüber der Physik, sondern gegenüber dem Physikunterricht) nach dem Muster einer der Berichte in 3.1 eine Analogie:

Mit den Abschnitten 3.1 und 3.2 betrachten wir ein Bild (nennen wir es die Summe der Erfahrungen guter Physiklehrer) von verschiedenen Standpunkten aus. Dieser Wechsel der Standpunkte ist unentbehrlich, weil er uns in die Lage versetzt, von einer allzu engen persönlichen Perspektive abzusehen. Gewiß wäre es wünschenswert, dem noch weitere Perspektiven hinzuzufügen, z.B. die des Erwachsenen, der nicht Physik studiert hat (die Per-

spektive der meisten Eltern). Erst aus der Fülle solcher Perspektiven können wir das Bild vollständig erfassen. Wir müssen uns hier aus Umfangsgründen auf nur zwei Perspektiven beschränken.
Wir fahren in der Analogie fort, indem wir uns klarmachen, daß wir noch ein zweites getan haben und daß die Abschnitte 3.1 und 3.2 zumindest eine weitere wichtige Funktion für uns haben. Genauer: Es hat ja keinen Sinn, ein Bild im Dunkeln zu betrachten. Wir müssen es von verschiedenen Positionen aus mit dem Licht unterschiedlicher Lampen beleuchten und gelangen so zu unterschiedlichen Eindrücken. Aus alledem entsteht im Sinne der geschilderten Analogie ein Gesamteindruck, der für uns in der unterrichtlichen Tätigkeit arbeits- und erkenntnisleitend ist.
Wir haben von einem Blick auf die Unterrichtsrealität gesprochen und wollen deshalb zum Abschluß nicht als binnenlogisch gedachte Konsequenz, sondern eher zur Ergänzung einen solchen Blick aus zwei weiteren Perspektiven tun. Zum einen wählen wir dafür die sogenannten Alltagsvorstellungen, zum anderen eine Möglichkeit, Lernprozesse im Unterricht mit einem Schema von Lernstufen zu analysieren und zu organisieren.
In der idealtypischen Beschreibungsweise des Abschnitts 3.2.3 haben wir davon gesprochen, daß ein kognitiver Konflikt zu einer Lösung durch Akkommodation auffordert und sehr häufig auch dazu führt. Dabei setzen wir nur allzu leicht stillschweigend voraus, daß ein solcher kognitiver Konflikt im Sinne der Physik vorhanden ist, nur weil gerade im Physikunterricht über ein entsprechendes Problem gesprochen wird. Die Situation kann sich aus der Sicht des Schülers allerdings völlig anders darstellen. Es ist durchaus denkbar, daß der Konflikt für den Schüler entweder überhaupt nicht oder in völlig anderer Weise existiert als wir es von der Physik ausgehend erwarten. Dies ist immer dann der Fall, wenn wir auf die recht stabilen sogenannten Alltagsvorstellungen der Schüler stoßen. Zu diesen Alltagsvorstellungen liefert die didaktische Forschung eine Fülle von Beiträgen (*Pfundt/Duit*, 1985). Die Ergebnisse der dort zitierten Literatur sind recht ernüchternd. Sie besagen kurz gefaßt folgendes: Bei vielen Gegenständen des naturwissenschaftlichen Unterrichts besitzen die Schüler bereits Alltagsvorstellungen, die sie mit in den Unterricht bringen. Diese Erklärungsmuster sind für die Schüler so aussagekräftig, daß aus ihrer Sicht ein physikalisches Erklärungsmuster überhaupt nicht erforderlich erscheint. Im aktuellen Physikunterricht kann die Alltagsvorstellung oft nur scheinbar überwunden werden. Der Schüler gibt im Sinne des Physiklehrers die richtigen Antworten, zeigt also die "Fehlvorstellungen" nicht mehr, hält aber in Wahrheit nach inner-

ster Überzeugung an den Alltagsvorstellungen fest und behält sie oft lebenslang. Viele Alltagsvorstellungen lassen sich nämlich auch bei Erwachsenen und gelegentlich auch bei ausgebildeten Physikern nachweisen. *Jung* (1986, S. 100) gibt ein einfaches Beispiel:
"Ein Schüler soll durch einen kurzen, harten Stoß eine vorbeirollende Kugel großer Masse so stoßen, daß sie ein seitliches Ziel trifft. Viele Schüler stoßen direkt auf das Ziel zu. Warum tun sie das? Die naheliegende Erklärung ist die, daß sie eine Vorstellung, die sie beim Umgang mit einem ruhenden Gegenstand erworben haben, nun auf den neuen Fall anwenden. Sie ordnen die Information 'das Ziel treffen' so ein, daß daraus etwas anderes wird, nämlich 'stoße auf das Ziel zu'. Wenn sie den Mißerfolg bemerken, wie ordnen sie diese Information ein? Nun, ich will ein extremes Beispiel geben: Mancher, der keine Physik gelernt hat, sagt: 'die Kugel will nicht so, wie ich will.'"
Ein anderes Beispiel ist die Deutung aller Feldwirkungen durch magnetische Kräfte. Viele Schüler halten z.B. die Gravitationswirkung der Erde für eine magnetische Erscheinung. Die leicht aufzeigbaren Widersprüche (z.B. ein Stein fällt auch dann zur Erde, wenn er keinerlei eisenhaltige Substanzen enthält) werden in ähnlicher Weise beiseite geschoben wie im ersten Beispiel. Ähnliches gilt für Vorstellungen wie die, daß in Batterien elektrischer Strom "eingefangen" und gespeichert ist usw.
In den Berichten des Abschnitts 3.1 tauchen bereits viele Vorstellungen von Schülern auf. Oft sind sie latent vorhanden, d.h. sie werden bei den Schülern durch unseren Unterricht aktualisiert und (wieder) hervorgerufen, obwohl wir dies eigentlich gerade vermeiden möchten. Die Fülle solcher Vorstellungen erschwert es außerordentlich, sie zu systematisieren und überschaubar zu machen. Dies ist vielleicht auch entbehrlich, da es im Unterricht in der Regel darum geht, die gerade bei diesen Schülern in der vorherrschenden Situation vorhandenen Alltagsvorstellungen kennenzulernen und von ihnen im Unterricht auszugehen. Das Auffinden ist natürlich viel leichter, wenn man die wichtigsten bei Schülern vorkommenden Alltagsvorstellungen im Grundsatz kennt. Daraus ergibt sich für den Lehrer eine doppelte Aufgabe. Zum einen muß er sich in der (genannten) Literatur über den Fundus von Alltagsvorstellungen informieren, zum anderen muß er die aktuellen Alltagsvorstellungen seiner Schüler zum gegebenen Themenbereich im Unterrichtsgespräch erkennen. Dies gelingt natürlich nur, wenn der Dialog in einer Atmosphäre stattfindet, die dem Schüler das Gespräch erleichtert. Hat der Schüler das Gefühl, daß seine Alltagsvorstellungen als

"Fehlvorstellungen" oder gar als "Fehler" eingestuft werden, so wird er sie dem Lehrer kaum offenbaren mögen.
Sind die Alltagsvorstellungen dem Lehrer bekannt, so hat er durchaus Möglichkeiten, sie aufzunehmen und zu fachlichen Vorstellungen weiterzuentwickeln. Im allgemeinen werden dabei drei Interpretationsebenen durchlaufen:

1. Interpretationsebene der Alltagsvorstellungen (z.B. "Das Spiegelbild liegt auf der Oberfläche des Spiegels.")

Diese Vorstellung enthält durchaus verständliche Aspekte, z.B. den, daß der Spiegel schließlich an seiner Oberfläche das Licht zurückwirft. Es liegt für den Schüler außerordentlich nahe, das Bild dort zu vermuten, wo der Vorgang der Reflexion stattfindet.

2. Interpretationsebene der ersten naturwissenschaftlichen Untersuchungen und Erklärungen.

Beim Beispiel des Spiegelbildes kann man eine Glasscheibe als Spiegel einsetzen und das Bild einer brennenden Kerze hinter der Glasscheibe mit einem Reagenzglas oder Becherglas "einfangen" und so lokalisieren. In anderen kleinen Versuchen kann man das Spiegelbild mit einer Kamera scharf einstellen und die Entfernung am Entfernungsring ablesen oder mit Buchstabentafeln erarbeiten, die man im Spiegelbild betrachtet. Kurzsichtige Schüler sehen jetzt die Buchstaben bereits bei der Hälfte der Entfernung der direkten Beobachtung unscharf. Mit solchen ersten Experimenten und Erklärungen kann man die Alltagsvorstellungen von der Lage des Spiegelbildes auf der Spiegeloberfläche sinnvoll in Frage stellen. Ernsthaft erschüttert hat man sie damit in aller Regel keineswegs. Untersuchungen zu genau diesem Beispiel (*Wiesner*, 1986) zeigen, daß die Schüler Zusatzerklärungen suchen, die es ihnen gestatten, ihre Alltagsvorstellungen gerade nicht aufzugeben. Man muß sich deshalb sehr genau mit solchen Zusatzerklärungen auseinandersetzen und auf diese Interpretationsebene außerordentlichen Wert legen. Erst wenn es gelingt, die Schüler davon zu überzeugen, daß ihre Alltagsvorstellungen durch etwas anderes ersetzt werden *müssen*, weil sie auch durch Zusatzannahmen nicht mehr gehalten werden können, ist der Boden für die 3. Interpretationsebene vorbereitet.

3. Interpretationsebene der fachlichen Erklärungen

Hier kann beim Beispiel des Spiegelbildes mit dem Reflexionsgesetz und einer geometrischen Konstruktion des Bildes gearbeitet werden. Bei einem erfolgreichen Unterricht dieser Art ist nun die Alltagsvorstellung ("das Spiegelbild liegt auf der Spiegeloberfläche") abgelöst durch die fachliche Vorstellung ("das Spiegelbild liegt in der gleichen Entfernung hinter dem Spiegel, wie der Gegenstand vor dem Spiegel steht"). Es darf jedoch nicht übersehen werden, daß man sich über den Unterrichtserfolg Illusionen machen kann. Untersuchungen haben gezeigt, daß auch Schüler, die "fachlich richtige" Antworten geben, in Wahrheit an ihren Alltagsvorstellungen festhalten. Dies erscheint durchaus erklärlich. Viele Schüler denken eben in erster Linie daran, mit ihren Antworten den Lehrer zufriedenzustellen.
Der Gang über die drei Interpretationsebenen kann als eine Unterrichtsanlage zum Ersatz bzw. zur Umdeutung von Alltagsvorstellungen aufgefaßt werden. Das Verfahren ist im Einzelfall außerordentlich mühsam, es gibt zu ihm aber keine Alternative.
Wir haben darauf hingewiesen, daß der Lehrer die Kenntnisse aus den Lerntheorien nur sehr selten ganz direkt für die Gestaltung des Unterrichts nutzen kann, sondern daß sie ihm als eine Art Hintergrundwissen zum Verständnis und zur Bewältigung von Unterrichtssituationen dienen. Es gibt aber eine Reihe von Versuchen, solche recht theoretischen Positionen zu verlassen und das Lernen und Denken im Physikunterricht, ggf. das Lernen und Denken im Unterricht allgemein, in Lernarten und Lernstufen aufzuschlüsseln, die einen direkten Bezug zum Aufbau einer Unterrichtseinheit oder sogar einer Unterrichtsstunde erlauben. Der Grundgedanke besteht darin, das Gemeinsame aller Lernprozesse ausfindig zu machen, es zu beschreiben und zu ordnen. Wir stellen hier das Lernstufenschema von *Roth* (1976) in seiner allgemeinen Form vor. Eine Spezifizierung auf den Physikunterricht wird im Kapitel 4 anhand eines Beispiels erfolgen.
Das Schema besteht aus sechs Lernstufen, nämlich "Motivation", "Schwierigkeiten", "Lösungen", "Tun und Ausführen", "Behalten und Einüben", "Bereitstellen, Übertragung und Integration des Gelernten".

1. Stufe der Motivation

Jeder Lernprozeß bedarf eines Anstoßes, eines Motivs. Dieses Motiv kann von innen kommen, z.B. durch einen nicht bewältigten kognitiven Konflikt, eine Handlung, die mißlungen ist usw. Sie kann aber auch von außen durch eine motivierende Idee des Lehrers eingeführt werden. Im Grunde handelt es sich hier um eine Vorstufe zum Lernen und noch nicht um das Lernen selbst. Der Schüler, die Klasse wird veranlaßt, sich auf einen Lerngegenstand hin zu orientieren.

2. Stufe der Schwierigkeiten am Lerngegenstand

Der Lerngegenstand, auf den hin orientiert worden ist, steht in aller Regel im Zusammenhang mit einem Problem, das in Sicht gekommen ist. Ein Problem kann also isoliert werden, eine Aufgabe formuliert werden. Die Aufgabe erweist sich im allgemeinen als nicht sofort lösbar. Im anderen Fall wäre der Lernprozeß hier abgeschlossen. Natürlich kommt es auch auf die Angemessenheit der Aufgabe an, d.h. sie muß sich im weiteren Verlauf des Lernprozesses mit einem Aufwand, der für die Klasse zumutbar und erreichbar ist, grundsätzlich lösen lassen.

3. Stufe der Lösung

Dieser wichtige Lernschritt wird erreicht, wenn sich die Schwierigkeiten am Lerngegenstand für die Klasse als überwindbar herausgestellt haben, wenn sich eine mögliche Lösung bereits abzeichnet. Sehr oft ist dies übrigens eine Frage der genauen Problemanalyse und Problemformulierung auf der zweiten Stufe des hier beschriebenen Lernprozesses. In dieser dritten Stufe finden nun diejenigen Vorgänge statt, die in den Lerntheorien so ausführlich beschrieben werden. Es kann sich also z.B. Lernen nach Versuch und Irrtum ereignen, Begriffserwerb, Regel- und Theorielernen oder die Benutzung eines bereits erworbenen Assimilationsschemas bzw. die Bewältigung eines kognitiven Konflikts durch Akkommodation. Alle diese Beschreibungsweisen sind idealtypisch, weil sie davon ausgehen, daß jeder einzelne Schüler sich selbst die Lösung erarbeitet, die Lösung findet. Es darf nicht übersehen werden, daß dies häufig nicht der Fall ist. Beim Lernen in der Klasse kann es sehr wohl notwendig sein, die Lösung einer Mitteilung eines anderen Schülers oder des Lehrers zu entnehmen. Insbesondere deshalb müssen mit der gefundenen Lösung weitere Erfahrungen gesammelt werden, d.h. sie muß sich in der Praxis bewähren. Man kann das erreichen, indem man sich auf der Stufe der Lösung sehr ausführlich mit dem Lösungs*weg* befaßt und diesen genau beschreibt. Erst danach wird die eigentliche Lösung angegeben.

4. Stufe des Tuns und Ausführens

Die Bewährung einer Lösung in der Praxis sichert das Lernergebnis auch für diejenigen Schüler, die die Lösung und den Lösungsweg nicht im eigentlichen Sinne selbst gefunden, sondern eigentlich nur *mit*erarbeitet haben. Natürlich können sich bei einem solchen Verfahren neue Probleme ergeben und damit Rückgriffe auf die Stufen 1 und 2 notwendig werden. Wir gehen hier von dem einfachen Fall aus, daß die Lösung sich in der Praxis tatsächlich bewährt. In diesem Fall endet die Stufe des Tuns und Ausführens mit der endgültigen Formulierung der Lösung.
Mit der Lösung ist eine neue Verhaltensweise, eine neue Kenntnis, eine neue Möglichkeit der Leistung erworben. Dies ist im allgemeinen nicht von sich aus allein zeitlich stabil. Es muß deshalb dafür gesorgt werden, daß sich das Gelernte festigt.

5. Stufe des Behaltens und Einübens

Hier wird durch eine Reihe von Anwendungsbeispielen oder durch eine kleine Variation des Problems das Gelernte eingeübt und damit eingeprägt. Der Vorgang des Behaltens und Einübens ist erst abgeschlossen, wenn das Gelernte frei verfügbar ist. Allerdings wird man erwarten, daß es möglich ist, auch in bisher noch nicht bekannten Situationen über das Gelernte zu verfügen, so daß es für eine Art freien Gebrauch bereitsteht.

6. Stufe des Bereitstellens, der Übertragung und der Integration des Gelernten

Die Übertragung des Gelernten auf neue Situationen und Aufgaben, der sogenannte Transfer, ist fast immer recht schwierig. Wir haben bereits darauf hingewiesen, daß Transferuntersuchungen in der Regel recht enttäuschend verlaufen sind. *Roth* (1976) schreibt "Der Lehrer ist erst zufrieden, wenn das Gelernte als neue Einsicht, Verhaltens- oder Leistungsform mit der Persönlichkeit verwachsen ist und jederzeit zum freien Gebrauch im Leben zur Verfügung steht. Die Übertragung des Gelernten von der Schulsituation auf die Lebenssituation wird direkt zu lehren versucht."
Wir haben bei der Beschreibung der Stufe 4 bereits darauf hingewiesen, daß es Abbrüche und Rückgriffe innerhalb dieses Stufenschemas geben kann. Dies gilt auch in einem erweiterten Sinn. Die Abfolge der sechs Lernstufen, wie wir sie hier dargestellt haben, tritt keineswegs immer streng gesetzlich auf. Der Lernprozeß im Klassenverband zeigt oft einen unregelmäßigen

Verlauf. Wir haben hier eine idealtypische Beschreibung gegeben. Damit ist nicht gesagt, daß idealer Unterricht immer genauso verlaufen muß. Wir wollen nur deutlich machen, daß es sehr häufig Unterrichtsstunden, gerade auch im Physikunterricht gibt, die nach dem von *Roth* angegebenen Schema analysiert und ggf. auch konstruiert werden können und daß diese Art von Stunden relativ häufig ist. Dies wird im Kapitel 4 an einer Beispielstunde deutlich werden.

Literaturhinweise

Der Bereich Lernen und Denken im Physikunterricht wird in der Literatur unter sehr verschiedenen Aspekten behandelt. Bei weiterführenden Studien wird man deshalb je nach Schwerpunkt des Interesses zu sehr unterschiedlichen Büchern greifen. Wir empfehlen vor allem das Buch von *Wagenschein, Banholzer, Thiel* (1973), in dem eine Fülle von Beobachtungen und Berichten wiedergegeben sind.

Zum *Gagné*-Ansatz kann man sehr gut die Originalliteratur, *Gagné* (1965) lesen. Mit dem *Piaget*-Ansatz wird der Leser leichter über Sekundärliteratur vertraut, da Auswahl und Lektüre von *Piaget*'s zahlreichen Originalarbeiten schwierig sind. Wir empfehlen als guten Zugang *Montada* (1970).

Die beiden genannten Ansätze von *Gagné* und *Piaget* stehen keineswegs allein, sondern gehören zu einer großen Fülle von Lerntheorien aus der pädagogischen Psychologie. Hierüber verschafft man sich am ehesten einen Überblick mit Hilfe des zweibändigen Werkes *Hilgard/Bower* (1971).

Über die Alltagsvorstellungen von Schülern zur Physik kann man sich sehr gut in dem Themenheft "Alltagsvorstellungen" der Zeitschrift Naturwissenschaften im Unterricht Physik/Chemie (1986, Hrsg. R. *Duit)* informieren. dort wird über die grundsätzliche Darstellung hinaus einiges an Beispielen aus dem Bereich der Energie, des elektrischen Stromkreises, der Mechanik, der Optik, der Wärme und des Stoffbegriffs behandelt.

Literatur

Bleichroth, W.: Einführung in die Methodik des Physik- und Chemieunterrichts. Unveröffentlichtes Typoskript, Göttingen, 1970.

Dahncke, H., Duit, R., Niedderer, H.: A Hierarchy of Conceptes and Principles, Some Types of Learning and some Results concerning the Concept of Energy for 5th Graders in the IPN-Curriculum Physik. In: *Frey, K., Lang, M.*, (Hrsg): Kognitionspsychologie und naturwissenschaftlicher Unterricht, Bern: Huber, 1973, S. 341 - 366.

Gagné, R.M.: Die Bedingungen des menschlichen Lernens, Hannover: Schroedel, 1965.

Götz, R., Dahncke, H., Langensiepen, F. (Hrsg): Handbuch des Physikunterrichts. Sekundarbereich I, Band 1, Mechanik 1, Köln: Aulis 1990, S. 30 - 35.

Gräber, W., Stork, H.: Die Entwicklungspsychologie Jean Piagets als Mahnerin und Helferin im naturwissenschaftlichen Unterricht. In: Der Mathematische und Naturwissenschaftliche Unterricht, 1984, S. 193 - 201 und S. 257 - 269.

Hilgard, E.R., Bower, G.H.: Theorien des Lernens, Stuttgart: Klett, 1971.

Hofstätter, P.R., (Hrsg.): Psychologie. Frankfurt: Fischer 1957

Jung, W.: Was heißt: Physik lernen? - Didaktik der Physik zwischen Physik und Wissenschaftstheorie. In: Ewers, M. (Hrsg.), Naturwissenschaftliche Didaktik zwischen Kritik und Konstruktion, Weinheim: Beltz, 1975, S. 133 - 158.

Jung, W.: Alltagsvorstellungen und das Lernen von Physik und Chemie. In: Naturwissenschaften im Unterricht Physik/Chemie, 1986, S. 100 - 104.

Lind, G.: Sachbezogene Motivation im naturwissenschaftlichen Unterricht, Weinheim: Beltz, 1975.

Montada, L.: Die Lernpsychologie Jean Piaget's, Stuttgart: Klett, 1970.

Oerter, R.: Steuerungskomponenten bei kognitiven Prozessen im Bereich des schulischen Lernens. In: Frey, K., Lang, M. (Hrsg.): Kognitionspsychologie und naturwissenschaftlicher Unterricht, Bern: Huber, 1973, S. 56 - 77.

Piaget, J., Inhelder, B.: Die Entwicklung der physikalischen Mengenbegriffe beim Kinde, Stuttgart: Klett, 1969.

Pfundt, H., Duit, R.: Bibliographie. Alltagsvorstellungen und naturwissenschaftlicher Unterricht. Kiel: IPN, 1985.

Roth, H.: Pädagogische Psychologie des Lehrens und Lernens. Hannover: Schroedel, 1976 [15].

Seiler, Th. B.: Die Bereichsspezifität formaler Denkstrukturen - Konsequenzen für den pädagogischen Prozeß. In: Frey, K., Lang, M. (Hrsg.): Kognitionspsychologie und naturwissenschaftlicher Unterricht, Bern: Huber, 1973, S. 249 - 283.

Shayer, M.: Conceptual demands in the Nuffield O-level physics course. The School Science Review. Vol. 54, 1972, S. 26 - 34.

Wagenschein, M.: Rettet die Phänomene. In: Dahncke, H. (Hrsg.): Zur Didaktik der Physik und Chemie, Hannover: Schroedel, 1975, S. 12 - 32.

Wagenschein, M., Banholzer, A., Thiel, S.: Kinder auf dem Wege zur Physik, Stuttgart: Klett, 1973.

Wessels, M.G.: Kognitive Psychologie, New York, UTB, Harper & Row, 1984.

Wiesner, H.: Schülervorstellungen und Lernschwierigkeiten im Bereich der Optik. In: Naturwissenschaften im Unterricht Physik/Chemie, 1986, S. 123 - 127.

Zietz, K.: Kind und physische Welt, München: Kösel, 1963.

4 Elemente der Methodik des Physikunterrichts

Mit diesem Kapitel wenden wir uns dem Physikunterricht selbst zu, d.h. jenem komplexen Geschehen, in dessen Verlauf die jeweils ausgewählten Inhalte durch planvolles, zielgerichtetes Handeln von Lehrer und Schülern angeeignet werden. Formen und Verfahren in und mit denen dieser Aneignungsprozeß vor sich geht oder gelenkt wird, bezeichnet man herkömmlicherweise als *Unterrichtsmethoden*. Dieses weitgefaßte Verständnis von Methode, mit dem wir uns an *Meyer, H.* (1988) anschließen, umfaßt nicht nur einzelne methodische Handlungsmuster oder Arbeitsformen, wie z.B. Tafelarbeit, gelenktes Unterrichtsgespräch, Lernen am Experiment, sondern auch die methodisch angelegte Folge von Stufen, Schritten oder Phasen, die zusammengenommen den gegliederten "methodischen Gang" des Unterrichts ausmachen. Davon wird in diesem Kapitel hauptsächlich die Rede sein.
Der Methodenbegriff schließt außerdem den Umgang mit den Ergebnissen des Unterrichts, ihre Beurteilung und Bewertung mit ein sowie die methodisch eingesetzten Kooperations- und Sozialformen. Auch darüber handelt dieses Kapitel.
Die Reflexion über Unterrichtsmethoden ist zweifellos Bestandteil einer sich entwickelnden "Theorie des Lehrens und Lernens", die gewöhnlich auch als *Methodik des Physikunterrichts* bezeichnet wird. In diesem Kapitel werden Elemente der Methodik behandelt.
Das folgende Kapitel ist den methodischen Konzepten des Physikunterrichts gewidmet, die den Unterrichtsprozeß von bestimmten theoretischen Ansätzen her strukturieren. Auch dieses 5. Kapitel ist der Methodik zuzuordnen. Im weiteren Sinne gehören auch die Kapitel 3 (Lernen und Denken) und 6 (Medien) dazu, die sich mit Voraussetzungen und Bedingungen des Unterrichts befassen.
Jeder Lehrer besitzt ein mehr oder weniger ausgeprägtes Bild, ein "Modell" von der methodischen Gestaltung des Physikunterrichts, das er sich als Schüler in seiner eigenen Schulzeit oder als Studierender im Universitätsunterricht erworben hat. Dieses Modell bewußt zu machen, in Frage zu stellen, zu ergänzen und zu erweitern ist die Absicht dieses Kapitels. Zur Ein-

führung in unterrichtsmethodisches Denken und Handeln erscheint es daher sinnvoll, von der Analyse einer realen Physikstunde auszugehen, die im ersten Abschnitt als Transskript einer Videoaufzeichnung wiedergegeben wird. Die in diesem Unterrichtsdokument aufgefundenen methodischen Stufen bilden die Gliederung für die folgenden Abschnitte des Kapitels, in denen, losgelöst von der Unterrichtsstunde, die verschiedenen methodischen Formen und Verfahren weiter erörtert werden.

4.1 Analyse einer Unterrichtsstunde

Die folgende Unterrichtsstunde zum Thema "Wärmeausdehnung der Luft" wurde mit einer 6. Klasse einer Göttinger Schule in der Unterrichtsmitanschauanlage der Universität Göttingen (Fachbereich Erziehungswissenschaften) aufgezeichnet und von einem Beobachter der Stunde in ein kommentiertes Wortprotokoll transskribiert. Es dürfte klar sein, daß ein solches Wortprotokoll das lebendige Geschehen einer Stunde nicht wiedergeben kann. Der Beobachter hat sich jedoch bemüht, die wesentlichen Momente des Stundenverlaufs insbesondere durch wörtliche Wiedergabe der Gesprächsanteile einzufangen, so daß sich die Stunde mit einiger pädagogischer Phantasie rekonstruieren läßt. In einem zweiten Durchgang sollte der Leser dann eine Analyse des Unterrichtsverlaufs unter methodischem Aspekt versuchen und sich dabei von folgenden Fragen leiten lassen:

1. Welche Unterrichtsziele wurden angestrebt?
2. Welche methodischen Stufen lassen sich erkennen, wenn man das Lernstufenschema von *Roth* zugrundelegt? (vgl. Abschn. 3.3) (Zeilennummern zur Lokalisierung der Stufenübergänge verwenden).
3. Mit welcher methodischen Funktion werden Experimente und andere Medien eingesetzt?
4. Welche Sozialformen kommen vor?

Natürlich ließe sich die Analyse noch auf weitere interessante Fragen ausdehnen, z.B. "welche Vorstellungen der Schüler, welche 'Theorien' lassen sich erkennen und wie geht der Lehrer damit um?" Es sei jedoch dem Leser überlassen, solche und weitere Fragen selbst zu finden und weiter zu untersuchen.

4.1.1 *Kommentiertes Wortprotokoll einer Unterrichtsstunde "Wärmeausdehnung der Luft"*

Nach der Begrüßung der Klasse erzählt der Lehrer kurz von seinem gestrigen Tischtennisspiel, und zeigt zwei verbeulte Bälle vor, die "auf der Strecke" geblieben sind. Die Schüler sind interessiert und versuchen das Ausbeulen mit den Fingern, dabei bekommt der eine Ball einen Riß, die Beulen bleiben. Ein
5 Schüler weiß, daß man die Bälle in heißem Wasser ausbeulen kann. Dies wird erfolgreich versucht, der Ball mit dem Riß behält jedoch seine Beule.

S: Der eine sieht jetzt wieder aus wie ein ganz Normaler.

SS: melden sich

L: Ich weiß, daß ihr das jetzt erklären wollt, aber wir sollten uns erst überle-
10 gen und festhalten, *was* wir erklären wollen. Petra?

S: Das sich das bei Wärme ausdehnt.

L: Es geht um eine Frage, Petra! Christian?

S: Wieso dehnt sich der Ball in heißem Wasser aus?

L: "Der Ball dehnt sich aus" hast Du gesagt ... Was ist denn eigentlich pas-
15 siert?

S: Die Beule kommt wieder raus.

L: Klaus?

S: *Warum beult sich der Ball wieder aus?*

L: Ja! (Schreibt den Satz an die Tafel, SS schreiben ab)
20 (Kurze Pause)

L: Thomas?

S: Durch den Innendruck - im Ball ist ja auch Luft - und durch die Erhitzung, da dehnt sich die Luft aus, weil sie heißer wird. In kochendem Wasser, da wird die Luft ja heißer, weil sie sich ja der Umgebung anpaßt.

25 L: Mh - Susanne?

S: Die Luft in dem Ball will auch wieder aufsteigen - als Dampf.

S: Die Luft, die will entweichen.

S: Wenn's kocht, da kommen ja auch Luftblasen hoch, wenn die heiß werden - die Luft in dem Ball, die will dann auch hoch und deshalb beult sich das
30 wieder aus.

L: Ja, Matthias?

S: Luft ist ja leichter als Wasser - und dann noch das heiße Wasser dazu - dann läßt sich der Ball ganz schwer runterdrücken. Dadurch ist dann auch so eine gewisse Kraft.

35 L: (schreibt an die Tafel) 2. *Vermutungen*: Luft ist leichter als Wasser.

L: Ich versuche jetzt mal in Kurzfassung aufzunehmen, was ihr sagt. Dies war die Vermutung von Matthias. Es waren natürlich schon andere Annahmen da, über die die meisten eben gesprochen haben. Wer kann das eben noch mal kurz zusammenfassen, was viele vermutet haben? - Klaus?

40 S: Die Luft im Ball wird heiß und dehnt sich aus.

L: Ja (schreibt an die Tafel). So. Habt ihr noch andere Vermutungen? Ich glaube, was Sabine gesagt hatte, war vielleicht noch etwas anderes. Petra?

S: Da entsteht durch die Hitze Dampf in dem Ball. Vielleicht wird die Luft so heiß, daß sie so langsam Feuchtigkeit annimmt und dadurch Dampf wird.

45 L: (schreibt an die Tafel) Aber wenn ich das so richtig verstanden habe vermuten die meisten von euch, daß hierin die Erklärung steckt: (unterstreicht an der Tafel: *Die Luft wird heiß und dehnt sich aus.*) - Klaus?

S: Das sind nur Vermutungen, das müssen wir erst einmal feststellen.

L: Oder anders ausgedrückt, wir müßten untersuchen, ob das tatsächlich so
50 ist, daß sich Luft ausdehnt, wenn sie warm wird. Ihr solltet euch jetzt mal mit eurem Nachbarn zusammen überlegen, wie wir das untersuchen können, ob sich Luft ausdehnt oder was da in dem Ball passiert. Bitte - dafür habt ihr jetzt erst einmal einen Moment Zeit.

SS: Überlegen und besprechen sich. (ca. 2 Minuten)

55 L: Wer möchte sich dazu äußern oder wer hat einen Vorschlag? - Heiko?

S: Wir haben uns gedacht, daß wir jetzt einen Becher nehmen mit heißem Wasser und da ein Gefäß drübertun, so daß an den Seiten noch Wasser herumsteht, und wenn dann Heißluft drin ist, daß das dann anfängt zu brodeln.

60 L: Frank?

S: Ein Gefäß nehmen, oben einen Korken durchstecken und erhitzen. Dann sehen wir ja was passiert. Entweder zerspringt das Glas oder die Luft hat so viel Druck, daß der Korken rausfliegt, oder es passiert gar nichts.

L: (holt Rundkolben und Korken von der Seite) Du meinst also, so ein Gefäß
65 (zeigt Rundkolben - eventuell mit Korken obendrauf, der geschlossen ist, ein Stopfen ohne Bohrung) und was kommt hinein?

S: - Heißes Wasser - nichts - nichts.

L: "Nichts" ist da drin?

S: Luft ist da drin.

70 L: Klar, und was jetzt machen?

S: Gasflamme drunterhalten.

L: Aha, also der Grundgedanke war schon ganz gut - Heike?

S: Es ginge auch, wenn man auf die Öffnung nur ein Blatt (Papier) drauflegt, und wenn jetzt die Hitze drinnen aufsteigt, daß sich das Blatt abhebt.

75 L: Wir wollen aber gern *sehen*, ob da Luft rauskommt. - Susanne.

S: Auch da ein Steigrohr reinmachen, mit noch Flüssigkeit oder Wasser darin. Die Luft darf an den Seiten nicht entweichen. Wenn die Luft sich wirklich ausbreitet, müßte die Flüssigkeit doch darin aufsteigen.

L: (Holt ein Glasrohr von der Seite und hält es hoch) So ähnlich, wie unser
80 selbstgebautes Thermometer?

S: Oder oben einen Luftballon drauf.

L: Richtig. Man könnte hier oben auch einen Luftballon drauftun. Man kann die Luft aber noch anders sichtbar machen, die da rauskommen soll. Denkt mal an das Reifenflicken beim Fahrrad!

85 S: Beim Fahrrad macht man doch einfach den Reifen ab und dann nimmt man das unter Wasser, und wenn da Luftblasen hochkommen, dann ist da ein Loch drin.

L: Das müßten wir jetzt umsetzen hier für unsere Sache. - Klaus?

S: Wir legen - stellen das Ding ins Wasser, verkehrt herum.

90 L: Und ...?

S: Und erhitzen es.

S: Das geht doch gar nicht. Die Luft will doch immer nach oben.

L: Stop, Petra?

S: Wenn das Ding verkehrt herum steht, dann kann die Luft überhaupt nicht
95 raus. Wenn dann zu viel Luft reinkommt, dann muß die Luft an den Seiten heraus. Dann sehen wir doch, ob da zu viel Luft drin ist.

L: Mhm - Thomas?

S: Da ist so viel Druck drauf, dann geht die Luft auch nach unten weg.

L: Aha - Detlef?

100 S: Wenn die sich wirklich ausdehnt, dann geht die auch nach unten weg.

L: Gut, das wollen wir sehen! Ich hab' euch das mal aufgezeichnet. Ohne Text. (Arbeitsblätter werden verteilt, vgl. S. 191) Seht euch die ersten drei Bilder an. Darin steckt eine Versuchsanleitung. Wer kann bitte sagen, was zu tun ist? - Anja?

105 S: Also, man muß den Kolben mit dem Steigrohr schräg in das Glas reinhalten mit der Hand an den Kolben ... Dann merkt man vielleicht was, wenn der Kolben heiß wird.

L: Bild 3 ist ganz wichtig - Matthias?

S: Wir haben ja auch eine gewisse Körperwärme, dann würden wir die Luft ja
110 auch erwärmen.

L: Und wie erwärmen wir die?

S: Zeig mal richtig, wie du das meinst. (S. zeigt es am Gefäß)

L: Richtig voll mit den Händen herum, ja? Das ist unsere Wärmequelle, da brauchen wir keinen Gasbrenner und nichts weiter, so, dann beobachten
115 wir. Was vermutet ihr, was passiert? Heiko?

S: Daß da aus dem Steigrohr Luft herausweicht, die ins Wasser reingeht und dann als Blasen aufsteigt.

L: Wollen mal sehen. Ihr zeichnet eure Beobachtungen noch bei Bild 3 hinein. Der Versuch geht aber noch weiter. Seht euch jetzt Bild 4 und 5 an.
120 Das Rohr muß also im Wasser bleiben. Wir werden sehen, was dann weiter passiert.

So, Gerät austeilen, je 2 bekommen einen Glaskolben, ein Becherglas ... Ich habe das schon zusammengesteckt, weil man sich sehr leicht an den

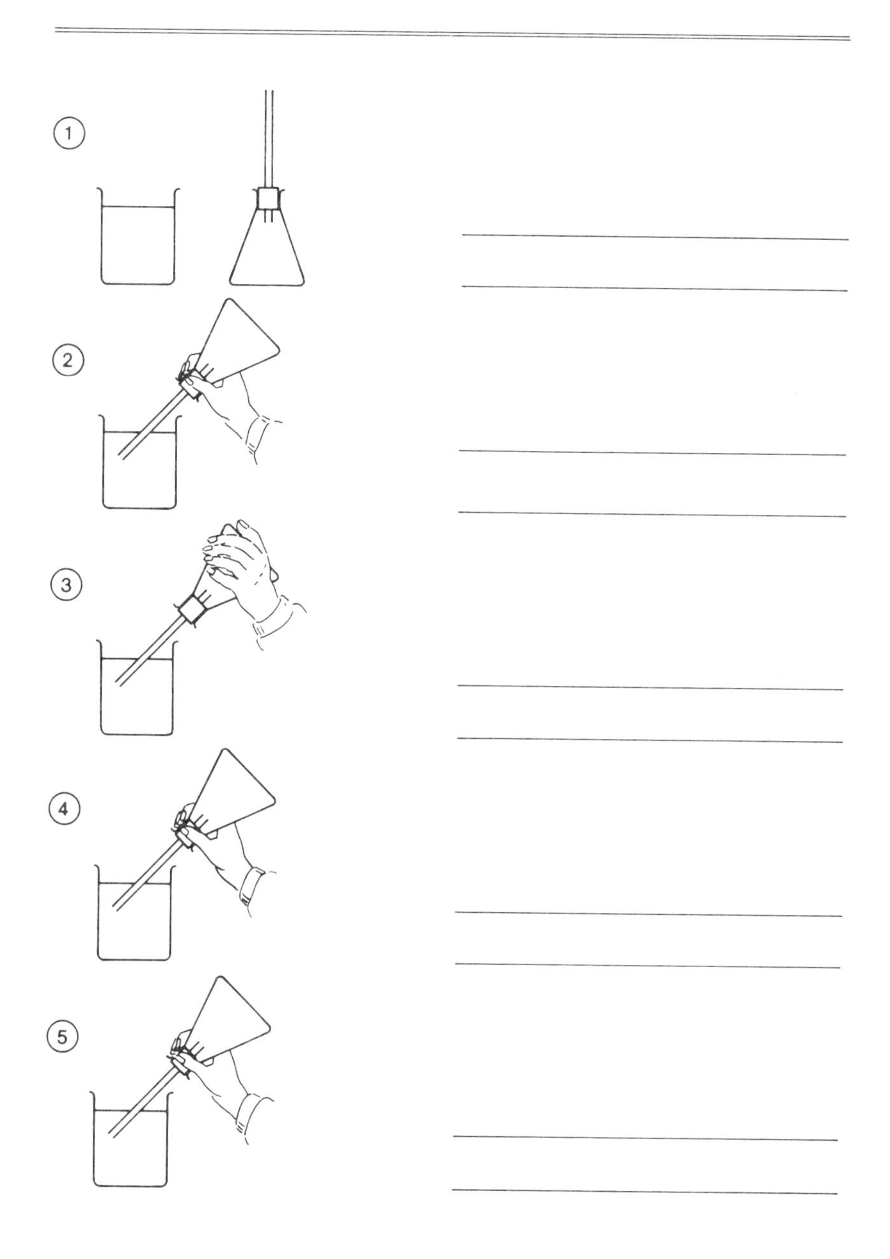
1
2
3
4
5

Glaskolben schneiden kann (Gerät wird ausgeteilt, L. verteilt Wasser.
125 Während des Versuchs gibt L. kleine Tips:

- Nehmt beide Hände.
- Zählt mal (die Blasen).
- Wenn 10 Blasen aufgestiegen sind, könnt ihr den Kolben mit zwei Fingern am Hals anfassen.

130
- Beobachtet jetzt weiter.
- Bei Bild 3 kann man ganz einfach einzeichnen, was ihr beobachtet habt.
- Jetzt haltet noch mal mit zwei Fingern den Kolben fest, - so, daß das Glasrohr noch 1 bis 2 Zentimeter ins Wasser eintaucht.

135
- Beschreibt eure Beobachtungen! - Jan?

S: Da ist jetzt Wasser drin im Steigrohr, das hat sich angesogen.
L: Wie hoch ist es ungefähr gestiegen?
S: Dreiviertel voll.
L: Kannst du es in Zentimetern sagen?
140 S: 4 bis 5 Zentimeter.
S: Bei uns 2 Zentimeter.
L: Ist es bei einer Gruppe nicht hochgestiegen? (Keine Meldung) Dann laßt den Kolben jetzt stehen und zeichnet eure Beobachtungen in Bild 4 und 5 ein. (SS zeichnen)
145 L: Wer sagt jetzt bitte einmal, was in Bild 4 gezeichnet wird? - Uwe?
S: Gar nichts -
L: Richtig. Da waren keine Blasen und da stieg auch kein Wasser! Und in 5, was zeichnet ihr da ein?
S: Das gestiegene Wasser im Rohr.
150 L: Gut.
SS: zeichnen
L: Stefan wollte jetzt erklären.
S: Wenn die Luft raus ist, die ... sich dann wieder abkühlt, dann entsteht ein Unterdruck und dadurch wird dann das Wasser eingesaugt.
155 L: Petra?
S: Wenn man da anfaßt, dann wird die Luft innendrin wärmer und dehnt sich natürlich aus. Und kommt raus, weil sie sich ausdehnt. Jetzt nimmt man die Hände wieder weg, und die Luft innendrin wird natürlich wieder kälter. Jetzt kann sich die Luft innendrin, die Luft, die herausgekommen ist, nicht
160 wieder reinholen und ...
L: Stop. Das letztere war ganz wichtig. Anke?
S: Deshalb zieht es das Wasser rein, weil es ja weniger Luft hat. Es schrumpft sozusagen und dann zieht es das Wasser in dem Rohr hoch.
L: Petra?

165 S: Es zieht das Wasser hoch, damit keine leere Stelle ... Es kann keine leere Stelle entstehen. Die Luft kann "es" nicht zurückholen, also muß es Wasser nehmen. Weil im Wasser keine Luft ist, nimmt es Wasser ganz klar!

L: Wer möchte dazu noch etwas sagen? Was können wir also als Ergebnis aufschreiben? Anke hatte eben einen schönen Ausdruck. Die Luft ...

170 S: ... die raus ist, kann überhaupt nicht mehr zurück.

L: Nein, die, die drin geblieben ist.

S: Die schrumpft.

L: Wie können wir das noch anders sagen?

S: Zieht sich zusammen.

175 L: Ja! Können wir das jetzt im Ergebnis festhalten, was wir auch auf unser Blatt schreiben? Wer hat einen Vorschlag? In Kurzfassung all das, was Petra, Stefan und andere eben erklärt haben. Luft ...

S: Luft zieht sich zusammen.

L: Den ersten Teil darfst Du nicht vergessen, Stefan.

180 S: *Bei Wärme dehnt sich Luft aus und zieht sich beim Abkühlen wieder zusammen.*

L: (schreibt den Satz an die Tafel: 4. Ergebnis: Wärme ...) So, und jetzt haben wir auch gleich die Überschrift für unseren Bogen und für unsere Tafel. Wer hat einen Vorschlag? Klaus?

185 S: Ausziehen und Zusammenziehen von Wärme-Ausdehnung.

L: Von wem?

S: Von Luft.

L: Susanne.

S: Ausdehnen und Zusammenziehen von erwärmter Luft.

190 L: Macht das Zusammenziehen auch die erwärmte Luft?

SS: Von erwärmter und abgekühlter Luft.

L: Ja, so wollen wir es hinschreiben. (L. schreibt an die Tafel, Schüler in ihre Blätter).

L: Jetzt kommen wir noch einmal zurück auf unseren Anfang. Wir hatten
195 doch noch einen Ball und mit diesem Ball hat das Ausbeulen nicht geklappt. Kannst Du sagen, warum das nicht funktioniert hat? Uwe?

L: (gibt Uwe den Ball) Guck ihn dir noch einmal an!

S: Weil da ein Riß drin ist.

L: Wenn man das ins Wasser legt, dann kommt die Luft aus dem Riß wieder
200 raus.

S: Wenn der Ball im Wasser liegt, dann kann sich die Luft da drin ja gar nicht ausdehnen. Die kommt dann durch den Riß wieder nach oben.

L: Karsten

S: Ausdehnen kann sie sich schon, aber da entsteht kein Druck.

205 S: Der Ball ist geöffnet, dadurch geht der Druck schon aus dem Riß raus.

L: Wer geht durch den Riß raus?

S: Die Luft.

L: Welche?

S: Die in dem Ball - die erwärmte Luft.

210 L: Die erwärmte Luft - die heiße Luft. So, jetzt wollen wir uns überlegen, wo das, was wir heute festgestellt haben, auch außerhalb der Schule eine Rolle spielt.

S: Man braucht das auch zum Ballonfahren.

L: Erkläre mal.

215 S: Da hat man auch so einen Brenner als Wärmequelle und dann ist da ein riesiger Ballon, da ist über dem Brenner etwas drübergestülpt und die Heißluft steigt in den Ballon und dadurch hebt der Ballon ab.

L: Ja, das ist aber noch ein bißchen komplizierter, da spielt auch noch etwas anderes eine Rolle.

220 S: Die Luft im Ballon wird erwärmt, nicht die Wand von außen.

L: Ja, das war wie beim Ball hier.

S: Beim Luftballon, wenn wir ihn aufblasen, denn wir atmen ja warme Luft aus.

L: Ja, es gibt aber noch ein paar andere Dinge, da kann man sich manchmal
225 drüber ärgern.

S: Ein Kochtopf, der kocht - Wasser, das siedet. Der Deckel wackelt dann, wenn sich der Dampf ausdehnt.

L: Mh, ihr kommt wohl nicht drauf. Es kann euch passieren, daß ihr in einem heißen Sommer in die Badeanstalt gegangen seid und habt euer Fahrrad
230 abgestellt. Wenn ich an Rosdorf denke, da ist kein Schatten, da stellt man das Rad in die Sonne, und wenn ihr rauskommt, habt ihr 'ne Panne. Detlef?

S: Da scheint die Sonne immer auf den Reifen, und da will sich die Luft ausdehnen und - weil er ja heil ist - dehnt sich die Luft aus, kann nicht raus
235 und er platzt.

L: Ja.

S: Das kann man auch mit einem Fußball machen, mit einem Plastikball, wenn man ihn in die Sonne legt. Das ist mir passiert: Als ich wiederkam, war er kaputt - Fetzen!

240 S: Wenn mein Ball in der Sonne liegt, wird er ganz prall, ohne daß wir ihn aufpumpen.

L: Ja, und warum wird er dann im Winter wieder ein bißchen schlaffer?

S: Weil da ja keine warme Luft ist, weil es da ja kalt ist.

L: Ja. Fallen euch noch andere Dinge ein, wo die Wärmeausdehnung der Luft
245 eine Rolle spielt? Heiko?

S: Zum Beispiel auf den Straßen. Wenn man da im Sommer guckt, flimmert das immer. Das nennt man Thermik.

L: Hat das was mit der Wärmeausdehnung der Luft zu tun?

S: Auf der Teerstraße ist die Luft besonders heiß. Da dehnt sich ja dann auch
250 aus.

L: Gut. Dann wollen wir abräumen.

SS: (beginnen mit dem Abbau)

L: Eure Hausaufgabe ist es, zu jedem Bild, außer zum ersten, einen Satz zu schreiben, der das beschreibt, was ihr beobachtet habt.

Die Stunde ist beendet, die Klasse wird verabschiedet.

4.1.2 Analyse unter methodischen Aspekt

Sie haben das Stundenprotokoll gelesen und hoffentlich auch anhand der eingangs formulierten Fragen eine Analyse versucht. Bei der Rekonstruktion der Stunde in Ihrer Vorstellung, werden Ihnen darüber hinaus auch kritische Fragen und Einwände gekommen sein. Sie sind unversehens in eine Beurteilung und Bewertung des Unterrichts eingetreten. So berechtigt und natürlich das auch ist, hier war lediglich die Analyse unter dem Aspekt der Methodik gefragt. Es sei darauf hingewiesen, daß hier keine "Musterlektion" für guten Physikunterricht vorgestellt werden sollte, sondern ein Unterrichtsdokument als Ausgangspunkt und Anlaß für die Diskussion methodischer Fragen.

Es folgen nun "Lösungen" der eingangs gestellten Fragen, mit denen Sie Ihre Ergebnisse vergleichen können:

1. Angestrebtes Unterrichtsziel

   Die Schüler sollen

   a) erkennen, daß sich Luft beim Erwärmen ausdehnt und beim Abkühlen zusammenzieht (Volumenänderung).

   b) ein Verfahren zum Nachweis der Volumenänderung von Luft entwickeln und beschreiben können

   c) Erscheinungen aus ihrer Erfahrungswelt (z.B. Prallwerden von Bällen und Reifen in der Sonne) mit der gewonnenen Einsicht deuten können.

2. Methodische Stufen der Unterrichtsstunde

Die Stunde ist offenbar nach dem *Roth*'schen Lernstufenschema geplant und durchgeführt worden. Die folgende Übersicht zeigt den Aufbau der Stunde und gibt die Textzeilen der Stufenübergänge an.

Lernstufen nach *Roth*	Unterrichtsverlauf	Textzeilen von	bis
Motivation	*Gesprächsanlaß* verbeulte Tischtennisbälle		
	Versuch · Ausbeulen in heißem Wasser		6
Schwierigkeiten	Gewinnen der *Frage*: Warum beult sich der Ball wieder aus? Tafelanschrift	7 -	18
Lösung	Schüler stellen *Vermutungen zur Lösung* der Frage an. Tafelanschrift: Vermutungen Zu prüfende Vermutung wird gefunden: "Die Luft wird heiß und dehnt sich aus."	22 -	48
Tun und Ausführen	a) *Planung eines Versuchs*	49 -	121
	b) *Durchführung* des *Schülerversuchs* nach vorbereitetem Arbeitsblatt	122 -	134
	c) *Versuchsergebnis* und Bestätigung der Vermutung, Formulierung des Ergebnisses	135 -	192
Einüben und Behalten	Rückkehr zur Problemfrage, Erklären warum Ausbeulen bei dem Ball mit Riß nicht gelingen kann	194 -	209
	Hausaufgabe		253
Integration	Schüler nennen Beispiele aus der Erfahrung und machen Erklärungsversuche	210 -	249

3. Einsatz von Experimenten und Medien

Der Versuch am Anfang der Stunde, Ausbeulen eines Tischtennisballes in heißem Wasser, diente der Motivation und der Gewinnung der Problemfrage.
Der Schülerversuch wurde zur Prüfung einer Vermutung eingesetzt. Er war vom Lehrer vorgeplant und das für Zweiergruppen erforderliche Gerät war bereitgestellt. Daher hat der Lehrer die verschiedenen interessanten Versuchsvorschläge der Schüler nicht ausführen lassen, sondern im Gespräch auf die vorbereitete Anordnung hingelenkt.
Als zusätzliches Medium wurde außer der Wandtafel ein vorbereitetes Arbeitsblatt (vgl. S. 191) eingesetzt, das in 5 Skizzen den Versuchsablauf darstellte und als Hilfe für die Durchführung des Versuchs und Festhalten des Ergebnisses diente.

4. Sozialformen

Die Sozialformen, d.h. die Formen der Kooperation zwischen Lehrer und Schülern oder der Schüler untereinander, wurden in der Stunde mehrfach gewechselt. Außer dem Klassenunterricht im vom Lehrer gelenkten Unterrichtsgespräch wurden die Schüler bei der Versuchsplanung zur Zusammenarbeit in Kleingruppen aufgefordert. Der Schülerversuch wurde in Partnerarbeit durchgeführt.

4.2 Methodische Stufen des Unterrichts

4.2.1 Stufen- und Phasenschemata für den Physikunterricht

Bei der Planung und Durchführung seines Unterrichts steht der Lehrer vor der Aufgabe, den Unterrichtsverlauf sachgerecht in mehr oder weniger markante Abschnitte zu gliedern. Jeder Abschnitt hat eine bestimmte Funktion im Prozeß des Unterrichts zu erfüllen, die Voraussetzungen für den nächstfolgenden Abschnitt schafft. Zusammengenommen bilden die Abschnitte einen stufenförmigen Aufbau. Sie werden daher auch als Stufen des Lernprozesses oder auch als Phasen bezeichnet. Die Folge der Stufen und ihre inhaltliche Ausgestaltung bildet den methodischen Gang des Unterrichts, der einsichtig und überschaubar angelegt sein soll, um den Schülern das Lernen zu erleichtern.

Dies gelingt umso besser, je mehr sich der Lehrer, insbesondere der Anfänger im Lehramt, bei der Planung und Durchführung seines Unterrichts auf ein gegebenes "Lernstufenschema" stützt, das den mutmaßlichen und gewünschten Lernverlauf auf lerntheoretischer Grundlage modellhaft angibt. Die lernwirksame Ausgestaltung der einzelnen Stufen richtet sich nach dem Unterrichtsinhalt und dessen Elementarisierung, nach der Lernsituation der Schüler, den verfügbaren Unterrichtsmedien und hängt nicht zuletzt vom methodischen Einfallsreichtum des Lehrers ab.
Die Beispielstunde im vorangegangenen Abschnitt hat gezeigt wie der Unterricht gestaltet werden kann, wenn ihm das *Roth*sche Lernstufenschema zugrundegelegt wurde. Es handelte sich um eine Physikstunde, bei der ein gesetzmäßiger Zusammenhang (Wärmeausdehnung von Luft) entdeckt werden sollte. Entsprechend war der methodische Gang der Stunde problemorientiert angelegt.
Unterrichtsinhalte dieser Art, bei denen Erkenntnisse und Einsichten gewonnen werden sollen, sind typisch für den naturwissenschaftlichen Unterricht und kommen dort häufig vor. Es sind daher für den an Problemen orientierten Physikunterricht spezielle Stufenschemata entwickelt worden, die auch für den Chemie- und teilweise sogar für den Mathematikunterricht angewendet werden können.
Zuerst ist zu nennen das von *Hans Mothes* (1957) vorgestellte sechsstufige von ihm so genannte "Normalverfahren". Diese Bezeichnung soll die allgemeine Anwendbarkeit für den "normalerweise" im problemorientierten Physikunterricht anzustrebenden methodischen Gang ausdrücken. Die sechs Stufen des Normalverfahrens orientieren sich an dem vierstufigen Grundschema naturwissenschaftlicher Erkenntnisgewinnung, an der sogenannten induktiven Vorgehensweise: Problem - Hypothese - Experiment - Verifikation (vgl. Tab. 1, S. 200). Schon *Kerschensteiner* (1914) hatte auf den erzieherischen Wert dieser vier Denkschritte hingewiesen, wenn die Schüler Gelegenheit erhalten, sie weitgehend selbständig zu durchlaufen. Er stützte sich dabei auf Beispiele aus dem Werk des amerikanischen Pädagogen John *Dewey* (1910).
Ein weiteres ebenfalls sechsstufiges, jedoch differenzierter gegliedertes Stufenschema ist von *Fries* und *Rosenberger* (1967) entwickelt worden (vgl. Tab. 1). Auch dieses Schema orientiert sich an den vier Stufen naturwissenschaftlicher Erkenntnisgewinnung. Die Autoren begründen ihr Schema mit der damit erreichbaren Aktivität bei Lern- und Denkprozessen und stützen sich dabei vor allem auf den von *Piaget* (1948) eingeführten Begriff der Ope-

ration als "verinnerlichte Handlungen des Menschen" (*Piaget* 1948, 54). *Aebli* (1963, 56) bezeichnet die Operation als "das aktive Element des Denkens". Im "Tun und Denken", im selbständigen Suchen und Forschen soll der Schüler am Erwerb frei beweglicher Operationen und reproduzierbarer Kenntnisse beteiligt werden. Die Autoren nennen ihr Stufenschema das "Forschend-entwickelnde Verfahren". Mit dem Zusatz "entwickelnd" soll angedeutet werden, daß der Lehrer nach seinem Ermessen den Fortgang der Denkprozesse durch Impulse oder Fragen fördern oder steuern kann.
In der folgenden Übersicht sind die beiden genannten Verfahren nebeneinander gestellt und können untereinander und mit den Stufen des *Roth*'schen Schemas verglichen werden. Abgesehen von Unterschieden in der Gliederungsform und einigen Bezeichnungsweisen lassen sich das "Normalverfahren" und das "Forschend-entwickelnde Verfahren" in ihrer Stufenfolge und deren Untergliederung deutlich einander zuordnen. Der Stufenaufbau problemorientierter Unterrichtsverläufe, wie sie in den beiden Schemata modellhaft entworfen wurden, läßt sich also als prinzipiell übereinstimmend erkennen. Hält man das *Roth*sche Lernstufenschema daneben, so findet man auch dessen sehr viel allgemeiner und fachunspezifisch bezeichnete Stufen in den beiden betrachteten Schemata wieder. Die differenziert bezeichneten Stufen des "Normalverfahrens" und der "Forschend-entwickelnden Verfahrens" können gleichsam als Interpretation des *Roth*schen Stufen aufgefaßt werden für den Fall eines problemorientierten Unterrichts, in dem Erkenntnisse gewonnen werden sollen. Die Analyse der Beispielstunde hat in der Tat einen solchen differenzierten Aufbau erkennen lassen, in dem z.B. die Stufe des Tuns und Ausführens in den Dreischritt "Versuchsplanung - Versuchsdurchführung - Versuchsergebnis" gegliedert war. Die Stunde hätte sich offenbar auch nach den Stufen der beiden fachspezifischen Schemata analysieren lassen können. Der Leser sei angeregt, dies an Hand der beiden angeführten Schemata nachzuprüfen. Überblickt man die drei genannten Lernstufenschemata in Tabelle 1, so läßt sich erkennen, daß sie im Grunde dem allgemeinen dreistufigen Schema jeder Unterrichtsstunde folgen: Einleitung - Hauptteil - Schluß.

Tabelle 1: Vergleichende Übersicht über Stufenschemata

Grundschema	Lernstufenschema nach *Roth*	"Normalverfahren nach *Mothes*	Forschend-entwickelndes Verfahren nach *Fries/Rosenberger*	Grundschema naturwissenschaftlicher Erkenntnisgewinnung
Einleitung	1. Motivation	1. Klassengespräch	A. *Neuerarbeitung von Erkenntnissen* I. Stufe der Problemgewinnung a. Problemgrund	Problem
	2. Schwierigkeiten	2. Gewinnung der Problemfrage	b. Phase Problemfindung /stellung c. Phase der Problemerkenntnis	
Erarbeitung (Hauptteil)	3. Lösung	3. Stufe der Meinungsbildung	II. Stufe der Problemlösung a. Überlegungen hinsichtlich einer möglichen Problemlösung	Hypothese
	4. Tun und Ausführen	4. Stufe der Nachprüfung des vorläufigen Urteils a. deduktive Überlegungen / Versuchsplanung b. Versuch	b. Planung des Lösungsvorhabens c. Durchführung des Lösungsvorhabens	Experiment
		5. Rückkehr vom Gedankengerüst der Erkenntis zur Wirklichkeit	d. Diskussion der Problemlösung	Verifikation/ Falsifikation
Festigung (Schluß)	5. Behalten und Einüben	6. Maßnahmen zur Festigung des Unterrichtsergebnisses	B. *Einübung*	
	6. Integration und Bereitstellung		C. *Anwendung* Stufen wie bei A	

4.2.2 Zur Anwendung der Schemata

Lernstufenschemata beschreiben nach Auffassung ihrer Autoren den Lernverlauf in idealisierter Form auf der Grundlage lern- und erkenntnistheoretischer Forschungsergebnisse und Einsichten. Sie sind jedoch keineswegs als empirisch gewonnene und überprüfte "gesetzmäßige" Abläufe zu verstehen. Alle Autoren weisen daher ausdrücklich darauf hin, daß ihre Schemata nicht starr und schablonenhaft angewendet werden sollten.
Dies bedeutet zunächst, daß sich für die einzelnen Stufen keine festen Zeitanteile angeben lassen. Faßt man im *Roth*schen Schema die ersten beiden Stufen als Einleitung, die beiden folgenden als Hauptteil der Stunde, in der der Inhalt erarbeitet wird, und die beiden letzten als Schluß der Stunde auf, in dem die Festigung und Sicherung des Lernergebnisses stattfindet, so läßt sich allerdings sagen, daß dem Hauptteil der Stunde der größte zeitliche Umfang zukommen sollte. Einleitung und Schluß sind demgegenüber wesentlich knapper bemessen. Dies war an unserer Beispielstunde deutlich zu erkennen.
Im realen Verlauf einer Stunde kann es allerdings durch Fragen, Vorschläge und Äußerungen der Schüler zu Verzögerungen oder Rücksprüngen auf eine vorangegangene Stufe kommen, so daß nicht alle sechs Stufen in einer einzigen Stunde durchlaufen werden können und der "Schlußteil" auf die folgende Stunde verlegt werden muß.
Welchen Verlauf hätte die dokumentierte Stunde beispielsweise genommen, wenn der Lehrer einzelne Vermutungen der Schüler genauer hätte begründen und erörtern lassen (z.B. die Vermutung "Luft ist ja leichter als Wasser" (Zeile 32)) oder wenn er einzelne Vorschläge der Schüler zur Versuchsplanung (z.B. den mit dem übergestülpten Glas (Zeile 56)) als Versuch hätte durchführen lassen? Neue Motivationen, neue Schwierigkeiten am Lerngegenstand, neue Lösungen wären aufgetaucht. Der Zeitbedarf wäre größer geworden. Der Lehrer muß bei unvorhergesehenen Beiträgen der Schüler häufig spontan abschätzen und flexibel entscheiden, ob und ggf. wie er einen Beitrag in den Unterricht einbeziehen kann. Der Anfänger im Lehramt wird sich in der Regel eher an seine zeitliche und inhaltliche Planung halten, der Erfahrene wird eher in der Lage sein, die Fruchtbarkeit eines Schülerbeitrags zu erkennen, ihn weiterzuentwickeln und seine Planung entsprechend zu verändern. Die Abänderung der ursprünglichen Planung wird allerdings erleichtert, wenn der Lehrer auch für die Fortführung des Unterrichts das Stufenschema verfügbar hat. Ein Lernstufenschema kann

somit auch bei der Durchführung des Unterrichts eine Hilfe sein, damit nicht einzelne Lernstufen übersprungen oder gar "vergessen" werden können. Der Schüler sollte jedenfalls Gelegenheit erhalten, alle Stufen eines Lernprozesses, wenn auch unter Umständen in zeitlich versetzter oder verschachtelter Form, zu durchlaufen.
Lernstufenschemata, mit der nötigen Flexibilität gehandhabt, erweisen sich nicht nur für Planung und Durchführung von Unterricht als nützliche Instrumente, sondern lassen sich auch für dessen Analyse einsetzen. Sie liefern Gesichtspunkte, die Struktur des Unterrichtsverlaufs zu erkennen und seine lernprozeßgerechte Vollständigkeit zu beurteilen. Ein Beispiel dafür hat der Leser im vorangegangenen Abschnitt erfahren.
Wir hatten bereits festgestellt, daß das "Normalverfahren" und das "Forschend-entwickelnde Verfahren" auf Unterrichtsinhalte beschränkt war, bei denen ein Problem zu lösen, eine Erkenntnis zu gewinnen ist. Nicht jeder Inhalt des Physikunterrichts läßt sich jedoch problemorientiert behandeln. Bei zahlreichen Inhalten geht es vielmehr darum, lediglich reproduzierbares Wissen zu vermitteln oder Fähigkeiten und Fertigkeiten zu entwickeln. Das ist beispielsweise der Fall bei der Einführung von Einheiten und Meßverfahren, bei der Untersuchung von Materialeigenschaften oder bei der Erklärung mancher technischer Zusammenhänge und Verfahren. Für die lernprozeßgerechte Gliederung des Unterrichts auch über solche Inhalte hat sich das sehr viel allgemeiner formulierte Lernstufenschema von *Roth* auch für den Physikunterricht als brauchbar erwiesen. Bei seiner Anwendung bedürfen die einzelnen Lernstufen dann jedoch einer auf den jeweiligen Inhalt bezogenen ausführlichen Ausgestaltung und Interpretation.
Dazu wird im folgenden Abschnitt das Schema als Raster zugrundegelegt, um einige methodische Grundformen und Verfahren auf den einzelnen Stufen zu erörtern.

4.3 Methodische Grundformen und Verfahren auf den Stufen des Unterrichts

4.3.1 Stufe der Motivation

Am Anfang unserer Beispielstunde wurde nach einer kurzen Erzählung des Lehrers ein verbeulter Tischtennisball in heißem Wasser wieder ausgebeult. Dieses Versuchsergebnis war für viele Schüler überraschend und neu. Ihre

Aufmerksamkeit wurde auf den Versuchsablauf gelenkt, ihr Interesse geweckt, ein Bedürfnis nach Erklärung ausgelöst. Die Auseinandersetzung mit dem Unterrichtsinhalt "Wärmeausdehnung der Luft" war eingeleitet, der Lernprozeß war angestoßen, die Schüler motiviert worden. Wir bezeichnen diesen einleitenden Abschnitt der Unterrichtsstunde nach *Roth* als "Stufe der Motivation". In der Didaktik hat sich dafür, nach dem Sprachgebrauch von Martin *Wagenschein* (1962), auch der Ausdruck "einleitender Einstieg" oder kurz "Einstieg" eingebürgert.

Jeder Lernprozeß bedarf eines Anstoßes, eines Lernmotivs, das die Schüler in den Zustand der Lernbereitschaft für den jeweiligen Unterrichtsinhalt versetzt. Insofern kommt dieser ersten Stufe des Unterrichts eine wichtige, ja vielfach für den weiteren Ablauf des Unterrichts entscheidende Bedeutung zu.

Wir fragen zunächst allgemein, wodurch eine solche "sachbezogene Motivation" (*Lind* 1975) ausgelöst und hergestellt werden kann und erörtern sodann einige methodische Möglichkeiten für Einstiege im Physikunterricht.

Die Frage der Motivation beim Lernprozeß ist vielfältig untersucht und theoretisch gefaßt worden. Der Motivationsbegriff wird dabei in der Literatur nicht einheitlich gebraucht und meist nicht scharf definiert. Als besonders tragfähig hat sich der theoretische Ansatz des amerikanischen Psychologen *D.E. Berlyne* (1974) erwiesen, der sich mit dem Problem der sachbezogenen Motivation intensiv beschäftigt hat. Seine Theorie beruht auf der motivierenden Wirkung eines "kognitiven Konflikts", der nach Lösung oder Reduzierung verlangt. Ein kognitiver Konflikt entsteht im allgemeinen immer dann, wenn sich eine Wahrnehmung nicht in den bisherigen Wissens- oder Erfahrungszusammenhang einordnen läßt. Das Wahrgenommene wird dann als überraschend, ungewöhnlich, erregend empfunden und löst Neugier und das Bedürfnis nach Erklärung, nach Erwerb neuen Wissens und Erkennens aus. *Berlyne* nennt einige wichtige Typen des kognitiven Konflikts, die geeignet sind, eine Lernmotivation auszulösen:

- *Überraschung*: Konflikt zwischen Erwartung und Erfahrung.

  Beispiel: Ein Glas mit Wasser fließt nicht aus, wenn man es mit einem Blatt Papier abdeckt und dann mit der (abgedeckten) Öffnung nach unten hält.

- *Zweifel*: Konflikt zwischen Erfahrung und Beobachtung.

  Beispiel: Wasser kommt zum Sieden, wenn man es erhitzt. Im Widerspruch dazu steht die Beobachtung, daß das Sieden hervorgerufen werden kann, wenn man ein geschlossenes Gefäß mit heißem Wasser abkühlt.

- *Ungewißheit, Verwirrung*: Konflikt zwischen mehrdeutigen oder unvollständigen Erfahrungen.

  Beispiel: Materie kann als Kontinuum und/oder als körnige Struktur aufgefaßt werden.

- *Irrelevanz*: Der Konflikt entsteht durch die Einsicht, daß alle zur Verfügung stehenden Informationen für die Lösung eines Problems irrelevant sind und nicht weiterführen.

  Beispiel: Ohne die Annahme eines Kern-Hülle-Modells des Atoms ist das Durchdringen von dünnen Metallfolien durch Teilchenstrahlen nicht zu erklären (*Rutherford*scher Streuversuch).

Die *Berlyn*schen Motivationstypen sind keineswegs als ein vollständiger Katalog aufzufassen, auch sind die einzelnen Typen nicht immer scharf voneinander abzugrenzen. Sie zeigen jedoch Tendenzen auf und sind als heuristisches Mittel bei der Planung von Einstiegen geeignet. Ohnehin muß ein Einstieg stets auf die jeweilige Schülergruppe abgestimmt sein. Dabei sollte der Neuigkeitsgehalt und der durch den Einsatz von Medien unterstützte Anreiz des geplanten Einstiegs für diese Schülergruppe ebenso abgeschätzt werden, wie der Schwierigkeitsgrad der Lernaufgabe. Dieser sollte auf ein mittleres Niveau eingestellt werden. Ob ein Einstieg gelungen ist, d.h. ob das Interesse des Schülers geweckt oder ob ein motivierender kognitiver Konflikt bei möglichst vielen Schülern eingetreten ist, läßt sich ohnehin erst im Vollzug des Unterrichts feststellen.

Im folgenden sollen einige methodische Möglichkeiten genannt werden, aus denen sich Einstiege entwickeln lassen:

Einstieg über einen Versuch:

Der Versuch sollte so präsentiert werden, daß er Überraschung, Zweifel, Widerspruch auslöst und dabei den Unterrichtsinhalt in den Fragehorizont der Schüler bringt. Einige Beispiele sind schon genannt worden, weitere findet man z.B. bei *Melenk/Runge* (1988). Zahlreiche weitere Anregungen sind auch in der Schulbuch- und Experimentierliteratur (vgl. 6.3.4) gegeben.

Einstieg über einen technischen Gegenstand:

Technische Gegenstände aus dem Erfahrungsbereich der Schüler, wie z.B. Photoapparat, Fahrradlichtmaschine, Bügeleisen, an den Anfang des Unterrichts gestellt, wecken unmittelbar das Interesse und fordern zur Analyse und zu Fragen nach dem Funktionieren und dem zugrundeliegenden physikalischen Sachverhalt heraus.

Einstieg über eine Bastelaufgabe oder eine technische Aufgabenstellung:

Aufgaben, die im handelnden und konstruktiven Umgang mit Gerät und Material gelöst werden können, finden stets das Interesse der Schüler und führen zu weiterreichenden Fragen. So kann z.B. die Aufgabe, aus einem Klumpen Knete, der im Wasser untergeht, ein Schiff zu formen, das schwimmt, zum Problem des Auftriebs führen. Die Aufgabe, einen wärmeempfindlichen Schalter zu erfinden oder eine Diebstahlssicherung zu konstruieren, wirkt motivierend und aktiviert zum Einsatz vorher erworbenen Wissens und Könnens.

Einstieg über eine Beobachtungsaufgabe:

Die Aufgabe, alltägliche Naturvorgänge, wie z.B. das Sieden von Wasser, im Schülerversuch genau zu beobachten und zu beschreiben, wirkt stark motivierend und regt zu weiterführenden Fragen an: Woher kommen die kleinen Bläschen am Anfang, die großen Blasen beim Sieden? Wie läßt sich der Übergang von Wasser in Dampf erklären?

Bisher wurden Möglichkeiten des Einstiegs vorgestellt, bei denen die Schüler dem zu behandelnden Sachverhalt unmittelbar begegnen konnten und dadurch zur Auseinandersetzung mit der Sache motiviert wurden. Dieser Art Einstiege erweisen sich für die Motivation, die auch für die folgenden Stufen des Unterrichts wirksam bleibt, als wertvoller gegenüber solchen, bei denen der Sachverhalt nur mittelbar über die Vorstellungen der Schüler in den Fragehorizont gerückt werden kann. Ein häufig gebrauchter Einstieg dieser Art besteht darin, an eine liegengebliebene Frage, an ein noch nicht beendetes Vorhaben o.ä. der letzten Stunde anzuknüpfen. Einige weitere Möglichkeiten dieser Art werden im folgenden genannt.

Einstieg über bildliche Darstellungen:

Geeignete Abbildungen aus dem Schulbuch, Fotos aus Zeitschriften und Büchern, Dias u.ä. können als Gesprächsanlaß dienen und zur Auseinandersetzung mit dem infrage stehenden Sachverhalt anregen. So kann z.B. eine Bilderserie von Tauchern mit Ausrüstungen für verschiedene Wassertiefen, (z.B. Helmtaucher, Panzertaucher, Taucherkugel) auf die Frage nach dem Wasserdruck in Abhängigkeit von der Tiefe führen.

Einstieg über einen Lesetext oder eine Erzählung des Lehrers:

In Schulbüchern oder anderen einschlägigen Schriften findet man gelegentlich zu einem Unterrichtsthema passende Texte, die sich als Einstieg eignen. Zu denken ist z.B. an Lebensbilder von Naturforschern oder Erfindern, historische Darstellungen technischer Erfindungen oder Entdeckungen. So könnte ein Bericht über *Otto von Guericke* und seinen berühmten Versuch mit den Magdeburger Halbkugeln an das Thema Luftdruck heranführen. Auch eine Erzählung des Lehrers über selbst Erlebtes, z.B. Fahrt mit einem Heißluftballon, kann für ein Thema wie "Auftrieb in Luft" motivieren.

Einstieg über eine Zeitungsnotiz:

Kurze Notizen über Unfallhergänge, z.B. "Stromtod in der Badewanne", "Massenkarambolage wegen Glatteis" können als Gesprächsanlaß und Einstiege in entsprechende Unterrichtsthemen verwendet werden.

Einstieg über aktuelle Probleme im Spiegel der Presse oder anderer Medien:

Gemäß seinen Zielsetzungen sollte der Physikunterricht auch gesellschaftlich relevante Probleme wie Energieversorgung, Umweltschutz, Automatisierung aufnehmen, die in der Öffentlichkeit meist kontrovers diskutiert werden. Der Einstieg kann z.B. durch Diskussion der Pro- und Kontra-Argumente erfolgen, die aus Presse, Fernsehen, Verlautbarungen der Industrie, der Interessenvertretungen und Bürgerinitiativen entnommen werden. Es gibt zahlreiche Beispiele: Einsatz alternativer, regenerierbarer Energien, Kernenergienutzung, Wiederaufarbeitung und Endlagerung von Brennelementen, Klimakatastrophe, Treibhauseffekt, Datenschutz. Die Aktualität und das öffentliche Interesse läßt eine starke Motivation der Schüler erwarten. In der Einstiegsphase kann es wegen der hohen Komplexität der Themen jedoch nur darum gehen, Fragen hauptsächlich physikalisch-technischer Art zu isolieren, zu deren Klärung der Physikunterricht einen Beitrag leisten kann. Der Physiklehrer sollte sich jedoch nicht nur darauf beschränken, sondern für Fragen, die die Grenzen des Faches überschreiten, die Zusammenarbeit mit den Kollegen von der Chemie, Biologie, Gemeinschaftskunde, Geographie oder Geschichte suchen.

4.3.2 Stufe der Schwierigkeiten

Diese Stufe schließt unmittelbar an die des Einstiegs an. Dort wurden die Schüler je nach Art des Inhalts und der darauf bezogenen methodischen Maßnahme in einen motivierenden kognitiven Konflikt gebracht. Sie haben vielleicht einen Versuch gesehen, der Überraschung, Zweifel oder Widerspruch ausgelöst hat. Oder der Lehrer hat eine motivierende Aufgabe gestellt, die im einzelnen noch nicht voll verstanden, im ganzen als nicht sofort lösbar empfunden wird. Es kann auch sein, daß der Lehrer lediglich ein Ziel angegeben hat, das neugierig macht, von den Schülern in seiner Tragweite aber noch nicht voll erfaßt werden kann, z.B. "Wir wollen heute elektrische Ströme messen und die Maßeinheit Ampere kennenlernen".
Allgemein läßt sich sagen, daß beim Einstieg ein Zustand der Lernbereitschaft erreicht werden kann, bei dem sich das zu lösende Problem, die zu erfüllende Aufgabe oder das angegebene Ziel erst in Umrissen und noch nicht für alle Schüler klar abzeichnet. *H. Roth* spricht von "Widerständen" oder "Schwierigkeiten am Lerngegenstand", die auf der Stufe der Motivation entstehen. Für den weiteren Fortgang des Unterrichts ist es nun zunächst notwendig innezuhalten, damit sich die Schüler dieser "Schwierigkeiten am Lerngegenstand" bewußt werden können. Es gilt also das zu lösende Problem zu erkennen und klar zu formulieren, die gestellte Aufgabe in ihren Anforderungen zu verstehen oder sich das gesteckte Ziel zu eigen zu machen.
Dieser Reflexion dient die "Stufe der Schwierigkeiten". Methodische Grundform ist das gelenkte Unterrichtsgespräch. Der Lehrer sollte möglichst viele Schüler daran beteiligen. Am Schluß sollte die Formulierung des Problems, der Aufgabe oder des Zieles auf jeden Fall an der Wandtafel stehen, damit die Schüler ständig vor Augen haben "worum es geht" (vgl. 6.2.1). In besonders lebhaften Phasen des Unterrichts gerät dies manchmal aus dem Blick. Dann ist es gut, wenn auf die Tafelanschrift zurückgegriffen werden kann. Der Tafeltext sollte später auch in die Merkhefte der Schüler übernommen werden.

Es kommt häufig vor, wie auch in unserer Beispielstunde (vgl. Zeile 22-24), daß einige Schüler das Problem rasch erfaßt haben und sofort mit Erklärungs- oder Lösungsversuchen aufwarten. Der Lehrer sollte sich dadurch nicht täuschen lassen und etwa daraus schließen, daß auch alle anderen Schüler das Problem erkannt hätten. Das Gegenteil ist meist der Fall, wie sich bei den manchmal großen Mühen zeigt, wenn um treffende Formulierungen gerungen wird. Der Lehrer sollte sich hierbei sehr zurückhalten und eigene Formulierungen, die er sich bei seiner Planung zurechtgelegt hat, den Schülern nicht aufnötigen wollen. Im Interesse der Schüler, insbesondere der langsamer denkenden, und im Hinblick auf einen erfolgreichen weiteren Verlauf auf den folgenden Lernstufen, sollte der Lehrer großen Wert auf ein hinlängliches Verweilen auf dieser Stufe legen und das Ringen mit den Schwierigkeiten nicht künstlich abkürzen. Bei einigen Einstiegsformen, z.B. beim Einstieg über bildliche Darstellungen, Texte oder Beobachtungsaufgaben kann es sinnvoll sein, die Stufe der Schwierigkeiten nicht nachzuordnen, sondern mit der Einstiegsphase zu verschränken. Das Unterrichtsgespräch enthält dann immer wieder Teile, in denen relevante Fragen isoliert und an der Tafel festgehalten werden. Eine übersichtliche und klare Gesprächsführung des Lehrers ist bei einer Verschränkung der Stufen natürlich Voraussetzung für das Gelingen.

4.3.3 Stufe der Lösung

Sind sich die Schüler der Schwierigkeiten am Lerngegenstand bewußt geworden, d.h. haben sie das Problem erkannt, die Aufgabe verstanden oder das Ziel erfaßt, so folgt unmittelbar eine Phase des Suchens nach einer möglichen Lösung. Sie kann von den Schülern selbst entdeckt, mit mehr oder weniger Hilfestellung gefunden oder muß in manchen Fällen vom Lehrer gegeben werden. Die Lösung behält jedoch vorläufigen und hypothetischen Charakter solange sie nicht, auf der folgenden Stufe, auf Richtigkeit geprüft ist oder sich in der Praxis bewährt hat.

Die methodische Ausgestaltung der Stufe der Lösung wird je nach Inhalt und Zielen der Unterrichtsstunde sowie nach den Lernvoraussetzungen der Schüler unterschiedlich anzulegen sein. Wir betrachten einige typische Fälle:

- *Erkennen einer Gesetzmäßigkeit*

Dieser Fall lag in unserer Beispielstunde vor (vgl. Zeilen 22-47). In Fortführung des auf der Stufe der Schwierigkeiten begonnenen Unterrichtsgesprächs äußerten die Schüler Vermutungen zu der Frage, warum sich der Tischtennisball (im heißen Wasser) wieder ausgebeult hat. Es handelt sich hier um eine Phase produktiven und selbständigen Denkens, in der Kenntnisse, Vorstellungen, Alltagserfahrungen, auch kindliche Theorien in den Vermutungen verarbeitet werden. Interessant waren z.B. Vermutungen, die das Ausbeulen mit dem Aufsteigen warmer Luft (Zeilen 28-30) oder als Folge einer "gewissen Kraft" (gemeint ist wohl so etwas wie Auftriebskraft) (Zeilen 32-34) erklären wollten. Auch das Entstehen von Wasserdampf im Ball wurde für möglich gehalten und zur Erklärung herangezogen (Zeilen 43-44). Die "richtige" Vermutung war gleich zu Anfang genannt worden (Zeilen 22-24) und wurde später in ähnlicher Weise von mehreren anderen Schülern wiederholt.

Der Lehrer sollte sich, wie hier geschehen, in dieser Gesprächsphase kommentierender oder bewertender Äußerungen enthalten, um die Meinungsbildung der Schüler nicht zu beeinflussen. Er sammelt die Vermutungen der Schüler stichwortartig an der Tafel, damit am Schluß entschieden werden kann, welche der aufgeführten Vermutungen im Experiment geprüft werden sollen. In unserem Fall schien die "richtige" Vermutung "Luft dehnt sich beim Erhitzen aus" am meisten Zustimmung gefunden zu haben. Sie wurde (unter starker Führung des Lehrers) für die experimentelle Überprüfung ausgewählt. Durch diese rasche Entscheidung ohne weitere Diskussion der übrigen Vermutungen ist den Schülern, die sie äußerten, und ihren "Anhängern" allerdings die Möglichkeit zur Einsicht in die Gründe verloren gegangen, durch die ihre Vermutungen weniger Zustimmung fanden. Eine Chance zum physikalischen Denken ist hier nicht genutzt worden. Die Zurückhaltung des Lehrers sollte also nicht so weit gehen, daß er jede vielleicht unbeholfen geäußerte Vermutung lediglich protokollmäßig übernimmt. Der Lehrer sollte die Klasse vielmehr anregen, in ein klärendes Gespräch einzutreten, durch das die Idee der Vermutung erläutert und begründet wird und von allen Schülern verstanden werden kann. Auf diese Weise fühlt sich der Schüler mit seiner Äußerung ernst genommen, der Lehrer lernt die Vorstellungen und Denkweisen seiner Schüler besser kennen und kann auf ihr physikalisches Denken behutsam Einfluß nehmen.

- *Einsicht in einen technischen Funktionszusammenhang*

  Eine besondere Art von Problemen stellt sich, wenn es darum geht, Einsicht in das Funktionieren bei technischen Sachverhalten, wie z.B. beim Otto-Motor, beim Kollektor am Elektromotor oder beim hydraulischen Wagenheber zu nehmen. Hier führen Vermutungen allein nicht zum Ziel. Die Lösung muß in solchen Fällen am technischen Gegenstand selbst, an einem Funktionsmodell oder einer Schnittzeichnung gefunden und nachvollzogen werden. Methodische Grundform ist hier das gelenkte Unterrichtsgespräch unter Verwendung geeigneter Unterrichtsmedien.

- *Einführung von Begriffen, Größen, Einheiten und Meßverfahren*

  Bei Unterrichtsinhalten dieser Art sind die Schüler meist weitgehend auf die Darlegung und Vermittlung durch den Lehrer angewiesen. Dies bedeutet allerdings nicht, daß die Schüler überwiegend rezeptiv einer geschlossenen Darbietung des Lehrers zu folgen hätten. Der Lehrer muß vielmehr auf die Definition des Begriffes, auf die Einführung einer Maßeinheit oder eines Meßverfahrens hinarbeiten, indem er den Weg dorthin in entsprechende methodische Einzelschritte zerlegt, an denen auch die Schüler aktiv teilnehmen können. In diese Schrittfolge ist schon der Einstieg und die Stufe der Schwierigkeiten mit einzubeziehen. So kann z.B. der Weg zum Begriff, zu Meßverfahren und Einheit für die Kraft (in der Physik) mit einer Betrachtung der Wirkungen verschiedener Kräfte (Änderung des Bewegungszustandes, Verformungen) beginnen und damit an die Alltagserfahrung der Schüler anknüpfen. Im nächsten Schritt werden Muskelkräfte bei der Dehnung des Expanders verglichen und anschließend zu Messungen mit dem Federkraftmesser übergeführt. Die Einheit *Newton* muß dann natürlich vom Lehrer gegeben werden. Wesentlich ist, daß den Schülern vorher Sinn und Bedeutung für die Einführung eines Meßverfahrens für die betreffende Größe klargeworden ist. Insofern stellt die Darbietung durch den Lehrer dann eine "Lösung" dar.

Die Betrachtung der drei Fälle hat gezeigt, daß die Lösung auf dieser Stufe von den Schülern weitgehend selbst gefunden, unter Anleitung des Lehrers mit Hilfe von Unterrichtsmedien erarbeitet oder vom Lehrer dargeboten werden kann. Im letzteren Fall, wenn nicht ein Problem oder eine Aufgabe vorliegt, kann nur im übertragenen Sinn von einer Lösung gesprochen werden.

Vorherrschende methodische Grundform auf dieser Stufe ist wiederum das gelenkte Unterrichtsgespräch.

4.3.4 Stufe des Tuns und Ausführens

Auf dieser Stufe gilt es, praktische Konsequenzen aus den Ergebnissen der vorhergehenden Stufe zu ziehen. Was dort als Lösungsvermutung gefunden wurde, was als Erklärung eines technischen Funktionszusammenhangs erarbeitet oder was als Begriff, Einheit, Meßverfahren neu eingeführt wurde, muß sich im praktischen Tun und Ausführen bewähren, ehe es als Einsicht als Verstehen, als Wissen oder Können zur Verfügung stehen kann. Die Stufe des Tuns und Ausführens bildet also eine für das Lernen notwendige Fortführung und Ergänzung der vorangegangenen Stufe.

Zur Frage der methodischen Ausgestaltung knüpfen wir an die betrachteten Fälle der Stufe der Lösung an:

- *Experimentelle Prüfung einer Vermutung*

  Wir gehen hier auf den grundsätzlichen Aufbau dieser Stufe näher ein in Vorwegnahme ausführlicher Erörterungen über das Experiment in Abschnitt 4.4.

  Es sind folgende drei Teilschritte zu durchlaufen: Versuchsplanung, Versuchsdurchführung und Feststellung des Ergebnisses. Diese drei Schritte waren auch bei der Analyse unserer Beispielstunde aufgefunden worden.

  a. *Versuchsplanung*: Nachdem die Schüler die zu überprüfende Vermutung weitgehend selbständig entwickelt haben, sind sie auch motiviert, einen entsprechenden Versuch zu planen und vorzuschlagen, insbesondere dann, wenn sie den Versuch später selbst durchführen können. In unserer Beispielstunde räumte ihnen der Lehrer dafür eine kurze Überlegungszeit in der Gruppe ein (vgl. Zeile 54). Hierbei

kommen wieder physikalisches und besonders auch technisch-konstruktives Denken ins Spiel, wodurch dieser Teilschritt seine besondere Bedeutung erlangt. Die Planungsvorschläge werden von den Schülern vorgestellt, mit dem erwarteten Ergebnis erläutert und in der Klasse diskutiert. Im Idealfall müßten die Schüler dann auch Gelegenheit erhalten, "ihren" Versuch durchzuführen. Das setzt allerdings voraus, daß der Lehrer die verschiedenen Varianten vorausgesehen und das nötige Gerät bereitgestellt oder schnell zur Hand hat. In der Regel läßt sich dies aber nicht verwirklichen. Der Lehrer hat sich bei seiner apparativen Vorbereitung nämlich meist auf einen bestimmten Versuchsablauf eingestellt. Er ist dann genötigt, die Vorschläge der Schüler mit einigem Geschick, z.B. durch Denkanstöße (wie in der Beispielstunde der Hinweis auf das Reifenflicken, Zeile 84), in die Bahn seines vorbereiteten Versuches zu lenken.
Die Planungsphase endet unter Mitwirkung der Schüler mit einer Skizze des Versuchs an der Tafel oder auf einem vorbereiteten Arbeitsblatt (vgl. Zeile 102 der Beispielstunde), aus der Zubehör und Aufbau zu ersehen sind. Die Versuchsdurchführung wird anhand der Skizzen, oder bei Schülerversuchen auch anhand eines "Musteraufbaus", noch einmal erörtert. Jeder Schüler muß am Schluß wissen, worauf er seine Aufmerksamkeit zu richten hat, um festzustellen, ob das erwartete Ergebnis eintritt oder nicht.

b. *Versuchsdurchführung*: Nach der gründlichen Vorbereitung im Planungsschritt erfolgt zunächst der Aufbau des Versuchs durch die Schüler, nachdem die Geräte vorher verteilt wurden. Auch im Fall eines Demonstrationsversuchs vor der Klasse sollten einzelne Schüler am Aufbau beteiligt werden. Wesentlich ist, daß der Aufbau übersichtlich angeordnet wird und daß der Ablauf des Versuchs von allen Schülern gut beobachtet werden kann. Die Beobachtungen werden mündlich oder schriftlich registriert oder, bei Meßversuchen, in einer Tabelle festgehalten.

c. *Feststellung des Ergebnisses*: Unmittelbar nach Abschluß des Versuches wird das Ergebnis im Klassengespräch festgestellt und gemeinsam formuliert. Dabei sind das Ausgangsproblem und die zu prüfende Vermutung in die Überlegungen einzubeziehen. In einfachsten Fällen, wie bei dem qualitativen Versuch in unserer Beispielstunde, ist die Entscheidung über die Richtigkeit der Vermutung unmittelbar aus den Beobachtungen abzulesen. Bei quantitativen Versuchen geht der Feststellung des Ergebnisses erst eine längere Auswertungsphase voraus. Die Tabellenwerte müssen verglichen werden, ehe das Ergebnis erkannt werden kann. Die Auswertung des Versuchs im gelenkten Unterrichtsgespräch ist meist ein mühsamer Prozeß, bei dem die Schüler auf Anleitung und Hilfe des Lehrers angewiesen sind. Dazu sollte der Lehrer die methodischen Einzelschritte dieser Auswertungsphase sorgfältig vorplanen und dabei die Lernvoraussetzungen seiner Schüler berücksichtigen. Ist das Versuchsergebnis herausgearbeitet, muß es noch in eine angemessene sprachliche Form gebracht, in manchen Fällen auch mathematisch formuliert werden. Auch hier sollte der Lehrer die Formulierungsvorschläge der Schüler aufnehmen und ihnen nicht, zur vermeintlichen Abkürzung des Verfahrens, das Mitdenken ersparen und ihnen die eigene Formulierung aufdrängen. Erst durch Mitwirkung der Schüler kann die Formulierung zu einem "Merksatz" werden, den sie mittragen und als gewonnene Erkenntnis behalten.

- *Erklärung eines technischen Funktionszusammenhangs*

  Nachdem die Einsicht in einen technischen Funktionszusammenhang im Prinzip am Funktionsmodell, an einer Schnittzeichnung o.ä. erarbeitet worden ist, soll sie sich auf dieser Stufe der Praxis bewähren. Eine Möglichkeit dazu ist gegeben, wenn die Erklärung am technischen Gerät selbst vorgenommen wird. So werden z.B. beim Kühlschrank die wesentlichen Teile der Kältemaschine aufzusuchen und in ihrem Funktionszusammenhang zu erklären sein (vgl. das Beispiel zur Elementarisierung unter dem 3. Aspekt in Abschnitt 2.2.2).

- *Verwendung neu gelernter Begriffe, Einheiten, Meßverfahren*

  Ist die "Lösung" weitgehend vom Lehrer vermittelt und dargeboten worden, wie im Falle der Kraftmessung, so müssen die Schüler durch "Tun und Ausführen" erfahren, daß sich das neu Hinzugelernte in der Praxis bewährt. In unserem Beispiel werden also Kräfte gemessen (an sinnvollen Fällen !), die Einheit *Newton* mit ihren dezimalen Vielfachen und Teilen gebraucht, der Umgang mit dem Federkraftmesser geübt; vielleicht sogar ein einfacher Federkraftmesser selbst hergestellt und kalibriert. Die Stufe des Tuns und Ausführens geht in diesem Fall sehr schnell in die des "Behaltens und Einübens" über und ist von dieser kaum sinnvoll zu trennen.

4.3.5 Stufe des Behaltens und Einübens

Das menschliche Gedächtnis ist bekanntlich so geartet, daß durch Wiederholung einer gewonnenen Verhaltens- oder Leistungsform deren Behalten wesentlich gefördert werden kann. Steigt die Häufigkeit der Wiederholungen, so spricht man auch von "Üben" oder "Einüben".

Schwerpunkt dieser Lernstufe ist also die Aufgabe, das Behalten des Gelernten durch Wiederholung in den verschiedensten Formen zu fördern.

- *Mündliche Wiederholung*: Diese Form sollte keineswegs auf das Memorieren des etwa auswendig gelernten Merksatzes hinauslaufen. Vielmehr sollten die Schüler einzeln oder im Klassengespräch aufgefordert werden, auch die wesentlichen Lern- und Denkschritte wiederzugeben, die zu dem Lernergebnis geführt haben. Der an der Tafel festgehaltene Unterrichtsverlauf oder die Tafelskizze können dabei hilfreich sein. Häufig wird die Wiederholung auch auf den Beginn der folgenden Stunde verlegt. Sie sollte dann aber nicht den Charakter des bloßen "Abfragens" annehmen, sondern in den Zusammenhang des folgenden Unterrichts einführen.
- *Merkheft*: Als sehr sinnvoll für die Wiederholung, auch für eine spätere, hat sich das Führen eines Merkheftes erwiesen. Die Schüler übernehmen in der Unterrichtsstunde den Tafeltext einschließlich der Skizzen, Tabellen usw. als Notizen und arbeiten ihn zu Hause sauber aus. Dies kann als ständige Hausaufgabe gelten, die der Lehrer regelmäßig nachsehen sollte. Von anfänglich starker Anleitung durch den Lehrer können die Schüler mehr und mehr zur selbständigen Führung ihres Merkheftes geführt werden. Für die Merkhefte haben sich Schnellhefter (DIN A 4) bewährt, in die außer den Stundenberichten auch Arbeitsblätter und weiteres Unterrichtsmaterial eingeheftet werden können.
- *Schulbuch*: Zur Wiederholung kann auch der jeweils passende Abschnitt des Schulbuchs herangezogen werden. Da der methodische Gang des Unterrichts meist nicht genau mit dem des Schulbuchs übereinstimmt, ergeben sich für die Schüler leicht Verständnisschwierigkeiten (z.B. wenn ein anderer Versuch durchgeführt wurde als der im

Buch abgebildete). Als Hausaufgabe ist die Nacharbeit im Schulbuch daran gebunden, daß auf mögliche Verständnisschwierigkeiten beim anderen Versuch vorher im Unterricht eingegangen wird. Die Schüler müssen zum Gebrauch des Schulbuches, zum Lesen und Verstehen der Texte, vom Lehrer angeleitet werden, ehe sie mehr und mehr selbständig mit dem Buch arbeiten können. Auf dieser Stufe bietet sich eine gute Gelegenheit dazu. Im Abschnitt 4.5 wird der Einsatz des Schulbuches ausführlicher behandelt.

- *Aufgaben*: Das Lösen von Aufgaben oder das Beantworten von Fragen, die unmittelbar aus dem Unterrichtsgang erwachsen sind, kann ebenfalls der Wiederholung dienen. In unserer Beispielstunde wurde, am fehlgeschlagenen Ausbeulungsversuch beim Ball mit dem Riß, der Unterrichtsgang noch einmal zurückverfolgt und die Erklärung mit Hilfe der inzwischen gewonnenen Einsicht gefunden (vgl. Zeilen 194-209). Das Schulbuch enthält meist zum Thema passende Aufgaben und Fragen, die auch als Hausaufgaben geeignet sind.
- *Einüben von Fähigkeiten und Fertigkeiten*: Typische Beispiele sind neu eingeführte Maßeinheiten und Meßverfahren. Die Einheiten mit ihren dezimalen Vielfachen und Teilen müssen besprochen, geschrieben und verwendet werden, der sachgerechte Umgang mit dem Meßgerät, das Ablesen der Skalen auch verschiedener Meßbereiche muß geübt werden. Damit die Übungen nicht in ein langweiliges "Messen um des Messens willen" ausarten, muß der Lehrer möglichst sinnvolle Aufgabenstellungen erfinden, die die Schüler zum Üben motivieren.

Die verschiedenen Formen der Wiederholung und Übung bilden nur einen Teil der Möglichkeiten, das Behalten des Gelernten im Gedächtnis zu fördern. Es müssen Formen hinzutreten, durch die das Gelernte weiter verfestigt und vertieft wird. Dies geschieht auf der folgenden Lernstufe, die die unmittelbare Fortsetzung dieser Stufe bildet.

4.3.6 Stufe des Bereitstellens, der Übertragung und der Integration

Mit den methodischen Maßnahmen dieser Stufe soll das Lernergebnis nicht nur weiter für das Behalten im Gedächtnis gesichert, sondern auch für weiteres Lernen verfügbar gemacht und bereitgestellt werden. Dazu ist einerseits erforderlich, daß das Gelernte in den bisherigen Erfahrungszusammenhang einbezogen, daß es mit früher Gelerntem verknüpft wird, d.h. daß eine Integration in die Wissensstruktur des Schülers stattfindet. Andererseits muß der Schüler Gelegenheit erhalten, das Gelernte anzuwenden, indem er es auf ähnliche oder neue Situationen überträgt, die dadurch erklärbar werden oder deren Problem mit Hilfe des Gelernten gelöst werden kann. In der Lernpsychologie wird die Übertragung des Gelernten auf neue Situationen und Aufgaben auch als Transfer bezeichnet.

Die methodischen Maßnahmen zur Integration des Gelernten müssen die "Lernvorgeschichte" der Schüler zu dem betreffenden Inhalt berücksichtigen. Bevorzugte methodische Grundform dürfte wiederum das Unterrichtsgespräch sein, gegebenenfalls unterstützt durch Unterrichtsmedien. Wenn beispielsweise die Teilchenvorstellung der Materie bereits eingeführt ist, so kann diese zur Erklärung der "Wärmeausdehnung der Luft" herangezogen werden. Hier wären bildhafte Darstellungen hilfreich einzusetzen. Die Erklärung mit der Teilchenvorstellung würde dann auch eine Verallgemeinerung auf die Volumenänderung aller Gase bei Temperaturänderungen möglich machen. Fehlt die Teilchenvorstellung, so wäre zumindest an das vielleicht bereits erfahrene Verhalten von festen Körpern und Flüssigkeiten bei Temperaturänderungen zu erinnern.

Zur Übertragung des Gelernten auf ähnliche Situationen werden die Schüler angeregt, wenn sie Beispiele aus ihrer Erfahrung finden sollen, die mit der gewonnenen Einsicht erklärt werden können. Auf diese Weise hat der Lehrer in unserer Beispielstunde die Schüler zum Transfer ihrer vorher gewonnenen Einsicht veranlaßt (vgl. Zeilen 210 - 250). Andere Möglichkeiten, die Schüler zum Transfer zu veranlassen, bilden Aufgabenstellungen der verschiedensten Art. Die Aufgaben können Erklärungen für Sachverhalte fordern, die als Situation mündlich oder schriftlich dargestellt sind oder motivierender als überraschender Versuch vorgeführt werden. Die Aufgaben können auch konstruktiv-technischer Art sein. So können die Schüler beispielsweise angeregt werden, einen wärmeempfindlichen Schalter, eine Feuerwarnanlage, eine Diebstahlssicherung zu konstruieren oder zu erfinden. Durch Aufgabenstellungen dieser Art werden neue Motivationen erzeugt, nach Lösungen gesucht, die Lösungen ausgeführt und erprobt. Es werden also neue Lernprozesse in Gang gesetzt, die mindestens die vier ersten Stufen des Lernstufenschemas durchlaufen. Auf diese Weise erfahren die Schüler, daß sie mit dem Gelernten "etwas anfangen können", daß sich das Lernen "gelohnt" hat. Sie haben zugleich den Transfer geübt. Dem Lehrer geben solche Aufgabenstellungen die Möglichkeit festzustellen, ob und in-

wieweit das Gelernte tatsächlich für neues Lernen bereitgestellt ist. Transfer-Aufgaben werden daher häufig zur Lernerfolgskontrolle eingesetzt. Dies ist jedoch nur dann zu rechtfertigen, wenn die Schüler Gelegenheit hatten, den Transfer des Gelernten an entsprechender Aufgabenstellungen schon vorher, d.h. auf dieser abschließenden Stufe des Lernprozesses, zu üben. Meist ist dazu Anleitung und Hilfe des Lehrers erforderlich. Dies umso mehr, je unterschiedlicher die Situation der Transferaufgabe von derjenigen ist, in der das Unterrichtsergebnis erarbeitet wurde. Hinzu kommt, daß diese 6. Lernstufe häufig nicht in der gleichen Unterrichtsstunde erreicht werden kann, sondern aus Zeitmangel auf die nächste Stunde verlegt werden muß.
Die Ergebnisse der Transferforschung in der Lern- und Denkpsychologie machen deutlich, daß Transferleistungen von Schülern nur an strukturverwandten Aufgaben innerhalb des jeweils begrenzten Sachgebietes erbracht werden können und auch dann nur, wenn die Übertragung im Unterricht gelehrt und geübt wird (vgl. z.B. *H. Roth* 1971). In einer mehr theoretischen Arbeit haben *Rang, Gröne* und *Hoffmann* (1975) die Möglichkeiten des Transfers im Physikunterricht erörtert. *Jung* und *Wiesner* (1980) haben in einer Untersuchung am Beispiel der Klassischen Mechanik gezeigt, welche erheblichen Schwierigkeiten auftreten, wenn Schüler die Ergebnisse des Physikunterrichts zur Erklärung alltäglicher Erscheinungen anwenden sollen. Der Transfer im Physikunterricht ist im übrigen trotz seiner großen Bedeutung noch wenig systematisch untersucht worden.

4.4 Das Experiment im Physikunterricht

4.4.1 Zur Terminologie und Klassifikation

Der Begriff "Experiment" wird in der Didaktik in einem engeren und einem weiteren Sinne gebraucht. Im engeren Sinne bezeichnet er spezielle apparative Anordnungen, die physikalische Vorgänge unter reproduzierbaren und variierbaren Bedingungen beobachtbar machen und die entwickelt werden, um Hypothesen oder Prognosen im Zusammenhang physikalischer Theorien zu prüfen. In diesem Sinn gehören Experimente zum System bewährter Methoden physikalischer Forschung, wie sie im 1. Kapitel dargestellt wurden. Im gleichen (engeren) Sinn gehören Experimente als konstitutiver Bestandteil der experimentellen Methode zu den Inhalten des Physikunterrichts, wenn es darum geht, die Schüler in die Denk- und Arbeitsweisen der Physik einzuführen und auf diesem Weg zu Erkenntnissen und Einsichten zu gelangen. Als Inhalt des Physikunterrichts wurde das Experiment im Zusammenhang mit den Grundzügen des methodischen Konzepts der Physik bis zu seinen historischen Wurzeln verfolgt und zu Beginn des 2. Kapitels behandelt.

Im weiteren Sinne wird "Experiment" als Sammelbegriff für alle im Physikunterricht eingesetzten apparativen Anordnungen verwendet, die dem Schüler eine originale Begegnung mit physikalischen oder technischen Vorgängen und Sachverhalten möglich machen. Außer den Experimenten i.e.S. fallen darunter auch solche, die nicht der Gewinnung von Erkenntnissen dienen, sondern z.B. der Veranschaulichung physikalischer oder technischer Zusammenhänge, dem Vertrautmachen mit physikalischen Phänomenen, der Vermittlung von Fakten, der Motivation, der Anwendung, Festigung oder Wiederholung der Lernergebnisse. Mit der gleichen Bedeutung wie "Experimente i.w.S." wird in der didaktischen Literatur auch der Terminus "physikalischer bzw. technischer Schulversuch" oder kurz "Versuch" gebraucht. Dieser schlichtere Terminus ist als Sammelbegriff für alle im Unterricht eingesetzten apparativen Anordnungen besser geeignet, da er eine bestimmte didaktische Absicht nicht von vornherein impliziert. Nicht jeder physikalische Schulversuch ist ein Experiment im ursprünglichen Sinne. Wohl aber ist jedes im Zusammenhang der experimentellen Methode durchgeführte Experiment ein physikalischer Schulversuch. Eine solche begriffliche Unterscheidung von "Experiment" und "Versuch" wird in der Literatur allerdings meist nicht durchgehalten.

Jeder physikalische bzw. technische Versuch wird im Unterricht mit einer bestimmten didaktischen Absicht eingesetzt. Er erfüllt, wie wir bereits gesehen haben, eine bestimmte methodische Funktion und kann auf allen Stufen im Unterrichtsprozeß eingesetzt werden. Der Versuch ist somit als das wichtigste, den Physikunterricht geradezu kennzeichnende Unterrichtsmedium anzusehen. Unter dem medialen Aspekt wird die Funktion der Versuche meist durch entsprechende Wortverbindungen gekennzeichnet. Versuche werden danach z.B. als Einführungsversuche, Überraschungsversuche, Schauversuche, Erkenntnisversuche, Entwicklungsversuche, Bestätigungsversuche, als Anwendungsversuche oder als Wiederholungsversuche bezeichnet. Eine Klassifikation aller Schulversuche mit Hilfe der genannten Begriffe ist jedoch nicht möglich, da ein und der-

selbe Versuch je nach didaktischer Absicht verschiedenen Begriffen zugeordnet werden kann.
Für didaktische Überlegungen kann es zweckmäßig sein, eine systematische Ordnung der Schulversuche vorzunehmen. Eine Möglichkeit der Klassifikation ergibt sich, wenn man die Versuche nach der Art der Repräsentation des physikalischen oder technischen Sachverhalts einteilt. Je nachdem, ob der physikalische oder technische Sachverhalt original oder modellhaft repräsentiert wird, sind die beiden großen Klassen der Originalversuche und der Modellversuche zu unterscheiden.
Als Originalversuche bezeichnen wir Abläufe an und mit apparativen Anordnungen, die den physikalischen Sachverhalt, das Phänomen, den gesetzmäßigen Zusammenhang mittelbar oder unmittelbar beobachtbar machen. Die meisten Versuche in den Themengebieten der Schulphysik sind solche Originalversuche. Je nachdem, ob der Sachverhalt unmittelbar beobachtet werden kann, wie z.B. bei dem Versuch zur Wärmeausdehnung der Luft in unserer Beispielstunde, oder ob Meßinstrumente eingesetzt werden, wie z.B. bei der Bestimmung des elektrischen Widerstandes aus Strom und Spannung, unterscheiden wir qualitative und quantitative Originalversuche. Auch Versuche mit und an technischen Geräten, wie z.B. am Photoapparat, am Fahrrad, an und mit elektronischen Bauteilen und Schaltungen, können als Originalversuche bezeichnet werden.
Im Unterschied zu den Originalversuchen wird bei den Modellversuchen anstelle des originalen physikalischen oder technischen Objektes ein Ersatzobjekt verwendet, das Analogien zum Original aufweist. Am bekanntesten sind Versuche mit technischen Funktionsmodellen wie z.B. mit dem Modell eines Elektromotors, Benzinmotors, dem Modell einer Saug- und Druckpumpe oder eines Flaschenzugs. Es gibt aber auch Versuche mit physikalischen Modellen, die der Veranschaulichung nicht beobachtbarer Objekte dienen. So kann z.B. ein Modellgas durch kleine Stahlkugeln veranschaulicht werden, die als "Gasmoleküle" von einem rasch hin- und hergehenden Stempel in Bewegung gehalten werden. Elementarmagnete lassen sich durch in einem Glasrohr eingeschlossene grobe Eisenfeilspäne veranschaulichen.

Die folgende Graphik gibt einen Überblick über die Klassifikation der Versuche nach Art der Repräsentation des physikalischen oder technischen Sachverhalts:

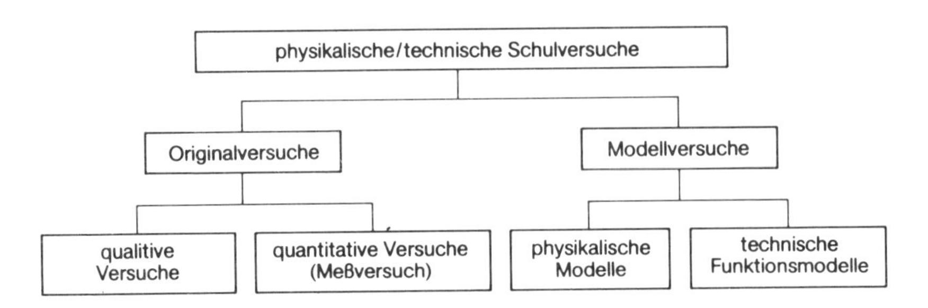

Eine weitere Möglichkeit zur Klassifikation von Schulversuchen ergibt sich, wenn man die Versuche unter dem Gesichtspunkt ihres apparativen Aufbaus betrachtet. So unterscheidet man z.B. Aufbauversuche (die aus vielfältig verwendbaren Aufbauteilen der Lehrmittelfirmen zusammengesetzt werden) von Versuchen mit Fertiggeräten (Beispiel: Kugel-Ring-Versuch zur Wärmeausdehnung der Metalle) oder von Freihandversuchen. Diese und weitere Versuchstypen werden im Kapitel über Unterrichtsmedien ausführlicher behandelt.

4.4.2 Der Lehrerversuch

Die meisten Versuche im Physikunterricht werden vom Lehrer vor der Klasse durchgeführt. Damit ist eine bestimmte Rollenverteilung zwangsläufig vorgegeben. Der Lehrer findet sich in der Rolle des Vorführenden, des Vormachenden und Vorzeigenden, die Schüler in der Rolle des interessierten, aber mehr oder weniger passiven Zuschauers. Vom Lehrer vorgeführte Versuche wurden daher in der Tradition des Physikunterrichts auch als Demonstrationsversuche bezeichnet. Aus unseren bisherigen Überlegungen über den Einsatz von Versuchen als Unterrichtsmedium (vgl. Abschn. 4.3) sollte deutlich geworden sein, daß die vorgegebene Rollenverteilung beim Lehrerversuch aufgehoben oder zumindest abgemildert werden kann, wenn der Lehrer den Versuch in den Lernprozeß einbezieht und die Schüler dabei aktiv an den Vorüberlegungen und Planungen des Versuches beteiligt. Die Schüler sehen sich dann nicht mehr nur in der Rolle des passiven Zu-

schauers, sondern als beteiligte und geistig aktive Beobachter des Versuchsgeschehens.
Aus den besonderen Bedingungen, unter denen der Lehrerversuch steht, ergeben sich eine Reihe von Maßnahmen und Regeln, die bei der Vorbereitung und Ausführung der Versuche beachtet werden sollten.
Die Gerätesammlung mit den entsprechenden Versuchsanleitungen, Schulbücher und Experimentierliteratur schlagen meist verschiedene Möglichkeiten von Versuchsaufbauten für den gleichen Sachverhalt vor. Der Lehrer sollte denjenigen Versuch auswählen, den er für seine Schüler nach Anschaulichkeit, Einfachheit und Durchschaubarkeit für den am geeignetsten hält. Hier kommen alle Aspekte der Elementarisierung zum Tragen, wie wir sie in Abschnitt 2.2.2 dargelegt haben. Auch Varianten der Versuche und vorhersehbare Vorschläge der Schüler für die Versuchsplanung bei Experimenten sollten mit bedacht werden. Rational konstruierte und perfektionierte Geräte der Lehrmittelfirmen legen meist äußerlich elegante Versuchsaufbauten nahe, die sichere Ergebnisse garantieren. Dem Schüler müssen sie aber häufig fremd und lebensfern erscheinen. Der Lehrer sollte einer solchen abstrakten Labor- und Apparatephysik entgegenwirken, indem er z.B. durch Verwendung von Alltagsgeräten in Vorversuchen den Bezug zur Lebenswelt der Schüler herstellt und dann erst die Geräte aus der Sammlung einsetzt.
Jeder Versuch, der im Unterricht ausgeführt werden soll, bedarf der vorherigen sorgfältigen *Vorbereitung und Erprobung*. Selbst der erfahrenste Experimentator muß mit der "Tücke des Objekts" rechnen. Bei der Vorbereitung der Versuche sind zwei Phasen zu unterscheiden. In der *ersten Phase* geht es darum, den Versuch funktionsgerecht aufzubauen und den Effekt, die Sache, auf die es ankommt, deutlich erkennbar zu erzeugen und beobachtbar zu machen. Dazu gehört z.B. die passende Wahl der Geräte, Materialien und Meßbereiche. Auch mögliche Varianten des Versuchs, die vom Schüler vorgeschlagen werden könnten, sind bereitzustellen und zu erproben. Funktioniert der Versuch einwandfrei, so gilt die *zweite Phase* dem Versuchsaufbau aus der Sicht des Schülers. Am besten im Unterrichtsraum selbst ist zu prüfen, ob der Versuchsablauf von allen, auch den hinteren Plätzen aus gut beobachtet werden kann. Die Versuchsanordnung muß für die Schüler durchschaubar aufgebaut werden: Eine vertikale Anordnung der Geräte mit Hilfe von Stelltischen o.ä. ist einer horizontalen, auf der Ebene des Experimentiertisches vorzuziehen. Das gilt besonders bei Versuchen in der Elektrizitätslehre. Hier sollte außerdem beachtet werden, daß die Schaltskizze an

der Tafel mit dem Versuchsaufbau übereinstimmt. Bei der Schaltung sollten möglichst kurze Leitungen verlegt und Schleifen vermieden werden. Für verschiedene Stromkreise erhöhen Kabel unterschiedlicher Farbe die Übersicht.
Durch Projektion und andere apparative Hilfsmittel (z.B. temperaturempfindliches Farbpapier in der Wärmelehre) muß die Sichtbarkeit der wesentlichen Teile des Versuches für die Schüler gewährleistet werden. Bei einer Folge von Versuchen sollte die Reihenfolge des Ablaufs aus Schülersicht von links nach rechts erfolgen. "Stehen" die Versuche und sind sie in der schülergemäßen Form noch einmal durchprobiert worden, so endet diese Vorbereitungsphase mit dem Entwurf einer Tafelskizze, die den Aufbau der Versuche in gleicher Anordnung wie auf dem Lehrertisch wiedergibt. Dazu gehört auch der Entwurf zweckmäßiger Tabellen für die Meß- und Beobachtungsergebnisse.
Nach einer so sorgfältigen Vorbereitung sollte die *Durchführung der Versuche* im Unterricht keine Schwierigkeiten mehr bereiten. Zu bedenken ist dabei jedoch, daß die Versuchsanordnung für die Schüler in vielen Fällen neu ist und nicht sofort durchschaut werden kann. Der Lehrer sollte daher großen Wert darauf legen, die Schüler mit den einzelnen Teilen der Versuchsanordnung vertraut zu machen und dabei die Aufmerksamkeit auf jene Teile zu lenken, an denen sich der Versuchsablauf vollzieht. Der Schüler muß wissen, was er in dem komplexen Geschehen beobachten soll. Am besten geschieht dies, wenn der Versuch unter Beteiligung der Schüler aus dem Unterricht herauswächst und vor den Augen und unter Mitwirkung der Schüler aufgebaut wird. Insbesondere bei Versuchen in der Funktion von Experimenten sollten die Schüler in der Planungs- und Durchführungsphase auch eigene Vorschläge verwirklichen dürfen. Improvisation ist hierbei vielfach vonnöten und geboten. Auch "Mißerfolge" können dem Lernprozeß förderlich sein. Fertig aufgebaute Versuche, die auf fahrbaren Tischen hereingerollt werden oder auf dem Lehrertisch stehen, sollten die Ausnahme bleiben.
Zu jedem Versuch gehört eine übersichtliche Tafelzeichnung, die parallel zum Versuch angelegt und ergänzt wird.

4.4.3 *Der Schülerversuch*

Der von ihm selbst durchgeführte Versuch bringt den Schüler zur unmittelbaren Begegnung mit den physikalischen oder technischen Vorgängen und Zusammenhängen. Der Schüler wird zum selbst verantwortlich Handelnden, der das Versuchsgeschehen in Gang setzen, beeinflussen und mit allen Sinnen wahrnehmen und beobachten kann. Die eher rezeptive Haltung, die er beim Lehrerversuch einzunehmen genötigt ist, wandelt sich zu einer Haltung des aktiven und produktiven Tuns. Die verantwortliche Selbsttätigkeit bei Schülerversuchen weckt und fördert das Interesse und ruft eine starke Motivation hervor. Gerade dadurch erhält der Schülerversuch seine besondere, erziehliche und das Lernen fördernde Bedeutung im Physikunterricht. Trotz dieser erheblichen Vorzüge gegenüber dem Lehrerversuch läßt sich der Physikunterricht nicht ausschließlich auf Schülerversuche stützen, wie dies von einigen Didaktikern in der lebhaften Diskussion um die Schülerversuche in den 50er und 60er Jahren gefordert und verfochten wurde (vgl. z.B. *Mothes* 1957, 43 ff.). Der hohe Aufwand an Versuchsgerät und vor allen Dingen der größere Bedarf an Unterrichtszeit führt dazu, daß viele Lehrer Schülerversuche selten oder nie durchführen. Dennoch sollte der Lehrer im Interesse seiner Schüler bestrebt sein, den Anteil an Schülerversuchen möglichst hoch zu halten.

Der Schülerversuch kann ebenso wie der Lehrerversuch je nach Inhalt und didaktischer Absicht prinzipiell auf allen Stufen des Unterrichtsprozesses eingesetzt werden. Der Haupteinsatzbereich liegt aber auf der Stufe des Tuns und Ausführens, wenn der Schülerversuch z.B. als Experiment zur Prüfung einer vorher aufgestellten Vermutung eingesetzt wird, wenn planmäßige Untersuchungen durchgeführt werden oder wenn Phänomene zu beobachten sind. Wesentlich ist, daß jeder Schülerversuch in den methodischen Gang des Unterrichts einbezogen wird. Das ist nicht anders als beim Lehrerversuch. Zu Beginn dieses Jahrhunderts, als das Selbstexperimentieren der Schüler im Anschluß an die *Meraner Reformvorschläge* (1905) zuerst in den Gymnasien Eingang fand, sprach man von "Schülerübungen". In der Tat wurde anfangs, parallel zum frontalen Demonstrationsunterricht, ein sogenannter Übungsunterricht eingerichtet, in dem das exakte Beobachten und die Fertigkeiten des Experimentierens und Messens an Beispielen aus dem regulären Physikunterricht regelrecht geübt wurden. Noch heute wird der Ausdruck "Schülerübungen" statt Schülerversuche oder -experimente gelegentlich verwendet, obwohl das Üben bei Schülerversuchen längst nicht

mehr im Vordergrund steht. Dabei soll nicht verkannt werden, daß es vielen Schülern besonders in den unteren Klassen an Experimentiergeschick fehlt und daß sie deshalb an den passenden Stellen die Handhabung der Geräte, das Ablesen von Skalen, den Gebrauch von Klemmen und Stativmaterial erlernen und einüben müssen.
Es gibt zwei Arbeitsformen bei der Durchführung von Schülerversuchen: Die arbeitsgleiche und die arbeitsteilige Form. Bei der *arbeitsgleichen* Form führen alle Schülergruppen den gleichen Versuch mit der gleichen Versuchsanordnung durch. Die Versuchsergebnisse sind dann ähnlich und lassen sich im Klassengespräch diskutieren. *Arbeitsteilig* kann gelegentlich vorgegangen werden, wenn die Schülergruppen mit der gleichen Versuchsanordnung verschiedene Materialien untersuchen sollen. Arbeitsteilig läßt sich z.B. der spezifische Widerstand verschiedener Metalle bestimmen. Die unterschiedlichen Ergebnisse werden dann in einer Tafeltabelle zusammengetragen. Ob sich die Zeitersparnis beim arbeitsteiligen Vorgehen "lohnt", muß im Einzelfall entschieden werden. Die Schüler übernehmen häufig unzuverlässige Ergebnisse anderer Gruppen. Ihre Nachprüfung läßt den Zeitgewinn wieder verlorengehen. Es kann auch sinnvoll sein, daß jede Schülergruppe die Eigenschaften verschiedener Materialien neben- oder nacheinander untersucht und selbst unmittelbar vergleichen kann (z.B. die Wärmeausdehnung verschiedener Flüssigkeiten). In solchen Fällen ist die arbeitsgleiche Form vorzuziehen.
Zwei weitere Arbeitsformen mit Schülerversuchen sollen noch genannt werden, obwohl sie nur in Ausnahmefällen und in den oberen Klassen Anwendung finden können. Bei der ersten Arbeitsform wird der gleiche physikalische Sachverhalt mit unterschiedlichen Versuchsanordnungen (z.B. nach den Vorschlägen der Schüler) in getrennten Gruppen untersucht und dann gemeinschaftlich die verschiedenen Arbeitsergebnisse diskutiert (sog. getrennt-gemeinschaftliche Arbeitsform). Für den Lehrer wird es schwierig, mehrere Arbeitsgruppen mit verschiedenen Versuchsanordnungen zu beraten und zu betreuen. Dies gilt erst recht für die zweite, die regellose Arbeitsform, in der die Schülergruppen nach Art eines physikalischen Praktikums meist nach schriftlichen Anleitungen Versuche aus verschiedenen Gebieten der Schulphysik ausführen.
Schließlich sind noch die *Schülerhausversuche* zu erwähnen. Sie sollten ebenfalls aus dem Unterricht erwachsen und seiner Vor- oder Nachbereitung dienen. Die Versuchsaufträge sollten einfach und mit häuslichen Mitteln durchführbar sein. So kann der Lehrer z.B. beim Thema "Kühlschrank"

Temperaturmessungen an verschiedenen Stellen im Inneren des häuslichen Kühlschranks durchführen lassen. Auch zu kleinen Werkaufgaben, wie z.B. Selbstbau einer Briefwaage, einer elektrischen Wechselschaltung oder eines Elektromotors, können die Schüler angeregt werden. Hausversuche können zur Freude am Physikunterricht wesentlich beitragen und das Interesse auch über die Schule hinaus fördern und wachhalten.
Physikunterricht mit Schülerversuchen stellen an den Lehrer, sein pädagogisches Geschick und Organisationstalent und an die Arbeitshaltung und Disziplin der Schüler erheblich höhere Anforderungen als der Unterricht mit Lehrerversuchen. Damit der Unterricht zu befriedigenden Ergebnissen führen und seine erzieherischen Aufgaben erfüllen kann, sollten einige Überlegungen und Regeln Beachtung finden, die im folgenden dargestellt werden:
Schülerversuche sollten in der Regel in Gruppen durchgeführt werden, um die Kommunikation von vornherein mit vorzusehen. Eine gewisse "Arbeitsunruhe" ist also bei Schülerversuchen nicht nur unvermeidlich, sondern sogar erwünscht. Die Zahl der in einer Gruppe arbeitenden Schüler ist natürlich von der Ausstattung der Schule mit Versuchsgerät und der Klassenstärke abhängig. Als für die Arbeit am günstigsten hat sich die *Zweiergruppe* erwiesen. Hier regelt sich die Aufgabenverteilung gleichsam partnerschaftlich von selbst. Bei der *Dreiergruppe* sind bereits Absprachen der Schüler untereinander nötig, wer den Versuch aufbaut, wer ihn durchführt, wer Beobachtungen notiert und Meßwerte abliest und aufschreibt. Die *Vierergruppe* macht Regelungen über die Arbeitsverteilung zwingend nötig. Unter Umständen muß der Lehrer eingreifen, damit nicht einzelne Schüler beschäftigungslos abgekoppelt werden. Auch die Sitzordnung spielt in der Vierergruppe für die Zusammenarbeit die größte Rolle. Vier Schüler nebeneinander am Tisch sitzend können weder gut beobachten noch ohne Schwierigkeiten miteinander sprechen. Als Abhilfe muß der Lehrer andere, die Kommunikation fördernde Sitzordnungen überlegen (vgl. hierzu auch Abschn. 6.5).
Die Zusammensetzung der Gruppen überläßt der Lehrer in der Regel den Schülern selbst. Er sollte nur dann verändernd eingreifen, wenn in einer Gruppe das natürliche Leistungsgefälle gestört ist, d.h. wenn sich in einer Gruppe nur schwache oder nur leistungsstarke Schüler zusammenfinden. Die Schüler sollten zu Toleranz und Hilfe für die Schwächeren erzogen werden. Das Eingreifen des Lehrers wird auch nötig sein, wenn sich in einer Gruppe zu viel Konflikt- und Störpotential ansammelt.

Das Gelingen der Schülerversuche steht und fällt mit einer guten Anleitung für Aufbau und Durchführung. Am einfachsten läßt sie sich gestalten, wenn alle Schüler den gleichen Versuch ausführen sollen (arbeitsgleiche Form). Im Klassengespräch wird Aufbau und Durchführung des Versuchs geplant. Ein Musteraufbau mit Schülergerät, eine Tafelskizze oder ein vorbereitetes Arbeitsblatt können dabei behilflich sein (vgl. die Planungsphase in unserer Beispielstunde).
Soll arbeitsteilig verfahren werden, so wird die Planungsphase ganz ähnlich verlaufen.
Sollten die Schülergruppen unterschiedliche Versuche durchführen (getrennt-gemeinschaftliche oder regellose Arbeitsform), so muß die Planungsphase weitgehend in die Schülergruppen selbst verlegt werden. Die Schüler gehen meist nach gedruckten Arbeitsanweisungen vor, die von den Lehrmittelfirmen für ihre Schülerversuchsgeräte entwickelt und beigegeben werden. Das weitgehend selbständige Umsetzen der Anleitung in einen funktionierenden Versuch, dem dann noch die Auswertung nach Arbeitsblatt folgen soll, stellt die Schüler meist vor erhebliche Probleme, die sie ohne tatkräftige Unterstützung des Lehrers nicht lösen können.
Nach der Planungsphase muß das Gerät und Zubehör an die Arbeitsplätze der Schüler gelangen. Es versteht sich von selbst, daß der Lehrer den Schülerversuch vorher erprobt und das Gerät für die ganze Klasse bereitgestellt hat. Dabei kann er entweder den Gerätesatz für jeden Arbeitsplatz auf einem Tablett zusammenstellen oder, weniger aufwendig, die Sammelkästen für die einzelnen Zubehörteile dem Sammlungsschrank entnehmen und bereitstellen. Im ersten Falle läßt jede Arbeitsgruppe durch einen Schüler ihr Tablett abholen. Das ist zwar im Unterricht zeitsparend, erfordert aber nach der Stunde beim Wiedereinordnen der Geräte einen erheblichen Zeitaufwand.
Im zweiten Fall hat sich folgendes Vorgehen als zweckmäßig erwiesen: Jeweils ein Schüler wird für ein oder mehrere Zubehörteile aus einem Sammelkasten verantwortlich eingeteilt. Er gibt die Teile an die Schülergruppen aus und sammelt sie am Ende der Stunde auch wieder ein. Dadurch läßt sich die ursprüngliche Ordnung leicht wieder herstellen. Außerdem werden aufgetretene Mängel oder Beschädigungen sofort entdeckt.
Die Versorgung der Arbeitsplätze mit Gerät nach dem Muster des Selbstbedienungsladens ist zwar prinzipiell auch möglich, führt aber zu erheblicher Unruhe, wenn sie vom Lehrer nicht straff organisiert wird.

4.5 Das Schulbuch im Unterricht

4.5.1 Methodischer Einsatz

Physikschulbücher sind so angelegt, daß sie einerseits in den Unterrichtsprozeß einbezogen, andererseits zu häuslicher Arbeit verwendet werden können (vgl. auch den Abschn. 6.3). Im methodischen Gang des Unterrichts kann das Buch je nach dem zu behandelnden Inhalt auf allen methodischen Stufen eingesetzt werden. Es dient hier vorwiegend als Unterrichtsmedium. Der Lehrer sollte die Möglichkeiten des Buchs von vornherein in seine Unterrichtsplanung einbeziehen und dabei die Vorschläge und Anregungen nutzen, die in den meist zum Buch gehörenden Lehrerbänden gegeben werden. Er sollte das Schulbuch aber im allgemeinen nicht als komplette Vorlage für seinen Unterricht betrachten. Möglichkeiten für die Verwendung des Buchs im Unterricht sind:

- Durcharbeiten ausgewählter Abschnitte in Einzel- oder Partnerarbeit mit anschließender Besprechung, z.B. einleitende Abschnitte mit Berichten aus der Berufs- und Arbeitswelt, historische Darstellungen, Lebensbilder bedeutender Forscher und Erfinder.
- Diskussion einzelner Abbildungen als Einstieg.
- Erarbeitung technischer Zusammenhänge anhand von Schnittzeichnungen oder schematischen Darstellungen.
- Diskussion und Auswertung von Tabellen und graphischen Darstellungen.
- Anleitung für die Anlage von Tabellen und Graphen.
- Nutzung des Sachwort- und Inhaltsverzeichnisses.
- Bearbeitung von Aufgaben und Fragen im Klassengespräch.
- Anleitung zur Durchführung und Beschreibung von Lehrer- und Schülerversuchen.
- Nacharbeit des im Unterricht behandelten Inhalts auf der Stufe des Behaltens und Einübens.

Die Verwendung des Buchs im Unterricht wird sich in der einzelnen Stunde schon aus Zeitgründen auf die eine oder andere Möglichkeit beschränken müssen. Der Lehrer sollte aber nicht ganz darauf verzichten, wird doch auf diese Weise auch die mehr selbständige Arbeit des Schülers mit dem Buch zu Hause angeleitet und unterstützt.

Für die häusliche Arbeit mit dem Buch sind hauptsächlich folgende Möglichkeiten gegeben:

- Nacharbeit zur Ergänzung und Vertiefung des Unterrichts.
- Lösung von Aufgaben und Fragen.
- Durchführung von Hausversuchen und Bastelarbeiten.
- Hilfen für das Führen des Merkheftes.
- Wiederholung größerer Unterrichtsabschnitte.
- Nachschlagen zur Information über Themen, die im Unterricht nicht behandelt wurden.
- Vorbereitung von Schülerreferaten.

4.5.2 Anleitung zum selbständigen Arbeiten

Außer der unterstützenden und ergänzenden Funktion für den Unterricht kommt dem Physikschulbuch aber noch eine wichtige eigenständige Funktion zu: Durch den Gebrauch des Schulbuchs kann und soll der Schüler lernen, naturwissenschaftlich-technische Texte mehr und mehr selbständig zu lesen, zu verarbeiten und zu verstehen. Derartigen Texten begegnet er im Alltag, in den Informationsmedien, in der späteren Berufsausbildung und in der technisierten Arbeitswelt sein ganzes Leben lang. Die Schüler zum lebenslangen Weiterlernen zu befähigen, ist ein wichtiges Ziel von Schule überhaupt. Der Physikunterricht kann einen wesentlichen Beitrag dazu leisten gerade für diejenigen Schüler, die später nicht in naturwissenschaftlich-technischen Berufen tätig sein werden.
Wenn die Schüler befähigt werden sollen, mehr und mehr selbständig mit dem Buch zu arbeiten, so müssen sie dazu vom Lehrer angeleitet werden. Die häufig gegebene Aufforderung: "Lest Euch das zu Hause nochmal durch", reicht dafür sicher nicht aus. Der Unterricht verläuft in der Regel nicht deckungsgleich mit dem Buch. Daher bedeutet eine solche Aufforderung (falls sie überhaupt befolgt wird) für viele Schüler eine schwierige Transformationsleistung. Der zugehörige Textabschnitt aus dem Buch sollte daher auf der Grundlage des eben vorangegangenen Unterrichts mit den

Schülern anfangs häufiger aufgesucht, gelesen und besprochen werden. Der Lehrer lernt auf diese Weise die Schwierigkeiten seiner Schüler bei der Textverarbeitung kennen und zeigt Wege, sie zu beheben. Die Schüler werden mehr und mehr im Umgang mit dem Buch vertraut gemacht und vertiefen zugleich das Gelernte. Die Lernwirksamkeit kann wesentlich gesteigert werden, wenn den Schülern bei den Besprechungen der Buchabschnitte zugleich eine "Lernstrategie" vermittelt wird. Sie läßt sich auch bei unbekannten Texten anwenden und kann damit die Fähigkeit "autonom" zu lernen (*Weltner* 1978), wesentlich fördern.
Lernstrategieprogramme zur Verarbeitung von Texten sind in den letzten Jahren mehrfach entwickelt worden (vgl. z.B. *Dansereau* et al. 1979, *Weltner* 1978). Sie umfassen eine größere Zahl einzelner Schritte und sind daher zwar lernwirksam aber recht schwerfällig in der Handhabung. Für jüngere Schüler hat *W. Schulte* (1986) zwei Lernstrategien entwickelt und an Physikschulbuchtexten in der Haupt- und Realschule erprobt. Er konnte eine deutliche Verbesserung der Lernleistungen gegenüber nicht instruierten Schülern nachweisen. Wegen ihrer leichten Handhabbarkeit seien die Anleitungen für die Schüler hier wiedergegeben:

Typ I

1. Lies Dir die Seite ganz durch, um einen Überblick zu bekommen.
2. Stelle zu jedem Textabsatz eine Frage und schreibe sie auf (z.B. Wie ..., Was ..., Warum ...).
3. Versuche nun, Deine Fragen im Kopf zu beantworten.
   - Dazu lies Dir die einzelnen Absätze nochmal genau durch!
   - Findest Du einen Hinweis auf ein Bild, dann schau es Dir sofort an!
4. Schreibe die wichtigste Aussage des Textes auf.

Während Typ I für das Lernen aus Texten allgemein angewendet werden kann, ist der Typ II speziell für naturwissenschaftlich-technische Texte entwickelt worden. Derartige Texte weisen im allgemein eine hierarchische Struktur auf. Das Verfahren zielt darauf ab, diese Textstruktur aufzufinden und in die Wissensstruktur der Schüler, diese verändernd, einzuordnen.

Typ II

1. Lies Dir die Seite ganz durch, um einen Überblick zu bekommen.
2. Sieh Dir die Überschrift an und suche die wichtigste Aussage heraus, die zur Überschrift paßt. Es ist der Kernsatz. Unterstreiche den Kernsatz doppelt.
3. Suche jetzt Aussagen, die nicht so wichtig sind, wie der Kernsatz, aber dennoch wichtig. Unterstreiche diese wichtigen Aussagen einfach.
4. Suche nun Aussagen, die Einzelheiten oder Beispiele betreffen und unterstreiche sie gestrichelt.
5. Unbedeutende Aussagen werden nicht unterstrichen. Sie gehören in den "Abfalleimer".

Das Verfahren wird außerdem symbolisch dargestellt:

Dieses einfache Unterstreichungsverfahren, das zudem auf schriftliche Äußerungen verzichtet, hat bei den empirischen Untersuchungen zu noch besseren Lernergebnissen geführt als das Verfahren nach Typ I.

Es versteht sich, daß die beiden Verfahren von den Schülern nicht "von selbst" übernommen und angewendet werden (etwa nach Diktieren der einzelnen Verfahrensschritte), sondern daß die Lernstrategien erläutert und an passenden Beispielen eingeübt werden müssen.

4.6 Beurteilung und Bewertung der Schülerleistungen

4.6.1 Beurteilen, eine Aufgabe des Lehrers

Seit jeher ist mit dem Lehren auch die Aufgabe des Beurteilens der Schülerleistungen verbunden. Diese Aufgabe ist dem Lehrer im öffentlichen Schulwesen sogar als die Verpflichtung auferlegt, eine differenzierte Leistungsbeurteilung der Schüler vorzunehmen und in Form von Schulnoten auszudrücken. Schulnoten sind von großer Bedeutung für Schullaufbahnentscheidungen, für die Berufsausbildung und für die soziale Stellung in der Gesellschaft. Daher werden staatliche Regelungen der Schülerbeurteilung allgemein akzeptiert. Eine Fülle von Verordnungen und Erlassen über Notenstufen, Schriftliche Arbeiten, Zeugnisse, Versetzungen, Übergänge, Abschlüsse u.ä. bilden den verwaltungsrechtlichen Rahmen, innerhalb dessen sich das Beurteilungshandeln des Lehrers zu bewegen hat. Über die Verfahren zur Schülerbeurteilung und über die anzulegenden Maßstäbe sind in den staatlichen Vorgaben allerdings nur wenige und vage Hinweise gegeben. Auch in den Rahmenrichtlinien der Bundesländer finden sich nur wenige allgemeine, aber kaum fachspezifische Hinweise für die Leistungsbeurteilung. So bleibt die Beurteilung und Bewertung der einzelnen Schülerleistung durch eine Note oder die Festlegung der Zeugnisnote also allein Sache des Lehrers. Er hat sie im Rahmen seiner didaktischen und methodischen Freiheit in eigener pädagogischer Verantwortung für den einzelnen Schüler vorzunehmen. Dies aber gehört zu den am schwierigsten zu erfüllenden Dienstaufgaben des Lehrers, zumal die Leistungsbeurteilung in der Schule allgemein umstritten ist. Hauptkritikpunkte sind die Subjektivität des Lehrerurteils und die mangelnde Vergleichbarkeit der Zensuren.
Unter dem Einfluß der Testpsychologie, die in den 60er Jahren in der Bundesrepublik mehr und mehr Geltung erlangte, hat insbesondere *Ingenkamp* (1970) die "Fragwürdigkeit der Zensurengebung" an vielen Untersuchungen nachgewiesen und gezeigt, daß die herkömmlichen subjektiven Beurtei-

lungsverfahren den Testgütekriterien Objektivität, Zuverlässigkeit und Gültigkeit nicht standhalten können.
Vom Standpunkt der Vergleichbarkeit der Zensuren wurden weitere wesentliche Mängel der Zensurengebung aufgedeckt und durch Untersuchungen belegt (vgl. z.B. *Schwarzer/Schwarzer* 1977):

- Zensuren sind über den Klassenrahmen hinaus nicht vergleichbar.
- Im Gegensatz zu den sog. "Selektionsfächern" Deutsch, Mathematik, Fremdsprachen mit größerem Stundenanteil wird in den Sach- und Gestaltungsfächern mit geringerer Stundenzahl weniger streng zensiert.
- Beliebte und brave Schüler werden besser zensiert als unbeliebte und undisziplinierte Schüler. Unterschiedlich werden auch Schüler verschiedener sozialer Schichten bewertet.
- Mädchen erhalten im Durchschnitt bessere Noten als Jungen.
- Urteilsverzerrungen treten auf durch Tendenzen in den Urteilen einzelner Lehrer, z.B. "Tendenz zur Mitte der Notenskala" (Häufung der Note "befriedigend").
- Bei der Beurteilung spielen einfache "implizite Persönlichkeitstheorien" über Schüler eine Rolle, die sich hauptsächlich an den beiden Merkmalen Begabung (i.S.v. schulbezogener Intelligenz) und Arbeitshaltung (i.S.v. Anstrengungsbereitschaft und -fähigkeit) orientieren. Als Indikatoren werden bei der Schülerbeobachtung bevorzugt vereinfachte Merkmalspaare verwendet. Für die Begabung z.B. intelligent/dumm, einfallsreich/einfallslos, aufgeweckt/träge, interessiert/uninteressiert. Für die Arbeitshaltung z.B. fleißig/faul, zuverlässig/unzuverlässig, konzentriert/unkonzentriert, aufmerksam/unaufmerksam, ordentlich/unordentlich, ehrgeizig/gleichgültig.
- Kritisiert wird darüber hinaus, daß die Noten oft wie exakte Meßwerte behandelt und z.B. zu Mittelwerten verrechnet werden, als sei die Notenskala eine Intervallskala mit gleichen Abständen zwischen den Noten. Es wird dabei nicht beachtet, daß es sich hier lediglich um eine Schätzskala handelt mit Rang- oder Ordinalskalenniveau. So kann die Note "befriedigend" z.B. näher bei der Note "gut" liegen oder auch dicht an "ausreichend" grenzen. Damit verbietet es sich, z.B. aus den Noten einzelner schriftlicher Arbeiten einen Mittelwert für die Zeugniszensur zu errechnen.

Die kritischen Einwände und durch Untersuchungen belegten Mängel in der Bewertungspraxis haben bewußt gemacht, daß die Schulnoten der gesellschaftlichen und verwaltungsrechtlichen Forderung nach überregionaler Vergleichbarkeit nicht gerecht werden können, trotz bundeseinheitlicher Notendefinition im *Hamburger Abkommen* (1964), trotz vereinheitlichter Lehrpläne und Stundentafeln. Einen Höhepunkt erreichte die Diskussion um die Beurteilungspraxis gegen Ende der 60er Jahre. Schlußfolgerungen und Konsequenzen wurden daraus in der Diskussion um die Reform des Bildungswesens in den 70er Jahren gezogen. An eine gänzliche Abschaffung des Benotungssystems, wie sie gelegentlich gefordert wurde, ist allerdings für das öffentliche Schulwesen nicht gedacht worden, da sich eine brauchbare Alternative nirgendwo abzeichnete. So konnte es in der Diskussion nur um eine Verbesserung der bisherigen Beurteilungspraxis gehen.
Um dem Vorwurf der Subjektivität des Lehrerurteils zu begegnen, wurden objektive Meßverfahren zur Feststellung der Schülerleistung gefordert. Der Test, als ein solches objektives Meßinstrument, hielt seinen Einzug in alle Bereiche des Schulwesens (vgl. z.B. das Gutachten von *Ingenkamp* in Gutachten und Studien des Deutschen Bildungsrates 1969). Heute gehört die Anwendung unterrichtsbezogener informeller Tests in den meisten Schulfächern zur Selbstverständlichkeit. Gegenüber einer übertriebenen Anwendung von Tests, die subjektive Lehrerurteile ganz auszuschließen suchte ("Objektivierungswahn" Anfang der 70er Jahre), hat sich heute jedoch die Einsicht durchgesetzt, daß der Test für die Schülerbeurteilung nur ein Hilfsmittel sein kann. Tests sind am Ergebnis des Lernens, an der Erreichung der Lernziele orientiert, berücksichtigen aber nicht die vielfältigen, individuellen Prozesse des Lernens, die sich z.B. in den mündlichen Beiträgen eines Schülers zum Unterricht ausdrücken. Solche Prozesse setzen sich aus vielen Einzelstücken zusammen, sind komplex und daher nur einer notwendig subjektiven zusammenfassenden Beurteilung durch den Lehrer zugänglich. Sowohl die Lernergebnisse als auch die dahin führenden Prozesse müssen aber beurteilt werden, um der Lernleistung eines Schülers voll gerecht werden zu können. Subjektive Beurteilungsverfahren sind demnach gerechtfertigt, wenn sie der Lehrer mit dem kritischen Bewußtsein ihrer Fehlerquellen und Mängel einsetzt.
Nach heutigem Verständnis muß sich also die Schülerbeurteilung auf eine sinnvolle Kombination sowohl objektiver als auch subjektiver Verfahren stützen. Erst damit wird man der pädagogischen Dimension der Schülerbeurteilung gerecht, die die Leistung eines Schülers nicht nur punktuell zum

Zwecke der Auslese, sondern zur individuellen Förderung betrachtet und darüber hinaus als Rückmeldung für den erteilten Unterricht ansieht.

Auf dem Hintergrund dieser allgemeinen Überlegungen wenden wir uns nun den Fragen der Schülerbeurteilung im Physikunterricht zu.

4.6.2 Arten und Qualität der Schülerleistungen

Bevor wir Fragen der Beurteilung behandeln, erscheint es sinnvoll, sich zuerst über die Schülerleistungen selbst Klarheit zu verschaffen. Angaben über die Anforderungen, die ein Schüler am Ende eines Lernprozesses erfüllen können soll, sind in den Lernzielen enthalten, wie sie z.B. in den meisten Rahmenrichtlinien neben den Inhalten formuliert sind. Dieses "Endverhalten" wird gewöhnlich ausgedrückt durch prädikative Formulierungen wie wissen, kennen, beschreiben, erklären, erläutern, anwenden können. Vorgegebene Lernziele oder Unterrichtsziele bilden wichtige Kriterien für die Schülerbeurteilung. Das Erreichen der Lernziele (oder der "Abstand" davon) wird gewöhnlich durch entsprechend konstruierte informelle Tests oder andere schriftliche Verfahren überprüft. Vom Schüler werden lernzielbezogene schriftliche Leistungen gefordert.
Welcher Art sind nun mündliche und experimentelle Leistungen von Schülern, die weniger die Lernergebnisse als vielmehr die individuellen Lernvorgänge betreffen?

Es geht hier um handlungsorientierte Leistungen, die im Verlauf des Unterrichts beim Erarbeiten physikalischer oder technischer Sachverhalte zu bemerken sind. Solche Leistungen sind z.B.:

- das sorgfältige Beobachten von Versuchsabläufen und Phänomenen,
- das Darstellen der beobachteten Sachverhalte in fachspezifischer Ausdrucksweise,
- das Vergleichen und Ordnen von Beobachtungen und Erfahrungen,
- das Stellen von sinnvollen, relevanten Fragen,
- das Erkennen und Formulieren eines Problems,
- das Äußern von Vermutungen zur Lösung des Problems,
- das Vorschlagen und Planen von Untersuchungen und Versuchen,
- das Aufbauen und Durchführen von Versuchen,

- das sachgerechte Handhaben technischer und physikalischer Geräte und Einrichtungen,
- das Erkennen funktionaler Zusammenhänge aus Meßreihen, Wertetabellen oder graphischen Darstellungen,
- das Verstehen und Anwenden physikalischer Formeln,
- das Verstehen und Wiedergeben von Sachtexten.

Die meisten dieser Schülerleistungen sind überaus komplexer Natur. So sind beispielsweise beim "Aufbauen und Durchführen von Versuchen" keineswegs nur manuelle Leistungen aus dem psychomotorischen Bereich gefordert. Diese sind vielmehr eng verknüpft mit kognitiven Leistungen, wie Verstehen der Fragestellung des Versuchs, Kenntnis der Handhabung und Funktion der Einzelteile, Organisation der Reihenfolge des Aufbaus, das Deuten der Beobachtungen u.ä.. Komplex sind auch andere kognitive Leistungen wie "das Erkennen und Formulieren eines Problems" oder "das Äußern von Vermutungen zur Lösung". Hier muß der Schüler sein Vorwissen situationsgemäß aktivieren, Lücken in dessen Struktur finden, Assoziationen bilden, Analogien heranziehen u.ä., ehe ein Problem formuliert oder eine Vermutung geäußert werden kann. Die Beurteilung solcher komplexer Leistungen ist besonders schwierig, weil ihre Komponenten mit jeweils unterschiedlichem Gewicht beteiligt sind. Es stellt sich die Frage einer Rangordnung nach der Qualität der Leistung. So ist z.B. ohne weiteres klar, daß die Anwendung von Wissen in neuen Zusammenhängen höher einzuschätzen ist als die bloße Reproduktion von Wissen aus dem Gedächtnis. Als Hilfen zur Qualitätsabschätzung von Lernleistungen sind sogenannte Lernzieltaxonomien entwickelt worden, in denen die möglichen Lernleistungen klassifiziert und in eine hierarchische Ordnung gebracht werden. Am bekanntesten im deutschen Sprachraum ist die Taxonomie von *Bloom* und Mitarbeitern (1972). Für den naturwissenschaftlichen Bereich wurde von *Klopfer* (1971) ein Schema entwickelt, das in deutscher Übersetzung bei *Duit/Häußler/Kircher* (1981) und bei *Bleichroth* (1988) zugänglich ist.

4.6.3 Beurteilungsverfahren

Um Schülerleistungen beurteilen zu können, müssen sie zuerst festgestellt werden: Je nachdem, ob sich die Beurteilung auf das Ergebnis eines Lernprozesses beziehen soll oder auf den Lernprozeß selbst, d.h. auf die Beiträge

eines Schülers zum Unterricht, werden zwei unterschiedliche Verfahren zur Feststellung der Lernleistungen herangezogen.
Im ersten Fall stellt der Lehrer sorgfältig überlegte *Aufgaben*, deren Lösung einen Schluß auf das Lernergebnis des Schülers zulassen oder er erteilt Aufträge, deren Erfüllung das Ergebnis des Lernens erkennen lassen. Dem Schüler ist bewußt, daß er sich einer Prüfung oder, abgemildert, einer Lernkontrolle zu unterziehen hat und erwartet eine Beurteilung seiner Leistung.
Im zweiten Falle steht dem Lehrer lediglich die *Beobachtung* des Schülers im Unterrichtsprozeß zur Verfügung. Dabei ist zu bedenken, daß der Lehrer selbst maßgeblich am Unterricht beteiligt ist, den kollektiven Lernprozeß oder auch den eines einzelnen Schülers anregt, lenkt und fördert. Er ist also Unterrichtender und Beobachtender in einer Person. Die Beiträge des einzelnen Schülers zum Unterricht stehen in Wechselwirkung mit den Beiträgen der Mitschüler oder mit unterrichtlichen Maßnahmen des Lehrers. Die Äußerungen des Schülers sind daher stets im Zusammenhang der komplexen unterrichtlichen Situation zu sehen und daher als einzelne Lernleistung sehr viel schwieriger festzustellen, abzugrenzen und zu beobachten. Der Lehrer sollte seine Rolle als Beobachter (und Beurteiler) auch mehr im Interesse der Förderung von Lernprozessen verstehen als zur Feststellung und Kontrolle von Lernleistungen. Ständige Beobachtung der Schüler zum Zwecke der Lernkontrolle können einem gesunden Lernklima in einer Klasse höchst abträglich sein.

Betrachten wir nun die beiden unterschiedlichen Verfahren zur Feststellung und Beurteilung von Schülerleistungen noch etwas genauer.

1. *Stellen von Aufgaben* (Klassenarbeit, Test, Einzelleistungen)

In herkömmlicher Weise werden die Aufgaben schriftlich gestellt, vom Schüler gelöst und in schriftlicher Fassung abgegeben. Übliche Formen sind die Klassenarbeit und der Test.
In *Klassenarbeiten* werden gewöhnlich mehrere Fragen oder Arbeitsaufträge aus dem vorher behandelten Unterricht als Aufgaben gestellt, die dann schriftlich zu beantworten oder rechnerisch zu lösen sind. Gelegentlich werden auch Aufgaben zur Beschreibung und Deutung eines real vorgeführten Versuchs eingebaut. Die Vorbereitung einer solchen Arbeit ist für den Lehrer relativ einfach. Wegen der freien Form der Aufgabenlösungen in Form eines Kurzaufsatzes (in den auch Berechnungen eingeschlossen sein können) werden jedoch hohe Anforderungen an das sprachliche Ausdrucks-

vermögen der Schüler gestellt. Die Beurteilung dieser schriftlichen Leistungen ist schwierig (wie bekanntlich bei Deutsch-Aufsätzen auch), sprachlich begabte Schüler sind im Vorteil.
Wegen dieser Einwände wird zur Lernkontrolle meist der *lernzielorientierte, informelle Test* bevorzugt. Er fordert vom Lehrer einen erheblich höheren Aufwand bei der Konstruktion der Aufgaben als bei der gewöhnlichen Klassenarbeit und setzt einen Unterricht voraus, der auf überprüfbare Lernziele hin geplant und durchgeführt wurde. Die Aufgabenstellung in einem solchen Test sollte möglichst unterschiedliche Aufgabentypen umfassen. Gebräuchliche Aufgabentypen sind:

a) *gebundene Antwortform*
   - Mehrfachwahlaufgabe (Ankreuzen der richtigen unter 3-4 angebotenen Lösungen.
   - Richtig-Falsch-Aufgabe (Alternativauswahl der richtigen Lösung, hohe Ratewahrscheinlichkeit!)
   - Zuordnungsaufgabe (aus einem Reservoir von Antworten ist die richtige Zuordnung in Spalten einer Tabelle oder in eine Zeichnung vorzunehmen).

b) *freie Antwortform*
   - Ergänzungsaufgabe (Lückentext) (auch Ergänzung einer unfertigen Zeichnung möglich)
   - Kurzaufsatz (Kurzbeantwortung einer Frage in freier Formulierung, u.U. schwierig in der Auswertung).

Zur Konstruktion solcher Aufgaben, speziell für den Physikunterricht, sind eine Reihe von Arbeiten erschienen, auf die hier verwiesen werden kann (vgl. z.B. v. *Aufschnaiter/Dahncke* (1971), *Vohrmann* (1972), *Schier* (1974, 1988)). Auch neuere didaktische Werke geben einen kurzen Abriß über informelle Tests (vgl. z.B. *Duit/Häußler/Kircher* (1981), *Druxes/Born/Siemsen* (1983). Mit den informellen Tests lassen sich hauptsächlich Lernziele des kognitiven Bereiches überprüfen. Lernziele des psychomotorischen Bereiches, die die experimentellen Fähigkeiten der Schüler betreffen, können mit Papier-und-Bleistift-Tests bestenfalls nur indirekt erfaßt werden. Vorschläge für Testverfahren zur Bewertung experimenteller Schülerleistungen (*Ewert* (1970), *Schier* (1977), *Böhmer* (1979)) haben sich wegen

ihres beträchtlichen Aufwands in der Praxis jedoch nicht durchsetzen können.
Zur Feststellung der Leistung werden die Testaufgaben üblicherweise nach ihrem Anspruchsniveau mit einer bestimmten Punktzahl belegt. Die Summe der Punkte bezeichnet das maximal erreichbare Ergebnis des Tests. Die vom einzelnen Schüler erreichte Punktzahl läßt den Abstand von der Höchstpunktzahl erkennen und stellt ein Maß für die erzielte Leistung dar. Insofern läßt sich der Test als ein Meßinstrument ansehen, das an den allgemeinen Gütekriterien Objektivität, Zuverlässigkeit und Gültigkeit zu messen ist.
Zur Beurteilung einzelnen Schüler zieht der Lehrer gelegentlich auch Leistungen heran, zu denen er entsprechende Aufträge erteilt oder Aufgaben gestellt hat. Am häufigsten geschieht dies noch beim *mündlichen Abfragen* der Ergebnisse des vorangegangenen Unterrichts. Wegen ihrer Konzentration auf einzelne Schüler und wegen ihres Prüfungscharakters, wird diese Form der mündlichen Lernkontrolle jedoch von vielen Lehrern (und Schülern!) abgelehnt.
Schülerreferate, die ein selbsterarbeitetes Lernergebnis aufgrund einer Themenstellung aus dem Unterricht darstellen, sind eigenständige abgegrenzte mündliche Leistungen, zu denen sich der Schüler auf Anregung des Lehrers meist freiwillig meldet. Im Unterricht der Sekundarstufe I kommen Schülerreferate allerdings recht selten vor.
Häufiger sind dagegen mündliche Erläuterungen zu fertig aufgebauten *physikalischen Versuchen* oder *technischen Modellen*, die der Schüler selbst hergestellt hat und vorführt. Sowohl die mündliche als auch die praktische Leistung bedürfen der Beurteilung.
Gemeinsam ist allen diesen Leistungen, daß das Lernergebnis in objektivierter Form vorgelegt wird als schriftliches oder experimentelles Produkt oder als abgegrenzte mündliche Leistung. Die Beurteilung nimmt der Lehrer in der Regel nach Vorliegen der Leistung, bei schriftlichen Arbeiten zu einem späteren Zeitpunkt vor. Als Maßstab dienen die gestellten Anforderungen, die als Lernziele seinem Unterricht zugrunde lagen.
Bei schriftlichen Arbeiten, die von einer ganzen Klasse vorliegen, sollte der Lehrer nicht nur die Lernleistung des einzelnen Schülers beurteilen, sondern auch durch eine kritische Analyse der Lernergebnisse aller Schüler die Stärken und Schwächen des eigenen Unterrichts aufdecken. Erst mit dieser doppelten Zielrichtung kann eine schriftliche Arbeit in vollem Umfang päd-

agogisch fruchtbar gemacht werden; Förderung der Schüler und Verbesserung des eigenen Unterrichts.

2. *Schülerbeobachtung im Unterricht*

Der Lernprozeß, den der Schüler im Unterricht vollzieht, wird vor allem erkennbar in seinen mündlichen Beiträgen und in seinen praktischen Handlungen beim Experimentieren, beim Zeichnen an der Tafel o.ä..
Der unterrichtende Lehrer nimmt diese Äußerungen des Schülers nicht einfach nur sinnlich wahr, sondern lenkt seine Aufmerksamkeit auf bestimmte Merkmale der Äußerung, die er aus dem komplexen Geschehen unter dem Gesichtspunkt ihrer Bedeutung für den Lernprozeß auswählt. Er versucht die Äußerung zu verstehen, bildet sich ein Urteil und entscheidet unmittelbar, ob und wie er die Äußerung in den Unterrichtsverlauf einbauen will. Zugleich wird eine Beurteilung der Leistung des Schülers vorgenommen. Meist äußert sie der Lehrer direkt durch eine entsprechende Bemerkung.
Als Maßstab für die Beurteilung der Äußerung oder Handlung dient einerseits das zu erreichende Unterrichtsziel, andererseits die Qualitätsabschätzung im Katalog handlungsorientierter Leistungen. Wegen der wechselseitigen Verschränkung von Beobachtung und Beurteilung und wegen seines Engagements im Unterrichtsprozeß bleibt dem Lehrer kaum Zeit zu einer ausführlichen Analyse der Situation und für eine rationale Anwendung der Maßstäbe. Seine Beurteilung wird daher eher spontan und intuitiv ausfallen. Um seinen internen Maßstab zu finden, ist es wichtig für den Lehrer, Ziel- und Anforderungskataloge zu kennen und zu diskutieren. Häufig wird eine Äußerung oder Handlung sofort dadurch bewertet, daß sie in die einfache dreistufige Skala - "positiv (+)- neutral (o)- negativ (-)" - eingeordnet wird.
Natürlich ist es im Unterricht weder möglich noch nötig, jeden mündlichen oder experimentellen Beitrag eines Schülers zu bewerten und durch eine Notiz festzuhalten. Der Lehrer wird vielmehr nur herausragende mündliche Äußerungen oder experimentelle Handlungen eines Schülers registrieren, sonst aber seine Eindrücke soweit möglich im Gedächtnis behalten und dann zusammenfassend beurteilen, bewerten und notieren. Die Anzahl der Äußerungen eines Schülers sollte für die Beurteilung nicht maßgebend sein, sondern nur deren Qualität. Ein guter Lehrer wird auch die "stillen" Schüler aktivieren und ihnen Gelegenheit geben, sich zu äußern.

4.6.4 Bewertung - Notengebung

Eine Leistung bewerten heißt sie einzuschätzen, inwieweit sie den gestellten Anforderungen entspricht und sie einer Note in der vorgeschriebenen 6-stufigen Notenskala zuzuordnen. Bei diesem Prozeß wird eine differenzierte, nach mehreren Dimensionen beurteilte Leistung auf nur eine Dimension reduziert. Wegen dieser beschränkten Aussagefähigkeit der Noten sollte der Lehrer jede Gelegenheit wahrnehmen, ergänzend zur Note ein differenziertes verbales Urteil abzugeben, das dem Schüler seine Stärken und Schwächen deutlich macht. Der Gesichtspunkt individueller Förderung sollte hierbei ausschlaggebend sein.

Schriftliche Arbeiten werden gewöhnlich nach einem vorher festgelegten Punktsystem beurteilt. Am Schluß der Arbeit steht bei jedem Schüler die erreichte Punktzahl, der sogenannte Rohwert. Diese Rohwerte gilt es in Notenstufen umzusetzen. Hierbei können zwei unterschiedliche Ansatzpunkte gewählt werden: Entweder man orientiert sich am Mittelwert der Rohpunkte (und damit am mittleren Leistungsstand der Klasse) oder man geht von der maximal erreichbaren Punktzahl aus (und damit von der durch die Lernziele bzw. den Test gesetzten Norm).

Im ersten Fall wird nach einem von *Wendeler* (1971) vorgeschlagenen Verfahren dem Mittelwert der Rohpunkte die Note "3" zugeordnet. Die Note "3" erhalten dann auch alle die Schüler, deren Rohwerte von diesem Mittelwert nach oben oder unten abweichen. Die Grenzen des Intervalles werden so festgelegt, daß etwa 1/3 der Schüler die Note 3 erhalten. Die Bereiche für die übrigen Notenstufen werden dann so abgesteckt, daß die in folgender Tabelle angegebenen Anteile der Schüler enthalten sind.

Note	Prozent der Schüler
1	10 %
2	23 %
3	34 %
4	23 %
5	10 %

Die Note 6 bleibt den relativ selten vorkommenden ganz schlechten Leistungen vorbehalten.

Im zweiten Fall wird der jeweilige Prozentsatz der erreichten von der maximalen Punktzahl errechnet. Er wird nach dem in der Tabelle wiedergegebenen Notenschlüssel in eine Note umgesetzt (vgl. *Schier* (1988)).

Prozentanteil der erreichten Punkte			Note
95	-	100,0	1
80	-	94,9	2
60	-	79,9	3
40	-	59,9	4
20	-	39,9	5
0	-	19,9	6

Der hier für die gerade noch ausreichende Leistung (Note 4) vorgeschlagene Mindestprozentanteil von 40 % kann je nach Anspruchsniveau der Arbeit nach oben oder unten variiert werden.

Bei der Beurteilung *mündlicher oder handlungsorientierter Leistungen* aus dem Unterricht muß sich der Lehrer auf sein Gedächtnis und auf gelegentliche Notizen (+ o -) stützen. In regelmäßigen Zeitabständen sollte er seine Beurteilungsdaten in einer Note zusammenfassen, die dem Schüler und seinen Beiträgen zum Unterricht möglichst gerecht wird. Im Gegensatz zu den bei schriftlichen Arbeiten anfallenden eher objektiven, d.h. "harten Daten", handelt es sich bei diesen Noten um eher subjektive, d.h. "weiche Daten".

Für das Zeugnis müssen Noten aus beiden Datensorten zu einer einzigen Zeugnisnote zusammengefaßt werden. Eine bloß rechnerische Zusammenfassung würde zu erheblichen Urteilsverzerrungen führen. Der Lehrer muß daher die Einzelnoten in Hinsicht auf den Schüler gegeneinander abwägen und gewichten, um daraus eine "gerechte" Zeugnisnote zu gewinnen. Es ist dies ein schwieriger Prozeß, den der Lehrer in seiner pädagogischen Verantwortung für den Schüler zu vollziehen hat und für den es keine allgemeinverbindlichen Regeln gibt.

Im folgenden Abschnitt sind die verschiedenen Aspekte der Schülerbeurteilung noch einmal übersichtlich zusammengestellt.

4.6.5 Übersicht "Schülerbeurteilungen im Physikunterricht"

	Beurteilung des Lernergebnisses	Beurteilung im Lernprozeß
Verfahren zur Feststellung der Leistung	Stellen von Aufgaben	Beobachtung der Schüler im Unterricht
Formen der Leistung bzw. des Verhaltens	- schriftliche Arbeit (Klassenarbeit, Test) - mündliche Einzelleistung (z.B. Abfragen, Schülervortrag) - praktische Einzelleistung (Versuchsaufbau, Modellbau)	- Arbeitshaltung, Interesse - mündliche Beiträge - Beiträge beim Experimentieren
Beurteilung	Urteilsbildung rational meist zeitlich getrennt von der Leistung (verbal formulierbar)	Urteilsbildung intuitiv unmittelbar in Wechselwirkung mit der Beobachtung (geht zum Teil in Bewertung über)
Maßstab	Unterrichtsziel	Interner Maßstab des Lehrers, orientiert an inhaltlich und handlungsorientierten Zielen
Bewertung	Einordnung in 6-stufige Notenskala. Vergleichskriterien: Grad der Erfüllung der Anforderung	Gewichtete Zusammenfassung mehrerer Einzelurteile, Bewertung nach mehrstufiger Skala (positiv, neutral, negativ) Einordnung in 6-stufige Notenskala

4.7. Organisations- und Sozialformen des Unterrichts

4.7.1 Klassenunterricht

Als Klassen- oder Frontalunterricht wird jene Organisationsform bezeichnet, bei der der Lehrer vor der Klasse agiert, die ihm in Reihen neben- und hintereinander gegenübersitzt. Auch für den Physikunterricht ist dies die "klassische" Organisationsform, die zwangsläufig eingenommen werden muß, wenn ein Lehrerversuch im Unterricht durchgeführt wird. Der Klassenunterricht gestattet eine ökonomische Vermittlung der Lerninhalte ohne besonderes großen Aufwand und in einer angemessenen Zeit. Daher sind viele Physikräume in der Anordnung ihres Mobiliars auf den lehrerzentrierten Frontalunterricht ausgerichtet: Experimentiertisch quer vor den eventuell ansteigenden Sitzreihen der Schüler. Ein Unterrichtsgespräch, bei dem sich die Gesprächspartner ansehen können, wird durch die frontale Anordnung des Gestühls erschwert. Für einen Gesprächskreis oder zum direkten Beobachten eines Versuchsablaufs müßten die Schüler ihre Plätze verlassen.

4.7.2 Gruppenunterricht

Beim Gruppenunterricht werden einzelne Phasen des Unterrichtsprozesses in Lerngruppen von zwei oder mehr Schülern verlagert. Diese Phasen werden in der Regel im Klassenunterricht vor- oder nachbereitet. Im Gruppenunterricht arbeiten die Schüler gemeinsam an einer Aufgabe. Sie müssen sich dazu untereinander verständigen, Toleranz üben und aufeinander Rücksicht nehmen. Der einzelne Schüler ist sehr viel stärker gefordert, eigene Beiträge zu leisten als im Klassenunterricht. Der Lehrer steht als helfender Ansprechpartner zur Verfügung.
Durch das eigenverantwortliche und weitgehend selbständige Handeln in der Gruppe, werden vor allem soziale Verhaltensweisen gefördert. Darin liegt der besondere erzieherische Wert der Gruppenarbeit.
Im Physikunterricht kommt Gruppenarbeit vor allen Dingen bei der Durchführung von Schülerversuchen zum Tragen. Aber auch Überlegungen zur Versuchsplanung, Arbeit mit dem Schulbuch oder mit Schülerarbeitsblättern können in Gruppen durchgeführt werden.

4.7.3 *Arbeitsgemeinschaften - Kurse*

Der wesentliche Unterschied zum regulären Unterricht im Klassenverband besteht darin, daß sich Arbeitsgemeinschaften oder Kurse aufgrund freier Entscheidungen der Schüler bilden können. Maßgebend für diese Entscheidungen sind nicht nur sachliche Gesichtspunkte, wie Interesse am Thema oder Arbeitsvorhaben, sondern auch soziale Bindungen und Bezüge, wie Freundschaften zu Mitschülern oder Sympathie für den Lehrer. Welcher Gesichtspunkt im Einzelfall den Ausschlag gegeben hat, bleibt dahingestellt. Die Erfahrung zeigt aber, daß das "Betriebsklima" in derartig zusammengesetzten Gruppen erfreulich gut ist, so daß im allgemeinen erfolgreich und für die Schüler und Lehrer befriedigend gearbeitet werden kann.

Anregungen für Themen sind in den meisten Rahmenrichtlinien enthalten.

4.7.4 *Exkursionen*

Exkursionen zu physikalisch-technischen Objekten außerhalb der Schule erfordern in der Regel sehr viel Zeit. Sie steht nur dann hinreichend zur Verfügung, wenn die Exkursion im Rahmen eines Wandertages, einer Projektwoche o.ä. stattfinden kann oder wenn von Kollegen Unterrichtszeit zur Verfügung gestellt wird. Das läßt sich nur dann rechtfertigen, wenn das mit der Exkursion erstrebte Ziel auf keinem anderen unterrichtlichen Wege erreicht werden kann.

Die Exkursion sollte in drei Phasen ablaufen:

1. Vorbereitung,
2. Durchführung,
3. Nachbereitung.

Die Vorbereitung findet vorher im Klassenunterricht statt. Hier werden die Ziele der Exkursion erläutert und gezielte Beobachtungs- oder Erkundungsaufgaben an die Schüler verteilt. Es versteht sich von selbst, daß der Lehrer das Exkursionsobjekt selbst genau kennt und die nötigen organisatorischen Absprachen getroffen hat. Wenn die Schüler genaue Arbeitsaufträge haben, werden sie diese bei der Durchführung der Exkursion zu erfüllen suchen. Es empfiehlt sich, die Zahl der Aufträge zu begrenzen. In der Nachbereitungsphase, die in der Regel wieder im Klassenraum stattfindet, wird der Ertrag der Exkursion herausgearbeitet.

Literaturhinweise

In den Lehrbüchern der Didaktik Physik, den sogenannten Didaktiken, wird die Methodik meist in ausführlichen Kapiteln abgehandelt. Sie sollten zur Ergänzung und Erweiterung des hier Vorgetragenen herangezogen werden. Die "Methodik und Didaktik der Naturlehre" von *Mothes* (1978) erschien 1957 in erster Auflage und wurde zu einem Standardwerk für den Physik/Chemie-Unterricht in der Volksschule (später Hauptschule).

Das Studienbuch von *Töpfer/Bruhn* (1976) umfaßt trotz seines auf "Methodik" reduzierten Titels auch Didaktikmodelle sowie psychologische und lerntheoretische Voraussetzungen des Physikunterrichts. Es enthält inhaltlich und methodisch orientierte Kapitel für alle Schulstufen (einschließlich Primarstufe) mit einem deutlichen Schwerpunkt für die Sekundarstufe II. Allgemeine Probleme der Methodik werden ausführlich behandelt. Das ebenfalls "Methodik" genannte, aber auch didaktische Fragen umfassende Buch von *Haspas* (1976) ist für den Physikunterricht im sozialistischen Bildungssystem konzipiert. Es ist streng systematisch angelegt, bemüht sich um klare Begrifflichkeit und stützt sich so weit wie möglich auf didaktische Forschungsergebnisse im sozialistischen Bildungsbereich. Fragen der Methodik werden bis ins Detail umfassend abgehandelt. In der Didaktik von *Knoll* (1978, 2. Auflage) wird auf die Begründung, Entwicklung und den Einsatz geeigneter Lehrverfahren für die Sekundarstufe I besonderer Wert gelegt. Ergebnisse und Verfahren der Curriculumforschung und -entwicklung werden einbezogen. Am Schluß ist ein unterrichtspraktisches Beispiel zum induktiv/deduktiven Lehrverfahren ausgeführt.

Das "Kompendium Didaktik" von *Druxes/Born/Siemsen* (1983) beschränkt sich auf die Darstellung zentraler Fragen aus der Physikdidaktik als wissenschaftliche Disziplin, wie z.B. ihre Stellung und Einordnung innerhalb der Bezugswissenschaften Physik, Erziehungswissenschaft, Psychologie und Wissenschaftstheorie. Fragen der Methodik des Physikunterrichts werden nur in Auswahl und in zwei Unterrichtsbeispielen nach dem Verfahren des genetischen Lernens und des forschend entwickelnden Verfahrens dargestellt.

Das Repetitorium Fachdidaktik Physik von *Willer* (1977) bietet einen kurzgefaßten Wiederholungskurs zur Examensvorbereitung mit vielen Anregungen zum Selbststudium, der auch auf zahlreiche Fragen aus der Methodik Antwort gibt.

Wagenschein (1962) beschäftigt sich in seinem grundlegenden Werk auch mit Fragen der Unterrichtsgestaltung. An vielen Beispielen zeigt er, wie seine Idee des exemplarisch-genetischen Unterrichts verwirklicht werden kann.

R. Kluge (1970) berichtet in seinem Buch "Erkenntnisswege im Physikunterricht" über 18 Beispiele im Sinne Wagenscheins gehaltenen Unterrichts und gibt ausführliche Kommentare dazu. Ausgearbeitete Unterrichtsbeispiele (11) mit kurzen Erfahrungsberichten über den Verlauf des Unterrichts findet man auch in dem Buch von *Schlichting/Backhaus* (1981).

Literatur

Aebli, H.: Psychologische Didaktik. Stuttgart: Klett 1963.

Aufschnaiter, St. v., Dahncke, H.: Tests und Notengebung. Der Physikunterricht 5 (1971), H. 2., S. 24.

Berlyne, D.E.: Konflikt, Erregung, Neugier, Stuttgart 1974. Deutsche Ausgabe von: Conflikt, araoural and curiosity. New York 1960.

Bleichroth, W.: Schülerbeurteilung im Physikunterricht. Naturwissenschaften im Unterricht - Physik/Chemie 36 (1988), 4-10.

Bloom, B.S. (Hrsg.): Taxonomie von Lernzielen im kognitiven Bereich. Weinheim 1972.

Böhmer, M. Lernerfolgskontrolle in den Naturwissenschaften. In: Böhmer, M. (Hrsg.): Lernerfolgskontrolle. Königsstein: Scriptor 1979, S. 63-92.

Dansereau, D.F. et al.: Development and evaluation of learning strategy training program. Journal of Educational Psychology 71 (1979), S. 64-79.

Dewey, J.: Wie wir denken. Zürich 1951. Deutsche Ausgabe von: How we think. Boston 1910.

Druxes, H., Born, G., Siemsen, F.: Kompendium Didaktik Physik. München: Ehrenwirth 1983.

Duit, R., Häussler, P., Kircher, E.: Unterricht Physik. Köln: Aulis 1982 (Didaktik der Naturwissenschaften, Bd. 4).

Ewert, W.: Versuch einer objektiven Erfassung experimenteller Verhaltensweisen und Leistungen im Physikunterricht. Der Physikunterricht 5 (1970), H. 2., S. 48-66.

Fries, E., Rosenberger, R.: Forschender Unterricht. Frankfurt/M. (1967).

Hamburger Abkommen: Abkommen zwischen den Ländern der Bundesrepublik zur Vereinheitlichung des Schulwesens (§ 25 Notenstufen) v. 28.10.64.

Haspas, K. (Hrsg.): Methodik des Physikunterrichts. Berlin Volk und Wissen 1976.

Ingenkamp, K.: Möglichkeiten und Grenzen des Lehrerurteils und der Schultests. In: Roth, H. (Hrsg.): Begabung und Lernen. Deutscher Bildungsrat. Gutachten und Studien der Bildungskommission 4. Stuttgart 1969.

ders. (Hrsg.): Die Fragwürdigkeit der Zensurengebung. Weinheim/Berlin/Basel 1971. 6. überarb. u. erw. Aufl. 1976.

Jung, W., Wiesner, H.: Wie wenden Schüler Physik an zur Erklärung alltäglicher Erscheinungen? Untersuchungen am Beispiel der klassischen Mechanik. physica didactica 7 (1980), H. 3, 147.

Kerschensteiner, G.: Wesen und Wert des naturwissenschaftlichen Unterrichts. München/ Düsseldorf: Oldenbourg 1952[4].

Klopfer, L.E.: Evaluation of Learning in Science. In: Bloom/Hastings/Madaus (Ed.): Handbook on formative and summative Evaluation of Students Learning. New York 1971. S. 559-641.

Kluge, R.: Erkenntniswege im Physikunterricht. Stuttgart: Klett 1970.

Knoll, K.: Didaktik der Physik. Theorie und Praxis des Physikunterrichts in der Sekundarstufe I. München: Ehrenwirth 1978. 2. erw. u. überarb. Auflage.

Lind, G.: Sachbezogene Motivation im naturwissenschaftlichen Unterricht. Weinheim: Beltz 1975 (Beltz Monographien Erziehungswissenschaft).

Melenk, H., Runge, U.: Verblüffende physikalische Experimente. Köln: Aulis 1988.

Meraner Reformvorschläge: Vorschläge der Unterrichtskommission der Gesellschaft Deutscher Naturforscher und Ärzte. In: *Gutzmer, A.*: Reformvorschläge für den mathematischen und naturwissenschaftlichen Unterricht. Leipzig 1905.

Meyer, H.: Unterrichtsmethoden. 1. Theorieband. Frankfurt/Main: Scriptor 1988[2]

Mothes, H.: Methodik und Didaktik der Naturlehre. Köln: Aulis 1973[8]

Muckenfuß, H.: Kritische Bemerkungen zur etablierten Form des Schulexperiments aus psychologischer und methodologischer Sicht. physica didactica 6 (1979), H. 2, S. 61-79.

Piaget, J.: Psychologie der Intelligenz. Zürich 1948.

Rang, O., Gröne, W., Hoffmann, B.: Zum Transfer im Physikunterricht 9 (1975), H. 2, S. 5.

Roth, H.: Pädagogische Psychologie des Lehrens und Lernens. Hannover 1971[13].

Schier, H.-P.: Über die Bedeutung des Einsatzes von informellen, vom Lehrer gemachten Tests im Unterricht der Hauptschule. Naturwissenschaften im Unterricht - Physik/Chemie 22 (1974), S. 239.

ders.: Kontrolle der psychomotorischen Dimension von Lernzielen im Physikunterricht. Naturwissenschaften im Unterricht - Physik/Chemie 25 (1977), S. 265.

ders.: Anleitung zur Entwicklung informeller Tests. Naturwissenschaften im Unterricht - Physik/Chemie 36 (1988), S. 14-20.

Schlichting, H.-J., Backhaus, U.: Physikunterricht 5 - 10. München/Wien/Baltimore: Urban u. Schwarzenberg 1981.

Schulte, W.: Physiklernen nach Schulbuchtexten - Über den Einfluß von Instruktionen auf das Physiklernen nach Schulbuchtexten auf der Grundlage einer Theorie der Textverarbeitung. Göttingen (Dissertation) 1986.

Scharzer/Schwarzer: Praxis der Schülerbeurteilung. München 1977.

Töpfer, E., Bruhn, J.: Methodik des Physikunterrichts. Heidelberg: Quelle u. Meyer 1976[5]

Vohrmann, U.: Zum Problem der Beurteilung von Schülerleistungen im naturwissenschaftlichen Unterricht. Naturwissenschaften im Unterricht - Physik/Chemie 20 (1972), S. 475 - 477.

Wagenschein, M.: Die pädagogische Dimension der Physik. Braunschweig: Westermann 1962.

Weltner, K.: Autonomes Lernen. Stuttgart 1978.

Wendeler, J.: 6. Standardarbeiten. Verfahren zur Objektivierung der Notengebung. Weinheim: Beltz 1971[3].

Weltner, K., Warnkross, K.: Über den Einfluß von Schülerexperimenten, Demonstrationsunterricht und informierendem Physikunterricht auf Lernerfolg und Einstellung der Schüler. Die Deutsche Schule (1969), S. 553-563.

Willer, J.: Repetitorium Fachdidaktik Physik. Bad Heilbrunn: Klinkhardt 1977.

5 Methodische Konzepte

In Kapitel 4 über die Elemente der Methodik des Physikunterrichts ist eine Unterrichtsstunde analysiert. Dabei kann der Unterricht gesehen werden im Hinblick auf

- die Gliederung der Unterrichtsstunde in Abschnitte, Stufen oder Phasen (Artikulationsstufen);
- die Lehreraktivitäten und die Aktivitäten der Schüler;
- die Entwicklung der Gedankenführung, die Entfaltung eines Problems und die Erarbeitung der Lösung.

Als "methodische Konzepte" sollen in diesem Kapitel Muster für die Gedankenführung im Unterricht und den Aufbau von Argumentationen dargestellt werden. Dabei sollen Orientierungen für das methodische Handeln gegeben werden, die in allgemeinpädagogische, lern- und denkpsychologische, fachdidaktische und inhaltsbezogene Überlegungen eingehen. An anderer Stelle ist bereits gesagt worden, daß wir noch weit von einer einheitlichen und in sich geschlossenen Theorie des Lehrens und Lernens entfernt sind. In dieser Situation stellen methodische Konzepte Versuche dar, dem handelnden Lehrer Orientierungsmuster an die Hand zu geben, die ihm helfen können, das Unterrichtsgeschehen besser zu planen und zu verstehen.

Folgende Aspekte werden in diesem Kapitel diskutiert:

- Lehreraktivitäten und Schüleraktivitäten und ihre Korrespondenz. Dazu gehört auch der Zusammenhang zwischen dem Typ der Schüleraktivität und den damit erreichbaren Lehrzielen.
- Allgemeine Muster der Gedankenführung im Unterricht. Hier werden methodische Konzepte der Darbietung und Erarbeitung vorgestellt, die sich an den Denkoperationen der Schüler orientieren.
- Muster der Gedankenführung, die für den Physikunterricht spezifisch sind. Diese methodischen Konzepte gründen sich auf die Sachstruktur

der zu vermittelnden Inhalte aus Physik und Technik. Dabei hat sich auch eine fachspezifische Terminologie entwickelt und durchgesetzt, die Eingang in die allgemeine pädagogische Literatur gefunden hat.

Eine einschränkende Feststellung muß hier angebracht werden. Diejenigen Aspekte des Lehrerhandelns und der Lehreraktivitäten, der sich auf "Erziehung" im allgemeinen Sinn beziehen, fallen nicht unter den Begriff der methodischen Konzepte.
Erziehung zu den allgemeinen Eigenschaften - man kann sie auch Tugenden nennen - wie Ehrlichkeit, Verantwortungsbereitschaft und Verantwortungsfähigkeit, Hilfsbereitschaft und Gemeinsinn, Toleranz und Charakterfestigkeit ist zweifellos die wichtigste Aufgabe, zu der die Schule neben dem Elternhaus beitragen kann und muß. Diese Aufgabe stellt sich den Lehrern aller Fächer im gleichen Maße. Haltung und Vorbild der Lehrerpersönlichkeiten sind hier entscheidende Faktoren.

5.1 Methodische Konzepte, die sich auf Lehreraktivitäten und Schüleraktivitäten beziehen

5.1.1 Lehreraktivitäten und Schüleraktivitäten

Hier wird das Handeln des Lehrers im Unterricht betrachtet. Dieses Handeln ist vielfältig und muß situationsgerecht wechseln. Bei diesem Handeln unterscheiden wir verschiedene Aktivitätsformen. Unmittelbar evident ist, daß innerhalb einer gewissen Bandbreite bestimmten Lehreraktivitäten auch bestimmte Schüleraktivitäten korrespondieren.
Eine Lehreraktivität ist das Vortragen. Dazu gehört das Referieren und das Erklären von Sachverhalten anhand von Experimenten, Modellen, Folien, Tafelzeichnungen oder Dias (*Aebli* 1985). Derartige in sich geschlossene Darstellungen durch den Lehrer können im zeitlichen Umfang durchaus variieren und von wenigen Sätzen bis zu vielen Minuten reichen. Die korrespondierende Schüleraktivität ist rezeptiver Natur. Der Schüler muß zuhören, mitdenken, Information aufnehmen. Eine Lernaktivität findet beim Schüler durchaus statt, wenn er geistig aktiv ist, zuhört, mitdenkt - und nicht abschaltet. Dann kann er den vorgetragenen Gedanken und Argumentationsketten folgen und Schlüsse nachvollziehen. Ein interessiert und gespannt zuhörender Schüler ist geistig aktiv - nur ist es schwer, dies festzu-

stellen; denn nicht alle Schüler, die zuzuhören scheinen, hören zu. Oft sind viele, manchmal ist die Mehrheit, mit Nebentätigkeiten beschäftigt. Darin liegt eine der Schwierigkeiten der Unterrichtsbeobachtung, nämlich die Identifizierung der tatsächlichen Lernaktivität. Überwiegt langfristig im Unterricht der Vortrag des Lehrers, besteht leicht die Gefahr, daß die vom Schüler viel Konzentration und geistige Anstrengung erfordernden Lernaktivitäten ausbleiben.
Eine andere Lehreraktivität nennen wir "Aktivieren". Der Lehrer fragt, gibt Anweisungen, stellt Aufgaben, leitet das Lernen des Schülers an. Einer Frage entspricht dann auf der Seite des Schülers Nachdenken, Überlegen und Antworten. Einer experimenteller Aufgabe kann aktives Experimentieren mit Versuchsgeräten entsprechen. Je nach der Aufgabenstellung werden auf der Seite des Schülers unterschiedliche Aktivitäten ausgelöst wie Zeichnen, Formulieren, Zusammenfassen, Beispiele angeben u.a. Dem Vormachen des Lehrers kann ein Nachmachen der Schüler entsprechen. Durch geeignete Problemstellungen können Schüleraktivitäten angeregt werden, die bis zur Entfaltung kreativer Fähigkeiten reichen, wenn der Lehrer einerseits große Zurückhaltung übt und andererseits die gelegentlich stockende Arbeit der Schüler fördert und unterstützt. Eine Aktivierung liegt auch im Unterrichtsgespräch vor. Hier gibt der Lehrer Impulse, Anregungen und Hilfen. Dabei kann er Gesprächsbeiträge der Schüler so interpretieren, daß sie der Fortführung der Unterrichtsarbeit dienlich sind. Die Lehreraktivität besteht in der Gesprächsführung, die Schüleraktivität in der aktiven Teilnahme am Gespräch und vor allem in der Beobachtung des Gespräches, der Gesprächsbeiträge der Mitschüler und des Gesprächsverlaufs. Dabei kann die führende Rolle des Lehrers weitgehend zurückgenommen werden, so daß sich streckenweise das Gespräch auch zwischen den Schülern abspielt. (Unterrichtsprotokoll, Kapitel 4, Zeile 62 - 70)
Schließlich gehört zur Aktivierung auch die Einleitung von Gruppenarbeit. Die Aktivierung erfolgt in der Vorbereitung der Gruppenarbeit, in der gelegentlichen Hilfe für die einzelnen Gruppen und vor allem in der Bereitstellung von Anschauungs-, Arbeits- und Versuchsmaterial für die Arbeit. Im Physikunterricht erfolgt Gruppenarbeit in der Regel als Durchführen von Schülerexperimenten. Hier ist die äußere Aktivität der Schüler evident. Allerdings setzt die Schüleraktivität vorbereitetes Arbeitsmaterial voraus, dessen Beschaffung und Vorbereitung außerhalb der eigentlichen Unterrichtsstunden liegt. Beobachter einer sachbezogenen intensiven Gruppenarbeit bemerken oft einen Lehrer, dessen Aktivität auf gelegentliche Hinweise und

stille Hilfen zusammengeschrumpft ist. Nicht zu sehen ist, daß in diesen Fällen eine überdurchschnittliche Lehreraktivität in der Vorbereitung liegt.
Lehreraktivitäten, denen zunächst keine direkten Schüleraktivitäten entsprechen, sind die kontinuierliche Bewertung von Schülerleistung und Schülerverhalten durch Anerkennung, Lob aber auch durch Korrektur und Tadel. Langfristig allerdings erhofft der Lehrer auch hier eine Veränderung des Lernverhaltens, sei es, daß Lob und Anerkennung positives Lernverhalten verstärken und stabilisieren, sei es, daß Korrekturen dem Schüler Informationen über seinen Lernzustand und seine Lerndefizite geben und auch auf diesem Wege Lernaktivitäten auslösen.
Wichtig bei der Gestaltung von Unterricht ist, daß der Verlauf der Schüleraktivitäten bei der Unterrichtsplanung - Kapitel 8 - mitbedacht wird. Das unten stehende Diagramm zeigt die Verteilung von Lehreraktivitäten und die korrespondierenden Schüleraktivitäten für die in Kapitel 4 protokollierte Unterrichtsstunde. Nicht erfaßt sind dabei allerdings alle Wahrnehmungen, Beobachtungen und Nebentätigkeiten der Schüler, die sich nicht direkt auf den Unterricht beziehen. Und dieser Anteil kann durchaus einen von uns als Lehrer weder gewünschten noch wahrgenommenen Grad annehmen.
Es besteht ein enger Zusammenhang zwischen den Lehrzielen, die im Unterricht erreicht werden können, und den jeweiligen Schüleraktivitäten. Für den Sport- und Musikunterricht liegt der Zusammenhang auf der Hand. Skilaufen lernt nur, wer selbst Ski läuft. Ein Instrument kann man nur dann spielen lernen, wenn man übt, mit dem Instrument zu spielen. Dies gilt im übertragenen Sinn auch für den Physikunterricht. Eine erste Konsequenz ist, daß bei rezeptivem Lernen sich vor allem Lehrziele im Bereich Wissen und Verstehen (kognitiver Bereich) erreichen lassen.
Demgegenüber lassen sich Ziele wie die Fähigkeit zu beobachten, Sachverhalte zu beschreiben, Experimente durchzuführen, die Ergebnisse zu interpretieren und Zusammenhänge darzustellen, nur durch die entsprechenden Schüleraktivitäten erreichen. Die Schüler müssen selbst beobachten, beschreiben, experimentieren, Ergebnisse interpretieren und Zusammenhänge in Worten, durch Zeichnungen oder Formeln darstellen.
Die Fähigkeit, sich Informationen zu beschaffen, wird nur erworben, wenn der Schüler so aktiviert wird, daß er sich selbst Informationen aus Büchern und Nachschlagewerken beschafft.

Abb.: 5.1 Aktivitätsverlauf für Lehrer und Schüler gemäß Unterrichtsprotokoll Kap. 4

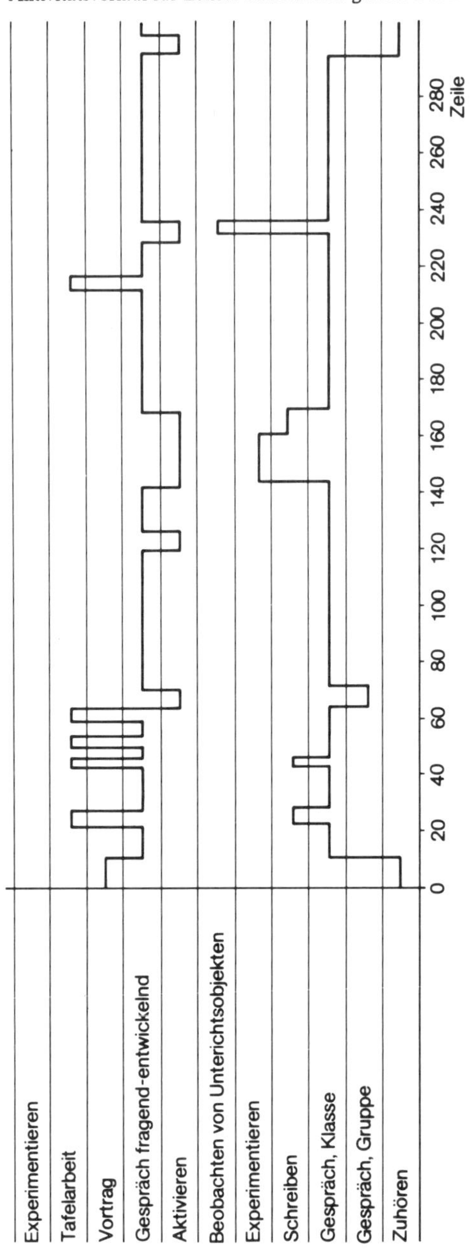

Selbständigkeit, Eigeninitiative und kreatives Denken werden im Unterricht nur dann gefördert, wenn wirklich Gelegenheiten zur Ausübung von Selbständigkeit, Eigeninitiative und kreativem Denken gegeben werden. Dieser enge Zusammenhang zwischen Lehrzielen und Schüleraktivitäten ist durch *Dewey*'s bekannte Formel "learning by doing" gemeint. Die nicht triviale Bedeutung dieses Satzes gilt vor allem für die eben genannten höheren kognitiven Bereiche. Die Schwierigkeit für den Lehrer liegt allerdings darin, wirklich im angemessenen Umfang solche Schüleraktivitäten anzuregen, daß Ziele jenseits der elementaren kognitiven Bereiche erreicht werden können.

5.1.2 Methodische Konzepte, die sich auf Aktivitätsformen beziehen

Darbietender Unterricht - entdeckender Unterricht

Die Begriffe *darbietender* Unterricht und *entdeckender* Unterricht bezeichnen entgegengesetzte idealtypische methodische Konzepte. Beim darbietenden Unterricht liegt der Schwerpunkt auf der Seite des Lehrers. Er liegt beim Vortragen. Der Unterricht ist auf den Lehrer zentriert. Der Lehrer stellt Sachverhalte dar, beschreibt experimentelle Anordnungen, führt Experimente durch, analysiert und interpretiert sie, er erläutert Sachverhalte anhand von Folien und Dias, erklärt die Entwicklung physikalischer Begriffe und Theorien in ihrem historischen Zusammenhang. Reine Formen der Darbietung sind Vorlesung und Vortrag. Die Lernaktivitäten der Schüler bestehen darin, zuzuhören, mitzudenken und Argumentationen nachzuvollziehen.
Vorzüge des *darbietenden* Unterrichtes liegen vor allem darin, daß Sachverhalte im Zusammenhang dargestellt und erläutert werden können. Um deutlich zu machen, daß bei darbietendem Unterricht nicht die Übernahme von unverstandenem Wissen gemeint ist, sondern zwar rezeptives, aber durchaus verstehendes Lernen, spricht *Ausubel* (1974) hier von "sinnvoll übernehmendem Unterricht." Gerade lernschwache Schüler können durch klar strukturierten Unterricht gefördert werden. *Treiber, Weinert* (1985). Bemerkenswert ist in diesem Zusammenhang auch das Ergebnis mehrerer ausgedehnter empirischer Untersuchungen von *Todt* (1990). Für ihr Interesse am Unterricht in Physik, Mathematik und anderen Fächern geben Schüler wie Schülerinnen als die wichtigsten unter 35 Bedingungen an, "daß der Lehrer (die Lehrerin) den Stoff gut erklärt." und "daß der Lehrer (die Lehrerin) gerechte Noten gibt."

Die Fähigkeit, Sachverhalte schülergerecht darzustellen, ist eine der entscheidenden Voraussetzungen für langfristig wirksamen Unterricht. Und Unterrichtsphasen, in denen der Lehrer erklärt, sind darbietende Unterrichtsphasen.
Für den Lehrer kommt hinzu, daß darbietender Unterricht in seinem Ablauf gut planbar und überschaubar bleibt. Lehrziele, die mit darbietendem Unterricht erreicht werden können, sind allerdings auf den Wissensbereich beschränkt. Der Schüler kann auf durchaus zeitrationelle Weise neues Wissen gewinnen. Aber er lernt nicht, wie man sich Wissen selbständig erwirbt.
Die Defizite des darbietenden Unterrichtes sind evident. Die Schüleraktivitäten sind eingeschränkt, erfordern seitens des Schülers hohe Konzentration - die nur bei großem Interesse aufgebracht wird. Selbständigkeit und Eigenaktivität werden nicht gefördert. Dies kann zum Abfall von Interesse und Lernbereitschaft führen.
Beim *entdeckenden* Unterricht, in der Literatur auch *explorativer* Unterricht oder "*discovery learning*" genannt, liegt der Schwerpunkt auf selbständigen Schüleraktivitäten. Der Lehrer aktiviert. Hier arbeiten die Schüler selbständig anhand von Unterrichtsmaterial, Texten, im Physikunterricht auch anhand von Versuchs- und Experimentiergeräten. Beim entdeckenden Unterricht wird eine für alle Schüler oder Schülergruppen gemeinsame Fragestellung zu Beginn des Unterrichts erarbeitet oder vorgegeben. In der Entdeckungsphase ist der Gesprächs- und Arbeitsverlauf entweder in der Klasse oder in der kleinen Gruppe weitgehend von den Schülern bestimmt. Im entdeckenden Unterricht wird das Thema vorgegeben. Die Wahl der Untersuchungsmethoden, die einzuschlagenden Arbeitsschritte, die Lösungsversuche und die Durchführung erfolgen, so weit es möglich ist, aufgrund von Vorschlägen der Schüler und ohne dirigierende Eingriffe des Lehrers. In der Praxis jedoch sind Hilfen nicht nur unvermeidlich, sondern sogar notwendig.
Derartiger Unterricht wird auch als "*offener* Unterricht" bezeichnet.
Vorteile dieser Unterrichtsform sind, daß bestimmte übergeordnete Lehrziele erreicht werden können: Förderung der Selbständigkeit und Selbsttätigkeit der Schüler, Aufbau der Fähigkeit, eine Arbeit zu planen, zu organisieren und auch durchzuführen. Langfristig wird so die Fähigkeit zur Eigenverantwortlichkeit entwickelt. Es ist sicher die größte Veränderung in der pädagogischen Praxis dieses Jahrhunderts, daß der Schüler als handelnder und denkender Partner ernstgenommen wird, und wir ihm nicht mehr so oft zumuten, unverstandenes und unbegründetes Wissen zu übernehmen.

Selbst bei der Darbietung geht es um verständiges Lernen. Mehr noch beim entdeckenden Lernen geht es darum, daß der Schüler erlebt, wie er durch eigene Tätigkeit Zusammenhänge entdecken kann. Diese veränderte Rolle des Schülers entspricht den allgemeinen Zielen der Schule in einer freiheitlichen und demokratischen Gesellschaft. Allerdings gibt es auch Nachteile:
Beim entdeckenden Unterricht entstehen größere Differenzen zwischen den Lernergebnissen der einzelnen Schüler. Lernschwache und durchsetzungsschwache Schüler werden in kleinen Schülergruppen meist benachteiligt. Reaktionsschnelle, intelligente und durchsetzungsstarke Schüler werden begünstigt.
Der Zeitaufwand für den Unterricht ist oft groß.
Bei einer vergleichenden Bewertung zeigen darbietender und entdeckender Unterricht spezifische Vor- und Nachteile.
Lernschwache Kinder werden durch eine gute Darbietung und Erklärung gefördert; aktive und lernstarke Kinder bewähren sich gern in der offenen und der ungewissen Situation des entdeckenden Lernens.
Beim Abwägen der Vor- und Nachteile wird deutlich, daß diese methodischen Konzepte in einem Lehrgang alternieren sollten. Schließlich wechseln auch im späteren Leben die Situationen, in denen wir Wissen übernehmen müssen und in denen wir uns Wissen erarbeiten.

Fragend-entwickelnder Unterricht

Mit dem Begriff fragend-entwickelnder Unterricht - oder fragend-entwickelnde Gesprächsführung - wird eine in der Praxis sehr häufige Unterrichtsführung bezeichnet. Die Schwerpunkte der Aktivität wechseln hier zwischen Lehrer und Schülern. Vom Lehrer werden durch seine Fragen Impulse für ein anschließendes Unterrichtsgespräch gegeben. Die Gesprächsbeiträge von Lehrern und Schülern sind in der Regel kurz. Das Gespräch kann von einem Problem ausgehen, das vom Lehrer oder von Schülern gestellt ist. Zu Beginn des Unterrichtes kann ein überraschendes Experiment vorgeführt werden, ein Phänomen dargestellt, ein Bild oder ein Text vorgegeben werden. Die Gesprächsbeiträge der Schüler sind zunächst frei, werden dann aber vom Lehrer zu einem in sich geschlossenen Gesprächsverlauf geordnet. Im Gespräch können sich auch neue Fragen ergeben, die weiter diskutiert oder durch Experimente geklärt werden. Ziel eines fragend-entwickelnden Gesprächs kann die Planung und Entwicklung von Versuchsanordnungen sein. Das in Kap. 4 dargestellte Unterrichtsprotokoll ist ein Beispiel für die fragend-entwickelnde Gesprächsführung. Der Lehrer

nimmt die Gesprächsbeiträge, Vorschläge und Überlegungen der Schüler auf, vermeidet es aber, von sich aus zu viel zu sagen. Vorbedingung für die fragend-entwickelnde Gesprächsführung ist, daß der Lehrer sich zurückhalten kann und zu warten versteht. Eine weitere Vorbedingung ist, daß im Verlaufe des vorhergehenden Unterrichts ein angstfreies und vertrauensvolles Verhältnis zwischen Lehrern und Schülern aufgebaut wird, so daß der Lehrer wirklich echter Gesprächspartner der Schüler ist.
Auf ein Problem muß allerdings hingewiesen werden: Bei einem lebhaften Unterrichtsgespräch nimmt der Lehrer die Vielzahl der Gesprächsbeiträge wahr. Der einzelne Schüler allerdings kann nur wenige Gesprächsbeiträge geben. Mehr als zwei Drittel aller Antworten und Gesprächsbeiträge in normalen Schulklassen werden von weniger als einem Drittel der Schüler gegeben. Die meisten Schüler erleben eine Stunde meist so, daß immer andere reden, sie selbst aber nur selten die Gelegenheit haben, sich zu äußern. In dem Unterrichtsprotokoll im Kapitel 4 stammen 53 % der Gesprächsbeiträge vom Lehrer, alle Schüler zusammen lieferten 47 % der Gesprächsbeiträge. Aus diesem Grund ist es wichtig, daß das Unterrichtsgespräch durch andere Arbeitsphasen unterbrochen wird, in denen alle Schüler die Möglichkeit haben, etwas zu tun, wie Schülerexperimente durchführen, an Arbeitsbogen und Texten arbeiten, u.a.. Im Unterrichtsprotokoll findet sich in den Zeilen 142 - 158 eine Arbeitsphase, in der alle Schüler tätig sein können.
Nach empirischen Studien, die *Fischler* (1989) mitteilte, dominieren in der Praxis Vortrag und fragend-entwickelnder Unterricht einschließlich der Demonstration von Experimenten. Bis zu 85 % der Unterrichtszeit entfallen darauf. Es besteht die Gefahr, daß Arbeitsphasen, in denen die Schüler - und zwar möglichst alle - aktiv sein können, in der Unterrichtspraxis zu kurz kommen. Da Lehrer die Bedeutung dieser Phasen durchweg hoch einschätzen, ist der geringe Anteil dieser Phasen am realen Unterricht ein deutliches Indiz für die methodische Schwierigkeit, Lernphasen zu organisieren, in denen alle Schüler aktiv sein können. Ein Grund dafür ist sicher auch die hohe Anforderung durch die notwendigen Vorbereitungen.
Die Urform der fragend-entwickelnden Gesprächsführung geht auf *Sokrates* zurück, der sie Hebammenkunst (*Mäeutik*) nannte. Kennzeichen des sokratischen Dialogs ist, daß Lehrer und Schüler scheinbar die Rollen wechseln, der Lehrer sich durch behutsame Fragen Sachverhalte von den Schülern erklären läßt und diese dazu bringt, ihre eigenen Vorstellungen weiter zu entwickeln, zu klären und zu verbessern.

Eine Verbindung von fragend-entwickelnder Gesprächsführung und entdeckendem Unterricht ist die von *Suchman* (1973) vorgeschlagene Fragemethode (inquiry method). Hier wird ein Problem gestellt und vorgegeben. Die Problemlösung wird im Klassen- oder Gruppengespräch derart gesucht, daß der Lehrer nicht aktiv in das Gespräch eingreift, auch keine Hilfen gibt. Seine einzige Aktivität besteht darin, auf Fragen der Schüler zu antworten. Eine extreme Variante besteht darin, daß er nur mit "ja" oder "nein" antwortet. Das läßt sich im Unterricht gelegentlich eher als Spielform verwenden. Die Variante jedoch, bei der der Lehrer die von den Schülern geforderte Information jeweils rasch und präzise ohne Kommentar zur Verfügung stellt und sie auch nicht bewertet, kann im Unterricht durchgeführt werden. Lehrziele, die bei fragend-entwickelnder Gesprächsführung erreicht werden können, liegen vor allem im Wissensbereich.

5.1.3 Lehrobjektivierung - Programmierter Unterricht

Lehreraktivitäten können außer vom Lehrer auch von technischen Systemen, wie Computern, Lehrprogrammen in Buchform, audiovisuellem Material übernommen werden. In diesem Fall sprechen wir von *Lehrobjektivierung*. Eine, von der methodischen Konzeption her gesehen, konsequente Form der Lehrobjetivierung ist der programmierte Unterricht. Er ist als Anwendung der behavioristischen Lerntheorie entstanden, *Skinner* (1958). Gleichzeitig kann er als Simulation eines gesprächsorientierten Einzelunterrichts durch den Computer oder das Buch aufgefaßt werden.

Der programmierte Unterricht gründet sich auf drei Hauptmerkmale, die auch von allgemeiner Bedeutung für den Unterricht sind.

1. Prinzip der kleinen Schritte

   Dieses Prinzip ist bereits von *Comenius* formuliert worden. Komplexe und umfangreiche Sachverhalte werden in kleine Einheiten zerlegt, die vom Schüler sicher verstanden werden können.

2. Aktives Lernen

   Der Schüler soll möglichst weitgehend "aktiv" lernen. Es alternieren kurze rezeptive Lernphasen mit solchen, in denen der Schüler auf Fragen und Aufgaben mit einer beobachtbaren Handlung, dem Ausfüllen eines Lückentextes, der Ergänzung einer Skizze oder der Durchführung einer Rechnung reagieren muß. Das Prinzip gehört zu den Erfahrungsregeln der Pädagogik. Die Schwierigkeit, es im Klassenunterricht umzusetzen, war für *Skinner* der Anlaß, die Methodik des programmierten Unterrichtes als Einzelunterricht zu entwickeln.

3. Positive Verstärkung des Lernverhaltens

   Beim Lernen soll das erwünschte Verhalten des Schülers möglichst oft durch positive Verstärkungen stabilisiert werden. Eine Verstärkung wird in diesem Zusammenhang bereits darin gesehen, daß der Lernende seine richtigen Antworten und Aufgabenlösungen als Erfolgserlebnis wahrnimmt. Allgemeinpädagogisch gesprochen, kann man darin ein Programm zur Stärkung von Erfolgszuversicht und Vertrauen in die eigene Lernfähigkeit durch die Wahrnehmung des Erfolgs der eigenen Lerntätigkeit sehen.

Lehrprogramme sind eine Abfolge von Lehrschritten. Ein Lehrschritt besteht jeweils aus drei Elementen:

- Darbietung einer Information in einem Text von wenigen Zeilen, die oft durch Bildinformation ergänzt ist;
- Abktivierung des Schülers durch Fragen, Aufgaben, Anregung zu Zeichnungen, Rechnungen oder Ergänzung von Zeichnungen;
- Hilfe zur Selbstkontrolle durch Bereitstellung der richtigen Antwort.

Der Inhalt einer Unterrichtsstunde wird so in 30 - 60 kleine Lehrschritte aufgelöst. Der Schüler durchläuft bei jedem Lernschritt folgenden Zyklus von Lernaktivitäten:

- Wahrnehmung einer neuen Information;
- Verarbeitung der Information durch Verknüpfung mit vorher gelernten oder anderen Bewußtseinsinhalten und schließlich aktive Abgabe einer Antwort;
- Selbstkontrolle der abgegebenen Antwort.

Der Schwierigkeitsgrad der Fragen und Aufgaben wird sorgfältig gewählt. Subjektiv sollen die Aufgaben nicht als zu leicht empfunden werden, objektiv soll dic Zahl der richtigen Antworten und Aufgabenlösungen weit überwiegen. Dadurch erfährt der Schüler häufig Erfolgserlebnisse. Dies bewirkt eine Erhaltung und Verstärkung seiner Lernbereitschaft. Programmierter Unterricht stärkt insbesondere für mittlere und lernschwache Schüler das Vertrauen in die eigene Lernfähigkeit und das eigene Können.

Gute Lehrprogramme sind die Simulation eines fragend-entwickelnden Unterrichts mit einer im Klassenunterricht nicht möglichen aktiven Beteiligung des Schülers. Durch Verzweigungstechniken kann der Lernweg individualisiert werden. Es können somit individuelle Lernschwierigkeiten berücksichtigt werden. Lehrprogramme in Buchform und auch in der Form von computerunterstütztem Unterricht erlauben eine effiziente Wissensvermittlung. Nachweislich verbessert sich bei der Bearbeitung von Lehrprogrammen die Lesefähigkeit (*Weltner*, 1978). In der Schule haben sich Lehrprogramme im Klassenunterricht nicht durchgesetzt. Sie werden allerdings benutzt, um im Sinne von Nachhilfeunterricht Schülern die Gelegenheit zu geben, Wissenslücken auszugleichen, etwa bei Krankheit und bei Schulwechsel.
Objektivierte Lehrformen werden heute in der betrieblichen Ausbildung und bei Umschulungsprozessen in der Industrie häufig benutzt. Mit der raschen Verbreitung von Computern dürfte die Verwendung des Computers als Gerät zur Unterstützung des Lernens zunehmen. Besonders die Verbindung der klassischen Medien Schulbuch und Lehrbuch mit computerunterstützen Hilfen für die Erarbeitung eröffnet viele Möglichkeiten, autonomes Lernen - also vom Lehrer unabhängiges Lernen - zu fördern. Dies ist vor allem bedeutsam für das Lernen nach der eigentlichen Schulzeit, auf das der Unterricht vorbereiten sollte.

5.2. Methodische Konzepte, die aus allgemeinen Vorstellungen über das Lernen abgeleitet werden

Es gibt allgemeine methodische Konzepte der Darbietung oder Erarbeitung, die sich daran orientieren, was wir über das Lernen und Denken allgemein wissen. Zunächst werden dabei methodische Prinzipien dargestellt, die sich an der Informationsverarbeitung des Schülers orientieren. Dann werden methodische Konzepte erläutert, die sich an allgemeine wissenschaftsorientierte Systematiken anlehnen wie Induktion und Deduktion, Analyse und Synthese.

5.2.1 Methodische Konzeptionen, die sich an der Informationsverarbeitung des Schülers orientieren

In Kap. 3 - Lernen und Denken im Physikunterricht - sind unsere Kenntnisse zusammengefaßt, die wir über die Entwicklung des Denkens beim Schüler haben und über die Art und Weise, wie er neue Informationen und Inhalte verarbeitet. Von den psychologischen Lerntheorien, heute insbesondere von der kognitiven Psychologie, sind Anregungen auf die Pädagogik und Fachdidaktik ausgegangen. Dabei muß allerdings festgestellt werden, daß es in der Pädagogik bereits ein sehr altes Erfahrungswissen über das Lernen und Lehren gibt, aus dem für den Lehrer handlungsleitende Regeln abgeleitet sind. Vieles findet sich bereits bei *Comenius*, *Herbart*, *Diesterweg* und anderen. Heute sind diese Regeln durchweg durch empirische Untersuchungen gestützt und besser verstanden worden. Dies sei an fünf Maximen erläutert, die sich auf die Gedankenführung in einer Unterrichtsstunde, aber auch auf den Aufbau von Lehrgängen beziehen.

Vom Konkreten zum Abstrakten. Es ist ein fester Bestandteil der pädagogischen Literatur, daß es für den Ablauf von Lernprozessen günstig ist, wenn der Ausgangspunkt sinnlich wahrnehmbare Phänomene, konkrete Objekte, Ereignisse und Handlungen sind. Für den Physikunterricht heißt dies, daß er immer mit einem Studium der Phänomene beginnen sollte, die direkt beobachtet und erfahren werden können. Gerade dort, wo abstrakte Begriffe vermittelt und abstrakte Zusammenhänge erarbeitet werden, ist es günstig, von konkreten Phänomenen auszugehen und zum Schluß die Beziehung zu den Phänomenen wieder herzustellen. Scheinbar ist diese Forderung in einem auf Experimente gegründeten Physikunterricht leicht zu erfüllen. Das Experiment ist eine Verknüpfung von Aktion mit Reflexion, Deutung und Abstraktion. Bei näherer Betrachtung zeigt sich jedoch, daß keineswegs alle Experimente von der Beobachtung sinnlich wahrnehmbarer Phänomene und Objekte ausgehen. Im Gegenteil, die Entwicklung der Physik hat dazu geführt, daß mehr und mehr abstrakte Zusammenhänge vermittelt werden müssen und daß die Grundlage der Überlegungen meist Beobachtungen sind, die sich nur mit Hilfe von Meßgeräten anstellen lassen, sich auf Größen beziehen, die für den Schüler abstrakten Charakter haben. *Wagenschein* (1975) hat dieser Entwicklung seine Forderung "Rettet die Phänomene" entgegengestellt und vor der Gefahr gewarnt, daß der moderne Physikunterricht den Kontakt zu den Naturphänomenen verliert und ein abstraktes Wissen vermittelt, das vom Schüler nach der Schule rasch abgestoßen wird. *Piaget* (1969) hat in vielen Untersuchungen zur Entwicklung des kindlichen Denkens den Befund erhärtet, daß konkret-operationales Denken dem formalen Denken vorausgeht. Das erstere ist Grundlage des letzteren. Konkret-operationales Denken ist aber immer an sinnlich wahrnehmbare Phänomene und gedankliches Hantieren und Umgehen mit konkreten Objekten gebunden. Formal-operationales Denken beginnt altersmäßig erst in der Sekundarstufe I und setzt sich in der Sekundarstufe II fort. Aber auch dort erreicht nur ein Teil der Schüler diese Denkstufe. Die Forderung, im Unterricht vom Konkreten, also von sinnlich wahrnehmbaren Phänomenen auszugehen und nach der Erarbeitung abstrakter Zusammenhänge diese wieder neu in eine Beziehung zu konkret erfahrbaren Phänomenen zu setzen, ist somit denk-psychologisch gut begründet. Die Kurzformel "vom Konkreten zum Abstrakten" ist eine Leitlinie für den inhaltlichen Unterrichtsaufbau. Der Unterricht verbindet dann das Handeln und das Denken der Schüler.

Vom Einfachen zum Komplexen: Das auf *Comenius* zurückführbare Prinzip der kleinen Schritte ist bereits erwähnt. Es besteht darin, umfangreiche Sachverhalte für die Darstellung im Unterricht in kleinere Elemente aufzugliedern. Heute ist es eine gut gesicherte Erkenntnis der Denkpsychologie, daß das menschliche Bewußtsein eine sehr eng begrenzte und sogar zahlenmäßig angebbare Kapazität hat. Simultan können etwa nur 7 Begriffe bewußt sein (*Miller* nach *Frank* (1969)).
Die Erfassung komplexer Sachverhalte übersteigt daher bei Lernprozessen oft die Bewußtseinskapazität des Lernenden. *Dörner* (1979) hat in eindrucksvollen Experimenten gezeigt, wie rasch wir an unsere Grenzen stoßen, wenn wir komplexe Strukturen gleichzeitig zu erfassen versuchen.
In der praktischen Pädagogik ist seit langem bekannt, daß die Verarbeitung komplexer Information erleichtert wird, wenn komplexe Sachverhalte in Teilelemente gegliedert und diese Teilelemente für sich behandelt werden. Sind diese verstanden, kann der komplexe Sachverhalt als Ganzes aufgebaut werden. Wie weit diese Zerlegung zu gehen hat, richtet sich nach den Verständnismöglichkeiten der Schüler.
Ein anderer Weg besteht darin, komplexe Sachverhalte so weit zu vereinfachen, daß der Sachverhalt auf einfache Grundlagen reduziert wird. Dann kann im späteren Unterricht auf Einzelheiten eingegangen werden. Damit kann der Lehrer vermeiden, daß der Schüler überfordert wird.
Der Prozeß, komplexe Sachverhalte in einfache Elemente zu gliedern oder komplexe Sachverhalte durch Reduktion zu vereinfachen, wird "Elementarisierung" genannt, und ist im Abschnitt 2.2.3 weiter erörtert. In der Formulierung vom "Einfachen zum Komplexen" wird "einfach" im Sinne von "elementar" verstanden. Einfach ist in unserem Zusammenhang das, was der Schüler mit seinen Lernvoraussetzungen leichter verstehen kann.

Die Dimensionen konkret-abstrakt und einfach-komplex sind voneinander unabhängig. In das Diagramm lassen sich Sachverhalte und Lehrziele nach Abstraktionsgrad und Komplexität einordnen.

Beispiele:

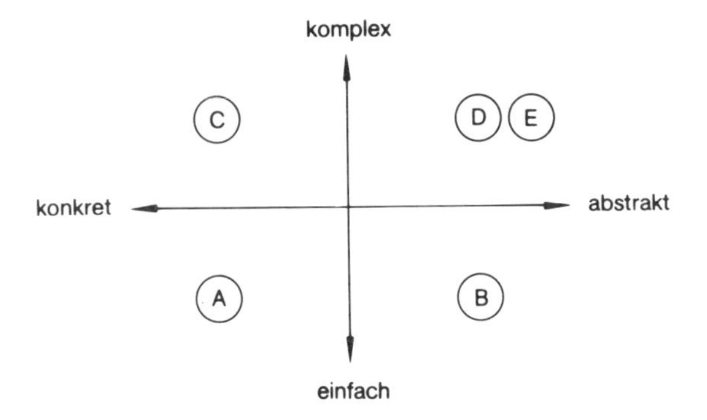

Abb.: 5.2 Ordnung von Sachverhalten und Lehrzielen nach den Dimensionen Abstraktionsgrad und Komplexität

A) Mit einer Lupe arbeiten.

B) Die Vergrößerung der Lupe aufgrund der Abbildungsgesetzte und der Funktion des Auges verstehen.

C) Anhand der Untersuchung von Fernrohren und Mikroskopen erkennen, daß sie aus Sammellinsen bestehen. Mit zwei Linsen anhand vorgegebener Arbeitsanleitungen Modellfernrohre und Mikroskope zusammenstellen.

D) Vergrößerung von Fernrohr und Mikroskop aufgrund der Abbildungsgesetze und der Funktion des Auges verstehen und begründen können.

E) Funktion der Feldlinse für die Vergrößerung des Gesichtsfeldes verstehen.

Vom Bekannten zum Unbekannten: Mit diesem Konzept wird betont, daß der Unterricht immer von bekannten Sachverhalten ausgehen und an das Vorverständnis der Schüler anschließen sollte. Das schließt ein, daß vorhandenes Wissen zunächst zu reaktivieren ist, ehe das Neue erarbeitet werden kann. Gelegentlich wird dieses Konzept auch unter dem Namen "Prinzip der Zugänglichkeit" erwähnt. Bekannt ist die Formel *Ausubels* (1974), daß "der beste Prädiktor für Lernerfolg das bereits vorhandene Wissen ist". *Aebli* (1988), *Ausubel* (1974), und andere pädagogische Psychologen haben den Aufbau des Wissens und der Fähigkeiten des Menschen als fortschreitende Akkumulation beschrieben. Neues Wissen, neue Einsichten und neue Erfahrungen werden in das bestehende Wissensystem integriert. Neue Einzeltatsachen werden dabei unter die in der Wissensbasis vorhandenen Strukturen subsumiert und differenzieren diese aus (in der Kognitionspsychologie *deklaratives Wissen* genannt). Neue Fähigkeiten im Sinne von Handlungsprogrammen (in der Kognitionspsychologie *prozedurales Wissen* genannt) werden in das bestehende System der Handlungsprogramme integriert.
Dem entspricht das Unterrichtskonzept, bei der Darstellung und Erarbeitung neuer Sachverhalte immer vom bekannten Wissen auszugehen, an das Vorverständnis der Schüler anzuschließen und das Neue explizit in das vorhandene Wissensgefügte zu integrieren. Die umfangreichen Untersuchungen zu Schülervorstellungen dienen vor allem dem Ziel, festzustellen, was Schüler denken, was ihnen also in diesem Sinne bekannt ist. Dies ist im Kapitel 3 "Lernen und Denken" ausführlich dargestellt.
Im Hinblick auf die Unterrichtsstufen, die im vorhergehenden Kapitel 4 erläutert wurden, wird durch den Beginn mit dem Bekannten das bereits vorhandene Wissen reaktiviert. Dem folgt in der Stufe der Erarbeitung die schrittweise Beschäftigung mit den Unbekannten, das dabei zu Bekanntem wird. Die Integration des Neuen in die bestehende Wissensstruktur ist dann Aufgabe der abschließenden Stufe. Die Kurzformel "vom Bekannten zum Unbekannten" überdeckt sich zum Teil mit der Forderung "vom Konkreten zum Abstrakten".

Vom *Problem* zum *System*: Die in der Physik verwendeten Begriffe und die zwischen diesen Begriffen bestehenden Zusammenhänge sind das Ergebnis einer langen Entwicklung. Die Tragfähigkeit physikalischer Begriffsbildungen und die mit ihnen mögliche präzise Beschreibung der physikalischen Zusammenhänge ist die Grundlage für den Erfolg der Physik. Aus diesem Grunde lehnen sich die Lehrgänge der Physik zumindest in Teilbereichen an

die logischen und systematischen Strukturen der Physik an. Dies führt zu einem pädagogischen Problem. Das Interesse von Schülern gilt zunächst selten dem System der Physik sondern meist speziellen Problemen.
Der Mensch allgemein und besonders der Schüler ist an der Lösung von Problemen, die ihm auffallen, interessiert. Dies sind immer spezielle Probleme. Den Schüler fesselt nicht das Allgemeine, sondern das Spezielle, das Besondere. Neugier geht von Einzelproblemen aus. Unterricht ist nur dann fruchtbar, wenn er von Problemen ausgeht, die der Schüler als bedenkenswert wahrnimmt. *Berlyne* (1974) sieht in dem Interesse, das sich angesichts offener Probleme bildet, eine Hauptmotivation für das Lernen. *Copei* (1932) analysiert fruchtbare Momente im Bildungsprozess und findet, daß sie immer mit der Faszination angesichts offener Probleme verknüpft sind. *Kley* (1964) beschreibt, wie der Widerspruch zwischen Erwartung und Beobachtung im Unterricht bewußt herbeigeführt werden kann, um Lücken im Verständnis bewußt zu machen und das Lernen zu motivieren. Er nennt dies das *Prinzip der Lücke*, oder die Herbeiführung eines epistemischen Konflikts. Immer wieder beobachten wir, daß oft gerade dann das Interesse der Schüler erwacht, sich eine Spannung aufbaut, wenn der Ausgang von Experimenten der eigenen Erwartung nicht entspricht. Daraus kann eine Lernbereitschaft erwachsen. Schon *Dewey* (1910) betonte, daß wir von Problemen zu Erkenntnissen kommen.
Daraus kann nur eine pädagogische Folgerung gezogen werden: Der aktuelle Unterricht sollte möglichst von Problemen ausgehen, die von den Schülern als Problem verstanden werden und die im Unterricht gelöst werden können. Der systematische Zusammenhang physikalischer Begriffsbildungen ist demgegenüber ein übergeordnetes Ordnungsprinzip für dic mögliche Reihenfolge von Unterrichtsinhalten. Der Zusammenhang der physikalischen Begriffe kann nur als Folge und Ergebnis vieler Problemlösungen sichtbar werden.
Das System kann immer nur am Ende des Lehrgangs stehen. Der Primat des Problems als Ausgangspunkt des aktuellen Unterrichts kommt in der Bezeichnung "*problemorientierter Unterricht*" zum Ausdruck. Die Forderung, die einzelnen Unterrichtseinheiten dann aber so anzuordnen, daß im Gang des Lehrgangs ein zusammenhängendes Begriffsgefüge aufgebaut wird, sorgt dafür, daß die neuerworbenen Begriffe jeweils im anschließenden Unterricht weiterbenutzt und gefestigt werden. Dieser geordnete Aufbau des Lehrgangs sorgt dafür, daß im Zusammenhang gelernt wird und daß damit auch die Zusammenhänge gelernt werden.

Abschließend sei auf einen kritischen Punkt hingewiesen:

Allein die Angabe von Problemen löst keineswegs immer Neugier aus. Das Problem muß als solches für den Schüler erkennbar sein. Der Widerspruch zwischen Erwartung und Erfahrung muß bewußtgemacht werden. Die Lücke im Verständnis des Sachverhalts muß dem Schüler deutlich werden. Dann aber ist weiter wichtig, daß der Schüler das Problem subjektiv als lösbar wahrnehmen muß. Nur wenn er sich die Lösung des Problems zutrauen kann, wird er sich mit dem Problem befassen. Die meisten Fragen und Probleme, auf die wir stoßen, sind nämlich für uns keineswegs ohne weiteres lösbar, und wir versuchen es auch meistens nicht. Ausgangspunkt des Lernens sollten also Probleme und Fragestellungen sein, die der Schüler hat oder zumindest haben könnte. Im Zentrum des Unterrichts steht dann die Erarbeitung, die Diskussion, die Begründung und im günstigsten Fall die Entdeckung oder Nacherfindung durch den Schüler selbst.

Vom Verstehen zum Behalten: Aus der Informationspsychologie, der Gedächtnispsychologie und der von *Frank* (1969) begründeten kybernetischen Pädagogik ist bekannt, daß nur ein Bruchteil - weniger als 10 % - der vom Menschen wahrgenommenen und auch verstandenen Information gedächtnismäßig so gespeichert wird, daß die Information wieder abrufbar ist und für Anwendungen zur Verfügung steht. "Verstehen" ist nicht gleich "behalten". Nur einen Teil der Sachverhalte, die ein Schüler im Unterricht verstanden hat, kann er später reproduzieren oder anwenden. Unsere subjektive Empfindung täuscht uns oft, wenn wir glauben, wir behielten alles, was wir verstanden haben. Um Verstandenes auch zu festen Gedächtnisinhalten zu machen, muß es mehrfach benutzt werden. Dem dient die Stufe der Festigung. Der Festigung dienen Wiederholungen, Übung, Anwendung sowie Systematisierung und Integration. Am wirksamsten ist die immanente Wiederholung bei der Anwendung des Gelernten im neuen Kontext. Sachverhalte sollten darüberhinaus in verschiedener Form repräsentiert werden, durch Worte, Bilder, Symbole, Formeln. Damit wird ein Sachverhalt in unterschiedlicher Codierung und mit unterschiedlichem Abstraktionsgrad gespeichert. Daraus ergibt sich dann im Gedächtnis eine Vernetzung der Speicherinhalte. Dies erleichtert nicht nur den Zugang, also die Sicherung der Einspeicherung selbst, sondern auch die Flexibilität hinsichtlich der Anwendung. Der Weg vom Verstehen zum Behalten geht vom Verstehen aus und führt aber erst über das Wiederholen, Üben und Anwenden zum Behalten.

5.2.2 *Induktiv-deduktive Gedankenführung*

Das Gegensatzpaar induktiv-deduktiv beschreibt entgegengesetzte Richtungen der Gedankenführung, die sich an den logischen Schlußweisen Induktion und Deduktion orientieren. Erwartet wird, daß der Schüler die Denkoperationen korrespondierend durchführt und sich damit auf lange Sicht an logisches, begründendes Denken gewöhnt und die Art des jeweiligen Schließens erkennt.

Bei induktiver Gedankenführung geht der Unterricht von Einzelfällen aus und gewinnt daraus durch Induktion Hypothesen über allgemeine Gesetzmäßigkeiten.

Beispiel: Die Wärmeausdehnung wird an verschiedenen Stoffen experimentell untersucht. Aus den Versuchsergebnissen wird eine allgemeine Gesetzmäßigkeit vermutet: Stoffe dehnen sich mit steigender Temperatur - und sonst gleichbleibenden Randbedingungen - aus. Schüler neigen dazu, aus oft wenigen Versuchsergebnissen generelle Gesetzmäßigkeit abzuleiten. Die hierin liegenden Gefahren müssen dem Schüler bewußt gemacht werden. Im Versuch kann gezeigt werden, daß Wasser sich bei der Erwärmung von 0° C auf 4° C nicht ausdehnt, sondern zusammenzieht. Auch gespannter Gummi zieht sich bei Temperaturerhöhung zusammen. Induktiv gewonnene Gesetzmäßigkeiten sind immer vorläufig.
Eine gewisse Vorsicht ist auch bei der Generalisierung geboten, und die Vorläufigkeit und Anfälligkeit induktiven Denkens ist zu thematisieren.
Hier gilt es darauf hinzuweisen, daß auch die Randbedingungen für die Gültigkeit der Generalisierung genau angegeben werden müssen. Die Gültigkeit des *Ohmschen Gesetzes* ist beispielsweise durch die Randbedingung "konstante Temperatur" begrenzt.

Bei einer deduktiven Gedankenführung wird versucht, auf der Grundlage und Kenntnis allgemeiner Gesetze neue Zusammenhänge zu erschließen oder - und das ist der Regelfall - spezielle Probleme zu lösen.

Beispiel: Kennt man die Wärmeausdehnung von Metallen und damit auch von Metalldrähten, kann man im Unterricht versuchen, darauf aufbauend die Konstruktion eines Hitzedrahtamperemeters zu entwickeln.

Beispiel: Kennt man das *Archimedische Prinzip* - in seiner einfachsten Form "der Auftrieb ist gleich dem Gewicht der verdrängten Flüssigkeit" - kann man folgendes Problem durch Deduktion lösen: Wie groß muß ein Luftballon sein, der einen Menschen tragen kann? Vorausgesetzte oder zu schaffende Kenntnisse sind dabei noch das spezifische Gewicht von Luft und das spezifische Gewicht von Wasserstoff, wenn es sich um einen Wasserstoffballon handelt. Für einen Heißluftballon muß man die Gasgesetze kennen und eine Abschätzung darüber haben, wie heiß die Luft im Ballon sein kann.

Beispiel: Kennt man die Kräfte auf bewegte elektrische Ladungen im Magnetfeld - *Lorentz-Kraft* - kann man die Entstehung von Spannungen (*Hall-Spannungen*) in stromdurchflossenen Leitern verstehen, die von starken Magnetfeldern durchsetzt sind. Weiß man darüber hinaus etwas über die Dichte der Ladungsträgern in Metallen und Halbleitern und die entsprechenden Driftgeschwindigkeiten, kann man ableiten, warum bei Halbleitern die *Hall-Spannung* so viel größer ist als bei Metallen.

Deutlich wird hier, daß induktive und deduktive Gedankenführung von der Struktur des zu vermittelnden Sachverhalts oder des zu lösenden Problems abhängen.

5.2.3 Analytisch-synthetischer Unterricht

Bei einer analytischen Gedankenführung werden komplexe Sachverhalte oder Probleme gedanklich zerlegt, um bekannte Elemente auffinden und verstehen zu können. Um die Tragfähigkeit des Luftballons verstehen zu können, muß man Teilprobleme isolieren: Übertragung des *Archimedischen Prinzips* von Flüssigkeiten auf Gase; Gewicht der Luft; Veränderung des spezifischen Gewichts der Luft bei höherer Temperatur; Abschätzung der im Heißluftballon möglichen Lufttemperaturen. Nach der Lösung der Einzelprobleme kann der Gesamtzusammenhang rekonstruiert werden. Analytischer Unterricht kann sich auch auf die praktische Zerlegung und Analyse konkreter Gegenstände (Fahrraddynamo, Photoapparat, Radio u.a.) beziehen.
In synthetischen Unterrichtsphasen werden komplexe Zusammenhänge durch die Kombination bekannter Elemente verständlich gemacht oder im technischen Bereich wird in konstruktiver Weise ein Problem durch die Kombination bekannter Verfahren und Zusammenhänge gelöst. Als analytisch-synthetisches Unterrichtsverfahren hat *Holla* (1962) einen Unterricht über technische Sachverhalte beschrieben, in dem analytische und synthetische Unterrichtsphasen abwechseln. Am Beispiel der elektrischen Klingel zeigt er, wie in analytischen Phasen eine reale Klingel auseinandergebaut

und die Einzelteile sowie ihre Funktion untersucht werden, um in synthetischen, konstruktiven Phasen dann eine Klingel im Modellversuch neu aufzubauen. Die dabei angewandte Grundstruktur gilt allgemein und berücksichtigt bereits in der Konzeption, daß analytische und synthetische Phasen alternieren und sich ergänzen.

5.3 Methodische Konzepte als fachspezifische Muster der Gedankenführung

Die folgenden methodischen Konzeptionen sind ursprünglich im Rahmen der Physikdidaktik und im Hinblick auf naturwissenschaftlichen Unterricht entstanden. Oft finden wir hier wieder Unterrichtsstufen, wie sie in Kap. 4 beschrieben wurden. Die Gedankenführung orientiert sich dabei an fachspezifischen Erkenntnis- und Arbeitsformen.

5.3.1 Forschender Unterricht

Die Gedankenführung des forschenden Unterrichtes orientiert sich an der Methode der Erkenntnisgewinnung in der Physik. In den Unterricht transponiert begegnen wir hier der Denk- und Arbeitsweise des Physikers - wenngleich in reduzierter Form. Im Kern geht dieses Unterrichtskonzept auf *Kerschensteiner* (1912) zurück. Er versuchte den Bildungswert des Physikunterrichts nachzuweisen, der sich in der damaligen Zeit an den Gymnasien gegenüber dem Unterricht in den klassischen Sprachen zu rechtfertigen hatte. *Kerschensteiner* stütze sich auf eine lernpsychologische Argumentation: Durch die im naturwissenschaftlichen Unterricht realisierte Form der Erkenntnisgewinnung, die von der Erkennung des Problems über Lösungsvermutung und Hypothesen zu deren Prüfung und Verifikation führt, werde sich der Schüler an dieser Methode der Erkenntnisgewinnung orientieren. Langfristig werde sich so seine allgemeine Fähigkeit zu kontrolliertem logischem Denken ausbilden, die damals *formale Bildung* genannt wurde. Dem lag weiter die Annahme zugrunde, daß die Fähigkeit zu logischem kontrolliertem Denken, wenn sie erst einmal ausgebildet ist, auf alle Problemfelder angewandt wird. Die Übertragung von Wissen oder Fähigkeiten auf andere Bereiche wird heute *Transfer* genannt. Empirische Untersuchungen über die Reichweite und Häufigkeit eines derartigen Transfers haben zu ernüchternden Ergebnissen geführt. In jedem Fachunterricht, auch

dem altsprachlichen Unterricht, wird vor allem fachgebundenes und damit kontextgebundenes Denken aufgebaut. Eine Übertragung der in einem speziellen Fach erworbenen Denkfähigkeit auf andere Sachbereiche, findet im nennenswerten Umfang nur dann statt, wenn auch diese Übertragung geübt wird.
Dennoch ist das von *Kerschensteiner* entwickelte Unterrichtskonzept des "forschenden Unterrichts" für den naturwissenschaftlichen Unterricht modellbildend geworden, weil hier der Schüler dazu geführt wird, sich neue Erkenntnisse in ähnlicher Form zu erarbeiten, wie dies in der Wissenschaft Physik auch geschieht. Auch wenn die vom Schüler hier mit möglichst großer Selbständigkeit untersuchten Sachverhalte nachentdeckt werden, erlebt der Schüler doch sehr stark, daß es ihm selbst möglich ist, neue Sachverhalte durch planmäßiges Arbeiten herauszubekommen. Diese Bindung des Lernens an eigene Beobachtung, eigene Entwicklung von Hypothesen und die Prüfung von Hypothesen durch Experimente lockert zumindest die Bindung an Autoritäten und die Übernahme von Buchwissen und vermittelt etwas vom Geist der Naturwissenschaft.

Ein typischer Unterrichtsaufbau gliedert sich hier in folgende Phasen oder Stufen:

- Entwicklung der Problemstellung;
- Erarbeitung von Lösungsmöglichkeiten, Bildung von Hypothesen;
- Prüfung der Hypothesen durch Planung, Durchführung und Auswertung von Experimenten.

Es ist leicht möglich, diese Unterrichtsphasen auch unter das Lernstufenschema von *Roth* oder ein anderes Stufenschema zu subsumieren. Dies ist in Kapitel 4 ausführlich dargestellt. Und dort kommt noch die Stufe der Auswertung, Anwendung, und Integration in das bestehende Wissen hinzu. Varianten des forschenden Unterrichtes sind beschrieben worden unter den Stichworten "discovery learning" "entdeckendes Lernen". *Mothes* (1967) nennt dieses Verfahren, "Normalverfahren". Eine ausführliche Begründung und praktikable Beispiele finden sich bei *Fries-Rosenberger* (1973) und *Schmidkunz* (1981). Allgemein gesprochen handelt es sich um einen problemorientierten Unterricht.

Beispiel: Totalreflexion

1. Entwicklung der Problemstellung: Was kann man als Schwimmer unter der Wasseroberfläche von der Welt sehen? Kann man überall hinsehen? Wie sieht die Wasseroberfläche von unten aus?
2. Erarbeitung von Lösungsmöglichkeiten, Bildung von Hypothesen. Hier sind im Gespräch mit den Schülern Vermutungen zu entwickeln und die Möglichkeiten zu diskutieren, die Vermutungen im Experiment zu überprüfen.
3. Überprüfen der Hypothesen und Planung von Versuchen: Untersuchung der Brechung des Lichts, wobei einmal der Lichtstrahl von Luft in Wasser geschickt wird und wobei danach der Weg des Lichtstrahls aus dem Wasser in die Luft verfolgt wird. Auffinden von Gesetzmäßigkeiten, Entdeckung des Phänomens der Totalreflexion.
4. Transfer und Anwendung: Diskussion von Lichtleiter, Glasfaseroptik, Prisma im Prismenfernrohr, Blick mit Taucherbrille von unten gegen die Wasseroberfläche u.a.

Forschender Unterricht ist in reiner Form entdeckender Unterricht. Der Schwerpunkt liegt auf der aktiven Mitwirkung des Schülers bei der Formulierung des Problems, der Hypothesenbildung und der Planung und Ausführung der Versuche. Aber auch bei einer fragend-entwickelnden Gesprächsführung, ja sogar bei darbietendem Unterricht kann die Argumentation so entwickelt werden, daß der Schüler dazu geführt wird, den Prozeß von der Problemstellung über die Entwicklung der Hypothesen und ihre Prüfung quasi als mögliche eigene Gedanken nachzuvollziehen. Dazu bedarf es allerdings beim Lehrer der Fähigkeit, die Probleme vom Standpunkt der Schüler aus zu sehen und intuitiv mit deren Inventar an Kenntnissen die Hypothesen und Vermutungen zu entwickeln, also, bildlich gesprochen, mit dem Kopf des Schülers zu denken. Darbietender Unterricht ist nicht forschender Unterricht. Dennoch kann und sollte auch bei einer Darbietung die Gedankenführung den Prozeß der physikalischen Erkenntnisgewinnung widerspiegeln.
Naheliegend ist dies im übrigen auch bei Berichten über die Geschichte der Physik und die Kontroversen über physikalische Vorstellungen wie den "Wärmestoff" des "Perpetuum Mobile", den "Lichtäther" u.a. (Siehe dazu auch Abschnitt 5.3.4)

5.3.2 Nacherfindender Unterricht

Nacherfindender Unterricht orientiert sich in der Gedankenführung an der finalen Struktur technischer Sachverhalte, *Weltner* (1971). Technische Anordnungen dienen immer einem Zweck. Der oft verwirrende Funktionszusammenhang eines Geräts ist nur vom Zweck her zu verstehen. Im Unterricht geht es darum, von einer technischen Aufgabenstellung, also der Zweckbestimmung, auszugehen und zunächst nach einfachen Lösungen zu suchen. Daher muß der Lehrer zunächst die technische Aufgabenstellung auf ihren elementaren Kern zurückführen und dem Schüler deutlich machen. Es geht nicht um die Erklärung eines fertigen Geräts, sondern um die aktive Lösung des technischen Grundproblems. Für die Nacherfindung eines Elektromotors ist es die einführende Aufgabe, einen drehbar gelagerten Stabmagneten durch einen davorstehenden Elektromagneten zum Drehen zu bringen. Schüler finden schnell heraus, daß der Strom im geeigneten Moment rhythmisch ein- und ausgeschaltet werden muß. Danach stellt sich die Aufgabe, den Strom im geeigneten Moment von dem sich drehenden Stabmagneten selbst ein- und ausschalten zu lassen. Auch hier kommen Schüler oft auf einen brauchbaren Lösungsvorschlag. Man muß den Strom über den Stabmagneten leiten und an der blanken Metalloberfläche abgreifen. Wenn dann die eine Hälfte der Metalloberfläche isoliert wird, fließt der Strom nur während einer Halbdrehung, er wird also selbsttätig ein- und ausgeschaltet, wenn sich der Stabmagnet dreht. Damit ist bereits ein elementarer Elektromotor nacherfunden, der überraschend gut funktioniert.

Nacherfindender Unterricht ist konstruktiv ausgerichtet und hat damit synthetischen Charakter.
Die Unterrichtsphasen sind dabei:

- Entwicklung der technischen Aufgabenstellung;
- Entwicklung von Lösungsvorschlägen;
- Diskussion und Beurteilung von Lösungsvorschlägen;
- Realisierung zweckmäßiger einfacher Lösungsvorschläge;
- Transfer und Anwendung.

Dies sei an einem weiteren Beispiel erläutert: Einbruchswarnanlage

1. Entwicklung der technischen Aufgabenstellung: Es soll eine automatische Einbruchswarnanlage entwickelt werden, die Alarm auslöst, wenn eine Tür geöffnet wird.

2. Entwicklung von Lösungsvorschlägen:
   - man kann Drähte spannen, die bei unbefugtem Öffnen der Tür zerrissen werden und eine Warnanlage auslösen;
   - man kann eine Lichtschranke bauen, die die Warnanlage auslöst;
   - man kann die Tür mit einem Kontakt verbinden, durch die die Warnanlage ausgelöst wird;
   - man kann beim Öffnen der Tür eine mit Preßluft betriebene Warnsirene auslösen.

3. Diskussion und Beurteilung: Die einzelnen Lösungsvorschläge werden im Gespräch unter den folgenden Gesichtspunkten auch anhand von Skizzen und Schaltplänen diskutiert: Realisierbarkeit, Praktikabilität, Einfachheit, Zweckmäßigkeit, Funktionalität.

4. Realisierung zweckmäßiger und einfacher Lösungsvorschläge: Einfache Modelle der unterschiedlichen Vorschläge werden nachgebaut.

5. Übertragung und Integration: Weitere technische Lösungen der Aufgaben können jetzt besprochen werden. Aus den einzelnen Lösungsvorschlägen können nun neue technische Aufgaben im Hinblick auf die Verbesserung entwickelt werden.

Beispiele für Themen, die sich für nacherfindenden Unterricht eignen, stammen vor allem aus den Bereichen Mechanik und Elektromechanik: Elektromotor, automatische Sicherung, Feuermelder, Thermometer, Autolenkung, Benzinstandanzeiger, Konstruktion von Flüssigkeitsraketen, Thermostat, automatischer Türöffner u.a.
Dabei sollte nicht unbedingt auf die geläufige, sondern auf die einfachste und, von der Aufgabe her gesehen, durchsichtigste Lösung gezielt werden. Oft ist das eine der historischen Erfindung ähnliche Lösung. Selbstverständlich sollte sein, daß Vorschläge, die von den Schülern gemacht werden und realisiert werden können, auch wirklich realisiert und damit auf die ent-

scheidende Probe gestellt werden, die Probe nämlich, ob es so geht oder ob es nicht geht.
Nacherfindender Unterricht ist deshalb besonders motivierend für Schüler, weil hier am Ende des Unterrichts funktionierende Modelle entstehen und etwas Handhabbares als Unterrichtsergebnis herauskommt. Es kommt hinzu, daß die Lösungsvorschläge, läßt man den Schülern nur genügend Überlegungszeit, mit viel Phantasie und Kreativität vorgelegt werden. Für den einzelnen Schüler ist bei derartigen Aufgabenstellungen die Wahrscheinlichkeit groß, eine brauchbare Lösung zu finden. Bei physikalischen Problemen sind die Vermutungen und Lösungsvorschläge entweder "richtig" oder "falsch". Demgegenüber werden technische Lösungsvorschläge den Kriterien "brauchbar" oder "unbrauchbar" unterworfen. Die Mannigfaltigkeit für brauchbare Lösungen ist groß. Wenn im Unterricht nicht auf eine bestimmte Lösung hingezielt wird, sondern es der Ehrgeiz der Schüler sein darf, möglichst verschiedene und brauchbare Lösungen zu finden, sind dies Randbedingungen, die Kreativität begünstigen und damit kreatives Verhalten verstärken und fördern.
Nacherfindender Unterricht kann ebenso wie forschender Unterricht als entdeckender Unterricht aufgefaßt werden. Beim forschenden Unterricht ist das Ergebnis eine neue Erkenntnis, beim nacherfindenden Unterricht ist das Ergebnis ein funktionierendes Produkt.
Die oben genannten Beispiele für nacherfindenden Unterricht zeigen jedoch, daß nicht alle technischen Geräte durch dieses methodische Konzept erschlossen werden können. Viele Geräte sind zu komplex, andere lassen sich nicht im Modell nachbauen. Für den Bereich technischer Sachverhalte gilt: Manche Sachverhalte müssen ihrer Bedeutung wegen im Unterricht behandelt werden, lassen sich aber nicht im Modell nachbauen: Kühlmaschine, Wärmepumpe, Viertaktmotor, Fernsehempfänger, ABS-System u.a. Hier ist darbietender Unterricht oder informierender Unterricht unvermeidlich. Aber auch dann läßt sich die Argumentation und Entwicklung der Gedanken an der finalen Struktur des Sachverhaltes orientieren. Der technologische Zusammenhang läßt sich am günstigsten von der technischen Aufgabenstellung her erschließen. Dann werden die Einzelelemente in einem sinnvollen Zusammenhang erkennbar. Aufgabe des Lehrers ist es auch hier, wie beim nacherfindenden Unterricht, die technische Grundaufgabe zu verdeutlichen und von ihr ausgehend in Schritten die Lösung zu entwickeln. Wichtiger als jede Einzelheit ist, daß der technologische Zusammenhang in seiner Folgerichtigkeit verstanden wird. So gesehen, sollte darbietender oder

informierender Unterricht über technische Sachverhalt vom Aufbau der Argumentation her nacherfindender Unterricht sein, dem jedoch die Realisierung fehlt.

5.3.3 Genetischer Unterricht

Zum methodischen Konzept des genetischen Unterrichts oder zum *genetischen Prinzip* gibt es eine reichhaltige Literatur, die mit *Herbart* beginnt und von *Dewey, Roth, Wagenschein* u.a. weitergeführt wurde. Im Begriff des genetischen Unterrichts kann sich der Begriff Genese auf drei Aspekte beziehen:

- die Genese der Erkenntnis im Schüler (individual-genetischer Aspekt);
- die allgemeine Genese der Erkenntnis (logisch-genetischer Aspekt);
- die Genese der Erkenntnis in der Entwicklung der Wissenschaft (historisch-genetischer Aspekt).

Diese drei Aspekte sind untereinander verknüpft, sollten aber unabhängig voneinander betrachtet und voneinander unterschieden werden. So werden diese drei Formen des genetischen Unterrichts im folgenden getrennt voneinander besprochen.

Wenn genetischer Unterricht sich an der Entwicklung der Erkenntnis im Schüler orientiert, so geht er vom Vorwissen und Vorverständnis der Schüler aus, beginnt mit konkreten Erfahrungen und stellt Probleme in den Vordergrund. Genetischer Unterricht nimmt das Denken des Schülers ernst, schließt sich an dieses Denken an, geht vom Bekannten zum Unbekannten, vom Konkreten zum Abstrakten, vom Problem zum System. *Köhnlein* (1982, S. 95) charakterisiert eine genetische Erklärung so, "*daß ein bestimmter Sachverhalt dadurch verständlich gemacht wird, daß man ihn in eine Abfolge von Einzelvorgängen zerlegt, die man ihrerseits näher verfolgen kann*". Und er fährt fort "*die genetische Erklärung erzeugt Elementarakte des Verstehens, in dem sie erklärende Zusammenhänge in kleinen Bereichen herstellt.*" Dies aber ist im Kern, wenngleich mit anderen Worten, das bereits wiederholt erwähnte Prinzip der kleinen Schritte. Genetischer Unterricht ist somit Unterricht, der sich am Denken und der Denkentwicklung des Schülers orientiert und in dem die im Abschnitt 5.2 dargestellten Prinzipien sachgerecht und flexibel angewandt werden. Wenn genetischer Unterricht gelegentlich als Alternative zum traditionellen Unterricht vorgestellt wird, muß

dem widersprochen werden. Genetischer Unterricht ist guter schülerorientierter Unterricht.
Steht der logisch-genetische Aspekt im Vordergrund, so ist genetischer Unterricht an der Genese der Sachstruktur orientiert. Im Unterricht erfolgt dann im Verstehen ein Nachvollziehen der inneren Strukturen des Gegenstandes. In diesem Sinne wären forschender, nachentdeckender und auch nacherfindender Unterricht unterschiedliche Formen des genetischen Unterrichts.
Steht der historisch-genetische Aspekt im Vordergrund, so ist genetischer Unterricht zunächst durch die Inhaltsauswahl bestimmt. Die Ursprünge des naturwissenschaftlichen Denkens und die entscheidenden Phasen bei der Entwicklung der Naturwissenschaft wären dann Themen, die für den Unterricht besonders fruchtbar sind, weil eine gewisse Parallelität zwischen der Entwicklung des menschlichen individuellen Denkens und der Entwicklung des wissenschaftlichen Denkens angenommen werden kann. Hier handelt es sich also bei genetischem Unterricht vor allem um ein Auswahlprinzip, das als methodisches Konzept im folgenden als "historisierende Methode" diskutiert wird. Dann aber kommen in die Arbeitsmethoden neue Elemente wie das Studium von Originaltexten u.a.
Diese drei Aspekte des "genetischen Unterrichtes" werden in der methodisch-didaktischen Literatur nicht immer hinreichend differenziert diskutiert. Demgegenüber führte die Suche nach geeigneten Unterrichtsbeispielen für genetischen Unterricht zu einer großen Zahl guter und brauchbarer Unterrichtsvorschläge. Beispiele siehe *Köhnlein* (1982).

5.3.4 Historisierende Methode (Fallstudien)

In der historisierenden Methode wird die Vermittlung von Sachverhalten mit der Darstellung der Entdeckung dieser Sachverhalte im historischen oder wissenschaftshistorischen Kontext verbunden. Die Erwartungen, auf diese Weise ließen sich Sachverhalte besser verstehen, sind auf zwei Annahmen gegründet: Die Darstellung von Sachverhalten ist im Kern statisch. Die Darstellung eines historischen Forschungsprozesses und einer Entdekkung hat eine erzählende Struktur, es ist eine handlungsartige Abfolge von Überlegungen und Aktionen. Da aus der Gedächtnispsychologie bekannt ist, daß unser Gedächtnis Handlungsabläufe und Episoden vergleichsweise besser speichert als statische Beziehungen und Strukturen, könnte sich hier eine günstigere Randbedingung für das Behalten bieten.

Daneben gibt es die Erwartung, daß die Denkschwierigkeiten und Verständnisschwierigkeiten des Schülers ähnlich sind wie die Verständnisschwierigkeiten, die sich in der historischen Entwicklung bei der Erforschung des Sachverhalts ergeben haben. Dann kann die Darstellung der historischen Wege mit der Analyse von historischen Irrtümern und Fehlvorstellungen dem Schüler helfen, eigene Lernschwierigkeiten und Fehlvorstellungen zu überwinden. Die Auffassung, daß die Schwierigkeiten der Wissenschaftsentwicklung den individuellen Schwierigkeiten bei der Aneignung der Wissenschaft entsprechen, wird begrenzt durch die Tatsache, daß der Erfahrungshintergrund heutiger Schüler ein anderer ist als in der Vergangenheit. Wir müssen also mit anderen Vorstellungen und Vorstellungsschwierigkeiten rechnen.
Die in der historisierenden Methode vorliegende Verbindung einer Darstellung der Sachverhalte mit einem erzählenden Bericht macht einen derartigen Unterricht geeignet für Medien wie Hörfunk und Hörspiel, gibt aber auch der Lehrerdarbietung viele Möglichkeiten.
Grenzen der historisierenden Methode liegen darin, daß der Zeitaufwand hoch ist. Es ist unmöglich, den gesamten Gang der geschichtlichen Entwicklung des Aufbaus der physikalischen Kenntnisse darzustellen. Ein Anordnungsprinzip, das sich an der Historie orientiert, steht notwendig im Widerspruch zu der derzeitigen systematischen Struktur der Wissenschaft. Die historisierende Methode ist in jedem Fall günstig für die Darstellung technischer Entwicklungen und ihre Einbettung in gesellschaftliche, wirtschaftliche Lebenszusammenhänge.

5.3.5 Nachmachender Unterricht, Arbeit nach Plan

Bei der Durchführung von Schülerexperimenten wird oft nach Arbeitsanweisung gearbeitet. Die Umsetzung von Arbeitsanweisungen in Versuchsaufbauten, das sorgfältige Lesen und damit verbundene Verstehen der Anweisungen und das Übersetzen in sachgerechtes Handeln sind Fähigkeiten, die dabei geübt werden. Sie spielen im modernen Leben eine beträchtliche Rolle, denn es muß sowohl im privaten wie im beruflichen Bereich oft die Bedienung und Benutzung neuer Geräte und Materialien anhand von Gebrauchsanweisungen erfolgen. Dies bereits rechtfertigt es, auch die Arbeit nach vorgegebenen Plänen und ihre sorgfältige Ausführung in den Unterricht zu übernehmen.

Vor allem aber im Bereich technischer Unterrichtsinhalte, wo es um technische Geräte und Einrichtungen geht, ist der Bau funktionierender Modelle nach vorgegebenem Plan möglich und sinnvoll *Weltner* (1971), *Schramm* (1989). Ziel technischen Handelns ist die Entwicklung und Herstellung von Produkten, und hier stehen am Ende der Arbeit funktionierende Geräte und Produkte. Dabei erfährt der Schüler eine Erweiterung seiner Handlungsfähigkeit und eigenes Können. Er kann sich mit den von ihm im Unterricht hergestellten Dingen identifizieren. Mit nachmachendem Unterricht verbindet sich ein hoher Motivationsgrad der Schüler, die sich auf den späteren Unterricht auswirken kann. Auch wenn beim nachmachenden Unterricht zunächst keine neuen Erkenntnisse anfallen, so können Probleme deutlich werden, die eine anschließende Untersuchung im Unterricht anregen. Aus dem Nachbau eines Mikroskops kann eine intensive Beschäftigung mit der Optik folgen. Der Zusammenhang zwischen Stromstärke und Spannung läßt sich nicht durch den Nachbau elektrischer Anlagen finden. Doch lassen sich beim Nachbau elektrischer Anlagen die Probleme gewinnen, deren weitere Untersuchung zum Verständnis von Stromstärke und Spannung und der zwischen ihnen bestehenden Zusammenhänge führt.

Beispiele für nachmachenden Unterricht und Arbeit nach Plan:

Bau von Transistorradio, Lochkamera, Elektromotor, Telefonmodell, Flugmodell, Heißluftballon, Fernrohr, Mikroskop, automatische Steuerung von Beleuchtungsanlagen u.a.

Hier werden Schüleraktivitäten angeregt, die wir in zunehmendem Maße auch außerhalb der Schule finden. Immer mehr Menschen bauen in ihrer Freizeit Modelle, Modellflugzeuge, Modellschiffe, Fernsteuerungen u.a. und gewinnen jenen Handlungsraum im Bereich der Technik zurück, der durch die Differenzierung der Produktionsformen verloren gegangen ist. In ähnlicher Weise nimmt auch die Reparatur technischer Anlagen des Haushalts und der Fahrzeuge durch Eigentätigkeiten zu (Do it yourself-Bewegung). Das methodische Konzept eines konstruktiv ausgerichteten nachmachenden Unterrichts und der Arbeit nach Plan finden wir im übrigen auch im Technikunterricht.

5.3.6 Exemplarischer Unterricht

Das methodische Konzept "exemplarischer Unterricht" ist von dem Historiker *Heimpel* für den Geschichtsunterricht und von *Wagenschein* (1970) für den mathematisch-naturwissenschaftlichen Unterricht vorgeschlagen worden, um einen Ausweg aus der Stoffülle zu finden (vgl. hierzu Abschnitt 8.1). Es ist weniger ein methodisches Konzept sondern im Grunde ein Auswahlprinzip. Unterrichtsinhalte sollen so ausgewählt werden, daß sie beispielhaft für andere Inhalte und für das Sachgebiet sind. Zunächst verbindet sich damit die Hoffnung auf Transfer, die Erwartung, daß der Schüler mit der Erarbeitung dieses Sachverhalts bereits etwas über andere Sachverhalte gelernt hat. Bei der Diskussion der Begründung *Kerschensteiners* für den forschenden Unterricht ist bereits erwähnt, daß Transfer in diesem Sinn eher selten ist.

Die Fruchtbarkeit des "exemplarischen Prinzips" als ein Auswahlprinzip ergibt sich, wenn man von der Zielsetzung der Schule im allgemeinen und des Fachunterrichts im besonderen ausgeht. Dann ist es Aufgabe des Fachunterrichts, und hier des Physikunterrichts, dem Schüler etwas über die grundsätzlichen Erkenntnismethoden und Ergebnisse des Fachs zu vermitteln. Er soll also etwa etwas *über* Physik, ihre wichtigsten Arbeitsmethoden und Ergebnisse erfahren. Dann bezieht sich der Begriff exemplarisch auf repräsentative Erkenntnismethoden, repräsentative Arbeitsformen und repräsentative Ergebnisse.

Methodische Konzepte, die sich an den repräsentativen Erkenntnisformen und Arbeitsformen orientieren, sind

- forschender Unterricht für die Physik (5.3.1);
- nacherfindender Unterricht für die Technik (5.3.2).

Repräsentative Ergebnisse der Physik liegen vor allem darin, daß der Zusammenhang der Naturerscheinungen gefunden wurde. Hier stehen wir davor, daß der Schüler an speziellen Problemen und ihren Lösungen interessiert ist, der Zusammenhang aber systematischen Charakter hat. Den Weg vom Problem zum System erläutert *Wagenschein* am Beispiel einer Sequenz von Problemen aus der Mechanik:

- Beobachtung und Untersuchung des Loopings;
- Beobachtung und Untersuchung des freien Falls am Brunnenstrahl;
- Diskussion der Mondbewegung und Erkenntnis, daß die Bewegung des Mondes als Fallbewegung auf die Erde hin verstanden werden kann;

- Diskussion von Satellitenbewegungen, die sich als Sonderfall des Mondumlaufs um die Erde verstehen lassen.

Aus der Lösung und Beschäftigung mit Einzelproblemen entsteht die Einsicht in allgemeine Zusammenhänge.

Ein anderes Beispiel ist die Entwicklung des Energiebegriffs. Der Energieerhaltungssatz in der Mechanik gilt nur für konservative Systeme. In der Thermodynamik wird ein übergeordneter Zusammenhang deutlich: Wärmeenergie kann als kinetische Energie der Teilchen verstanden werden. Schließlich zeigt sich weiter, daß der Begriff Energie sich als Bilanzierungsgröße eignet, die alle Gebiete der Physik vereinigt.

5.4 Abschlußbemerkungen und Zusammenfassung

1. Einige methodische Konzepte orientieren sich an dem Typus der Lehreraktivität und der Schüleraktivität. Zwischen dem Typus der Schüleraktivität und den dabei erreichbaren Lehrzielen besteht ein enger Zusammenhang. Beim Zuhören kann Wissen erworben werden und Verständnis für Zusammenhänge aufgebaut werden. Selbständiges Denken wird aber nur gefördert, wenn der Schüler die Gelegenheit hat, selbständig zu denken. Erreichbare Lehrziele entsprechen, vereinfacht ausgedrückt, in ihren wesentlichen Merkmalen genau den Merkmalen der Schüleraktivität. Experimentieren lernt man durch aktives Experimentieren, Beobachten durch aktives Beobachten.
2. Einige methodische Konzepte orientieren sich an der Gedankenführung des Unterrichts. Sie sind in der historischen Entwicklung der Pädagogik und der Fachdidaktik entstanden. Die methodischen Konzepte stellen keine systematische Ordnung möglicher Argumentationsformen dar. Im Gegenteil, sie überlappen sich und enthalten oft gemeinsame Merkmale.
   So sind beispielsweise die methodischen Konzepte des forschenden Unterrichts und des nacherfindenden Unterrichts gleichzeitig Varianten des genetischen Unterrichts oder des problemorientierten Unterrichts. Forschender und nacherfindender Unterricht können entdeckender Unterricht sein, wenn die Schülerbeteiligung groß ist. Aber auch bei darbietendem Unterricht kann die Entwicklung der Argumentation forschend oder nacherfindend aufgebaut sein.

Mehrfach finden wir die Forderung, wenngleich unterschiedlich ausgedrückt, Sachverhalte in kleinere Einheiten zu gliedern, die dem Schüler zugänglich und verständlich sind. Es ist das Prinzip der kleinen Schritte. Auch der Gesichtspunkt, daß Unterricht immer von dem Schülervorverständnis auszugehen hat und das jeweils Neue in das bestehende Wissen zu integrieren ist, taucht wiederholt auf. Die unterschiedlichen methodischen Konzepte schließen sich nicht gegenseitig aus. Sie ergänzen einander.

3. Methodische Konzepte sind für den handelnden Lehrer Orientierungshilfen, damit er den Unterricht planen und den Unterrichtsverlauf besser verstehen kann. Die Kenntnis der methodischen Konzepte hilft ihm schließlich auch, sich besser in der aktuellen pädagogischen Diskussion zu orientieren. Auch in der Pädagogik und der Fachdidaktik gibt es Moden. Dann ist es gut, zu wissen, daß die dahinterstehenden Grundgedanken oft bereits eine sehr lange Geschichte und Tradition haben.

Literaturhinweise

Eine umfassende Darstellung der Grundlagen für das Handeln und Entscheiden des Lehrers im Unterricht gibt H. *Aebli*. Auch wenn *Aebli* als Psychologe und Pädagoge die allgemeinen psychologischen und pädagogischen Aspekte behandelt, sind seine Ausführungen hinreichend praxisbezogen, um sie ohne Schwierigkeiten auf den Physikunterricht anwenden zu können.

Unkonventionell in der Diktion und gut lesbar stellt *Meyer* in einem Theorieband und einem Praxisband sehr detailliert und anhand konkreter Beispiele die unterschiedlichen Aspekte des Methodenproblems für den Lehrer dar.

Der allgemeine - leider wenig befriedigende - Forschungsstand zum Thema der Unterrichtsmethoden ist bei *Einsiedler* prägnant und übersichtlich zusammengestellt.

Zu den methodischen Konzepten, die sich auf technisches Denken und Handeln beziehen, siehe auch Abschnitt 8.2 und die dort gegebenen Literaturhinweise.

Literatur

Aebli, H.: Zwölf Grundformen des Lehrens. Stuttgart, 1985[2]

Aebli, H.: Grundlagen des Lehrens. Stuttgart, 1988[2]

Ausubel, D.: Psychologie des Unterrichts, Band 1. Weinheim, 1974.

Berlyne, D.E.: Konflikt, Erregung, Neugier. Stuttgart, 1974.

Bruhn, J.: Unterrichtsformen des Chemie- und Physikunterrichts. In: K.H. Wiebel (Hrsg.): Zur Didaktik der Physik und Chemie, Band L 9. Alsbach, 1989, S. 15 - 38.

Copei, F.: Der fruchtbare Moment im Bildungsprozeß. Heidelberg 1932[1], 1962[2]

Dewey, J.: How we think, New York, 1910; Wie wir denken. Zürich, 1951.

Dörner, D.: Problemlösen als Informationsverarbeitung. Stuttgart, 1979[2]

Duit, R.; Häussler, P.; Kircher, E.: Unterricht Physik. Köln, 1981.

Einsiedler, W.: Lehrmethoden. München, 1981.

Fischler, H.: Methodische Konzeptionen, Unterrichtsinhalte und Lehrerentscheidungen. In: K.H. Wiebel (Hrsg.): Zur Didaktik der Physik und Chemie, Band L 9. Alsbach, 1989, S. 58 - 75.

Frank, H.: Kybernetische Grundlagen der Pädagogik. Baden-Baden, 1969[2]

Fries, E.; Rosenberger, R.: Forschender Unterricht. Frankfurt, 1973[3]

Haspas, K.: Methodik des Physikunterrichts. Berlin, 1970.

Hausmann, G.: Didaktik als Dramaturgie des Unterrichts. Heidelberg, 1959.

Holla, E.: Das analytisch-synthetische Lehrverfahren im Naturlehreunterricht. In: Die deutsche Schule, 54. 1962, S. 497 - 510, 552 - 563, 592 - 613.

Kerschensteiner, G.: Wesen und Wert des naturwissenschaftlichen Unterrichts. München, 1963[6]

Kley, E.: Das didaktische Prinzip der Lücke zur Aktualisierung des kindlichen Interesses. In: Roth, H.; Blumenthal, A. (Hrsg.): Didaktische Analyse. Hannover, 1964, S. 68 - 82.

Köhnlein, W.: Exemplarischer Physikunterricht. Hildesheim, 1982.

Loch, W.: Der Sprachgebrauch im Unterricht am Beispiel der Sokratik. In: W. Twellmann (Hrsg.) Handbuch Schule und Unterricht, Band 4. Düsseldorf, 1981, S. 428 - 441.

Meyer, H.: Unterrichtsmethoden, Band I: Theorieband, Band II: Praxisband. Frankfurt, 1987.

Mothes, H.: Methodik und Didaktik der Physik und Chemie. Köln, 1967.

Piaget, J.: Das Erwachen der Intelligenz beim Kinde. Stuttgart, 1969.

Reichwein, A.: Schaffendes Schulvolk. Braunschweig, 1963[2].

Skinner, B.F.: Die Wissenschaft vom Lernen und die Kunst des Lehrens (1954); Lehrmaschinen 1958. In: *Correll* (Hrsg.): Programmiertes Lernen und Lehrmaschinen. Braunschweig, 1965.

Suchmann, J.R.: Fragetraining: Aufbau von Fertigkeiten zur selbständigen Entdeckung. In: H. Neber (Hrsg.): Entdeckendes Lernen. Weinheim, 1973, S. 247 - 272.

Schmidkunz, H.; Lindemann, H.: Das forschend-entwickelnde Unterrichtsverfahren, München. 1981.

Schramm, H.: Werken im Physikunterricht. In: Naturwissenschaften im Unterricht, Heft 49, S. 2 - 5, 1989.

Töpfer, E.; Bruhn, J.: Methodik des Physikunterrichts. Heidelberg, 1976[5]

Todt, E.: Kapitel 2. In: Hetzer, H.; Todt, E.; Seiffge-Krenk, I.; Arbinger, R. (Hrsg.): Angewandte Entwicklungspsychologie des Kindes- und Jugendalters. Wiesbaden, 1990.

Treiber, B.; Weinert, F.E.: Gute Schulleistung für alle? Münster, 1985.

Wagenschein, M.: Rettet die Phänomene, In: Dahncke (Hrsg.): Zur Didaktik der Physik und Chemie. Hannover, 1975, S. 12 - 32.

Wagenschein, M.: Verstehen lehren. Genetisch-sokratisch-exemplarisch. Weinheim, 1970[3]

Weltner, K.: Technik und naturwissenschaftlicher Unterricht. In: MNU 24, 1971, S. 65 - 75.

Weltner, K.: Informationstheorie und Erziehungswissenschaft. Quickborn, 1970.

Weltner, K.: Autonomes Lernen. Stuttgart, 1978.

6 Medien

Unter dem Begriff "Medien" (das sind Mittler, Lehrmittel) werden zahlreiche Hilfsmittel für den Unterricht zusammengefaßt. Wir wollen den Begriff weit fassen und darunter Experimentiergeräte, audiovisuelle Medien, Schulbücher und Computer verstehen. Das Kapitel wird abgerundet durch einen Abschnitt über Fachräume und einen über Unfallverhütung.
Die klassischen Medien des Schulunterrichts sind das Schulbuch und die Tafel. Zu diesen beiden sind in unserem Jahrhundert viele audiovisuelle Medien hinzugetreten, insbesondere das Diapositiv, der Film, das Transparent, die Videokassette. An die audiovisuellen Medien denkt man heutzutage vor allem bei dem Begriff "Medien". Zentrale Lehrmittel des naturwissenschaftlichen Schulunterrichts sind außerdem alle Experimentiergeräte. Eine Sonderstellung nimmt der Computer ein, da er als Bestandteil von Experimenten, aber auch beispielsweise in der Art eines Filmprojektors, einer Rechenmaschine, eines Privatlehrers im Unterricht eingesetzt werden kann. Die schnelle technische Entwicklung beschert der Schule immer weitere Medien, neuerdings z.B. Bildschirmtext (Btx) und Bildplatte.
Um eine Ordnung in die Vielfalt der Medien zu bringen und um theoretische Überlegungen für den Medieneinsatz besser zu fundieren, sind wiederholt Klassifikationen und Ordnungssysteme für die Medien entwickelt worden (z.B. *Baumann*, 1973). Diese Einteilungen sind jedoch bisher viel zu oberflächlich, um dem Lehrer nennenswerte Hilfen zu geben, z.B. für die Fragen: Ist die gewählte Form der Darstellung für die Schüler verständlich? Knüpft sie gut an ihre Vorkenntnisse an? Beeinflußt die Darstellung den Lernprozeß günstig? u.a.m. Für Fragen dieser Art liegen Antworten nur in ersten Ansätzen und dann meist beschränkt auf einen Teilbereich der Medien vor.
Benutzt werden die Medien im Physikunterricht in allen Phasen des Unterrichts. Für die Experimentiergeräte steht naturgemäß die Gewinnung experimenteller Erfahrungen und Resultate im Vordergrund. Audiovisuelle Medien können nicht nur neue Informationen vermitteln; häufig dienen sie auch der Motivation und Problemerschließung oder der Übung und dem Transfer.

Die Vielfältigkeit der Medienarten und das reiche Angebot innerhalb einer Art geben der heutigen Lehrergeneration mannigfaltigere methodische Möglichkeiten als jeder früheren. Das reichere Angebot der Lehrmittelindustrie geht mit einer anderen wichtigen Verbesserung einher: Moderne Maschinen und Materialien erleichtern die Entwicklung eigener Lehrmittel. Die größte Bedeutung haben hierbei wohl die Fotokopiergeräte, mit denen der Lehrer Arbeitsblätter, Klassenarbeiten und Unterrichtstransparente genau abgestimmt auf seinen Unterricht und aufeinander herstellen kann. Diese Möglichkeiten werden sich durch die graphischen Fähigkeiten moderner Computer weiter verbessern.
Insbesondere in der Physik, einem von jeher medienreichen Unterrichtsfach, macht die Auswahl geeigneter Medien und die Planung ihres Einsatzes einen zentralen Teil der Unterrichtsvorbereitung aus. Nur wer das Medienangebot kennt, wird hier sachgerecht entscheiden können.

6.1 Experimentiergeräte und -sammlungen

Experimentiergeräte sind ein zentrales Medium des Physikunterrichts. Ein großer Teil der Fortentwicklung des Unterrichts besteht, wie die fachdidaktischen Zeitschriften zeigen, im Ersinnen neuer Geräte und Experimente: Neue Stoffgebiete bedürfen passender Geräte (z.B. Elektronikversuche stabilisierter Gleichspannungs-Netzgeräte), neue Geräte erschließen neue Fragestellungen (z.B. preiswerte Verstärker die Messung schwacher Ströme).
Neben der vielfältigen Literatur zu einzelnen Geräten gibt es wenig Überlegungen, die sich allgemeiner mit dem Experimentiergerät für den Physikunterricht auseinandersetzen. Beim derzeitigen Diskussionsstand lassen sich die Eigenschaften guten Experimentiergeräts nur recht allgemein beschreiben. Leichter ist es möglich (wie bei den Experimenten), nach unterschiedlichen Gesichtspunkten zu klassifizieren.

6.1.1 Eigenschaften der Experimentiergeräte

Die Grundanforderungen an Experimentiergeräte liegen unmittelbar auf der Hand: Geräte sollen einfach im Aufbau sein, damit zugleich gut durchschaubar, leicht zu bedienen, robust und billig. Sie sollen aber auch vielseitig sein. Außerdem sollen z.B. Meßinstrumente große Meßbereiche überstreichen und hohe Meßgenauigkeit ermöglichen. Es ist offenkundig, daß diese

Forderungen im Gegensatz zueinander stehen. So werden Geräte für sehr genaue Messungen im allgemeinen empfindlicher, teurer und schwerer durchschaubar sein als nicht so genaue. Wer Lehrmittel baut, kauft oder einsetzt, muß deshalb Kompromisse schließen.
Besonders umstritten ist die Forderung nach einfachen, durchschaubaren Geräten angesichts der Tatsache, daß den Schulen immer leistungsfähigere, zugleich aber auch schwerer verständliche Geräte angeboten werden. Das äußere Erscheinungsbild läßt vielfach keinen Schluß auf Aufgaben und Funktionsweise des Geräts mehr zu. Die Experimente werden durch solche "schwarzen Kästen" (englisch: black boxes) zunehmend unanschaulich und abstrakt. Anhänger der "schwarzen Kästen" verweisen darauf, daß man mit einer Uhr sinnvoll schon lange, bevor man ihre Funktionsweise kennenlerne, umgehen können und daß dasselbe auch mit Oszilloskopen, Vielkanalanalysatoren, meßwert-erfassenden Computern möglich sein müsse. Die Gegner weisen zum einen darauf hin, daß man wichtige Grunderfahrungen und -einsichten auch ohne solche leistungsfähigen Geräte gewinnen könne. Sie sagen zum anderen, daß der Physikunterricht auf ein tieferes Verständnis abziele, und das sei bei diesen schwarzen Kästen eben schlecht möglich. Das Dilemma für den Physikunterricht ist in der Tat beträchtlich. Wenn er bei den einfachen Gerätschaften aus den Zeiten *Galileis*, *Guerickes* und *Ohms* stehenbleibt, bewahrt er sich zwar durchsichtige Versuchsanordnungen, wirkt aber zunehmend altmodisch. Folgt er getreu der Entwicklung in den physikalischen Labors und den Industriebetrieben, dann ist er zwar auf der Höhe der Zeit, gerät aber in Konflikt mit dem Einsichtsvermögen der Schüler.

6.1.2 Arten der Experimentiergeräte

Die im Physikunterricht zum Experimentieren verwandten Geräte kann man unter verschiedenen Gesichtspunkten einteilen. Naheliegend ist die Unterscheidung von Gerät für Demonstrations- und für Schülerversuche. Man kann aber auch die Fertiggeräte den Aufbaugeräten gegenüberstellen. Schließlich kann man Geräte der Lehrmittelindustrie - Alltags- und Haushaltsgeräte - Spielzeug - Selbstbaugeräte unterscheiden. Wir wollen auf die genannten Arten der Reihe nach kurz eingehen.
Demonstrations- und Schülergeräte unterscheiden sich nicht prinzipiell, nur graduell in ihren Eigenschaften: Beim Demonstrationsgerät wird man sich eher für eine höhere Genauigkeit (z.B. bei Waagen) oder größere Lei-

stungsfähigkeit (z.B. bei Experimentierleuchten) entscheiden und dafür einen höheren Preis hinnehmen. Beim Schülergerät wird dagegen mehr auf Einfachheit, Robustheit und andererseits niedrigen Preis geachtet werden. Demonstrationsgerät darf höhere Anforderungen an die Sachkenntnis und das Geschick des Experimentators stellen. Es muß gegen Fehlbedienungen nicht so stark abgesichert sein wie Schülergerät. Beim Demonstrationsgerät wird man auf gute Erkennbarkeit auch aus größerer Entfernung Wert legen. Es darf dafür im Schrank mehr Platz beanspruchen. Wenn ein Schüler- und ein Demonstrationsgerät dem gleichen Zweck dienen, erkennt man die Unterschiede deutlich (Abb. 1).

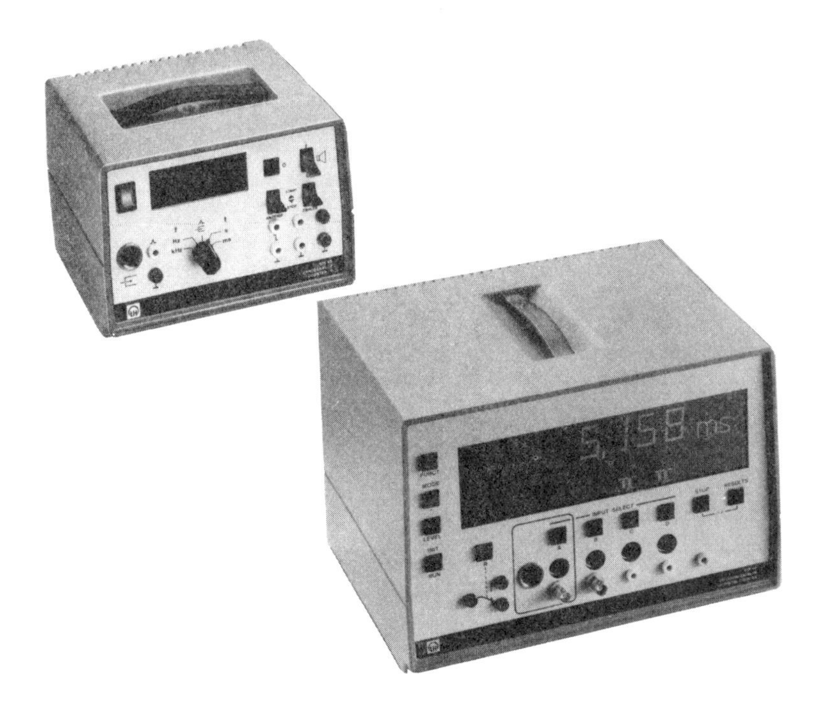

Abb: 1: Schülergerät und Demonstrationsgerät des gleichen Herstellers: Zählgerät.

Daten des Schülergeräts: Ziffernhöhe 18 mm, Masse 1 kg.

Daten des Demonstrationsgerätes: Ziffernhöhe 25 mm, Masse 4,5 kg, Preis etwa das Zweieinhalbfache des Schülergeräts.

Sonderformen von Demonstrationsgeräten haben sich aus dem Bemühen ergeben, die Sichtbarkeit der Versuche für die Schüler zu verbessern. So hat es eigene Geräteentwicklungen für Experimente an der Wandtafel gegeben, insbesondere in der Optik. Noch wichtiger sind mit dem Vordringen des Arbeitsprojektors Experimente geworden, die auf dem Arbeitsprojektor durchgeführt werden und in Durchsicht oder im Schattenwurf auf der Leinwand zu beobachten sind. Mittlerweile bieten die Lehrmittelfirmen eine ganze Reihe von Geräten speziell für diese Form des Experimentierens an.
Eine Sonderstellung unter den Demonstrationsgeräten nehmen auch die gegenständlichen Modelle ein. Manche sind zum Experimentieren gedacht (z.B. Funktionsmodell einer Dampfmaschine). Andere dienen nur dazu, den Aufbau oder die Wirkungsweise technischer Geräte zu zeigen (z.B. Schnittmodell eines Kameraobjektivs) oder theoretische Modellvorstellungen zu verdeutlichen (z.B. Modell aus Draht und Holzkugeln zur Veranschaulichung der *Bohr*schen Ideen). Gegenständliche Modelle technischer Gegenstände nehmen also eine Zwischenstellung zwischen einer gezeichneten Darstellung und dem Gerät selber ein. Seit einigen Jahren gibt es auch Modelle zur Projektion mit dem Arbeitsprojektor.
Unter den Schülerversuchen folgt der Schülerhausversuch, also das Experimentieren der Schüler bei sich zu Hause, seinen eigenen Gesetzen, auch apparativ. Die Grundidee verheißt zwar manche wichtige Vorteile gegenüber dem Schülerversuch in der Klasse, z.B. die große zeitliche Freiheit. Das Hauptproblem, selten befriedigend gelöst, stellt die Versorgung aller Schüler mit geeignetem Experimentiermaterial dar. Sobald die Anforderungen über Allerweltsteile wie Bindfaden, Nagel und Joghurtbecher hinausgehen, werden die Schwierigkeiten groß. Am ehesten ergeben sich in Verbindung mit einem Selbstbau der Geräte gute Experimentiermöglichkeiten für alle Schüler.
Eine ganz andersartige Einteilung der Experimentiergeräte ist die in Aufbau- und Fertiggeräte. Aufbaugeräte bestehen aus Teilen, die einzeln gekauft werden können und von denen mehrere zu einem vollständigen Versuch oder Gerät zusammengebaut werden müssen. Je nach Versuchszweck kann die Zusammenstellung abgewandelt werden; das einzelne Teil ist für verschiedene Versuche verwendbar. Das Fertiggerät hingegen ist ein für sich einsetzbares Teil, auf einen Zweck hin entwickelt und dafür optimiert. Beide Gerätearten haben ihre klaren Vorzüge. Fertiggeräte leisten für den Zweck, für den sie gebaut sind, in aller Regel mehr als Aufbaugeräte. Sie lassen sich schneller in Betrieb nehmen. Sie bieten mehr Bedienungskom-

fort. Aufbaugeräte hingegen sind, wenn sie sich tatsächlich an vielen Stellen einsetzen lassen, preiswerter. Der Aufbau eines Versuchs ist deutlicher zu erkennen. Aufbaugeräte geben mehr Möglichkeiten, Versuchsaufbauten selbständig zu planen und abzuwandeln. Sie haben damit das größere methodische Potential, vor allem als Schülergerät.
Man kann das Experimentiergerät auch danach einteilen, wer es produziert und verkauft. Bei weitem die wichtigsten Quellen für den Physikunterricht in Deutschland sind einige wenige auf die Lehrmittelherstellung spezialisierte Firmen. Die beiden größten sind Leybold in Köln und Phywe in Göttingen. Ebenfalls alteingesessen, aber kleiner sind die Firmen Elwe-Kröncke in Cremlingen und Neva in Geislingen. Die Kataloge der wichtigen Lehrmittelhersteller gehören in jede Schule.
Neben den Erzeugnissen der Lehrmittelindustrie eignen sich viele andere Geräte für physikalische Experimente. Im Elektro- und Elektronikhandel erhält man, oft in größerer Vielfalt und preisgünstiger, vieles für den Unterricht Nützliche. Auch in Baumärkten und Haushaltwarenläden ist mancherlei zu finden. Als wesentlicher Vorzug neben dem Preis und dem teilweise reicheren Angebot ist die große Nähe zum täglichen Leben zu nennen, die die Verwendung solcher Geräte mit sich bringt. Wenn man beispielsweise Energieuntersuchungen an normalen Eierkochern und Kaffeemaschinen vornimmt, liegt der Sinn und die Absicht des Unterrichts für die Schüler unmittelbar auf der Hand.
Nützlich können sogar alte, ausgemusterte Haushaltgeräte sein. Geöffnete Stücke können als Anschauungsmittel dienen und beispielsweise die sonst unsichtbare Heizwicklung eines Tauchsieders zeigen. Einzelne Teile (z.B. der Bimetallschalter eines Bügeleisens) können zum Experimentieren ausgebaut werden. Geräte können zerlegt werden (z.B. Waschmaschinen) und dabei Schüler in ganz neue Lernsituationen bringen.
Die Hoffnung auf bessere Motivation verknüpft sich noch mehr mit einer anderen Art von Geräten: Spielzeugen. Seit *E. Haase* (1927) und *Dussler* (1933) hat es nicht an Versuchen gefehlt, diese oft amüsanten und fast immer sehr preiswerten Geräte für den Physikunterricht nutzbar zu machen. In manchen Fällen ist das einfach; in anderen Fällen ergeben sich Schwierigkeiten, z.B. wegen der Kompliziertheit der ausgenutzten Effekte (Abb. 2). Wer ein bestimmtes Spielzeug für seinen Unterricht sucht, bekommt auch leicht Beschaffungsprobleme, da die Kontinuität des Lehrmittelhandels fehlt und man den schnellen modischen Schwankungen des Spielzeugangebots unterworfen ist.

Abb. 2: Die durstige Ente - ein faszinierendes Spielzeug

Neben allem industriell gefertigten Gerät sollte das selbstgebaute nicht vergessen werden. Es spielt zwar nicht mehr die Rolle wie früher oder wie heute in ärmeren Ländern. Dennoch kann es die Geräteausstattung einer Schule in erwünschter Weise ergänzen, sei es bei einem Versuch, zu dem geeignetes Gerät der Lehrmittelfirmen nicht vorliegt, sei es, um einen schmalen Etat aufzubessern, sei es, um den Schülern Gelegenheit zur Selbsttätigkeit zu geben (u.U. in Verbindung mit dem Werkunterricht). Fachdidaktische Zeitschriften enthalten in jedem Jahrgang zahlreiche Bauvorschläge einfallsreicher Lehrer. Besonders beliebt war in den letzten Jahren der Bereich der Elektronik. Mit seinen niedrigen Kosten der Bauteile, den geringen Anforderungen an handwerkliche Geschicklichkeit und seinen von Jahr zu Jahr wachsenden experimentellen Möglichkeiten verlockt er zum Selbstbau.

6.1.3 Pflege und Aufbau einer Sammlung

Ob man in einer größeren Sammlung gerne und erfolgreich arbeitet, hängt nicht nur von der Geräteausstattung ab, sondern wesentlich auch von der guten Organisation und Ordnung in der Sammlung. Zwar liegt es auf der Hand, wie schön es ist, jedes Gerät immer an seinem Platz intakt vorzufinden. Es machen sich aber nicht alle Lehrer klar, daß derselbe "lockere" Arbeitsstil, der vielleicht zu Hause funktioniert, in einer größeren Sammlung schnell zu großem Durcheinander, zu vielfältigem Verdruß und Zeitverlust führt. Je größer die Sammlung und die Schule ist, desto strengere Ordnungsregeln müssen eingeführt und eingehalten werden, soll nicht jeder Unterrichtsstunde eine halbe Stunde Gerätesuche vorausgehen. Zu den elementaren Ordnungsregeln gehört, daß der reguläre Standort eines jeden Geräts möglichst eindeutig und leicht verständlich festgelegt ist. Dazu gehört auch, daß beschädigte Geräte bald repariert, und, ist das nicht möglich, wenigstens deutlich als beschädigt gekennzeichnet werden. Dazu gehört weiter, daß notwendiger Ersatz für Verluste fortlaufend notiert und möglichst bald beschafft wird. Klar muß auch sein, wer als Sammlungsleiter hier federführend verantwortlich ist.

Der völlige Neuaufbau einer Gerätesammlung für den Physikunterricht ist eine verantwortungsvolle und schwierige Aufgabe. Üblicherweise tritt sie beim Umzug in ein neues Gebäude auf. Sie verlangt im Grunde eine gemeinsame Besinnung aller Fachlehrer an der Schule über die didaktischen Grundlagen und Zielvorstellungen ihres Tuns. Für persönliche Vorlieben des Sammlungsleiters sollte schon aus Gründen der Kollegialität wenig Raum bleiben. Auch die Einsicht, daß im allgemeinen die Lehrer an einer Schule schneller wechseln als die Sammlungen, mahnt zur Vorsicht.

Selbst der gültige Lehrplan, sicher eine wesentliche Orientierungsgröße bei der Zusammenstellung der Sammlung, hat nur begrenzte Bedeutung, denn auch er wechselt von Zeit zu Zeit, ohne daß mit einem neuen Lehrplan zugehörige neue Geräte verteilt würden.

Ergänzend zum Lehrplan sollten deshalb Gerätelisten durchgesehen werden, die zum einen die großen Lehrmittelhersteller, zum anderen die zuständigen Landesinstitute in verschiedenen Bundesländern zusammengestellt haben. Die Durchsicht solcher Listen, selbst wenn sie nicht mit dem gültigen Lehrplan korrespondieren, hilft, daß nichts Wesentliches vergessen wird. Wer sich die Mühe von Preis- und Qualitätsvergleichen macht, wird

sich dabei auch bisweilen für Geräte kleinerer Lehrmittelhersteller und Geräte, die nicht aus dem Lehrmittelhandel stammen, entscheiden.
Bei Geräten für Schülerexperimente wird man eher als bei Demonstrationsgeräten überlegen, ob man die komplette Sammlung eines Herstellers wählt. *Fischler* (1976) hat einige Argumente, die für und gegen solch eine Entscheidung sprechen, zusammengestellt.
Ausgehend von der Erstanschaffung, wird man die Sammlung von Jahr zu Jahr ergänzen, wie es neue Unterrichtsthemen, neue Geräteentwicklungen oder neue methodische Ideen erfordern und wie es das Geld erlaubt. Auch eine komplett gekaufte Schülersammlung sollte sich auf diese Weise um Teile anderer Hersteller erweitern.

6.2 Audiovisuelle Medien

War früher in der Schule die Wandtafel das einzige audiovisuelle Medium (AV-Medium), so weisen diese Medien heute eine große Vielfalt auf. Die meistbenutzten sind zur Zeit

- Wandtafel und Arbeitsprojektor,
- Diapositive und Transparente,
- Film und Fernsehen.

Von ihnen soll in diesem Abschnitt vor allem die Rede sein. Eine nur geringe Rolle spielen Lehrtafeln, Haft- und Magnettafeln, Tonbandgeräte, Epidiaskope, Schulfunk.

Auch wenn in der Beziehung "audiovisuelle" der Wortteil "audio" (d.h. hörbar) voransteht, ist es die Hauptaufgabe der audiovisuellen Medien, Sichtbares zu vermitteln, Bilder vor allem.

AV-Medien werden in allen Phasen des Lernprozesses benutzt. Sie können dazu dienen, die Schüler zu motivieren, ihnen ein Problem nahezubringen. Sie können wie ein Experiment zu einer gestellten Frage eine Antwort finden oder ein beobachtetes Phänomen deuten helfen (z.B. im Zeichentrick). Sie können Überlegungen und Experimente in fachtypische Kodierung umsetzen (z.B. in Meßdiagramme) oder Ergebnisse zusammenfassen. Sie können die Übertragung des Erkannten auf benachbarte Phänomene unterstützen.

Audiovisuelle Medien bieten dem Lehrer außerordentliche Möglichkeiten, seinen Unterricht anschaulicher und lebensnäher zu gestalten. Sie helfen ihm beim Wechsel der Arbeitsform. Sie erleichtern es, Schüler unterschiedlicher Interessen und unterschiedlicher Leistungsfähigkeit mit dem Unterricht anzusprechen (Differenzierung). Auf der anderen Seite kann man sich als Lehrer durch Medien zu einem Unterricht verleiten lassen, der die Schüler in eine passive Abnehmerrolle drängt und den Lehrer mit den Medien zu sehr in den Mittelpunkt des Unterrichts rückt.

6.2.1 Wandtafel und Arbeitsprojektor

Der beste Platz im Physikraum wie in jedem anderen Unterrichtsraum ist üblicherweise der Wandtafel vorbehalten. Das weist auf die große Bedeutung dieses Mediums hin. Allerdings hat die Wandtafel in den letzten 20 Jahren zunehmend Konkurrenz von anderen Medien bekommen, insbesondere vom Arbeitsprojektor.

Wegen der starken Gemeinsamkeiten, dic Wandtafel und Arbeitsprojektor (auch Tageslicht-, Schreib-, Overhead-, OH-Projektor genannt) im Gebrauch haben, sollen hier beide zusammen betrachtet werden. Mit dem Wort "Tafel" ist also von uns durchweg auch der wie eine Tafel benutzte Arbeitsprojektor gemeint. (Die zusätzlichen Möglichkeiten, die sich auf dem Arbeitsprojektor durch fertige Transparente ergeben, werden im folgenden Abschnitt behandelt.)

6.2.1.1 Planung des Tafelbildes

Zwei gegensätzliche Arten, die Wandtafel zu nutzen, sind folgende:

1. Die Tafel wird wie ein allen sichtbarer Notizzettel für Nebenrechnungen, für Skizzen, für unbekannte Begriffe oder Meßwerte benutzt. Aus dem Augenblick heraus wird von ihr Gebrauch gemacht.
2. Sie dient als Stundenprotokoll. Alle wichtigen Abschnitte des Unterrichts finden dabei ihren Niederschlag auf der Tafel. Insbesondere sind das Thema der Stunde, der oder die Hauptfragen, gegebenenfalls auch Versuchsaufbauten in Skizzenform und die wichtigsten Ergebnisse auf der Tafel festgehalten. Der Betrachter der Tafel am Stundenende hat, anders als bei 1., einen konzentrierten Abriß des Stundenverlaufs.

Die zweite Art kann sich auch, etwas modifiziert, auf einen reinen Lehrtext beschränken, bei dem Eingangsfrage, Versuchsaufbau, Meßwerte in den Hintergrund treten. Ein Beispiel dafür zeigt Abb. 3.

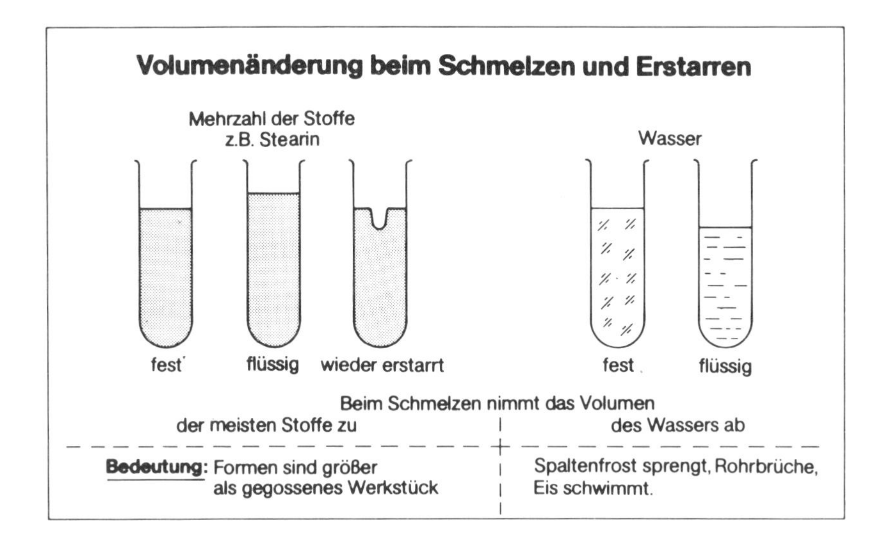

Abb. 3: Beispiel für ein Tafelbild (am Ende der Stunde), das die wesentlichen Gedanken der Stunde erkennen läßt (aus: Unterrichtshilfen, 1983, 115)

Während eine Tafelarbeit nach der erstgenannten Art keine nennenswerten Vorüberlegungen des Lehrers erfordert, sind Tafeltexte nach der anderen Art darauf angewiesen, daß der Lehrer sich schon bei der Unterrichtsvorbereitung Gedanken zum Tafelbild gemacht hat. Der begrenzte Raum auf der Tafel zwingt zu kurzen, prägnanten Formulierungen. Begrenzte Zeit und begrenzte zeichnerische Fähigkeiten von Lehrer und Schülern machen vereinfachte Darstellungen nötig, die dennoch möglichst gut verständlich sein sollen. Man sollte sich deshalb als Teil der Unterrichtsvorbereitung einen annähernd maßstäblichen Entwurf für das Tafelbild, das im Unterricht erarbeitet werden soll, aufzeichnen.

Wer dem Tafelbild bei der Planung und dann im Unterricht Aufmerksamkeit schenkt, gewinnt Beträchtliches. Durch die Formulierung des Themas und der Fragestellungen, die untersucht werden, hat die Unterrichtsstunde von vornherein eine klare Orientierung, ein deutliches Ziel. Auch bei gelegentlicher Unaufmerksamkeit oder Unruhe in der Klasse ist jedem Schüler klar, worum es in der Stunde gehen soll. Damit, daß ein Ergebnis in knapper, leicht einprägsamer Sprache an der Tafel festgehalten wird, ist der erste Schritt zum Behalten getan. Ein sorgfältig im Unterricht entwickelter Tafeltext ist außerdem von großer Hilfe, wenn die Schüler Stundenprotokolle anfertigen müssen.
Ein fertig geplantes Tafelbild bedeutet nicht, wie manche Kritiker meinen, daß der Lehrer nun gezwungen sei, eisern seiner Planung zu folgen. Genauso wie die Unterrichtsplanung insgesamt im tatsächlichen Vollzug den Schülervorschlägen und -ideen nach Möglichkeit anzupassen ist, genauso auch das Tafelbild. Die vorherige Planung gibt jedoch zunächst einmal für einen möglichen Stundenverlauf Klarheit, gibt dem Lehrer Sicherheit, bewahrt vor unnötigem Improvisieren.
Ein besonderer Vorzug des Tafelbilds gegenüber allen fertig formulierten Texten ist der, daß es im Unterricht Zug um Zug entsteht, daß es den Unterricht begleitet und seinen Verlauf in jeder Phase verdeutlichen hilft. Die gemeinsame Arbeit der ganzen Klasse daran, den Unterricht in ein Tafelbild zu "übersetzen", schafft Gesprächsanlässe und Möglichkeiten für Schülerbeteiligung. Beiträge des Klassengesprächs müssen geordnet und gegliedert werden, Meßergebnisse in Worte gefaßt werden. Vielfältige anspruchsvolle Schülertätigkeiten können mit der Arbeit an der Tafel verbunden werden. Vieles davon läßt man sich entgehen, wenn man sich auf das Klassengespräch beschränkt oder mit weitgehend fertigen Transparenten und Arbeitsblättern arbeitet.
Ein weiterer Vorzug eines Tafelbildes gegenüber einem fertig vorbereiteten Transparent ist folgender: Beim Schreiben und Zeichnen ist man im Tempo beschränkt; man kann nicht wesentlich schneller Information produzieren, als der Schüler wahrnehmen kann. An der Tafel Geschriebenes (Gezeichnetes) und dazu Gesprochenes ergänzen einander und verstärken sich in ihrer Wirkung. Bei Benutzung fertiger Transparente (Dias) entfällt diese heilsame Begrenzung des Informationsflusses.
Es sollte selbstverständlich sein, Texte und Zeichnungen groß genug zu machen. Davon kann man sich als Lehrer leicht überzeugen, indem man einmal hinter die letzte Tischreihe tritt.

Selbstverständlich sollte auch sein, daß man leserlich schreibt und nur trokkene Tafeln beschriftet. Durch überlegten Gebrauch farbiger Kreide (Stifte) kann man die Wirkung eines Tafelbilds beträchtlich steigern.

6.2.1.2 Unterschiede Wandtafel - Arbeitsprojektor

Bisher wurden Wandtafel und Arbeitsprojektor gemeinsam betrachtet. Die Unterschiede zwischen beiden sind demgegenüber gering. Die Wandtafel besticht durch geringe Kosten in Anschaffung und laufendem Betrieb und durch die einfache Bedienung. Beim Arbeitsprojektor, tafelartig benutzt, kann folgendes stören:

- Häufig wird man den Unterrichtsraum doch etwas verdunkeln, was bei längerer Projektion die Schüler ermüdet.
- Die Lampe kann durchbrennen und, wenn man nicht die unbedingt notwendige Reservelampe zur Hand hat und einzusetzen versteht, den Unterricht behindern.
- Die Stifte trocknen leicht aus. Der Zwang, sie bei jeder kleinen Schreibpause schließen zu müssen, ist lästig. Auch die Anschaffung von Reservestiften bietet keinen einwandfreien Ausweg, weil die Stifte beim Lagern alleine ebenfalls allmählich austrocknen. Deshalb kann man die Möglichkeiten, die sich durch den Gebrauch unterschiedlicher Stiftsorten ergeben (breiter, mittlerer und dünner Strich, viele verschiedene Farben, wasserlösliche und wasserfeste Ausführung), nur unzureichend nutzen.

Als gewichtige Vorzüge des Arbeitsprojektors gegenüber der Tafel müssen gelten:

- Man schreibt mit dem Gesicht zur Klasse.
- Man kann die verfügbare Schreibfläche beliebig vermehren (indem man die nächste Leerfolie auflegt).
- Man kann das in einer Stunde Erarbeitete leicht in der folgenden Stunde wieder hervorholen.
- Man kann die tafelartige Nutzung des Projektors mühelos kombinieren mit der Projektion fertiger Transparente. Vor allem bei Zeichnungen erleichtert das den Unterricht.

Eine Sonderform der Wandtafel ist die Hafttafel, und zwar in den zwei Formen der Magnethafttafel und der Tuchhafttafel. Die Magnethafttafel ist eine Stahltafel, mit Tafellack gestrichen. Auf ihr kann man nicht nur normal mit Kreide schreiben und zeichnen; zusätzlich kann man nach Belieben Objekte mit kleinen Magneten befestigen. Die Tuchhafttafel besteht dagegen aus einem rauhen Stoff (Flanell o.ä.), auf dem Objekte mit einer rauhen Rückseite (Flanell, Filz, usw.) haften. Gegenüber der Magnethafttafel hat sie den Nachteil, daß man nicht auf ihr schreiben kann. Wörter, Pfeile usw. müssen also einzeln auf Schrifttafeln gebracht werden. Dafür hat sie auf der anderen Seite den Vorteil, daß man sie leicht einrollen kann. Sie wird nur bei Bedarf hervorgeholt. Beide Arten von Hafttafeln eignen sich besonders, wenn unter starker Schülerbeteiligung Flußdiagramme, schematische Abläufe, auch Versuchsaufbauten aus vorgegebenen Elementen dargestellt, geplant, verändert werden sollen. Der Lehrer bereitet die Ausgangselemente vor dem Unterricht vor (z.B. die Einzelteile einer Relaisschaltung mit zwei Stromkreisen). Im Unterricht entsteht daraus das fertige Bild. Durch die fertig vorbereiteten Elemente wird die Zeichenarbeit für Schüler vereinfacht, sie können leichter ihre Ideen in eine allgemein verständliche Zeichnung umsetzen. Beide Formen der Hafttafel haben sich wegen des zusätzlichen Aufwands, den sie erfordern, nur wenig durchsetzen können.

6.2.2 Diapositive und Transparente

Das Dia (Diapositiv) ist als audiovisuelles Medium sehr gegensätzlich zur Wandtafel. Sind für die Tafel Texte besonders wichtig, so für das Dia Bilder. Entstehen Tafelanschriften üblicherweise während des Unterrichts mit den Schülern zusammen, so werden die Dias fertig in den Unterricht mitgebracht. Begünstigt die Tafel als Abbildungen stark vereinfachte Strichzeichnungen, so das Dia naturgetreue Fotos. Insofern sind Dias die ideale Ergänzung zur Wandtafel. Mit Dias kann man insbesondere auf technisch unkomplizierte Weise Bilder aus dem täglichen Leben, aus dem Alltag in den Unterricht bringen und den Lebensbezug des Unterrichts verbessern.
Dennoch werden Dias im Physikunterricht nur wenig, mit eher abnehmender Tendenz benutzt. Das liegt teilweise am Aufkommen des Arbeitsprojektors. Im vorigen Abschnitt war schon davon die Rede, wie er der Wandtafel Konkurrenz macht. Gleichzeitig erweist er sich aber auch dem Diaprojektor als in mancher Eigenschaft überlegen:

- Er erfordert noch weniger als jener eine Verdunkelung.
- Er steht in den meisten Räumen einsatzbereit zur Verfügung.
- Er läßt sich vom Lehrertisch aus bedienen.
- Er bietet in der Vielfalt seiner Nutzungsmöglichkeiten das größere methodische Potential.
- Die Herstellung von Transparenten wird immer einfacher; Transparente passen deshalb besonders gut zum Unterricht.
- Transparente lassen sich bei der Unterrichtsvorbereitung wegen ihrer Größe leichter sichten als Dias.

Bei Texten und Strichzeichnungen ist das Transparent dem Dia schon deutlich überlegen. Bei der Projektion von Fotos bietet das Dia noch die bessere Bildqualität. Mit dem Großdia - das ist eine Folie, die im Vierfarbendruck mit photographischen Motiven bedruckt ist und auf den Arbeitsprojektor gelegt wird - verschwimmen die Grenzen zwischen Dia und Transparent zusehends.

6.2.2.1 Produktion, Vertrieb, Selbstherstellung

Der wichtigste Produzent für Diaserien ist in Deutschland das staatliche "Institut für Film und Bild in Wissenschaft und Unterricht" (FWU) in Grünwald bei München, in Österreich in entsprechender Weise das SHB-Medienzentrum des Bundesministeriums für Unterricht, Kunst und Sport in Wien. Man kann bei diesen Stellen Diareihen kaufen; man kann die Reihen aber auch bei der örtlichen Bildstelle entleihen. Der Katalog des FWU bzw. des SHB sowie der der örtlichen Bildstelle sollten in jeder Schule bereitliegen. Wer sich die Begleitkarten, die zu jeder Serie erscheinen, besorgt, kann sich noch genauer als aus dem Katalog vor der Ausleihe oder dem Kauf einen Eindruck von der Serie verschaffen. Themen von Diaserien sind beispielsweise "Gefahren des elektrischen Stroms", "Astronomie und Raumfahrt", "Vom Eselkarren zum Dampfwagen". Neben den staatlich finanzierten Stellen haben es private Lehrmittelfirmen schwer, konkurrenzfähig zu bleiben. Die bekanntesten privaten Anbieter sind die Firmen Jünger in Offenbach und V-Dia in Heidelberg. Auch große Industriebetriebe (z.B. Siemens) haben gelegentlich Diaserien für den Unterricht produziert.
Herstellung und Vertrieb von Arbeitstransparenten haben sich in Deutschland deutlich anders entwickelt als der von Dias. Das Angebot des schon er-

wähnten staatlichen Institutes FWU für den Physikunterricht ist sehr gering. Hauptanbieter sind Buchverlage und Lehrmittelfirmen. Teils sind die angebotenen Serien in enger Verbindung zu einem Schulbuch konzipiert, teils schulbuchunabhängig. Wichtigster Anbieter für Transparentserien der ersten Art ist z.Zt. der Klett-Verlag in Stuttgart, für Serien der zweiten Art der Aulis-Verlag Deubner in Köln und der Tageslicht-Lehrbild-Verlag in 7321 Zell. Daneben bieten z.B. auch verschiedene Energieversorgungsunternehmen und die Hauptberatungsstelle für Elektrizitätsanwendung in Frankfurt Transparentserien an, zum Teil sogar umsonst. Ein Themenbeispiel: "Übertragung und Verteilung der elektrischen Energie".
Gemeinsam ist den angebotenen Dias und Transparenten, daß sie aus wirtschaftlichen Gründen nie einzeln, sondern immer in größeren Serien verkauft werden. Häufig genug sind es aber nur zwei oder drei Bilder aus einer Serie, die für den Einsatz im eigenen Unterricht geeignet erscheinen. Gemessen an diesen wenigen genutzten Bildern, ist der Kaufpreis einer Diaserie, erst recht einer Transparentserie, hoch. Leiht man stattdessen um eines Bildes willen eine Serie bei der örtlichen Bildstelle aus, so bekommt man erneut ein Mißverhältnis zwischen Aufwand und Ertrag für den Unterricht. Etliche Lehrmittelfirmen haben sich deshalb aus dem Markt, der um 1980 von Transparentserien unterschiedlicher Qualität geradezu überschwemmt wurde, wieder zurückgezogen.
Als bewußte Konkurrenz zu fertigen Transparenten enthalten Bücher und Zeitschriften zunehmend "Kopiervorlagen", teils für Arbeitsblätter, teils für Arbeitstransparente. Letztere stellen im Schwarzweißdruck ein in Größe und Aufmachung für die Arbeitsprojektion geeignetes Motiv dar. Der Benutzer kann sich auf dem Fotokopiergerät hiervon selber nach Belieben Arbeitstransparente für den Unterricht anfertigen.
Noch mehr Möglichkeiten hat, wer selber Dias und Transparente gestaltet. Mit Hilfe moderner Spiegelreflex-Kameras und Fotokopiergeräte ist beides kein Problem. Die heutige Kopiertechnik macht es möglich, Abbildungen aller Art, gegebenenfalls nach Verkleinerung oder Vergrößerung, als direkte Vorlage für ein Arbeitstransparent zu benutzen - insbesondere Strichzeichnungen. Dadurch, daß man einzelne Teile der Vorlage abdecken, verändern, mehrere Vorlagen kombinieren, Beschriftungen hinzufügen kann, hat man weitreichende Gestaltungsmöglichkeiten bei geringem Arbeitsaufwand. Ein Großteil des enormen Erfolges, den der Arbeitsprojektor in den Schulen erreicht hat, ist auf die gleichzeitige eindrucksvolle Entwicklung der Fotokopiergeräte zurückzuführen.

Natürlich kann man auch direkt auf Folien schreiben und zeichnen. Das ist zwar mühsamer als Kopieren, gibt aber, solange farbige Kopien noch die Ausnahme sind, den großen Vorteil, die Transparente mehrfarbig gestalten zu können. Am einfachsten sind reine Texte herzustellen. Mühsamer sind Strichzeichnungen. Wo man ganze Flächen farbig haben will, kann man spezielle farbige selbstklebende Folien mit Lineal und Messer passend zuschneiden und aufkleben. Eine Zwischenform zwischen Kopieren und Selbstzeichnen auf die Folie liegt vor, wenn man zunächst auf weißes Papier die einfarbige Darstellung bringt und sie anschließend kopiert. Bei dieser Methode hat man alle Möglichkeiten von Schreibmaschine, Tuschefüller, Zeichenbrett, Abreibbuchstaben und anderen Zeichenhilfen bequem zur Hand, erhält allerdings wiederum nur ein schwarz-weißes Transparent. Ob solche "klassischen" Zeichentechniken in der Konkurrenz mit der graphischen Leistungsfähigkeit moderner Computer noch lange bestehen werden, ist zweifelhaft.

6.2.2.2 Einsatz im Unterricht

Der Einsatz von Dias und fertigen Transparenten im Unterricht ist zunächst ein organisatorisches Problem: Dort, wo Projektoren schon im Fachraum jederzeit bereitstehen und wo die Dias (Transparente) wohlgeordnet verwaltet werden, hat die Projektion eine Chance; andernorts kaum.
Für den Einsatz von Dias im Unterricht rät *Buehl* (1965, 147) zu folgender Reihenfolge: "Erst spricht das Bild! Dann sprechen die Schüler! Erst dann spricht der Lehrer!" Denkbar ist auch, daß der Lehrer die Projektion mit einer Frage oder einem Beobachtungsauftrag eröffnet.
Wesentlich vielfältiger als bei Dias ist der mögliche Gebrauch bei Arbeitstransparenten. Drei Hauptformen lassen sich unterscheiden: Die eine arbeitet mit fertig vorbereiteten Transparenten wie mit Dias. Eine zweite Technik läßt das Bild schrittweise entstehen. Hierzu eignen sich insbesondere Aufbautransparente (auch Foliensätze genannt) und die Aufklapptechnik. Eine vollständige Darstellung ist dabei auf mehrere Transparente oder Transparentteile so aufgeteilt, daß mit dem Auflegen des ersten Transparents, des Grundtransparents, nur ein Teil der Darstellung sichtbar wird. Im weiteren Verlauf legt der Lehrer weitere Transparente zusätzlich auf den Projektor, wodurch sich die Abbildung allmählich vervollständigt. Auf diese Weise können Beschriftungen zu einer reinen Zeichnung hinzugefügt werden, können Feldlinien oder Strahlengänge zu einem Versuchsaufbau hin-

zutreten usw.. Man will damit das allmähliche Erarbeiten eines Tafelbildes nachahmen, ohne die Schwierigkeiten des Zeichnens an der Tafel zu haben. Die Arbeit mit Aufbautransparenten läßt sich gut in einen Lehrervortrag einbauen, erweist sich aber leicht als störend starr dann, wenn der Unterricht stärker auf Schülerideen eingehen will. Ebenso wie die Aufbautransparente eine für die Arbeitsprojektion spezifische, neue Darstellungsweise ermöglichen, so auch die dritte Nutzungsform, bei der das Transparent ähnlich wie ein Arbeitsblatt gestaltet ist. Es enthält keine fertige Darstellung, sondern erfordert Ergänzungen im Unterricht: Teile werden von Hand beschriftet, Tabellen mit Meßwerten gefüllt, Zeichnungen und Texte ergänzt. Vermutlich hat die Namensgebung "Arbeitsprojektion" ihren Grund gerade in diesen vielfältigen Tätigkeiten, die während der Projektion möglich sind. Vorteilhaft ist es bei allen geschilderten Einsatzweisen natürlich, wenn Darstellungsweise und Terminologie der Arbeitstransparente mit dem Unterricht und mit den anderen im Unterricht eingesetzten Medien (z.B. Schulbuch, Arbeitsheft) übereinstimmen. Das ist angesichts der Möglichkeiten, selber Transparente zu gestalten, viel leichter zu erreichen als bei allen fertigen Medien.

Man sollte nicht von den vielen Vorzügen der Arbeitsprojektion reden, ohne die Untugenden zu nennen, denen sie Vorschub leistet. Häufig erlebt man:

- Arbeitstransparente sind überladen, enthalten zu viel Information.
- Teile der Darstellung sind zu klein (so ist Schreibmaschinenschrift, unvergrößert auf das Transparent kopiert, vielfach kaum leserlich).
- Transparente werden zu schnell hintereinander vorgeführt.

Allen drei Gefahren erliegt nicht so leicht, wer Texte und Zeichnungen im Unterricht Schritt für Schritt entstehen läßt. Beharrliches "Sichten und Lichten" ist auch bei der Arbeitsprojektion eine wichtige Aufgabe des Lehrers.

6.2.3 Filme, Fernsehen, Video

Filme, Fernsehsendungen und Videoaufzeichnungen sollen hier zusammen behandelt werden, da sich weder die dargestellten Inhalte noch der unterrichtliche Einsatz bei diesen drei audiovisuellen Medien unterscheidet. Was im folgenden über Inhalte und Einsatzmöglichkeiten von Filmen gesagt wird, ist unmittelbar auf Fernsehen und Video übertragbar.

6.2.3.1 Die Entwicklung

Beobachtet man die Produktion und Nutzung von Physik-Unterrichtsfilmen über eine etwas längere Zeit, so lassen sich bemerkenswerte Veränderungen feststellen. Überwog nach dem Krieg zunächst der 16mm-Film ohne Ton, so trat dann der 16mm-Tonfilm in den Vordergrund. Hauptnachteil der einen wie der anderen Art war von jeher der beträchtliche finanzielle Aufwand für die Projektoren wie für die Filme. Auch durch das gut ausgebaute System der Bildstellen, bei denen man Filme leihen kann, wurde dieser Mangel nur gemildert. Hinzu kam die Schwierigkeit, die Projektoren sachgerecht zu bedienen, kamen gelegentlich Filmrisse, kam das Gewicht der Projektoren, das Transporte innerhalb der Schule erschwerte.

Mit dem Übergang zu den "Arbeitsstreifen" wurden alle diese äußeren Schwierigkeiten deutlich verringert. Inhaltlich machte nicht ihr schmaleres Filmformat "Super-8mm" die entscheidende Veränderung aus, sondern die gleichzeitige Rückkehr zum Film ohne Ton und zu viel kürzeren Spielzeiten (nur noch ca. 4 Minuten). Es entstanden Filme wie "Reflexion am festen und losen Ende", "Hydraulische Presse, Prinzip", "Compton-Effekt". Zwar blieb auch dann ein Filmprojektor teurer und komplizierter als ein Dia- oder Arbeitsprojektor und blieb ein Film teurer als eine Diaserie. Immerhin bestand zum ersten Mal die Möglichkeit, daß einzelne Schulen einen eigenen Vorrat an Filmen anlegten und von den Schwerfälligkeiten der Filmentleihung unabhängig wurden.

Die Aufgabenteilung zwischen den längeren 16-mm-Tonfilmen und den kurzen S8-mm-Arbeitsstreifen ohne Ton verwischte sich anschließend mit dem Hinzutreten längerer, vertonter S8-Filme. Das Jahr 1989 brachte erneut einen Umschwung, ganz weg von den S8-Filmen, nun wieder Konzentration auf 16-mm-Tonfilme und auf die neu hinzu gekommenen Video-Kassetten. Durch die Video-Kassetten hat sich die finanzielle Lage erheblich geändert. Kostet derzeit ein viertelstündiger 16-mm-Tonfilm rund 500 DM und ein vierminütiger S8-Arbeitsstreifen knapp 100 DM, so eine halbstündige Videoaufnahme auch nur 100 DM.

Die Veränderungen werden in Tabelle 1 zusammengefaßt.

Tab. 1: Anzahl und durchschnittliche Spieldauer (min) der vom FWU angebotenen Physik-Filme und -Videokassetten in den Jahren 1954 - 1989, nach Filmarten

Anzahl*

Jahr	16 mm ohne Ton	16 mm mit Ton	S8-mm ohne Ton	Video
1954	7	1	-	-
1967	22	19	-	-
1977	4	24	115	-
1989	-	79	-	28

Durchschnittliche Spieldauer (min)*

Jahr	16 mm ohne Ton	16 mm mit Ton	S8-mm ohne Ton	Video
1954	5	13	-	-
1967	8	12	-	-
1977	5	13	4	-
1989	-	13	-	20

* Die Zahlen basieren auf den Verkaufskatalogen. Das Ausleihangebot der Bildstellen ist mit der Zeit noch stärker gewachsen, da sich viele heute nicht mehr käufliche Filme noch im Verleih befinden.

Hauptanbieter für Physik-Unterrichtsfilme ist wie für Dias das schon dort erwähnte staatliche Institut FWU, in Österreich das SHB. Der Katalog des Instituts, der Katalog der örtlichen Bildstelle, die den Verleih übernimmt, und die Begleitkarten zu jedem einzelnen Film sind unentbehrliche Informationshilfen. Weitere Anbieter und Verleihstellen sind in *Merzyn* (1977 a) zusammengestellt. Die Selbstherstellung von Filmen ist zwar technisch möglich, erfordert jedoch so viel Arbeit, daß sie die Ausnahme bleiben wird.

6.2.3.2 Inhalte, Einsatz im Unterricht

Die Stärke des Films ist natürlich die Darstellung von Bewegungen. Filme sind ihrem Wesen nach lebendig, abwechslungsreich, lebensnah, anschaulich. Versuche, mit Bilderserien oder mit polarisierten Arbeitstransparenten Bewertungen darzustellen, müssen dürftiger Ersatz bleiben, sprechen weniger an.
Für eine genauere Betrachtung ist es wesentlich, zwischen Real- und Trickfilmen zu unterscheiden. Der Trickfilm hat insbesondere die Aufgabe, Modellvorstellungen ins Bild zu setzen, zum Beispiel die Vorgänge bei der Elektrizitätsleitung in einem Draht zu veranschaulichen. Der Realfilm wird dagegen genutzt, um Experimente zu zeigen, aber auch für Szenen aus dem Alltag (z.B. "Verdunstung") und aus der Industrie (z.B. "Hydraulische Presse, Anwendungen").
Anders als der in seiner Art konkurrenzlose Trickfilm steht der Realfilm häufig in Konkurrenz mit dem realen Experiment, dem realen Alltagsphänomen. Wo möglich, wird man dem tatsächlichen Experiment und Phänomen den Vorzug geben, weil die unmittelbare Begegnung größere Überzeugungskraft hat als die "Konserve". Dennoch gibt es Fälle, in denen der Realfilm überlegen ist:

- wenn das Experiment zu kompliziert oder teuer ist,
- wenn es zu gefährlich ist,
- wenn die entscheidenden Vorgänge für eine Beobachtung zu schnell oder zu langsam ablaufen,
- wenn die Vorgänge zu klein oder zu groß für eine direkte Beobachtung im Physikraum sind,
- auch wenn die Vorgänge unsichtbar sind (z.B. Infrarotstrahlung, Röntgenstrahlung).

Der einschneidende Übergang um 1972 von den langen Tonfilmen zu den kurzen, unvertonten "Arbeitsstreifen" wurde schon erwähnt. Man erreichte damit nicht nur eine beträchtliche Senkung der Kosten und eine dadurch stark verbesserte Verfügbarkeit von Projektoren und Filmen. Man erhoffte sich auch eine wesentlich größere methodische Flexibilität als mit den langen, vertonten Filmen. Der Film sollte nicht mehr ein Thema wie in einem Vortrag umfassend darstellen, dabei beispielsweise auch Verbindungen vom Experiment zur Modellvorstellung und zu Alltagsbeobachtungen herstellen

und wohl gar auch noch historische Bezüge mit enthalten. Ziel war jetzt, einen einzelnen kleinen Baustein für den Unterricht zu liefern, der sich in unterschiedlicher Weise in verschiedenartige Unterrichtsgänge einbauen ließ. Damit sollte auch der alte Vorwurf entkräftet werden, Filme erzögen die Schüler zur Passivität.
Der Einsatz eines Films im Unterricht erfordert mehr Vorbereitung als der anderer audiovisueller Medien. Empfehlenswert ist es, sich zunächst in Katalog und Begleitkarte über den Film zu informieren und ihn dann selber anzuschauen, bevor man die Unterrichtsplanung beendet. Bei der Entscheidung über Auswahl und Einsatz eines Films kann der Beurteilungsbogen, den *Merzyn* et al. (1977 b) vorgelegt haben, von Nutzen sein.
Beim Einsatz des Films im Unterricht wird es eher die Ausnahme sein, daß die Schüler auf Anhieb den ganzen Film verstehen. Das liegt zum einen daran, daß Filme häufig zu viel Stoff in zu kurzer Zeit darbieten. Es liegt weiter an der Starrheit des Films, der zusätzlich zum Lerninhalt das Lerntempo fest vorschreibt. Kürzere Filme wird man deshalb in der Regel mehrfach vorführen, sei es ohne Kommentar, sei es mit Kommentar des Lehrers, beim zweiten oder dritten Mal auch mit Kommentar eines Schülers. Leider stößt das Anhalten eines Filmes, um ein Bild sorgfältig in Ruhe zu betrachten, noch immer auf technische Schwierigkeiten. Viele Filmprojektoren erlauben zwar eine Standbildprojektion, jedoch nur mit stark verringerter Helligkeit. Das FWU hat als Ausweg aus diesem Dilemma manchem seiner Arbeitsstreifen einzelne Bilder als Diapositive hinzugefügt, ist davon jedoch längst wieder abgegangen. Bei längeren Filmen ist es häufig sinnvoll, den Film abschnittsweise vorzuführen, einzelne Abschnitte zu wiederholen, auch Teile auszuwählen und andere wegzulassen. Durch klare Beobachtungsaufträge an die Schüler wird die Auswertung der Filme erleichtert.
Das Angebot an Physikfilmen ist in den letzten Jahrzehnten immer reichhaltiger geworden. Die Technik ist leistungsfähiger, billiger und einfacher zu bedienen als früher. Die Information über die Filme ist verbessert, das Ausleihsystem durchdacht. Dennoch ist die Verankerung des Films im Physikunterricht immer noch schwach. Vielleicht liegt es daran, daß der Aufwand bei der Filmbeschaffung, bei der Vorinformation über den Film und bei der Projektion zu hoch ist. Vielleicht liegt die Ursache aber auch an ganz anderer Stelle. Auffällig ist zum Beispiel, daß die fachdidaktische Diskussion den Film (wie andere audiovisuelle Medien) fast völlig ausspart, daß in keiner der physikdidaktischen Zeitschriften Unterrichtsfilme rezensiert werden.

6.2.3.3 Besonderheiten von Fernsehen und Video

Auf die hohe wesensmäßige Übereinstimmung zwischen Filmen und bespielten Video-Kassetten aus der Sicht der Schule wurde schon hingewiesen. Sie drückt sich auch darin aus, daß das FWU seit einigen Jahren viele Neuproduktionen in beiden Formen nebeneinander anbietet. Für die Video-Kassette spricht eindeutig der viel niedrigere Preis, außerdem bessere Möglichkeiten der Standbildproduktion und des schnellen Vor- und Rücklaufs von Teilabschnitten. Für den Film spricht das wesentlich größere und deutlich lichtstärkere, damit eindrucksvollere Bild.
Zusätzliche Unterschiede sind zu bedenken, wenn man Filme mit Fernsehsendungen aus dem laufenden Programm vergleicht. Immer wieder gibt es bei den verschiedenen Sendern attraktive und vor allem aktuelle, gut gemachte Sendungen, die den Unterricht bereichern könnten. Die Sendezeit stimmt jedoch natürlich praktisch nie mit der Unterrichtszeit überein. Man müßte also zunächst die Sendung auf Kassette aufzeichnen. Dem stehen freilich beträchtliche rechtliche Hindernisse entgegen. Normale Fernsehsendungen dürfen überhaupt nicht für den Unterricht aufgezeichnet werden. Schulfernsehsendungen dürfen zwar aufgezeichnet werden, jedoch nur bis zum Ende des folgenden Schuljahres aufbewahrt werden. Anschließend ist eine Benutzung nur dann zulässig, wenn man die Sendung neu aufzeichnet. Diese fast lächerlich wirkenden Bedingungen sind für eine intensive Nutzung höchst störend: Von Unterrichtsfilmen her ist bekannt (*Merzyn* 1977c), daß sie erst 10 Jahre nach Erscheinen ihr Ausleih-Maximum erreichen. Die Bedingungen führen dazu, daß Fernsehsendungen, selbst Schulfernsehsendungen in der Schule kaum genutzt werden können. Auf eine Änderung ist nicht zu hoffen, da das Schulfernsehen für die Fernsehanstalten keinen hohen Stellenwert besitzt. Eine letzte Schwierigkeit des Schulfernsehens ist die regionale Struktur der Fernsehprogramme. Auch deshalb gibt es fast keine landesweite Diskussion über Schulfernsehsendungen, fast keine Rückmeldung an Autoren und Sendeanstalten, keinen Anreiz zur Verbesserung.

6.3 Schulbücher

6.3.1 Physik-Schulbücher - früher und heute

Seit es naturwissenschaftlichen Unterricht gibt, werden dafür Schulbücher geschrieben. Jedoch haben sich Vorstellungen von gutem naturwissenschaftlichen Unterricht und den zugehörigen Büchern im Laufe der Zeit so grundlegend geändert, daß die Stellung des Schulbuchs im Physikunterricht heute keineswegs klarer ist als vor 200 Jahren. Auf der einen Seite gibt es die verbreitete Meinung, die Schulbüchern generell eine sehr hohe Bedeutung zuschreibt; das Schulbuch sei die wichtigste Quelle systematischen Lernens in der Schule. Manche Physikdidaktiker äußern, mehr als Lehrerausbildung und Lehrpläne beeinflusse das Schulbuch den Physikunterricht. Hierzu paßt der hohe finanzielle Aufwand für Physik-Schulbücher, der nach überschlägiger Rechnung an vielen Schulen von gleicher Größenordnung wie für alle anderen Medien zusammen ist. Auf der anderen Seite gibt es Schriften zur Physikdidaktik und zum Physikunterricht, die das Schulbuch überhaupt nicht erwähnen, Zeitschriften für Physiklehrer, die das Schulbuch übergehen, Klassen, in denen das angeschaffte Schulbuch das ganze Jahr über nicht hervorgeholt wird.
Die im Vergleich zu manchen anderen Unterrichtsfächern geringere Bedeutung des Schulbuchs rührt zum Teil sicher daher, daß der Physikunterricht besonders reich an Medien ist, daß sich also das Schulbuch harter Konkurrenz ausgesetzt sieht. Vor allem das Experimentieren engt die für das Schulbuch freie Zeit spürbar ein. Vielleicht spielt für die Stellung des Physik-Schulbuchs aber auch der historische Streit um eine angemessene Berücksichtigung der Naturwissenschaften im Schulunterricht eine Rolle. Damals wurde für den naturwissenschaftlichen Unterricht immer wieder hervorgehoben, daß er keine Gelehrsamkeit aus Büchern vermittele wie die anderen Fächer, sondern sich primär auf das Experiment und die Beobachtung stütze und daraus seinen besonderen Bildungswert beziehe.

Einige bemerkenswerte Veränderungen bei den Schulbüchern aller Verlage sind in den letzten Jahrzehnten festzustellen:

- Die Schulbücher erscheinen häufiger als früher mit ergänzendem Begleitmaterial. Zunächst waren das meist Lösungshefte für Aufgaben. Daraus haben sich inzwischen zum Teil umfangreiche Lehrerbände entwickelt. Arbeitshefte kommen häufiger vor, in einzelnen Fällen auch Arbeitstransparente, abgestimmt auf ein Buch.

- Die Schulbücher sind wesentlich dicker geworden, und zwar an allen Schularten (Tabelle 2).
- Die Ausstattung ist, dem Fortschritt der Technik folgend, besser geworden, was sich insbesondere bei den farbigen Abbildungen zeigt.
- Immer mehr Schulbücher erscheinen in mehreren Parallelausgaben für verschiedene Bundesländer - eine Reaktion auf eine wesentlich strengere Zulassungspraxis der einzelnen Kultusministerien.

Tab. 2: Durchschnittlicher Umfang von Physik-Schulbüchern (Seitenzahl) - früher und heute

Schulart	in den 50er Jahren	in den 80er Jahren
Hauptschule	120	250
Realschule	350	430
Gymnasium*	530	1.170

* Für das Gymnasium ist jeweils die ausführlichste Fassung gezählt worden (entsprechend der math.-nat. Form bzw. dem Leistungskurs)

6.3.2 Aufgaben der Schulbücher

Bei der Darbietung des Unterrichtsstoffs haben die Schulbücher nach und nach ihren eigenen Stil entwickelt, der sie von den Sachbüchern außerhalb der Schule unterscheidet. Die Bezeichnung "methodisch aufbereitetes Sachbuch" (*Merzyn*, 1987 b) weist darauf hin, daß der Stoff nicht einfach mit seinen wichtigen Erkenntnissen und Gesetzmäßigkeiten dargeboten wird. Verbreitet ist vielmehr eine Gliederung des einzelnen Textabschnitts im Stile einer Unterrichtsstunde: Zunächst wird eine Frage entwickelt, dann ein Versuch angestellt, der Versuch anschließend ausgewertet, danach ein Ergebnis formuliert. Zum Schluß kommen Anwendungen und Übungsaufgaben. Die graphische Hervorhebung von Versuchen, Merksätzen und Aufgaben trägt dazu bei, die methodische Aufbereitung zu verdeutlichen.
Der ziemlich einheitliche Stil der auf dem Markt miteinander konkurrierenden Schulbücher läßt leicht in Vergessenheit geraten, daß ein Schulbuch

recht unterschiedliche Aufgaben haben kann (in Anlehnung an *Willer*, 1977, 166):

1. Als Lehrbuch unterrichtet es ausführlich über den zu behandelnden Stoff. (Für eine solche Darstellung wird insbesondere ein Schüler dankbar sein, der den Unterricht versäumt hat.)
2. Als Arbeitsbuch stellt es Probleme und Aufgaben, enthält es Versuchsanleitungen, Baubeschreibungen und Lesetexte. (In dieser Form wird es viel im Unterricht eingesetzt werden können.)
3. Als Materialsammlung liefert es Bilder, Diagramme, Originaltexte, historische Quellen für den Unterricht.
4. Als Übungsbuch dient es der Sicherung des Gelernten. Aufgaben unterschiedlichen Charakters und unterschiedlicher Schwierigkeit, auch durchgerechnete Musteraufgaben stehen für die Übung in der Schule und zu Hause bereit.
5. Als Merkheft faßt es den im Unterricht behandelten Stoff in knapper Form und einprägsamer Darstellung zusammen.
6. Als Selbstbildungsmittel erlaubt es die Weiterarbeit über den Unterricht hinaus. Dazu eignen sich ergänzende und vertiefende Texte. Wichtig sind auch Hinweise auf weiterführende Literatur.
7. Als Nachschlagewerk bietet es rasche Auskunft über den gesamten Unterrichtsstoff und darüber hinaus.

Die derzeitigen Schulbücher bemühen sich, wie Vorworte und Verlagsprospekte zeigen, jedes alle diese Aufgaben gleichzeitig wahrzunehmen. Sie gehen dabei das Risiko ein, daß sie keiner der Aufgaben ganz gerecht werden. Für ein Sachbuch sind sie häufig etwas zu knapp geraten, so daß die Schüler den Text nicht alleine verstehen. Die Arbeitsanweisungen für den Unterricht, z.B. Experimentieranleitungen, sind ebenfalls häufig zu knapp, dazu nicht genug auf das Experimentiergerät der Schule abgestellt. Für eine Materialsammlung enthalten die Bücher reichlich Bilder und Diagramme, jedoch sehr selten nur Originaltexte (z.B. technische Gebrauchsanweisungen) und Quellentexte. Für ein Übungsbuch ist die Vielfalt der Aufgaben zu gering. Musterlösungen und Erläuterung von Lösungsstrategien gibt es fast gar nicht. Die Zusammenfassung zur Wiederholung ist das, was am besten gelingt. Ein selbständiges Weiterlernen über den Unterrichtsstoff hinaus wird von kaum einem Buch auch nur ansatzweise ermöglicht; Literaturhin-

weise auf weiterführende Bücher und Aufsätze fehlen. Für ein Nachschlagewerk sind schon die (zum Glück heute überall vorhandenen) Sachwortverzeichnisse in manchen Fällen nicht ausführlich genug. Insbesondere bei den Büchern, die in Jahrgangsbänden erscheinen, wird der Nachschlagezweck kaum erreicht.
Die Lücken der derzeitigen Schulbücher sind auch von den Verlagen erkannt. Ein deutliches Zeichen dafür sind die Materialien, die neben den eigentlichen Schulbüchern für Schüler angeboten werden:

- Arbeitshefte,
- Versuchsanleitungen und Praktikumshefte,
- Aufgabensammlungen und Testbögen,
- Formel- und Tabellensammlungen.

Auch Lesehefte, Quellensammlungen und Lehrprogramme (Unterrichtsprogramme) sind gelegentlich erschienen.

Auf die unterrichtliche Nutzung von Schulbüchern wurde in *Abschnitt 4.5.* ausführlicher eingegangen.

6.3.3 Schulbuch-Zulassung und -Beurteilung

Ein Schulbuch muß zwei Hürden überwinden, ehe es in der Schule benutzt wird: Es muß zur Benutzung vom Kultusminister genehmigt sein, und es muß an der betreffenden Schule eingeführt sein. Die Schulbuchzulassung durch das Ministerium erfolgt aufgrund eines Prüfungsverfahrens, das in jedem Bundesland ein wenig unterschiedlich organisiert ist. Anonym bleibende erfahrene Fachlehrer überprüfen das Buch. In etlichen Bundesländern gibt es als Hilfe dazu eine - freilich recht allgemein gehaltene - Liste von Beurteilungskriterien (z.B. *Gliederung*, 1986). Im Vordergrund steht bei einer Prüfung gewöhnlich die sachliche Richtigkeit und die Übereinstimmung mit dem gültigen Lehrplan. Da die Lehrpläne heute mehr als früher ins einzelne gehen und da zugleich für die Übereinstimmung mit dem Lehrplan strengere Maßstäbe angelegt werden, ist mangelnde Übereinstimmung mit dem Lehrplan heutzutage der häufigste Grund für die Nichtzulassung eines Physik-Schulbuchs. Hier liegt die Ursache für die in letzter Zeit zunehmend auftretenden Länderausgaben, mit denen die Verlage sich den unterschiedlichen Lehrplänen genauer anpassen können. Ist ein Schulbuch einmal zugelassen, wird es in die Schulbuchliste des betreffenden Bundeslandes aufgenommen und steht damit zur Einführung an den Schulen zur Wahl. Bei der Einführungsentscheidung der einzelnen Schule sind zwar auch Eltern und Schüler beteiligt; üblicherweise gibt natürlich das Votum der Fachlehrer den Ausschlag. Als Hilfe für die Auswahlentscheidung hat *Bleichroth* (1987 b) einen Beurteilungsbogen vorgelegt, der in einer überschaubaren Anzahl von Gesichtspunkten wesentliche Eigenschaften des zu beurteilenden Schulbuchs beschreibt. Der Bogen bemüht sich, auch Platz für subjektive Urteile zu lassen. Er kann helfen, die Diskussion bei der Schulbuchauswahl zu ordnen.

6.3.4 Lehrerbände und weitere Literatur

Ein wichtiger Begleiter vieler neuerer Physik-Schulbücher sind Lehrerbände. Sie wollen vor allem zweierlei: dem Lehrer zu einem besseren Verständnis des Schülerbuchs verhelfen und ihm zusätzliche Informationen an die Hand geben. Als Vorläufer für die Lehrerbände können in gewisser Weise die Vorworte gelten, die den Lehrern früher die Konzeption, die Absichten des Autors und die angestrebten besonderen Eigenschaften des Buchs darstellten. Vorläufer sind in gewisser Weise auch Lösungshefte, wie sie nach dem Vorbild der Mathematik in den 50er Jahren zu so manchem gymnasialen Physikbuch herausgebracht wurden. In den heutigen Lehrerbänden können die Autoren nun sehr viel ausführlicher ihre Absichten, die sie mit dem Buch verfolgt haben, dem Lehrer verständlich machen. Sie können Auswahlentscheidungen und methodische Wege begründen. Vieles, was man aus dem Schülerbuch nur mühsam und indirekt erschließen kann, wird deutlich ausgesprochen. Auf diese Weise ist eine Diskussion über ein Schulbuch heutzutage sachgerechter als früher möglich.
Einige Lehrerbände bieten physikalische Ergänzungen und Vertiefungen, die dem Lehrer die fachlichen Grundlagen seines Unterrichts wieder in Erinnerung rufen sollen. Viele geben methodische Ratschläge und hilfreiche Hinweise zu den Experimenten (Dimensionierung von Aufbauten, Auswahl von Geräten, Gefahren, experimentelle Varianten) und zu unterstützenden audiovisuellen Medien. Auch Kopiervorlagen für Arbeitsblätter finden sich in manchen Lehrerbänden. Insgesamt erhält der Lehrer in einem gut gemachten Lehrerband eine Vielzahl von Informationen, die im Schülerbuch nicht unterzubringen sind und die er sich ohne Lehrerband wesentlich mühsamer zusammensuchen müßte. Als vergleichsweise junges Medium haben

die Lehrerbände noch keine einheitliche Form gefunden, sondern sind bei den einzelnen Unterrichtswerken außerordentlich unterschiedlich in der Zusammenstellung und Akzentsetzung.
Besonders viel versprach man sich Anfang der 70er Jahre von der Idee des "Curriculums". Danach sollten von einer größeren Autorengruppe der gesamte Unterricht über mehrere Jahre im Zusammenhang geplant und alle dafür notwendigen Lehrmittel, angefangen von Büchern für die Schüler, aufeinander abgestimmt bereitgestellt werden (vgl. *Abschnitt 8.3*). Diese aus den USA übernommene Idee ist nicht nur an dem hohen Herstellungsaufwand gescheitert. Auch die Einarbeitung eines Lehrers in das sehr komplexe Gesamtsystem erwies sich als schwierig. Die enge Verbindung der Einzelteile zu einem großen Ganzen machte das Curriculum außerdem sehr starr, für Veränderungen, wie sie am einzelnen Ort oder im Laufe der Zeit immer nötig werden, wenig geeignet.
Neben den Lehrerbänden gibt es eine Fülle weiterer Literatur für den Physiklehrer. Drei besonders wichtige Gruppen sind Versuchsanleitungen (z.T. von Lehrmittelfirmen herausgebracht), Aufgabensammlungen und Bücher, die einzelne Teilgebiete (z.B. Elektronik) für den Lehrer didaktisch aufbereiten. Eine Schule ist unvollständig ausgestattet, wenn sie nicht eine Reihe von Versuchsanleitungen besitzt. (Auf die grundlegende methodische Literatur geht das *4. Kapitel* ein.)

Besonders aktuelle und vielfältige Information erhält der Lehrer aus fachdidaktischen Zeitschriften. Im deutschen Sprachraum sind für den Physikunterricht vor allem zu nennen:

- Naturwissenschaften im Unterricht - Physik (Schwerpunkt Sekundarstufe I),
- Physica didactica,
- Physik und Didaktik (Schwerpunkt Sekundarstufe II),
- Physik in der Schule,
- Praxis der Naturwissenschaften, Physik (Schwerpunkt Sekundarstufe II).

Schön ist es, wenn neben solch einer Zeitschrift eine populärwissenschaftliche Zeitschrift in der Schule verfügbar ist.

6.4 Computer

6.4.1 Zwei Hauptanwendungen

Wegen der Vielfalt der Einsatzmöglichkeiten kann der Computer keinem herkömmlichen Medium des Physikunterrichts zugerechnet werden. Er kann Texte und Zeichnungen wie auf einer Tafel und Bilder wie ein Dia- oder Filmprojektor darbieten; man kann auf dem Bildschirm Texte lesen wie in einem Buch, man kann den Computer beim und zum Experimentieren einsetzen. Schließlich kann man mit ihm alles, was einmal eingegeben ist, speichern, es in neuer Form kombinieren und bearbeiten. Die derzeitigen Möglichkeiten der Computer für den Physikunterricht sind längst noch nicht ausgelotet; neue kommen dank der schnellen Weiterentwicklung der Geräte laufend hinzu. Pauschale Urteile verbieten sich von selbst.
Unter den zahlreichen Anwendungsmöglichkeiten treten im Physikunterricht zwei besonders häufig auf: die Simulation und die Meßwerterfassung. Bei der Simulation werden physikalische Vorgänge auf dem Bildschirm des Computers nachgebildet. Statt ein Experiment aufzubauen, gibt man die zugrundeliegenden Gleichungen in den Computer ein und kann dann das Verhalten unter unterschiedlichen Start- und Nebenbedingungen untersuchen. Ein beliebtes Beispiel ist ein Raketenflug zum Mond mit einer weichen Landung dort: Der Benutzer kann, indem er Steuerungs- und Bremsraketen zündet und abschaltet, auf den Flug Einfluß nehmen. Auf dem Bildschirm sieht er sofort die Folgen seiner Manöver. Ein anderes Beispiel: Simuliert wird die Lichtbrechung beim Durchgang durch Prismen und Linsen.

Die Gefahren eines Unterrichts, der auf diese Weise Physik vermittelt, sind deutlich:

- Die Begegnung mit der Realität wird durch einen Vorgang auf dem Bildschirm ersetzt. Der Graben zwischen den unmittelbaren Naturerfahrungen auf der einen und der idealisierten, abstrahierten wissenschaftlichen Beschreibung auf der anderen Seite verbreitert sich.
- Der Lehrer, dem die experimentelle Vorbereitung zu mühsam ist, kann nun die Diskette mit dem fertigen Programm einschieben: "Bildschirm-Physik" anstelle von "Kreidephysik".

Das Beispiel der Mondlandung zeigt auf der anderen Seite, daß sich mit der Simulation auch ganz neue Lernmöglichkeiten und -erfahrungen ergeben können.

Die Argumente für die Simulation ähneln weithin den für den Film gebrauchten: Simulationen also bevorzugt dort, wo Geräte für den Realversuch zu teuer sind, wo Versuche unmöglich oder zu gefährlich sind, wo Ereignisse zu schnell oder zu langsam ablaufen, wo Vorgänge im Modell veranschaulicht werden sollen. Die Simulation bietet dem Film gegenüber den großen Vorteil, daß man in den Ablauf gezielt eingreifen kann. Bei vielen Programmen ist vom Autor die Möglichkeit vorgesehen, mit unterschiedlichen Startwerten das Programm zu beginnen, den Zeitmaßstab der Darstellung zu verändern u.a.m.. (Noch weiter reichende Möglichkeiten ergeben sich für denjenigen, der den Programmtext selbst abändert.)

In der Konkurrenz zwischen Computer-Simulation und Trickfilm müssen fallweise Vor- und Nachteile abgewogen werden. Bei Simulationen, die kommerziell angeboten werden, wird man im allgemeinen eher die Darstellungsqualität guter Trickfilme erreichen. Dafür wird bei ihnen die Veränderung der Programme in der Regel schwieriger sein; der Ablauf ist leicht ähnlich starr vorgegeben wie im Trickfilm.

Einen Vorzug hat die Computer-Simulation gegenüber dem Trickfilm: Es kann (zumindest bei den einfachen, vom Schüler durchschaubaren Simulationsprogrammen) der Zusammenhang zwischen dem auf dem Bildschirm beobachteten Vorgang und der zugehörigen mathematischen Beschreibung leichter als bisher deutlich gemacht werden. So kann sogar eine Simulation experimentell gut beherrschbarer Vorgänge ihren Sinn haben.

Die Beziehung der Physik zur Mathematik wird durch die Computersimulation noch in anderer Weise entscheidend berührt. Bisher wurden physikalische Unterrichtsinhalte auch danach ausgewählt, welche mathematischen Anforderungen sie stellen. Traten beispielsweise Differentialgleichungen auf, war die Zuordnung zur Sekundarstufe II klar; ließen sich Differentialgleichungen nicht geschlossen lösen, mußte die Schule ganz auf das betreffende Thema verzichten. In der Computersimulation ist es häufig möglich, stattdessen mit einfachen Differenzengleichungen zu arbeiten (z.B. schiefer Wurf mit Luftreibung). Bei der Auswahl der Unterrichtsinhalte und ihrer Zuordnung zu den Klassenstufen gelten also einige früher entscheidende Argumente nicht mehr. Die Lehrplanarbeit steht damit vor einer stark veränderten, keineswegs einfacheren Situation.

Die andere für den Physikunterricht wichtige Einsatzform des Computers ist der Anschluß an ein Experiment. Über eine besondere "Schnittstelle" (englisch "Interface") wird er mit einem Meßfühler (z.B. lichtempfindlicher Widerstand, Temperaturfühler, Druckaufnehmer) verbunden. Die Meßwerte des Experiments werden nicht mehr abgelesen und von Hand notiert, sondern im Computer gespeichert und auf Wunsch auch gleich verarbeitet, z.B. in eine Tabelle oder ein Diagramm umgesetzt. Es können auch Vergleiche mit früher erhaltenen Meßwerten oder mit einer mathematischen Funktion durchgeführt, Mittelwerte gebildet und andere Auswerteoperationen veranlaßt werden.
Der Hauptnachteil bei dieser Einsatzform sind die komplizierteren Versuchsaufbauten. Je zahlreicher die Geräte und je raffinierter die Meßwertverarbeitung im Rechner werden, desto schwieriger ist für den Betrachter einsehbar, was überhaupt passiert. Im Extremfall macht es für den Schüler keinen Unterschied mehr, ob er ein Meßdiagramm auf dem Bildschirm oder im Schulbuch sieht. Dem Nachteil stehen aber auch bei dieser Form gewichtige Vorteile gegenüber, vor allem dann, wenn sehr viele Meßwerte erfaßt werden sollen oder wenn der Vorgang sehr schnell abläuft. Man kann Versuchsabläufe leichter in variierter Form wiederholen, ohne jedesmal die Mühen einer Versuchsauswertung von Hand tragen zu müssen. Dem Zeitgewinn bei der Auswertung steht also ein höherer Zeitaufwand zum Verständnis des Versuchsaufbaus (einschließlich des Auswerteprogramms) gegenüber. Für die Meßwerterfassung mit Hilfe des Computers spricht gewiß auch, daß diese Form des Messens in den Labors und im Alltag ständig an Bedeutung gewinnt.
Neben Simulation und Experiment gibt es weitere Nutzungsmöglichkeiten für den Computer. Beispielsweise kann er in Verbindung mit gedrucktem Material die Fähigkeit zu autonomem Lernen fördern. Solcher Computereinsatz wird z.B. in der betrieblichen Weiterbildung schon genutzt, und es wird intensiv an seiner Fortentwicklung gearbeitet.

6.4.2 Die weitere Entwicklung

Beim Computereinsatz im Physikunterricht gibt es eine Reihe gravierender Probleme. Eines ist die Vielfalt der angebotenen Gerätetypen und ihre schnelle Weiterentwicklung. Dadurch wird die Übertragung von Programmen von einem Benutzer zum anderen erschwert. Auch ein Erfahrungsaustausch verliert seinen Sinn, wenn der dabei benutzte Rechnertyp schon gar nicht mehr produziert wird. Ähnlich störend ist die Vielfalt der Betriebssysteme und der von den Programmautoren verwendeten Programmiersprachen. Im Augenblick ist das Betriebssystem MS-DOS das verbreitetste in der Schule, so daß zumindest zwischen Rechnertypen mit diesem Betriebssystem ein Programmaustausch leichter möglich ist. Aber auch hierbei wird die Entwicklung sicher nicht stehen bleiben. Wer Meßwerte mit dem Computer erfassen will, benötigt zusätzlich eine Schnittstelle. Auch dort gibt es eine verwirrende Vielfalt von Typen. Unübersichtlich ist die Lage weiter bei den Programmen. Die Möglichkeit, leicht fremde Programme kopieren zu können, hat die Weitergabe von einem Lehrer zum anderen sehr gefördert. Auf der anderen Seite schreckt sie die meisten Lehrmittelfirmen ab und verhindert die Entwicklung aufwendiger, ausgefeilter Programme. In verschiedenen Bundesländern sind deshalb staatliche Institute damit beauftragt worden, die Programmentwicklung und -weitergabe zu fördern. Auch das bei den Filmen erwähnte Institut FWU und die Bildstellen haben Computerprogramme in ihr Angebot aufgenommen. Ein Problem stellt schließlich die mangelnde Qualität vieler bisher angebotener Programme dar. Eine erste, 1986 durchgeführte Sichtung ergab bei 95 beurteilten Physikprogrammen nur in 23 % der Fälle eine gute und in 2 % eine sehr gute Beurteilung (*Lauterbach*, 1986). Hier ist viel zu tun: Eine stetige Diskussion vorliegender Programme muß die Bedürfnisse der Schule deutlich machen und den Autoren hinreichend Rückmeldung geben. Dazu sind bisher kaum Ansätze zu erkennen.

Wie die Entwicklung weitergehen wird, ist schwer vorauszusagen. Auf der einen Seite werden vermutlich immer leistungsfähigere Rechner und komfortablere Benutzerprogramme aufkommen. Auf der anderen Seite könnte es lehrreich bleiben, bewußt mit einfachen Systemen und Programmen zu arbeiten. So propagiert *Treitz* (1984) zur Simulation Kurzprogramme von zehn bis zwanzig Zeilen. *Dittmann* und *Jodl* (1984) haben in einem Buch Programmideen gesammelt, bei denen ebenfalls der physikalisch interessante Kern des Programms verhältnismäßig leicht zu erfassen ist. *Bretschneider* (1988) schlägt vor, die Idee der Meßwerterfassung mit einer billigen Schnittstelle, die die Schüler selbst bauen können, und mit einfachen Meßfühlern zu vermitteln. *Bretschneider* und *Harreis* (1988) zeigen am Beispiel der Temperaturmessung, wie man schrittweise von einem sehr einfachen Programm zu einem leistungsfähigeren im Unterricht fortschreiten kann.

Weil soviel Neues durch den Computer möglich wird und weil man soviel Vertrautes mit ihm ganz anders als bisher machen kann, zwingt der Computer wie kaum ein Gerät zuvor, über Sinn und Ziele des Physikunterrichts neu nachzudenken.

6.5 Fachräume

Mit ganz wenigen Ausnahmen wird der Physikunterricht heutzutage in einem eigenen Fachraum durchgeführt. Die Planung eines solchen Raums ist eine verantwortungsvolle Aufgabe, weil sie die Randbedingungen des Unterrichts auf Jahrzehnte hinaus festlegt.

Es lassen sich grob drei Arten der Raumanlage unterscheiden:
- der Lehrsaal,
- der Übungsraum (Praktikumsraum),
- der kombinierte Lehr- und Übungsraum.

Der Lehrsaal (s. Abb. 4) ähnelt im Charakter einem Hörsaal. Für die Demonstrationsexperimente, die der Lehrer der Klasse vorführt, wie auch für Tafel und Projektion bietet er allen Schülern sehr gute Sichtbedingungen. Er eignet sich vor allem für Frontalunterricht. Schülerexperimente sind nicht möglich, Gespräche von Schüler zu Schüler während des Unterrichts durch die Sitzordnung sehr erschwert. Das genaue Gegenteil hierzu ist der Übungs- oder Praktikumsraum. Er ist für Schülerexperimente sehr geeignet. Die Sicht zum Lehrertisch ist, vor allem bei großen Klassen, nicht immer gut. Da der Unterricht üblicherweise weder als reiner Demonstrationsunterricht noch im reinen Praktikumsbetrieb läuft, ist im allgemeinen ein Kompromiß in Form eines Lehr- und Übungsraums vorzuziehen. Ein Beispiel dafür zeigt Abb. 5. Der Kompromiß kann unterschiedlich aussehen. Teils haben diese kombinierten Räume einen in Stufen nach hinten hin leicht ansteigenden Boden. Die Anordnung der Tische und Stühle kann frontal sein. Häufig ist sie wie in Abb. 5 aufgelockert. Durch die Anordnung und Abmessungen der Tische ergeben sich dabei schon Vorentscheidungen über die Größe der Schülergruppen, die zusammenarbeiten. Eine völlig freie Umordnung des Mobiliars, wie sie in Schulräumen heute vielfach möglich ist, wird im Physikraum durch die notwendigen Anschlüsse für elektrischen Strom, Gas und Wasser behindert. Im Beispiel Abb. 5 ist der Ausweg so gesucht worden, daß zwar sechs "Energiesäulen" raumfest angeordnet sind, Tische und Stühle aber frei verschoben werden können. Bei Bedarf können die Stühle also auch leicht einmal im Kreis aufgestellt werden.

Abb. 4: Beispiel für einen "Lehrsaal". Das nach hinten ansteigende Gestühl ergibt sehr gute Sichtbedingungen für alle Schüler. Neben die Tafel tritt fast gleichberechtigt die Projektionswand; beide Flächen sind gleichzeitig sichtbar. Die Arbeitsfläche des Lehrertischs läßt sich durch fahrbare Tische vergrößern.

Abb. 5: Beispiel für einen "Lehr- und Übungsraum". Nicht nur der Lehrertisch, sondern auch jede Gruppe von Schülertischen hat ihren Elektrizitäts- und Wasseranschluß. Die Schülertische lassen sich umgruppieren, lediglich die Anschlußsäulen sind raumfest. Das Schülerexperimentiergerät ist in den Schränken an der Seite des Raumes untergebracht.

Die elektrische Versorgung des Lehrertischs sieht neben Steckdosen mit 220 Volt meist regelbare Anschlüsse im Spannungsbereich bis 250 Volt vor. Die Versorgung der Schülertische erfolgt entweder mit Spannung bis 24 Volt, zentral geregelt vom Lehrertisch aus, oder, besser, durch Netzgeräte, die für jede Schülergruppe getrennt die Einstellung der Spannung erlauben und an 220 Volt anzuschließen sind. Ein Gasanschluß an den Schülertischen ist nicht unbedingt erforderlich. Wird einmal ein Gasbrenner gebraucht, kann man auf Kartuschenbrenner zurückgreifen.
Natürlich sind gut sichtbare, große Tafeln und eine möglichst getrennt benutzbare, ebenfalls gut sichtbare Projektionsfläche wichtig. Verdunklungsmöglichkeit ist unabdingbar. Dia- und Filmprojektor sollten ihren projektionsbereiten, verschließbaren Platz hinten im Raum haben. Günstig ist es, wenn auch gut sichtbare Fernsehbildschirme fest im Raum installiert sind.
Soweit der Platz das zuläßt, werden die Schränke für Schülerexperimentiergerät und für häufig benutztes Demonstrationsgerät (z.B. Netzgeräte, Stativmaterial) im Unterrichtsraum stehen. Der größere Teil der Geräte hat im Sammlungs- und Vorbereitungsraum unmittelbar neben dem Unterrichtsraum seinen Platz. Auf fahrbaren Tischen, gleich hoch wie der Lehrertisch, können sie in den Unterrichtsraum gebracht werden.
Zur Raumplanung gehört auch Vorsorge gegen Unfälle (Fluchtwege, Feuerlöschgerät, Telefon, zentrale Abschaltung von Strom, Wasser und Gas usw.).
Rat bei der Planung von Fachräumen geben in manchen Bundesländern die jeweiligen Landesinstitute. Auch die großen Lehrmittelfirmen sind mit Einrichtungsfragen wohl vertraut.

6.6 Unfallverhütung

Zu den Aufgaben jeden Lehrers gehört es, einer Gefährdung von Schülern im Unterricht vorzubeugen. Darüber hinaus kann gerade der naturwissenschaftliche Unterricht die Schüler erziehen helfen, Gefahren zu erkennen und sie zu meiden.
Die Unfallverhütung beginnt bereits beim Bau und der Einrichtung der Fachräume, sie setzt sich beim Arbeiten in ihnen fort. Alle wichtigen Überlegungen zur Unfallverhütung sind in einer 28seitigen "Empfehlung" der Kultusministerkonferenz von 1985 zusammengefaßt. Auf der Grundlage dieser Empfehlung oder ihrer Vorgängerin gibt es wohl in allen Bundeslän-

dern verbindliche Erlasse zur Sicherheit im naturwissenschaftlichen Unterricht. Einige Regeln aus der "Empfehlung" seien hervorgehoben:

- Schüler sind zu Beginn jeden Schuljahrs auf die zur Unfallverhütung einzuhaltenden Regelungen hinzuweisen.
- Sie sind bei allen Gelegenheiten auf Unfallgefahren hinzuweisen und zu einem sachgerechten Umgang mit Geräten, Schaltungen usw. anzuhalten.
- Sie dürfen Fachräume ohne Aufsicht des Fachlehrers in der Regel nicht betreten.
- Sie sind über Lage und Bedienung des elektrischen Not-Aus-Schalters und des zentralen Gas-Haupt-Hahns zu informieren.
- Sie sind auf Fluchtwege und auf Löscheinrichtungen hinzuweisen.
- Lehrer dürfen während des Unterrichts den Fachraum grundsätzlich nicht verlassen.

Neben solchen allgemeinen Regeln weist die "Empfehlung" auf Unfallgefahren bei einzelnen Experimenten hin. Dazu gehört:

- Schnittverletzungen durch Glasbruch, wenn Thermometer oder Glasröhren ohne Gleitmittel und ohne Handschutz in Stopfen und Schläuche geschoben werden;
- Brandverletzungen beim Umgang mit offenen Flammen (Haare über dem Brenner);
- in der Mechanik Verletzungen durch scharf gespannte Drähte, durch schnell rotierende Massen und Bolzensprenger;
- in der Optik Beschädigungen des Auges durch direkte Sonnenbetrachtung oder durch "Verblitzen" bei sehr hellen Lichtquellen.

Besonders zahlreich sind die Regeln für die Elektrizitätslehre. Schüler bis zur Jahrgangsstufe 10 dürfen in nicht berührungssicheren Schaltungen nur mit Spannungen bis zu 25 Volt Wechselspannung experimentieren. Gefährlich können Kondensatorentladungen werden. Beim Experimentieren mit nicht isolierten Leitern in einer Schaltung nur Sicherheitstransformatoren oder Trenntransformatoren verwenden. Besondere Vorsicht muß beim Experimentieren mit offenen technischen Geräten walten. Bei Hochspannungsversuchen sollen die Schüler ausreichenden Abstand halten.

(Anmerkung: Noch zu wenig bekannt ist, daß Fehlerstrom-Schutzschalter mit einem Auslösestrom von höchstens 30 mA bei vielen Experimenten eine besonders hohe Sicherheit bieten.)
Ein besonderes Kapitel stellt der Strahlenschutz dar. Maßgebend ist z.Zt. die Strahlenschutzverordnung von 1989. Da sie nicht speziell auf den Schulunterricht abgestellt ist, macht die Lektüre Mühe. Zu den wesentlichen Gedanken der Verordnung gehört, daß die Bauart radioaktiver Präparate und entsprechender Geräte beim Hersteller geprüft wird und für den Schulunterricht praktisch nur Geräte mit passender Bauart und Zulassung infrage kommen. Mit radioaktiven Stoffen und Geräten dürfen nur Lehrer umgehen, die vom Schulleiter zu Strahlenschutzbeauftragten bestellt worden sind. Für eine solche Bestellung müssen sie entsprechende Sachkunde besitzen. (Referendare, die Präparate benutzen wollen, sind also auf die Anwesenheit eines Strahlenschutzbeauftragten angewiesen.) Gefährdungen ergeben sich auf dem Gebiete des Strahlenschutzes am ehesten, wenn uralte Röntgengeräte oder Gasentladungsröhren benutzt werden.

Jedem Lehrer ist der Abschluß einer Berufs-Haftpflichtversicherung unbedingt zu empfehlen.

Literaturhinweise:

Zu Abschnitt 6.1:

Es gibt erstaunlich wenig allgemeine Literatur über Experimentiergerät. Ein Beispiel für Geräte-Ausstattungslisten, wie sie in einigen Bundesländern existieren, ist zu finden in *Landesstelle* (1977). Die letzte größere Erhebung zur Ausstattung der Schulen mit Geräten wurde von *Brauner* (1981) in Hessen durchgeführt. *H. Schmidt* (1983) hat sich besonders mit Funktionsmodellen zur Erschließung technischer Inhalte beschäftigt. Das Thema "Spielzeuge" ist wiederholt ausführlich behandelt worden (*Kluge*, 1973; *Berge*, 1982; *Berge*, 1984). Auf Gerät für Schülerhausversuche geht *Bredehorst* (1980) ein, für Experimente an der Wandtafel *Südbeck* (1988), auf Black boxes z.B. *Berge* (1989). Als Beispiel für das Experimentieren mit Haushaltgeräten seien *Schmitz* (1980) und *Treber* (1980) genannt. *Fischer* (1983) gehört zu denjenigen, die Schüler mit selbstgebautem Gerät experimentieren lassen.

Zu Abschnitt 6.2:

Eine umfassende, allerdings veraltete Adressenliste von Medien- und Geräteherstellern, -lieferanten und -verteilern sowie Literaturhinweise finden sich bei *Blänsdorf* (1978). Zwei Aufsatzsammlungen (*Hänke*, 1979; *Rhöneck*, 1973) erörtern unterschiedliche Medien des Physikunterrichts. Die kleine Monographie von *Morass* (1975) behandelt aus österreichischer Perspektive die Medien, mit Themenliste und Bezugshinweisen. Zur Mediennutzung hat *Treitz* (1985) Lehrer befragt. Auf die Nutzungsmöglichkeiten des Diaprojektors geht besonders ausführlich *Nädelin* (1968) ein, auf solche des Arbeitsprojektors *Schledermann* (1977). Bei *Merzyn* (1977 a) findet sich u.a. ein Vorschlag zur Beurteilung von Physikfilmen und eine annotierte Literaturliste zum Physikfilm. Mögliche Nutzungen der Hafttafel beschreibt z.B. *Tille* (1973).

Zu Abschnitt 6.3:

Eine Sammlung von 7 Aufsätzen zur Beurteilung und Verwendung von Schulbüchern bieten *Bleichroth, Merzyn, Schmidkunz* (1987 a). Ein Fragenkatalog zur Beurteilung findet sich bei *Bleichroth* (1987 b). *Fischler* (1982) hat das Angebot an Schulbüchern für die Sekundarstufe I (etwa 50 Titel) beschrieben und bewertet. In ähnlicher Weise haben *Schäfer* und *Wiebel* (1980) rund 50 Schulbücher für die Sekundarstufe II beschrieben und charakterisiert. *Fischler* (1982) macht sich Gedanken über die Lehrerhandbücher. *Kaiser* (1979) hat nordrhein-westfälische Lehrer zur Beurteilung und zum Einsatz von Schulbüchern der gymnasialen Oberstufe befragt. *Merzyn* (1987) untersucht die Schulbuchsprache mit verschiedenen Methoden. *Hoffmann* et al. (1981) gehen auf die Bedeutung ein, die der Umgang mit Texten für die Entwicklung der Lernfähigkeit hat.

Zu Abschnitt 6.4:

Das Thema "Computer im Physikunterricht" ist im letzten Jahrzehnt besonders häufig behandelt worden. Die Literaturliste von *Jodl* (1984 ff.) umfaßt 223 deutschsprachige Zeitschriftenaufsätze, mit knappen Anmerkungen. *Merzyn* (1986 ff.) hat mehrfach Bücher zum gleichen Thema besprochen. Im Handbuch von *Kuhn* (1986 b) ist eine umfassende Darstellung des Themas (auf dem Stande von 1983) gewagt worden. Das *Deutsche Institut für Fernstudien* (1989) hat mit der Herausgabe von sechs Studienbriefen, davon je zwei zur Simulation und zum Experiment, alle begleitet von Disketten, begonnen. In sechs Zeitschriften-Themenheften (*Kuhn*, 1985; *Langensiepen*, 1985, *Merzyn*, 1985; *Kuhn*, 1986 a; *Kuhn*, 1987; *Merzyn*, 1988) sind zahlreiche Vorschläge versammelt; weitere werden gewiß bald folgen.

Zu Abschnitt 6.5:

Mit dem Abebben der Schulbauwelle sind Aufsätze zu Fachräumen wie der von *Röhrs* (1973) sehr selten geworden. Auch Merkblätter wie von der *Landesstelle* in Stuttgart (1978, 1979, 1981) werden kaum mehr herausgebracht. Einen relativ neuen, mit Farbfotos aufwendig ausgestatteten Mobiliarkatalog gibt es von *Phywe* (1982).

Zu Abschnitt 6.6:

Die grundlegenden *Empfehlungen* der Kultusministerkonferenz (ohne Jahr) zur Sicherheit finden sich in einer Loseblattsammlung. Als Ergänzung gibt es in allen Bundesländern Erlasse. Neuer als die genannten Empfehlungen ist die *Strahlenschutzverordnung 1989*. Ausführliche Erörterungen der Sicherheitsfragen finden sich bei *Willer* (1976), *Willer* (1979), *Landesstelle* (1986), *Sicherheit* (1987).

Literatur:

Baumann, E.: Die psychologische und pädagogische Funktion der audiovisuellen Medien im Physikunterricht. Der Physikunterricht 7 (1973), H. 1, 5.

Berge, O.E.: Spielzeug im Physikunterricht. Heidelberg, Quelle und Meyer 1982. (Physikalische Arbeitsbücher Bd. 2).

Berge, O.E. (Hrsg.): Spielen und Lernen im Physikunterricht. Naturwissenschaften im Unterricht - Physik/Chemie 32 (1984), Heft 8.

Berge, O.E.: Die Black-box-Methode in der Wechselstromlehre. Praxis der Naturwissenschaften, Physik 38 (1989), H. 6, 2.

Blänsdorf, K., Dierks, W.: Medien und Geräte für den naturwissenschaftlichen Unterricht. Köln, Aulis Deubner 1978.

Bleichroth, W., Merzyn, G., Schmidkunz, H. (Hrsg.): Das Schulbuch im Physik- und Chemieunterricht. Naturwissenschaften im Unterricht - Physik/Chemie 35 (1987 a), Heft 26.

Bleichroth, W.: Schulbücher für den Physikunterricht. Naturwissenschaften im Unterricht - Physik/Chemie 35 (1987 b), 235.

Brauner, R., Weiß, M., Mirgel, C.: Lehrmittel - Curriculum - Bildungsökonomie. Frankfurt, Dt. Inst. für internat. pädag. Forschung 1982 (Studien zur ökon. Bildungsforschung Bd. 5).

Bredehorst, H.: Schülerhausversuche im Physikunterricht der Sekundarstufe I. Naturwissenschaften im Unterricht - Physik/Chemie 28 (1980), 241.

Bretschneider, U.: Messen mit dem Computer. Naturwissenschaften im Unterricht - Physik/Chemie 36 (1988), H. 36, 5.

Bretschneider, U., Harreis, H.: Computereinsatz zur Temperaturmessung und zur Temperaturregelung. Naturwissenschaften im Unterricht - Physik/Chemie 36 (1988), H. 36, 11.

Buehl, G.S.: Zum Einsatz des Lichtbildes im Naturkundeunterricht. Blätter für Lehrerfortbildung 17 (1965), 144.

Deutsches Institut für Fernstudien: Computer im Physikunterricht. 6 Studienbriefe. Tübingen, DIFF 1989 ff.

Dittmann, H., Jodl, H.: Programmideen Physik. München, Bayer. Schulbuch-Verlag 1984.

Empfehlungen für Richtlinien zur Sicherheit im naturwissenschaftlichen Unterricht. In: Sammlung der Beschlüsse der Ständigen Konferenz der Kultusminister der Länder in der Bundesrepublik Deutschland. Neuwied, Luchterhand (Loseblattsammlung), Ziffer 616.

Fischer, W., Kendel, H., Kendel, R.: Elektronik-Schaltbrett zum Mitnehmen. Naturwissenschaften im Unterricht - Physik/Chemie 31 (1983), 223.

Fischler, H.: Komplette Sammlungen? Lehrmittel aktuell (1976), H. 3, 46.

Fischler, H.: Lehrbücher für den Physikunterricht der Sekundarstufe I, Stand 1981. Köln, Aulis Deubner 1982.

Fischler, H.: Das Lehrerhandbuch - sinnvolle Ergänzung zum Physik-Schulbuch? Naturwissenschaften im Unterricht - Physik/Chemie 30 (1982), 422.

Gliederung für die Beurteilung eines Lehrbuches. Amtsblatt des hess. Kultusministers 39 (1986), 875.

Hänke, W. (Hrsg.): Medien im Mathematik- und Physikunterricht. Hannover, Schroedel 1979.

Hoffmann, K.-W., Kanig, G., Weltner, K.: Lernen anhand von naturwissenschaftlichen Texten. Naturwissenschaften im Unterricht - Physik/Chemie 29 (1981), 233.

Jodl, H., Stetzenbach, W.: Literaturzusammenstellung 11 zum Thema "Microcomputer im Physikunterricht". Physik und Didaktik 12 (1984), 325; 14 (1986), 331; 16 (1988), 248.

Kaiser, H., Bauer, R., Müsgens, R.: Das Schulbuch im Physikunterricht der Sekundarstufe II. Physica didactica 12 (1979), 493.

Kluge, R.: Spielzeuge als Zugang zur Physik. Frankfurt, Diesterweg 1973.

Kuhn, W., Göritz, G.-H. (Hrsg.): Computer im Unterricht. Praxis der Naturwissenschaften, Physik 34 (1985), Heft 1.

Kuhn, W., Göritz, G.-H. (Hrsg.): Digitales Messen, Steuern und Regeln. Praxis der Naturwissenschaften, Physik 35 (1986 a), Heft 7.

Kuhn, W. (Hrsg.): Handbuch der experimentellen Physik, Sekundarbereich II. Band 11: Computereinsatz. Köln, Aulis Deubner 1986 b.

Kuhn, W., Göritz, G.-H. (Hrsg.): Simulations- und Realexperimente mit dem Computer. Praxis der Naturwissenschaften, Physik 36 (1987), Heft 5.

Landesstelle für Erziehung und Unterricht (Hrsg.): Geräteliste für den Physikunterricht, Demonstration, Hauptschule Realschule Mittelstufe an Gymnasien. Stuttgart 1977.

dies.: Merkblatt für Bau und Einrichtung von Physik-Fachräumen, Gymnasien. Stuttgart 1978.

dies.: Merkblatt für Bau und Einrichtung von Physik-Fachräumen, Realschulen. Stuttgart 1979.

dies.: Merkblatt für Bau und Einrichtung naturwissenschaftlicher Fachräume, Biologie/ Chemie/Physik, Hauptschulen. Stuttgart 1981.

dies.: Merkblatt zur Sicherheit im naturwissenschaftlichen Unterricht. Villingen-Schwenningen, Neckar 1986. (Lehren und Lernen H. 36) (mit Ergänzungen Stand Dezember 1987).

Langensiepen, F. (Hrsg.): Microcomputer und Mikroprozessor in der Mechanik. Praxis der Naturwissenschaften, Physik 34 (1985), Heft 4.

Lauterbach, R.: Bewertung pädagogischer Software. Log in 6 (1986), H. 5/6, 25.

Merzyn, G. (Hrsg.): Physikfilme. Der Physikunterricht 11 (1977 a), Heft 3.

Merzyn, G., Bloch, J.A.: Kriterien zur Beurteilung von Physik-Unterrichtsfilmen. Der Physikunterricht 11 (1977 b), H. 3, 17.

Merzyn, G.: Zur Information der Lehrer über Unterrichtsfilme. Aula 10 (1977 c), 115.

Merzyn, G. (Hrsg.): Computer im Physikunterricht. Naturwissenschaften im Unterricht - Physik/Chemie 33 (1985), Heft 10.

Merzyn, G.: Bücher zum Computer im Physikunterricht. Naturwissenschaften im Unterricht Physik/Chemie 34 (1986), 44; 36 (1988), H. 36, 41.

Merzyn G.: Die Sprache unserer Schulbücher. Der mathematische und naturwissenschaftliche Unterricht 40 (1987 a), 75.

Merzyn, G.: Zum Einsatz von Physikbüchern. Naturwissenschaften im Unterricht - Physik/Chemie 35 (1987 b), 239.

Merzyn, G. (Hrsg.): Computer im Physik- und Chemieunterricht. Naturwissenschaften im Unterricht - Physik/Chemie 36 (1988), Heft 36.

Morass, H.: Audiovisuelle Unterrichtsmittel und Geräte im Physikunterricht. Wien, Sappl o.J. (1975).

Nädelin, R.: Die audiovisuellen Mittler im Physik- und Chemieunterricht. München, Manz 1968.

Phywe (Hrsg.): Einrichten mit EM-System, Naturwissenschaften und Technik. Göttingen 1982.

v. Rhöneck, C. (Hrsg.): Unterrichtstechnologie. Der Physikunterricht 7 (1973), Heft 1.

Röhrs, E.-O.: Schüler-Experimentierraum "Physik". Schulmanagement 4 (1973), H. 1, 56.

Schäfer, K., Wiebel, K.H.: Lehrbücher für Physikgrundkurse in der gymnasialen Oberstufe. Köln, Aulis Deubner 1980.

Schledermann, D.: Der Arbeitsprojektor im Physikunterricht. Köln, Aulis Deubner 1977.

Schmidt, H.: Funktionsmodelle. Der Physikunterricht 17 (1983), H.4, 28.

Schmitz, J.: Physik und Technik am Beispiel Eierkocher. Naturwissenschaften im Unterricht - Physik/Chemie 28 (1980), 115.

Sicherheit im naturwissenschaftlichen Unterricht. München, Kultusministerium 1987.

Strahlenschutzverordnung 1989. München, Rehm 1989.

Südbeck, W. (Hrsg.): Experimente an der Wandtafel. Praxis der Naturwissenschaften, Physik 37 (1988), Heft 1.

Tille, H.: Demonstrationen an der Hafttafel. Praxis der Naturwissenschaften, Physik 22 (1973), 296; 23 (1974), 52, 97, 189.

Treber, E.: Elektro-Haushaltsgroßgeräte im Unterricht. Naturwissenschaften im Unterricht - Physik/Chemie 28 (1980), 97.

Treitz, N.: Kurzprogramme für die Simulation auf dem Bildschirm-Computer. Naturwissenschaften im Unterricht - Physik/Chemie 31 (1983), 415; 32 (1984).

Treitz, N.: Deduktive Programme auf dem Bildschirmcomputer und andere Mediennutzungen im Physikunterricht. Düsseldorf, Hagemann 1985.

Unterrichtshilfen Physik Klasse 6. Berlin, Volk und Wissen, 2. Aufl., 1983.

Willer, J., Orschler, H.-P., Popp, W.: Sicherheitsbestimmungen für den naturwissenschaftlichen Unterricht. Neuwied, Luchterhand 1976.

Willer, J.: Repetitorium Fachdidaktik Physik. Bad Heilbrunn, Klinkhardt 1977.

Willer, J. (Hrsg.): Sicherheit im Physikunterricht. Der Physikunterricht 13 (1979), Heft 3.

7 Unterrichtsplanung

7.1 Phasen der Planung

Wenn Physikunterricht gelingen und die gesetzten Ziele bei möglichst vielen Schülern wenigstens angenähert erreichen soll, so setzt das eine sorgfältige Planung voraus. Unterrichtsplanung gehört zu den ständigen Berufsaufgaben des Lehrers.
Grundlage und Ausgangspunkt der Planung ist der jeweils gültige Lehrplan. Ihn gilt es, gegebenenfalls mit einigen Abänderungen und Ergänzungen, in Physikunterricht umzusetzen.
Im Kapitel 2 sind Lehrpläne grundsätzlich und mit Beispielen behandelt worden. Es ist dabei deutlich geworden, daß prinzipiell kein unmittelbarer Weg vom Lehrplan zum konkreten Unterricht führt. Der Lehrplan bedarf vielmehr der Interpretation und detaillierten Ausarbeitung für eine bestimmte unterrichtliche Situation. Der Planungsprozeß vollzieht sich dazu sinnvollerweise in zwei zeitlich getrennten, aber aufeinander bezogenen Phasen:

1. eine Phase der Grob- oder Umrißplanung für Unterrichtseinheiten,
2. eine Phase der Detailplanung zur Vorbereitung einzelner Unterrichtsstunden.

Mögliche Teilergebnisse einer Grobplanung haben wir als sogenannte Stoffverteilungspläne an Beispielen im 2. Kapitel kennengelernt. Die Planungsarbeit richtete sich hier vor allem auf die Auswahl und Festlegung von Inhalten, ihre zeitliche Folge im Unterricht und teilweise auf Abschätzungen des Zeitbedarfs. Welche didaktischen Überlegungen bei der Grob- oder Umrißplanung anzustellen sind, welche Entscheidungen mit welcher Begründung zu treffen sind, soll im Abschnitt 7.3 genauer erörtert werden.
Die Grob- oder Umrißplanung bildet inhaltliche Orientierung und Ausgangspunkt für die detaillierte Planung der einzelnen Unterrichtsstunde. Hierbei stehen der methodische und der mediale Aspekt im Vordergrund.

Die Planungsphase für die Einzelstunde und ihre Dokumentation im Unterrichtsentwurf werden in Abschnitt 7.4 ausführlicher behandelt.

Für beide Planungsphasen ist der Leser hinreichend gerüstet, wenn er die ersten sechs Kapitel des Buches gelesen und studiert hat. Wir werden darauf immer wieder Bezug nehmen und können uns daher in diesem Kapitel entsprechend knapp fassen.

7.2 Planungssituationen

Es gehört zu den vordringlichen Aufgaben der Lehrerausbildung, den künftigen Lehrer zu befähigen, seinen Unterricht sachgerecht und mehr und mehr selbständig zu planen. Unterrichtsplanung muß daher im praktischen Vollzug gelernt und ständig geübt werden.
Anlaß zur detaillierten Planung ist für den Lehramtsstudenten oder den Referendar meist die sogenannte Lehrprobe. Es handelt sich dabei um eine einzelne Physikstunde im Rahmen einer Unterrichtseinheit, die anschließend besprochen und ggf. auch begutachtet wird. Vor der Stunde wird ein ausführlicher Unterrichtsentwurf erwartet, in dem das Ergebnis der Planungsarbeit geordnet und begründet in schriftlicher Form darzustellen ist.
Die Anfertigung eines Unterrichtsentwurfs fordert vom Planenden, seinen Planungsprozeß gründlich zu reflektieren, d.h. die Voraussetzungen und Bedingungen der Stunde darzustellen, getroffene Entscheidungen zu begründen und den Hospitierenden ein verständliches Bild des beabsichtigten Unterrichtsverlaufs zu vermitteln. Die schriftliche Fassung erfordert nach Abschluß des eigentlichen Planungsprozesses einen beträchtlichen Zeitaufwand. Der Unterrichtsentwurf erfreut sich daher keiner besonderen Beliebtheit. Es muß aber gesehen werden, daß durch die vergleichende Diskussion von Planungshypothese und tatsächlichem Unterrichtsverlauf Erfahrung über Unterricht möglich wird, die auf andere Weise kaum zu gewinnen ist.
Mit der Grob- oder Umrißplanung von Unterrichtseinheiten sind Lehramtsstudenten wohl nur gelegentlich im Schulpraktikum oder zu Übungszwecken vorher befaßt. Meist steigen sie bei der Planung von Einzelstunden in eine vorgegebene Grobplanung ein. Berufsanfänger, gelegentlich auch Referendare, haben dagegen ihren eigenverantwortlichen Unterricht sorgfältig vorzuplanen und die Planung zu dokumentieren.

Wegen dieser besonderen Planungssituation wendet sich dieses Kapitel vorwiegend an Lehramtsstudenten und Berufsanfänger. Damit soll jedoch keineswegs gesagt sein, daß der berufserfahrene Lehrer seinen Unterricht weniger intensiv zu planen und vorzubereiten hätte. Er ist dem Anfänger gegenüber jedoch im Vorteil, da er z.B. mit dem Lehrplan und seinen Intentionen eher vertraut ist, da er über ein Repertoire von methodischen Möglichkeiten, Versuchen und Medien verfügt, auf bewährte Planungsmuster zurückgreifen kann und da er seine Schüler und ihre Verständnisschwierigkeiten besser kennt.
Der erfahrene Lehrer wird daher seine Unterrichtsplanung in sehr viel kürzerer Zeit vornehmen können. Hinzu kommt, daß er sich nicht um eine aufwendige Dokumentation seiner Planungsarbeit bemühen muß, sondern sich auf persönliche Notizen beschränken kann.

7.3 Planung von Unterrichtseinheiten - Grob- oder Umrißplanung für einen längeren Zeitraum

Aufgabe der Grobplanung ist es, vorausschauend festzulegen, welche Inhalte in welcher Reihenfolge in der verfügbaren Unterrichtszeit eines Schuljahres (oder Halbjahres) unterrichtet werden sollen. Die Umrisse einer Folge von inhaltlich aufeinander bezogenen Unterrichtseinheiten werden auf diese Weise erkennbar. Sie bilden den Orientierungsrahmen für die zeitliche Plazierung der einzelnen Unterrichtsstunde und den inhaltlichen Ausgangspunkt für ihre detaillierte methodische Planung.
Ein erheblicher Teil dieser Grob-Planungsarbiet ist dem Lehrer bereits durch den vorgegebenen Lehrplan abgenommen, auf den er sich beziehen muß. Dort sind bekanntlich Unterrichtseinheiten mit ihren Inhalten beschrieben und meist auch in ihrem zeitlichen Umfang abgeschätzt. Sie füllen jedoch die voraussichtlich verfügbare Unterrichtszeit nicht ganz aus. In den meisten Lehrplänen ist ein unverplanter "Freiraum" vorgesehen, der dem Lehrer für inhaltliche Ergänzungen oder Vertiefungen zur Verfügung steht. (vgl. Abschnitt 2.3.3.3)
Auch für diesen Freiraum muß also geplant werden, was unterrichtlich geschehen soll. Der Berufsanfänger wird eher dazu neigen, die Lehrplaneinheiten auf die ganze verfügbare Zeit zu verteilen, der Erfahrenere wird den Freiraum nutzen, um thematische Ergänzungen einzubringen. Wie die Entscheidung auch ausfällt, in jedem Falle muß im Sinne des vorgegebenen

Lehrplans gehandelt werden. Der Planende muß sich also mit dem vorgegebenen Lehrplan vertraut machen. Er muß sich die dort vorgelegten allgemeinen und inhaltsbezogenen Zielsetzungen zu eigen machen und die Entscheidungen über die Inhalte, ihre Auswahl, Anordnung und Elementarisierung nachzuvollziehen versuchen. Dabei ist er auch zu kritischem didaktischen Denken aufgerufen. Ein didaktisches Denken dieser Art wird auch "Didaktische Analyse" genannt (vgl. z.B. *Klafki* 1969[10]). Erst eine in diesem Sinne hinreichende Vertrautheit mit den Intentionen und Inhalten des Lehrplans befähigt den Planenden, begründete Veränderungen an den Unterrichtseinheiten vorzunehmen oder neue, ergänzende Einheiten zu planen.

Die inhaltsbezogene Einarbeitung in den Lehrplan und die Grobplanung von Unterrichtseinheiten für einen längeren Zeitraum läßt sich in den folgenden vier Schritten vollziehen:

1. Schritt: Didaktische Analyse: Begründung der Inhaltsauswahl

In Lehrplänen sind die Inhalte einer Unterrichtseinheit im einzelnen ausgewiesen. Der in Kapitel 2 zitierte Lehrplan (Dokument B, Abschnitt 2.3.3.2) gibt sie beispielsweise als "Lernbereich" an und spezifiziert sie weiter in einer entsprechenden Auflistung der "Lernziele". Aus den Lernzielen lassen sich auch Hinweise auf die vorzunehmende Elementarisierung entnehmen.
Eine Begründung für die Auswahl gerade dieser Inhalte für eine Unterrichtseinheit wird in Lehrplänen im allgemeinen nicht explizit gegeben. Sie ist vielmehr in der Grundannahme enthalten, daß der Unterricht über diese Inhalte einen Beitrag zur Erreichung allgemeiner Ziele des Physikunterrichts leistet. Diese sind in der Präambel des Lehrplans angegeben. Wer nach der Begründung und Rechtfertigung der Inhalte sucht, muß also den Zusammenhang mit den allgemeinen Zielsetzungen herstellen. Er muß die Zielkonformität rekonstruieren. Ein Verfahren dazu, durch Formulierung von Zielen mittlerer Ebene, wurde bei der Erläuterung der Kriterien für die Inhaltsauswahl in Abschnitt 2.2.2 angegeben. Wesentlich ist dabei, daß die Ziele mittlerer Ebene stets im Hinblick auf die zu unterrichtende Schülergruppe entwickelt werden. Es ist sinnvoll, die auf diesem Wege gewonnenen Begründungen für die Inhalte schon an dieser Stelle schriftlich festzuhalten. Sie können für die spätere Planung von Einzelstunden herangezogen werden. Soll eine Unterrichtseinheit als Ergänzung zum Lehrplan "frei" gestaltet werden, so müssen deren Inhalte natürlich ebenso den drei Auswahlkriterien - Zielkonformität - Motivierbarkeit - Elementarisierbarkeit - genü-

gen. Der Planende muß sich also in diesem ersten Schritt durch eine didaktische Analyse über eine Begründung für die Unterrichtseinheit und deren Inhalte klarwerden.

2. Schritt: Didaktische Analyse: Sachstruktur

Auch der zweite Schritt dient dazu, sich mit den inhaltlichen Lehrplanentscheidungen vertraut zu machen. Unterrichtseinheiten in Lehrplänen sind in der Regel als Lernsequenzen dargestellt, d.h. die Inhalte sind in eine Reihenfolge gebracht, in der sie auch unterrichtet werden können. In einer Lernsequenz werden zwar Begriffe, Regeln, Gesetzmäßigkeiten, technische Anwendungen u.ä. genannt, doch geht dabei die Einsicht in deren sachlogische und lernpsychologische Zusammenhänge verloren. Diese Einsicht in die Sachstruktur gilt es aber zu gewinnen, um über die vorgefundene oder andere mögliche Sequenzierungen zu entscheiden. Außerdem lassen sich Ansatzpunkte für thematische Ergänzungen und Erweiterungen durch die Strukturbetrachtung besser erkennen und einordnen.
Am besten läßt sich die Sachstruktur einer Unterrichtseinheit rekonstruieren, wenn der Planende ein spezielles Blockdiagramm, ein sogenanntes Sachstrukturdiagramm, aufstellt. In den einzelnen Blöcken werden die Begriffe, Definitionen, Gesetzmäßigkeiten, Anwendungsbeispiele u.ä. aufgeführt und hierarchisch angeordnet. Durch Pfeile werden die Beziehungen zwischen den Blöcken, d.h. ihre sachlogische Abhängigkeit ausgedrückt. Der Inhalt eines Blocks, von dem ein Pfeil ausgeht, bildet eine sachlogische Voraussetzung für den Block, auf den er zeigt. Auch für das Lernen muß diese Voraussetzungsgebundenheit berücksichtigt werden. Ein Doppelpfeil drückt Wechselbeziehungen aus, wenn eine sachlogische oder lernpsychologische Abhängigkeit in beiden Richtungen besteht. Das ist z.B. der Fall, wenn eine allgemeine Gesetzmäßigkeit an einem Beispiel angewendet wird, das Beispiel aber auch Ausgangspunkt für die Auffindung der Gesetzmäßigkeit sein kann.
Durch einen gestrichelten Pfeil läßt sich eine Beziehung zwischen Blöcken ausdrücken, die keine sachlogische ist. In das Sachstrukturdiagramm sollten auch Angaben aufgenommen werden, die den Zusammenhang mit vorausgegangenen und folgenden Unterrichtseinheiten ausdrücken.
Auf der folgenden Seite ist als Beispiel die Unterrichtseinheit "Wärmeausbreitung, Ausdehnung bei Erwärmung, Temperaturmessung" (vgl. Dokument B in Abschnitt 2.3.3.3) in ein Strukturdiagramm umgesetzt worden (Abb. 1).

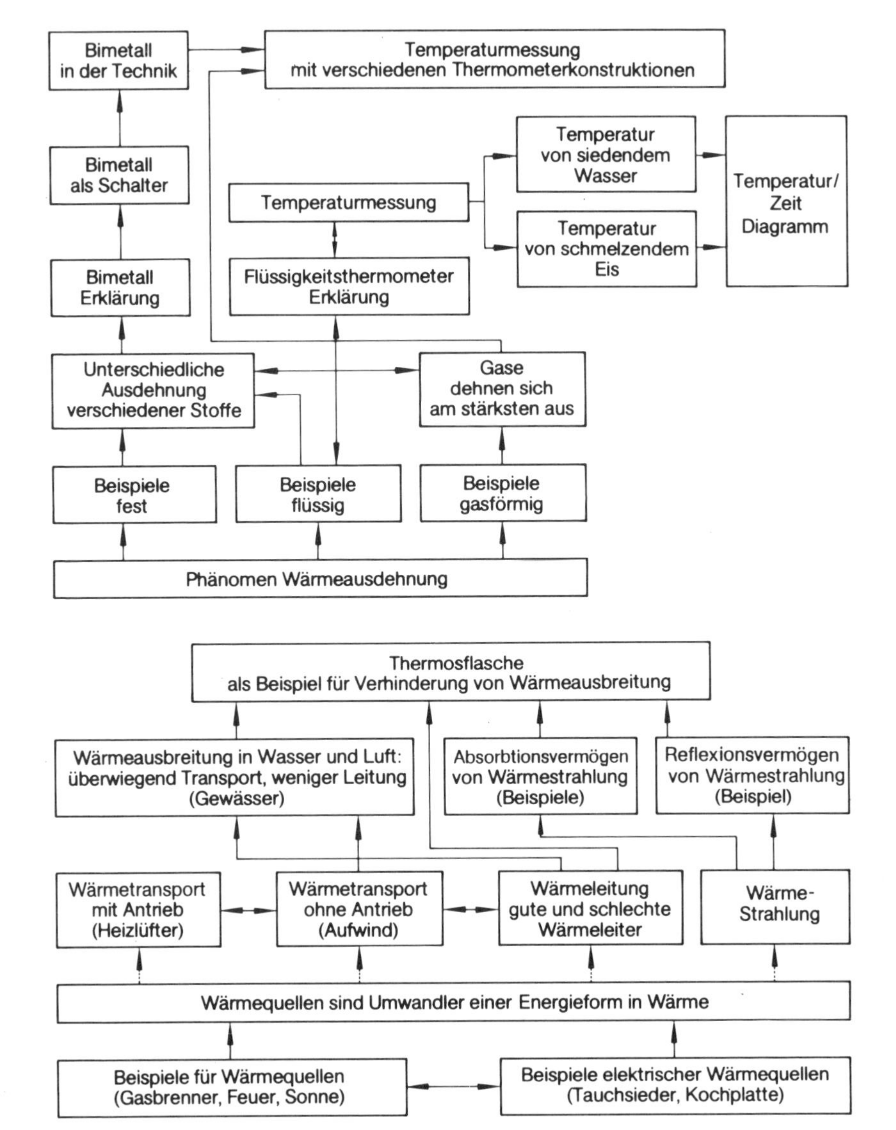

Abb. 1 Sachstrukturdiagramm UE "Wärmeausbreitung, Ausdehnung bei Erwärmung, Temperaturmessung (Dokument B, Abschnitt 2.3.3.3)

Aus der Darstellung läßt sich erkennen, daß in dieser Unterrichtseinheit zwei in sich abgeschlossene, voneinander sachlogisch nicht abhängige Einheiten zusammengefaßt sind. Ein unmittelbarer Zusammenhang mit vorausgegangenen oder späteren Unterrichtseinheiten läßt sich nicht herstellen. Ausgangspunkt sind jeweils Alltagserfahrungen der Schüler.
Das Aufstellen eines Sachstrukturdiagramms erfordert außer Sachkenntnis auch einige Übung und ist zudem recht zeitaufwendig. Das Verfahren lohnt sich aber, insbesondere für den Berufsanfänger, wenn es darum geht, tiefer in die Zusammenhänge des Lehrstoffs einzudringen. Dies gilt ganz besonders für Unterrichtsinhalte, die nicht Bestandteil des Lehrplans sind. Weitere Beispiele für Sachstrukturdiagramme auch in anderen Darstellungsformen sind u.a. bei *Duit/Häußler/Kircher* (1981) angegeben.

3. Schritt: Lernsequenzierung - Zeitabschätzung

Nach der sorgfältigen und produktiven Lehrplananalyse im ersten und zweiten Schritt geht es jetzt darum, die Reihenfolge der Inhalte für den Unterricht unter sachlogischen und lernpsychologischen Gesichtspunkten vorläufig festzulegen. Die Überlegungen zur Sachstruktur und das Strukturdiagramm können hierbei hilfreich sein. Dabei kann es durchaus zu Veränderungen der im Lehrplan vorgeschlagenen Sequenzierung kommen. So ist in unserem Beispiel die im Lehrplan angegebene Reihenfolge der beiden Untereinheiten (Dokument B) aus sachlogischen Gründen keineswegs zwingend. Aus Gründen der besseren Motivierbarkeit der Schüler kann es demgegenüber sinnvoll sein, mit der Unterrichtseinheit "Ausdehnung bei Erwärmung" zu beginnen. Aus ähnlichen lernpsychologischen Gründen läßt sich bei dieser Einheit auch eine andere Sequenz bilden als im Lehrplan vorgeschlagen. So kann z.B. mit der Temperaturmessung begonnen werden, die dann über die Erklärung von Flüssigkeitsthermometern zum Phänomen der Wärmeausdehnung bei Flüssigkeiten führt. (Man verfolge die Doppelpfeile von oben nach unten!) Von dort aus müßte die weitere Folge der Inhalte dann aufgebaut werden.
Am Schluß der Entscheidungen über die Lernsequenzierungen sollte die Reihenfolge der Inhalte schriftlich festgehalten werden, so daß die Umrisse der Unterrichtseinheit für den späteren Unterricht erkennbar werden.
Eine Abschätzung der Zahl der Unterrichtsstunden, die für die Unterrichtseinheit benötigt werden, ist für den Berufsanfänger nicht leicht zu geben, insbesondere dann, wenn neue, im Lehrplan nicht vorgesehene Inhalte

angegliedert wurden oder wenn gar eine Unterrichtseinheit neu geplant worden ist. Die erforderliche Unterrichtszeit wird meist zu gering veranschlagt. Eine Orientierungshilfe ist in manchen Lehrplänen durch Angabe von Stundenzahlen angegeben.

4. Schritt: Abstimmung mit der verfügbaren Unterrichtszeit - Stoffverteilungsplan

Der letzte Planungsschritt zielt auf einen längeren Zeitabschnitt, meist ein Schulhalbjahr, manchmal ein Schuljahr. Die voraussichtlich erforderliche Unterrichtszeit für die in diesem Zeitabschnitt vorgesehenen Unterrichtseinheiten ist mit der verfügbaren Unterrichtszeit abzustimmen. Die tatsächlich verfügbare Stundenzahl ist sicherlich geringer als die aus den Schulwochen errechnete Zahl. Für Unterrichtsausfälle durch Klassenfahrten, Projektwochen, Klassenarbeiten o.ä. muß daher von vornherein ein Abzug eingeplant werden. Erfahrungsgemäß liegt er bei 15 - 20 % der errechneten Stundenzahlen (vgl. Abschnitt 2.3). Häufig erweist sich dann der abgeschätzte Zeitbedarf höher als die voraussichtlich verfügbare Zeit. Es bleibt dann nichts anderes übrig, als Kürzungen bei den Unterrichtseinheiten vorzunehmen. Diese meist als schmerzlich empfundenen Eingriffe sollte der Planende nach didaktischen Gesichtspunkten vornehmen. Auch hierbei kann die Betrachtung der entsprechenden Sachstrukturdiagramme hilfreich sein.

Als Ergebnis der Planungsüberlegungen des vierten Schrittes sollte eine Umrißplanung vorliegen, die sich in der verfügbaren Unterrichtszeit realisieren läßt.

Nach Durchlaufen der vier Planungsschritte müßten für die Grob- oder Umrißplanung folgende Planungsprodukte vorliegen:

- Begründungszusammenhänge für Unterrichtseinheiten und ihre Inhalte einschließlich Aussagen über deren Elementarisierung,
- Sachstrukturdiagramme für alle vorgesehenen Unterrichtseinheiten,
- auf die verfügbare Unterrichtszeit abgestimmte inhaltliche Sequenzierungen der Unterrichtseinheiten, die die Umrisse des geplanten Unterrichts erkennen lassen.

Die Grob- oder Umrißplanung von Unterrichtseinheiten erscheint zwar recht aufwendig, ist aber zu rechtfertigen als intensive Einarbeitung in die

Vorgaben des Lehrplans, als Orientierungshilfe innerhalb eines größeren Planungszeitraumes und nicht zuletzt als sinnvolle und notwendige Vorarbeit für die Detailplanung einzelner Unterrichtsstunden.

7.4 Planung einer Unterrichtsstunde

Die detaillierte Planung einer Physikstunde ist ein überaus komplexer und vielschichtiger Vorgang, in den fachliche und didaktische Überlegungen, Begründungen und Entscheidungen einfließen. Je nach Individualität des Planenden, je nach Thema und Inhalt der Stunde und je nach den psychologischen Voraussetzungen der zu unterrichtenden Schüler nimmt der Planungsprozeß einen unterschiedlichen Verlauf. Er vollzieht sich sicherlich nicht in der systematischen Abfolge der Schritte, wie sie in der Gliederung des späteren Unterrichtsentwurfs zum Ausdruck kommen. Wir wollen daher im folgenden unterscheiden zwischen dem Planungsprozeß selbst und der Abfassung des Unterrichtsentwurfs als Ergebnis des Planungsprozesses.

7.4.1 Der Planungsprozeß

Ausgangspunkt für die Planung der Unterrichtsstunde ist die vorausgegangene Grob- und Umrißplanung der Unterrichtseinheit, in deren Sinn- und Sachzusammenhang die Stunde steht. Damit ist das Thema der Stunde mit den zu unterrichtenden Inhalten, Begründungszusammenhängen für die Inhalte und in ersten Umrissen die Zielsetzungen für den Unterricht vorgegeben. Sind bereits Teile der Unterrichtseinheit unterrichtet worden, so knüpft der Planende an diesen Vorlauf an und bedenkt, daß die folgenden Stunden im Sinne der Grobplanung weitergeführt werden müssen.
Hat sich der Planende mit diesen Vorgaben hinreichend vertraut gemacht (falls er die Grobplanung nicht selbst vorgenommen hatte), so setzt der Prozeß der detaillierten Planung ein. Er ist zunächst auf die Entwicklung eines "methodischen Ganges" gerichtet, der dann zu einem Entwurf des zeitlichen Verlaufs der Unterrichtsstunde weitergeführt wird.
Im folgenden Schaubild (Abb. 2) ist dargestellt, welche Planungselemente bei der Entwicklung des methodischen Ganges verarbeitet werden müssen. Dies ist durch Pfeile zum Ausdruck gebracht, die auf das Feld "Methodischer Gang" weisen. Einzelne davon sind als Doppelpfeile ausgewiesen. Dies deutet an, daß die Elemente mit dem Entwicklungsprozeß des methodischen Ganges in Wechselwirkung stehen. Werden z.B. bestimmte Versu-

che entworfen, die sich dann nicht realisieren lassen, so muß der methodische Gang entsprechend geändert werden und umgekehrt. Auch die Planungselemente selbst stehen teilweise miteinander in Beziehung. So entsteht insgesamt das Bild eines komplexen Beziehungsgefüges. Es beschreibt andeutungsweise die Situation, in der sich der Planende zu Beginn und während des Planungsprozesses befindet. Die Planung läßt sich mit einem Wachstumsvorgang vergleichen, der an einer Stelle einsetzt und auf das Ziel hinsteuert, den zeitlichen Verlauf einer Unterrichtsstunde zu entwerfen, die den Schülern das Erreichen bestimmter Unterrichtsziele ermöglichen soll.

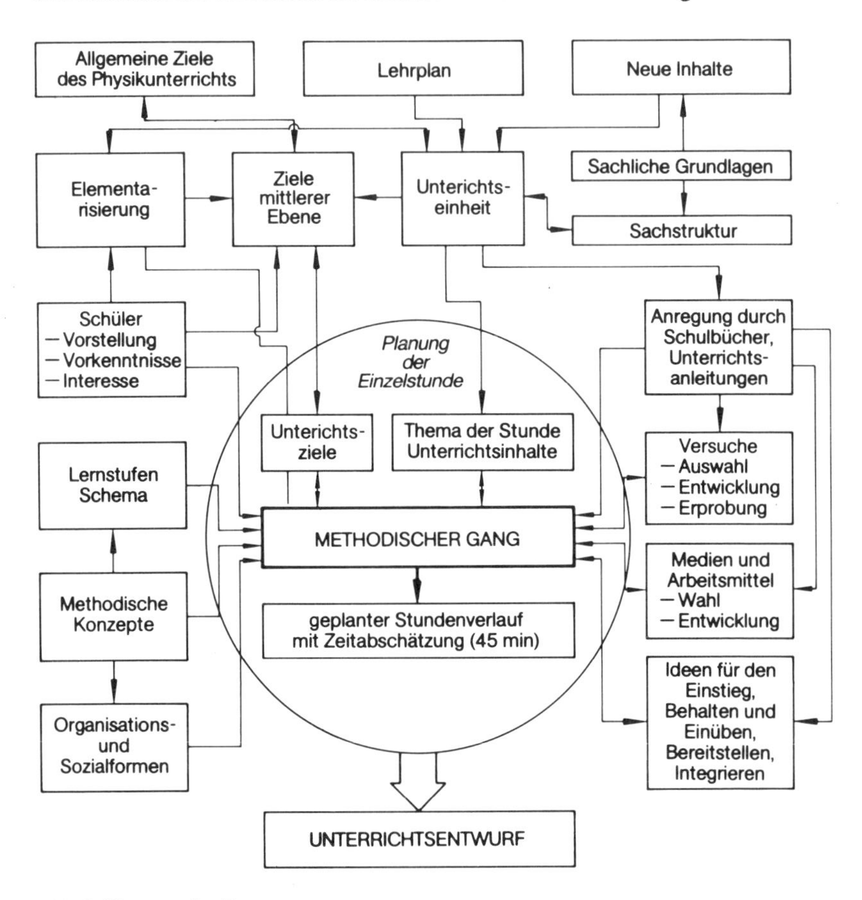

Abb. 2: Elemente des Planungsprozesses

Bei welchem Planungselement dieser Wachstumsprozeß einsetzt, welche Elemente die Steuerung übernehmen, läßt sich nicht allgemeinverbindlich festlegen. Es hängt dies nicht nur von den zu unterrichtenden Inhalten und den damit verbundenen Zielen, sondern auch von den Voraussetzungen der Schüler und nicht zuletzt von der Mentalität des Lehrers ab. In den meisten Fällen wird die Planung mit einer Reflexion der Unterrichtsziele einsetzen. Eine erste vorläufige Formulierung wird möglich, wenn sich der Planende über den "Kern" der zu unterrichtenden Sache, über deren Elementares klargeworden ist.
Die Elementarisierung muß sich gezielt (auch unter dem Aspekt der Vereinfachung) an den Schülern der zu unterrichtenden Klasse orientieren, an ihren Vorkenntnissen, Vorstellungen und Interessen zu dem betreffenden Unterrichtsthema. Der Planende muß sich die nötigen Informationen über die Schüler, aus eigenen Hospitationen und ggf. auch aus der Literatur über Schülervorstellungen beschaffen, so daß er sich bei der Planung soweit wie möglich in die Sichtweise der Schüler hineinversetzen kann.
Die Bestimmung der Unterrichtsziele kann zu Anfang noch nicht in endgültiger Fassung vorgenommen werden. Im Fortgang des Planungsprozesses wird sich erst erweisen, inwieweit sie als erreichbar gelten können. Meist müssen sie später noch präzisiert, ergänzt oder auch korrigiert werden.
Es gilt nun einen methodischen Gang zu entwickeln, auf dem die Schüler die gesetzten Ziele erreichen können. Anregungen für das methodische Vorgehen, für geeignete Versuche und andere Medien findet der Planende in einschlägigen Schulbüchern, Lehrerhandbüchern, Unterrichtsanleitungen u.ä.. Es dürfte klar sein, daß er die vorgefundenen Vorschläge oder Teile daraus nicht "blind" als Rezept übernimmt, sondern durchdenkt und für seine Situation abwandelt.
Eine wesentliche Orientierungshilfe für die Planung des methodischen Ganges ist gegeben, wenn sich der Planende an ein Lernstufenschema oder an ein anderes geeignetes methodisches Konzept hält. Die Entscheidung hierüber ist von der Art der Unterrichtsinhalte abhängig und im Hinblick auf die Lernsituation der zu unterrichtenden Klasse zu treffen. Der methodische Gang der Stunde wird auf diese Weise in einer ersten vorläufigen Form entworfen. Eingeschlossen sind dabei auch Überlegungen, welche Versuche mit welcher methodischen Funktion in den Lernprozeß einbezogen werden könnten, ferner welche anderen Medien oder Arbeitsmittel geeignet sein könnten, den Lernprozeß zu unterstützen.

An dieser Stelle muß der Planungsprozeß in enge Wechselwirkung mit der praktischen Erprobung und Entwicklung der Versuche und Medien treten und parallel weitergeführt werden. So ist zuerst zu entscheiden, ob Lehrer- oder Schülerversuche durchgeführt werden sollen. Ferner ist zu prüfen, ob auf vorhandenen Medien zurückgegriffen werden kann oder ob besser neue entwickelt und angefertigt werden sollten.
Bei der Detailplanung der Versuche greift man sinnvollerweise auf Vorschläge für Versuchsanordnungen zum gleichen Thema aus der Schulbuch- oder Experimentierliteratur zurück. Der Planende wird einige Alternativen praktisch erproben und sich dabei soweit wie möglich in die Lage des beobachtenden oder handelnden Schülers versetzen, um beurteilen zu können, inwieweit der Versuch die ihm zugedachte methodische Funktion erfüllt. Das gleiche gilt, wenn Medien oder Arbeitsmittel zusätzlich einbezogen oder entwickelt werden. Bei der Erprobung von Versuchen und Medien sollte gleichzeitig mit abgeschätzt werden, welche Unterrichtszeit für ihren Einsatz nötig ist. Häufig wird dies unterschätzt.
Der methodische Gang gewinnt bei diesen Erprobungen und Überlegungen immer konkretere Gestalt. Dabei werden mögliche andere Unterrichtsverläufe in Gedanken durchgespielt und eine Entscheidung für den unter den gegebenen Bedingungen "besten" getroffen. Kreativität und pädagogische Phantasie sind hier gefragt. Dies gilt besonders auch bei der Entwicklung von Ideen für den Einstieg, für Übung und Festigung des Gelernten. Der Planende sollte dabei nicht vergessen, daß sein späterer Unterricht den Schülern auch Spaß machen soll.
Nach einer gewissen Zeit intensiver Planungs-, Erprobungs- und Entwicklungsarbeit erreicht der Planungsprozeß ein Stadium, in dem sich der Planende eine genaue Vorstellung vom möglichen Verlauf der Stunde machen kann. Die Vorstellung geht soweit ins einzelne, daß nicht nur entschieden ist, welche Versuche durchgeführt werden sollen und welche Medien einzusetzen sind, sondern auch, mit welchen Aktivitäten der Planende den Lernprozeß der Schüler in Gang setzen und erhalten will und welche Reaktionen der Schüler er dabei erwartet. Unter Umständen sind auch alternative Unterrichtsschritte vorüberlegt worden für den Fall, daß die Schüler anders reagieren als erwartet. Welcher Weg dann im Unterricht beschritten wird, bleibt bis dahin offen. Im Endstadium der Planung können nun auch die Unterrichtsziele auf ihre Erreichbarkeit abgeschätzt und endgültig formuliert werden. Auch die Formulierung des Unterrichtsthemas bedarf u.U. abschließender Korrektur.

Es ist nun noch zu prüfen, ob sich der geplante methodische Gang innerhalb einer Zeit von 45 Minuten in Unterricht umsetzen läßt, die einer Lehrprobe in der Regel zur Verfügung steht. Dazu müssen die einzelnen Unterrichtsabschnitte und Schritte in ihrem Zeitbedarf abgeschätzt werden. Unter Umständen ergibt sich bei dieser Verlaufsplanung, daß nochmals schmerzliche Eingriffe in die methodische Planung und Abänderungen vorgenommen werden müssen. Es sollte daher grundsätzlich schon bei der Entwicklung des methodischen Ganges die verfügbare Unterrichtszeit berücksichtigt werden.

7.4.2 Der Unterrichtsentwurf

Nachdem der Planungsprozeß abgeschlossen und der zeitliche Verlauf der Stunde entworfen ist, sind die didaktischen und methodischen Überlegungen und Entscheidungen in schriftlicher Form geordnet darzustellen und zu begründen. Dies verlangt vom Planenden, den eben abgeschlossenen Prozeß erneut zu durchdenken, um sich selbst über die Gründe und Hintergründe der häufig spontanen und intuitiv getroffenen Entscheidungen klarzuwerden und um die später dem Unterricht Beiwohnenden an den Ergebnissen der Planungsarbeit teilhaben zu lassen.
In den einzelnen Ausbildungsinstitutionen und -situationen wird in der Regel erwartet, daß Unterrichtsplanung und die Abfassung des Entwurfs auf dem Hintergrund und in mehr oder weniger engem Anschluß an allgemeindidaktische Theorien und Planungsmodelle vorgenommen werden. Es sind dies für den Anfänger im Unterrichten entwickelte theoretische Planungsmodelle, die die Annahme nahelegen, es gäbe für alle Unterrichtsfächer gleichermaßen gültige, übergreifende Planungsstrategien, deren Befolgung wie von selbst zur Planung qualitativ hochwertigen Unterrichts führe. Sehr weit verbreitet ist z.B. das sogenannte Berliner Modell, das von *Heimann, Otto, Schulz* (1965) entwickelt wurde.
Die Erfahrung hat jedoch gezeigt, daß der individuelle Planungsprozeß von didaktischen Planungsmodellen kaum beeinflußt wird. Insbesondere findet der Planende keine Hilfen für konkrete Entscheidungen, z.B. ob ein Schüler- oder ein Lehrerversuch durchgeführt werden soll. Erst recht nicht lassen sich aus den zwangsläufig sehr allgemein gehaltenen Vorgaben- und Fragenkatalogen des Planungsmodells Begründungen für getroffene Entscheidungen ableiten. Wir haben daher in unseren bisherigen Erörterungen zur Planung des Physikunterrichts auf solche didaktischen Modelle der Un-

terrichtsplanung keinen Bezug genommen, meinen jedoch, daß sich Planungsgesichtspunkte aus diesen Modellen auch in unseren Vorschlägen wiederfinden. Erst die Abfassung des Unterrichtsentwurfs stellt den Planenden in vielen Fällen vor die Notwendigkeit, ein bestimmtes favorisiertes Planungsmodell in den Entwurf einzubeziehen bzw. im nachhinein zu "rekonstruieren". Dies wird meist durch Vorgabe einer detaillierten Gliederung veranlaßt. Der Planende bemüht sich dann, die Gliederungspunkte entsprechend "auszufüllen", um der Erwartung zu genügen, als habe das Planungsmodell bei seiner konkreten Planung zugrunde gelegen. Häufig wird die Qualität des Entwurfs danach beurteilt, ob ein solches Planungsmodell verwendet wurde. Der Planende wird also im Einzelfall zu entscheiden haben, inwieweit er den Vorgaben folgt. Sieht man von den Modellvarianten ab, so wird jeder Unterrichtsentwurf in der Regel folgende drei Gliederungspunkte zu behandeln haben:

1. Didaktische Überlegungen zum Thema und zu den Zielen der Stunde;
2. Darstellung und Begründung des methodischen Ganges;
3. geplanter Unterrichtsverlauf.

Im folgenden sollen dazu noch einige weitere Erläuterungen gegeben werden.

Zu 1. Didaktische Überlegungen

Unter diesem Gliederungspunkt ist die Frage zu beantworten, warum gerade dieses Thema mit diesen Zielsetzungen bei diesen Schülern unterrichtet werden soll. Es wird also nach den Begründungen für die Auswahl des Themas im Hinblick auf die Schüler und nach der Rechtfertigung der vorgesehenen Unterrichtsziele gefragt. Zur Beantwortung dieser Frage ist zunächst darzulegen, aus welchen Sinn- und Sachzusammenhängen eine Unterrichtseinheit erwachsen ist. Die Unterrichtseinheit ist dazu kurz zu skizzieren und es ist zu zeigen, mit welchen Zielsetzungen des Physikunterrichts ihre Ziele in Einklang stehen. Es muß im Zusammenhang damit erörtert werden, welche Bedeutung das Thema für die Schüler hat oder haben könnte. Ihre Lernvoraussetzungen, Vorstellungen, Alltagserfahrungen, Interessen und Motivationen zum Thema sind dabei, soweit vorhersehbar, mit einzubeziehen. Auf diesem Hintergrund ist sodann die Elementarisierung der Inhalte darzulegen, d.h. es ist die grundlegende Idee, den Kern der Sache herauszuarbeiten, den die Schüler erfassen sollen, und die Vereinfa-

chungen darzustellen, unter denen diesen Schülern die Inhalte zugänglich werden können.
Am Schluß dieses Gliederungspunktes sollten die Unterrichtsziele genannt werden, die im Planungsprozeß entwickelt und formuliert wurden. Es sollte erkennbar sein, daß sie zwar nicht aus den didaktischen Vorüberlegungen abgeleitet, wohl aber mit ihnen verträglich sind.

Zu 2. Methodischer Gang

Aufgabe dieses Gliederungspunktes ist es, den methodischen Gang darzustellen und zu erläutern, der zur Erreichung der Unterrichtsziele führen soll und dabei soweit wie möglich die Begründungen für getroffene Entscheidungen zu benennen.
Zuerst ist zu erörtern, welches methodische Konzept bzw. welcher Stufenaufbau für die Behandlung des Themas bei diesen Schülern geeignet erscheint und für den Entwurf zugrunde gelegt wurde. Die einzelnen methodischen Schritte bzw. Stufen müssen dann mit ihren Intentionen und beabsichtigten methodischen Maßnahmen dargestellt und begründet werden. So ist z.B. darzulegen, welche Überlegungen zu der gewählten Form des Einstiegs geführt haben oder welche Lernschwierigkeiten bei den Schülern erwartet werden und wie darauf reagiert werden soll. Auch die Entscheidungen über den vorgesehenen Versuch, Lehrer- oder Schülerversuch, über den Einsatz anderer Unterrichtsmedien und Arbeitsmittel sind darzustellen und soweit wie möglich zu begründen.
Zur Darstellung des methodischen Ganges gehört es auch noch, die beabsichtigten Maßnahmen zur Einübung und Festigung (einschließlich Überlegungen zu den Hausaufgaben) und zur Integration und Anwendung des Gelernten darzulegen.

Zu 3. Geplanter Unterrichtsverlauf

Nach der ausführlichen Erörterung des methodischen Ganges gilt es nun, den zeitlichen Verlauf der geplanten Stunde in gedrängter Form und übersichtlich darzustellen. Die Gliederung der Stunde, die Stufen sollten dabei auch optisch hervorgehoben werden, damit der Entwurf nicht nur den Hospitanten einen raschen Überblick ermöglicht, sondern vor allem auch dem Unterrichtenden während der Stunde als Orientierungshilfe dienen kann.

Es empfiehlt sich eine dreispaltige Darstellung nach folgendem Muster (vgl. *Dräger/Erle* (1976)).

Uhrzeit	Stufen des Lehr- und Lernprozesses	Methodische Hinweise
8^{40}	*Motivation:* L. erzählt vom abendlichen Tischtennisspiel, Mißgeschick, zeigt verbeulten Ball SS machen Vorschläge zum Ausbeulen, probieren von Hand	Ball in der Klasse herumgeben
	Versuch: Ausbeulen durch untertauchen in heißem Wasser	*Bereitstellen:* heißes Wasser, weites Glasrohr zum Untertauchen
8^{50}	*Stufe der Schwierigkeiten* Warum beult sich der Ball aus?	

Die beabsichtigten Unterrichtsschritte werden in der Hauptspalte stichwortartig beschrieben. Wichtige Fragen, Impulse oder Arbeitsaufträge sollten dabei wörtlich, in der Sprache der Schüler vorformuliert werden. Das gilt auch für erwartete Arbeitsergebnisse, Merksätze o.ä. Zur Beschreibung der Unterrichtsschritte gehören auch Angaben zum Einsatz der Versuche, weiterer Medien und Arbeitsmittel. Versuchsaufbauten können durch eine einfache Skizze wiedergegeben werden. Die Einteilung der Wandtafel, Tafelanschriften und Skizzen sollten ebenfalls als verkleinertes Tafelbild aufgenommen werden. Vorbereitete Arbeitsblätter werden als Anlage beigefügt.
In die Spalte "Methodische Hinweise" werden an den entsprechenden Stellen zusätzliche Bemerkungen zur Organisation beim Einsatz der Medien und Versuche (besonders ausführlich bei Schülerversuchen), zum Wechsel der Sozial- oder Arbeitsformen o.ä. eingefügt.
Der Verlauf des Unterrichts kann nicht bis in alle Einzelheiten vorgeplant werden. Auf unerwartete Äußerungen der Schüler, auf Fragen und Verständnisschwierigkeiten muß der Lehrer im Unterrichtsprozeß flexibel reagieren. Soweit irgend möglich sollten solche Situationen bereits im Planungskonzept aufgefunden, mögliche methodische Alternativen erdacht und in der Spalte "Methodische Hinweise" vermerkt werden.

Im Planungsprozeß sind die Zeitdauern für die einzelnen Phasen des Unterrichts in Minuten abgeschätzt worden. In der Zeitleiste des Entwurfs sollten jedoch die tatsächlichen Uhrzeiten für den beabsichtigten Beginn der einzelnen Phasen angegeben werden. Die zeitliche Orientierung während des Unterrichts ist dann leichter möglich.
Die Darstellung des geplanten Unterrichtsverlaufs in der vorgeschlagenen Form nimmt häufig einen Umfang von mehreren Seiten ein. Das kann für den Unterrichtenden eher hinderlich als förderlich sein. Für die Durchführung der Stunde empfiehlt es sich daher, einen Auszug davon anzulegen, einen "Spickzettel", der in übersichtlicher Form nur das enthält, was dem Unterrichtenden während der Stunde weiterhelfen kann.

7.4.3 Die Unterrichtsskizze

In der Ausbildungspraxis wird ein ausführlicher Unterrichtsentwurf in der Regel nur für die sogenannten Lehrproben erwartet. Für die übrigen Stunden genügt ein Entwurf in Kurzform, eine sogenannte Unterrichtsskizze.
Es versteht sich von selbst, daß der Anfertigung der Unterrichtsskizze eine ebenso sorgfältige Planung vorausgehen muß wie für den ausführlichen Entwurf. In der schriftlichen Fassung werden jedoch die didaktischen und methodischen Vorüberlegungen auf wenige Aspekte reduziert: Die Stellung des Stundenthemas innerhalb der Unterrichtseinheit, die anzustrebenden Unterrichtsziele, das zugrundegelegte methodische Konzept. Hauptteil der Skizze ist der geplante Unterrichtsverlauf, in dem die vorgesehenen Unterrichtsschritte, der Einsatz von Versuchen und Medien in Hinsicht auf die zu erreichenden Ziele knapp dargestellt werden.

Über Form und Umfang von Unterrichtsskizzen gibt es in den einzelnen Ausbildungssituationen unterschiedliche Auffassungen und Regelungen.

Literaturhinweise

Wer sich umfassend mit den Grundfragen der Unterrichtsplanung auf der Grundlage allgemeindidaktischer Theorien und Modelle vertraut machen will, findet in dem "Handbuch Unterrichtsplanung" von *Peterssen* (1982) eine auch für Berufsanfänger gut lesbare Einführung. Eine "handfeste", auf die Ausbildungspraxis bezogene Anleitung gibt auch der unkonventionell geschriebene "Leitfaden zur Unterrichtsvorbereitung" von *H. Meyer* (1986[8]). Er führt außerdem in das Konzept des handlungsorientierten Unterrichts ein.

Zwei Sammelbände mit Beiträgen einschlägiger Autoren geben einen Überblick über allgemeine, gegenwärtig diskutierte Planungsmodelle und enthalten auch kritische Äußerungen zu ihrer praktischen Leistungsfähigkeit. Es sind dies *Adl-Amini/Künzli* (1980) "Didaktische Modelle und Unterrichtsplanung" und der von *König/Schier/Vohland* (1980) herausgegebene Band "Diskussion Unterrichtsvorbereitung".

Zur Planung des Physikunterrichts findet man in den Didaktiken von *Töpfer/Bruhn* (1976[5]) und *Haspas* (1976) gesonderte Kapitel. Auch *Köhnlein* (1982) widmet in seiner Einführung in den Exemplarischen Physikunterricht ein Kapitel der Planung von Unterricht. Die wesentlichen Gesichtspunkte der Planung, aus der Praxis der Lehrerausbildung erwachsen, hat *Köhnlein* (1975) in einem Zeitschriftenaufsatz dargestellt. Auch *Dräger, Erle* (1976) geben in der Zeitschrift Naturwissenschaften im Unterricht eine in der Lehrerausbildung in Göttingen entwickelte und erprobte Anleitung zur Unterrichtsvorbereitung im Fach Physik. In der Arbeit von *Raufuss* (1975) wird versucht, vorliegende allgemeindidaktische Ansätze und lernpsychologische Erkenntnisse für die Planung des mathematisch-naturwissenschaftlichen Unterrichts zu konkretisieren.

Die umfassendste, in der Praxis der Lehrerausbildung entwickelte Arbeit zur Planung des Physikunterrichts haben *Duit, Häussler, Kircher* (1982) vorgelegt. Auf der Grundlage der in der Literatur angebotenen Theorien und Vorschläge wird ein Planungsmodell vorgestellt, das dem Physiklehrer wesentliche Hilfen für seine Unterrichtsarbeit bieten kann.

Literatur

Adl-Amini, B., Künzli, R. (Hrsg.): Didaktische Modelle und Unterrichtsplanung. München (Juventa) 1980.

Dräger, P., Erle, G.: Eine Anleitung zur Unterrichtsvorbereitung im Fache Physik. Naturwissenschaften im Unterricht - Physik/Chemie 24 (1976) S. 369.

Duit, R., Häussler, P., Kircher, E.: Unterricht Physik. Köln, Aulis 1982.

Haspas, K. (Hrsg.): Methodik des Physikunterrichts. Berlin, Volk und Wissen 1976.

Heimann, P., Otto, G., Schulz, W.: Unterricht - Analyse und Planung - Hannover, (Schroedel) 1965 (Auswahl Reihe B).

Klafki, W.: Didaktische Analyse als Kern der Unterrichtsvorbereitung. In: Roth, H., Blumenthal, A.: Auswahl Didaktische Analyse. Hannover (Schroedel) 1969[10].

König, E., Schier, N., Vohland, U. (Hrsg.): Diskussion Unterrichtsvorbereitung. Verfahren und Modelle. München, Fink-Verlag 1980.

Köhnlein, W.: Gesichtspunkte für die Planung des naturwissenschaftlichen Unterrichts. Naturwissenschaften im Unterricht - Physik/Chemie 23 (1975), 371 - 375.

ders.: Exemplarischer Physikunterricht. Bad Salzdetfurth: B. Franzbecker 1982.

Meyer, H.: Leitfaden zur Unterrichtsvorbereitung. Frankfurt: Scriptor 1986[8].

Peterßen, W.H.: Handbuch Unterrichtsplanung. Grundfragen, Modelle, Stufen, Dimensionen. München: Ehrenwirth 1982.

Raufuß, D.: Materialien zur Planung des Unterrichts in Mathematik und Physik auf der Sekundarstufe. Frankfurt: Diesterweg 1975.

Töpfer, E., Bruhn, J.: Methodik des Physikunterrichts. Heidelberg: Quelle u. Meyer 1976[5].

8 Didaktische Ideen und Reformkonzepte des Physikunterrichts

Das Studium der vorausgegangenen sieben Kapitel hat den Leser in die wichtigsten Fragestellungen und Probleme der Physikdidaktik eingeführt und es hat ihn mit den Grundlagen didaktischen Denkens und Handelns vertraut gemacht. Es geschah dies nach dem gegenwärtigen Stande der Physikdidaktik. Einige didaktische Ideen und Reformkonzepte, die die Schule allgemein verändert haben und von denen auch die Weiterentwicklung des Physikunterrichts beeinflußt wurde, sind nur am Rande erwähnt worden, oder der Leser ist ihnen beim Studium der weiterführenden Literatur begegnet.
In den fünf Abschnitten dieses abschließenden Kapitels werden daher solche für den Physikunterricht bedeutsame Ideen und Konzepte noch einmal im Zusammenhang vorgestellt und erörtert.

8.1 Exemplarisches Lehren und Physikunterricht

Das "exemplarische Lehren und Lernen" zählt zu den tiefgreifendsten Ansätzen der Bildungsreform nach dem Zweiten Weltkrieg. Nach der Reorganisation des Bildungswesens in der ersten Nachkriegszeit war die Überfrachtung der Lehrpläne mit Wissensstoff insbesondere in der Oberstufe der Gymnasien ein mehr und mehr als Belastung empfundenes Problem. Um über Möglichkeiten der Abhilfe nachzudenken, trafen sich im Jahre 1951 Hochschullehrer und Lehrer aus Gymnasien, Universitäten, Pädagogischen Akademien und Hochschulen in Tübingen zu einem Gespräch. Als Ergebnis wurde eine Resolution verabschiedet, die u.a. wesentlich zur späteren Auflockerung der gymnasialen Oberstufe beitrug. Zwei besonders wichtige Sätze aus dieser "Tübinger Resolution" (abgedruckt z.B. bei *Wagenschein* 1965, 205) lauten:
Die Tagungsteilnehmer sind zu der Überzeugung gekommen, "daß das deutsche Bildungswesen, zumindest in Höheren Schulen und Hochschulen, in Gefahr ist, das geistige Leben durch die Fülle des Stoffes zu ersticken."... "Leistung ist nicht möglich ohne Gründlichkeit und Gründlichkeit nicht

ohne Selbstbeschränkung, Arbeiten-Können ist mehr als Vielwisserei. Ursprüngliche Phänomene der geistigen Welt können am Beispiel eines einzelnen, vom Schüler wirklich erfaßten Gegenstandes sichtbar werden, aber sie werden verdeckt durch eine Anhäufung von bloßem Stoff, der nicht eigentlich verstanden ist und darum bald wieder vergessen wird."
Was an die Stelle des enzyklopädisch orientierten Lernens zu setzen ist, nannte der Göttinger Historiker Hermann *Heimpel* damals das "exemplarische Lernen".
Die Idee des exemplarischen Lernens und Lehrens hat im Anschluß an das Tübinger Gespräch eine breite Diskussion ausgelöst und in zahlreichen Schriften ihren Niederschlag gefunden. Zu nennen sind hier beispielsweise die Bücher von *H. Scheuerl* (1958), *T. Ballauf / E. Meyer* (1960) und *W. Klafki* (1959). Für den Physikunterricht hat vor allem Martin *Wagenschein* den Begriff des exemplarischen Lehrens und Lernens in die didaktische Diskussion eingebracht und ihn in zahlreichen Vorträgen, Aufsätzen und Schriften weiter entfaltet und erläutert. Eine Sammlung seiner pädagogischen Schriften hat er in dem Band "Ursprüngliches Verstehen und exaktes Denken" (1965) zusammengefaßt.
Wagenschein sah im exemplarischen Lehren einen Weg, der beklagten Stoffülle zu begegnen. Für die seinerzeit anstehende Reform der Oberstufe der Gymnasien machte er den radikalen Vorschlag, die Bindung an einen Lehrplan mit fest vorgegebenen stofflichen Zielen ganz aufzugeben und es der Souveränität und der fachlichen Kompetenz der Lehrer anheimzustellen, an einzelnen, geeignet ausgewählten Inhalten die typischen Verfahrensweisen, Kategorien und Strukturen des Fachs exemplarisch gewinnen zu lassen. Durch die Klärung eines geeigneten Einzelproblems, in das man sich "eindringlich und inständig versenkt", sollte, wie von selbst, das Ganze des Fachs in seiner "humanisierenden Tiefe" sichtbar werden. Es ging ihm um "exemplarische Tiefenbohrungen" in eine durch einen Kanon von Inhalten in der Mittelstufe gewonnene "Grundlandschaft der Physik". An irgendeiner geeigneten Stelle sollte ein "Einstieg" zu einer solchen Tiefenbohrung gefunden werden. *Wagenschein* hat immer wieder betont, daß auf die Verbindungslinien zwischen den Einstiegen, d.h. auf die Systematik des Fachs dabei keineswegs verzichtet werden sollte, wie Kritiker einwandten, sondern daß die systematischen Zusammenhänge durch das exemplarische Vorgehen besser von den Schülern selbst aufgefunden werden könnten, als wenn man, wie bisher, den Unterricht der Fachsystematik folgend aufbaute. Die Systematik sollte nicht Weg sondern Ziel sein. Dem beim exemplarischen Lehren

häufig als notwendig geforderten "Mut zur Lücke" hat *Wagenschein* das treffendere Wort vom "Mut zur Gründlichkeit" und vom "Mut zum Ursprünglichen" entgegengesetzt. Das Problem der überfrachteten Lehrpläne könne nicht durch einfaches Weglassen, also subtraktiv gelöst werden, sondern die Stoffbeschränkung müsse konstruktiv, eben durch geeignete exemplarisch ausgewählte Inhalte erfolgen.
Was heißt nun aber Inhalte exemplarisch auswählen? Wofür sollten die auszuwählenden Inhalte exemplarisch sein? *Wagenschein* hat dafür eine Reihe von fundamentalen Einsichten formuliert, die an den Inhalten gewonnen werden können und die das "Ganze des Fachs" erhellen. In seinem viel beachteten Vortrag über "Konstruktive Stoffbeschränkung im physikalischen Unterricht" auf der 45. Hauptversammlung des Vereins zur Förderung des mathematischen und naturwissenschaftlichen Unterrichts (MNU) im Jahre 1954 in München (*Wagenschein* 1954) hat er sie als "Funktionsziele" bezeichnet, die in der "aufgelockerten Oberstufe" an die Stelle der üblichen Stoffziele treten sollten. Dieser Katalog der Funktionsziele, der von *Wagenschein* durchaus nicht als vollständig angesehen wurde, sollte dem Lehrer als Orientierungsrahmen und Richtlinie für die Auswahl der Inhalte dienen.

Wir geben den Katalog hier im Wortlaut wieder, ohne auf die mit vielen Beispielen versehenen Erläuterungen im einzelnen einzugehen:

1. Erfahren, was in der exakten Naturwissenschaft heißt: eine erstaunliche Einzelerscheinung verstehen, erklären, eine Ursache finden.
2. Erfahren, wie man ein Experiment als eine Frage an die Natur ausdenkt, ausführt, auswertet und wie man daraus die mathematische Funktion gewinnt.
3. Erfahren, wie ein Teilgebiet der Physik mit einem anderen in Verbindung tritt.
4. Einsicht gewinnen in das, was ein "Modell" ist.
5. Erfahren, wie schließlich der physikalische Forschungsweg selber zum Gegenstand der Betrachtung wird, einer wissenschaftstheoretischen Betrachtung.

   (In der Erläuterung heißt es: "Er (der Schüler) soll erfahren können, daß die Physik nicht ein Inventar objektiver Gegebenheiten ist, sondern ein Aspekt, eine Schau, eine Bauweise, ein "Fang-im-Netz" des Quantitativen, und daß sie nicht beanspruchen kann, die Natur so zu zeichnen, so wie sie von sich selbst aus wäre." (1965, 257))

6. An einigen Begriffsbildungen erfahren, wie die physikalische Art, Natur zu lichten, geistesgeschichtlich geworden ist.
7. Erfahren, was das technische Denken vom forschenden Denken unterscheidet.

In Kenntnis dieser Funktionsziele soll sich der Lehrer der Oberstufe des Gymnasiums in voller Souveränität aus dem Stoff irgendeinen "Einstieg" aussuchen und von ihm aus ein "Lehrgewebe" entfalten. Die Auswahl wird um so geeigneter sein, je mehr Funktionsziele sie lebendig macht. Das sogenannte Stoffwissen ist dann ein selbstverständliches Nebenergebnis. In seiner kleinen Schrift "Natur, physikalisch gesehen" (1960[2]) hat *Wagenschein* über solche "Lehrgewebe" aus seiner reichen Erfahrung breit und lebendig erzählt.

Für die Mittelstufe, und damit auch für die Haupt- und Realschulen, hält es *Wagenschein* demgegenüber für erforderlich, an lehrgangsartigen Formen festzuhalten und ein "in sich überall zusammenhängendes Kompendium einer phänomenologischen Physik" anzustreben. Es sollte sich der Modellvorstellungen möglichst ganz enthalten und sich der Funktionsziele 1 und 2 nur selten, dann aber sehr gründlich, exemplarisch annehmen. Das gleiche gilt auch für Funktionsziele 6 und 7. *Wagenschein* hat daher später seinem Katalog noch ein weiteres, vorwiegend für die Mittelstufe bedeutsames 8. Funktionsziel angefügt (1965, 258):

8. Erfahren, wie ohne verfrühte Mathematisierung und ohne Modellvorstellungen ein phänomenologischer (und "quantitativer") Zusammenhang herzustellen ist, der das ganze Grundgefüge der Physik gliedert und zusammenhält.

Die Vorschläge *Wagenscheins*, das Stoffproblem mit Hilfe des exemplarischen Lehrens und Lernens zu lösen, haben sich insbesondere in den Gymnasien nicht durchsetzen können. Kritiker wandten ein, daß die von *Wagenschein* vertretene und vermittelte Physik, wie sie an seinen vielen Beispielen aus den Anfängen der Physik seit *Galilei* zeige, zwar grundlegende und fundamentale Einsichten ermögliche, dem Schüler aber den gegenwärtigen Stand der Wissenschaft weitgehend vorenthalte. Der Haupteinwand aber war, daß die dem einzelnen Lehrer überlassene exemplarische Stoffauswahl die Systematik des Fachs und seine strukturellen Zusammenhänge dem Oberstufenschüler nicht hinreichend erkennbar machen könne. Der Systemcharakter der Physik als ein wichtiges Charakteristikum der Wissenschaft müsse dem Schüler aber einsichtig gemacht werden.

Mit seiner Idee der Funktionsziele hat *Wagenschein* den Versuch gemacht, abweichend von den bis dahin üblichen Zielkatalogen mit Bildungswerten und zu behandelnden Lehrstoffen fundamentale Einsichten als Ziele zu formulieren, die das Ganze des Fachs betreffen und die für jeden Schüler anzustreben sind. Die Idee der Funktionsziele ebenso wie das exemplarische Lehren sind auch von anderen Unterrichtsfächern aufgegriffen worden. Für den Physikunterricht hat sie *Edgar Hunger* (1959) in seiner Schrift "Die Bildungsfunktion des Physikunterrichts" aufgenommen und weiter ausformuliert. Auch heutige allgemeine Zielkataloge in Lehrplänen und Richtlinien führen im Grunde den *Wagenschein*schen Ansatz der Funktionsziele fort. Auch dort sind fundamentale Einsichten enthalten, die im Physikunterricht angestrebt werden sollen, freilich zeitbedingt über *Wagenschein* hinausgehend. Im 2. Kapitel (Abschnitt 2.2.1) haben wir als wesentlichen Gesichtspunkt für die Inhaltsauswahl gefordert, daß die Inhalte mit den Zielen in Einklang stehen müssen. Darin ist *Wagenscheins* Prinzip der exemplarischen Inhaltsauswahl wiederzuerkennen. Auch die Bestimmung des Elementaren an einem Inhalt, im Zusammenhang mit dem Auswahlgesichtspunkt der Elementarisierbarkeit, verweist auf den Ansatz des exemplarischen Lehrens. Nun ist jedoch exemplarisches Lehren nicht nur ein Prinzip für die Auswahl von Inhalten, sondern zugleich eine besondere Art und Weise, diese Inhalte zum Verständnis zu bringen. *Wagenschein* selbst war ein Meister dieser methodischen Vorgehensweise, die er mit der Trias "exemplarisch - genetisch - sokratisch" kennzeichnete (vgl. *Wagenschein* 1968). In Kapitel 5 wurde der "Exemplarische Unterricht" daher bereits als ein methodisches Konzept vorgestellt (Abschnitt 5.3.6).

Wenn auch der ursprüngliche Reformansatz einer radikalen Stoffbeschränkung durch das exemplarische Lehren nicht in der gewünschten Weise erfolgreich war, so sind doch wesentliche Grundgedanken in die Physikdidaktik eingegangen, die zur Reform des Physikunterrichts beigetragen haben und mit dem Namen *Wagenschein* verbunden bleiben.

8.2 Einbeziehung der Technik in den Physikunterricht

8.2.1 Einbeziehung der Technik oder Ausgliederung?

Als Gegenstandsbereiche des Physikunterrichts sind in Kap. 1 "Begründung und Zielsetzung des Physikunterrichts", die Physik und die Technik als zwei zunächst getrennte Gebiete genannt und beschrieben, dann aber auch ihre starke Verbindung und wechselseitige Verflechtung dargestellt worden. Beispiele für geeignete Unterrichtsinhalte und für Auswahlgesichtspunkte sind für Physik und Technik in Kap. 2 erläutert. Schließlich wurden bei der Diskussion methodischer Konzepte mit dem nacherfindenden Unterricht (5.3.2) und dem nachmachenden Unterricht, der Arbeit nach Plan (5.3.5), Unterrichtsformen beschrieben, deren Gedankenführung und Arbeitsweise technischem Denken und technischem Handeln korrespondieren.
Für die weit überwiegende Mehrzahl der Physiklehrer aller Schulformen und Schulstufen ist es heute unstrittig, daß die Behandlung technischer Sachverhalte eine legitime Aufgabe des Physikunterrichts ist. Dies ist allerdings nicht immer so gewesen, und auch heute wird diskutiert, welches Gewicht und welchen Umfang die Behandlung technischer Sachverhalte im Physikunterricht haben sollen. Die Ausbildung der Physiklehrer orientiert sich nämlich am Studium der Physik und nicht am Studium der Ingenieurwissenschaften. Eine Konsequenz davon kann es sein, daß Technik und technisches Denken manchem Physiklehrer eher fremd sind und dann auch im Unterricht an den Rand rücken. Dem steht entgegen, daß sich seit langem eine stärkere Gewichtung technischer Unterrichtsinhalte und Unterrichtsformen für den Physikunterricht durchsetzt. Ein deutliches Zeichen dafür sind die "*Empfehlungen zum Physikunterricht an den Schulen des Sekundarbereichs*" der Deutschen Physikalischen Gesellschaft (DPG), des Deutschen Vereins zur Förderung des Naturwissenschaftlichen Unterrichts (MNU) und der Konferenz der Fachbereiche Physik (KFP) von 1980. Darin heißt es u.a.:

> *"Der Physikunterricht erklärt die Umwelt, und zwar die vorgegebene Natur und die artifizielle, künstliche, technische Umwelt."*

Daneben gibt es jedoch Bestrebungen, die Technik aus dem Physikunterricht auszugliedern. Seit 1970 ist in den Hauptschulen aller Länder in Deutschland und zum Teil auch in den Realschulen ein neues Fach unter verschiedenen Bezeichnungen: wie "Arbeit, Wirtschaft, Technik" oder "Polytechnik, Arbeitslehre", gelegentlich auch "Technik", eingeführt worden. In dem neuen Fach, man spricht besser von einem Fächerverbund, sind die traditionellen Fächer der Hauptschule "Werken" und "Hauswirtschaft" aufgegangen. Neue Zielsetzungen sind hinzugekommen, und es gibt vier Schwerpunkte, deren Gewicht in den einzelnen Bundesländern allerdings unterschiedlich ist:

- Einführung in die Arbeitswelt, Berufsorientierung, Berufskunde,
- Einführung in die Wirtschaft, Wirtschaftskunde,
- Hauswirtschaft,
- Technik, Verfahrenskunde.

Für alle diese Schwerpunkte entwickeln sich eigenständige Didaktiken, und so ist auch eine Didaktik des Technikunterrichts entstanden und an einigen Universitäten und Pädagogischen Hochschulen in einigen Bundesländern durch Lehrstühle vertreten. Es kommt hinzu, daß der Verein Deutscher Ingenieure (VDI) eine *Denkschrift* (1980) vorgelegt hat: "Forderung des VDI zur Einführung des Technikunterrichts in allen Schulformen und Schulstufen." Zwar wird nicht ganz klar, ob der VDI dabei eine Ausdehnung und Veränderung des bestehenden Fächerverbunds "Arbeitslehre/Polytechnik/Wirtschaft" beabsichtigt, oder ob er die Ausgliederung der ingenieurwissenschaftlichen Inhalte aus diesem Fächerverbund wünscht, um ein neues Fach Technik einzurichten. In jedem Fall ist damit jedoch für alle Schulformen die Einrichtung eines neuen Fachs "Technik" gefordert.
In den bestehenden Lehrplänen und in den in der Literatur entwickelten Konzeptionen für das Unterrichtsfach "Technik" werden Inhalte aufgeführt, wie "Energietechnik", "Verkehrstechnik", "Kommunikationstechnik", "Steuerung und Regelung", "Informationstechnik", "Produktionstechnik" u.a. Hier handelt es sich um Gegenstandsbereiche, die bisher im Physikunterricht behandelt wurden. Wenn der Technikdidaktiker *Traebert* (1981) feststellt,

"durch die mindestens partielle Gegenstandsgleichheit entstehen thematische Überschneidungen, die zu Abgrenzungs- und Zuständigkeitsproblemen geführt haben und vermutlich weiter führen werden",

wird die Konsequenz für den Physikunterricht deutlich. Die oben genannten und ähnliche Themenkreise sollen künftig also nicht mehr zum Inhaltsbereich des Physikunterrichts gehören. Neben dem Funktionsverlust für den Physikunterricht entstehen dann mindestens zwei Probleme.

- Der Zusammenhang zwischen Physik und Technik ist eng und gerade bei der modernen Technik nicht mehr aufzulösen. Eine Auflösung des Zusammenhangs im Unterricht durch die Aufteilung in zwei getrennte Fächer muß es den Schülern erschweren, die Sachverhalte in ihrem Zusammenhang zu verstehen.
- Die Aufgliederung der Schule in Einzelfächer ist bereits jetzt so weit fortgeschritten, daß der übergeordnete Erziehungsauftrag der Schule gefährdet ist. Ein Fachlehrer unterrichtet bereits heute bis zu zweihundert Schüler, die er nicht mehr einzeln kennen, beraten und beurteilen kann. Diese Situation wird verschärft, wenn neue Spezialfächer eingeführt werden.

Die Forderung nach der Ausgliederung technischer Inhalte aus dem Physikunterricht wird unter anderem auch mit der These begründet, daß der Physiklehrer in seiner Ausbildung technische Sachverhalte nicht in ihrem spezifisch technischen Zusammenhang kennenlernt, und daß er nicht die Fähigkeit erwirbt, über diese Sachverhalte kompetent zu unterrichten.

Da die Schulzeit begrenzt ist, entstünde durch die Einführung eines Technikunterrichts neben den inhaltlichen Abgrenzungs- und Ausgrenzungsproblemen auch die Frage, woher die dafür notwendige Unterrichtszeit genommen werden kann. Vorauszusehen ist, daß nach der Ausgliederung von Unterrichtsinhalten aus dem Physikunterricht dann auch die Forderung nach einer Reduzierung der Unterrichtszeit für die Physik folgt.
Eine grundsätzliche und kontroverse Diskussion der Frage, ob die Technik in den Physikunterricht einbezogen oder ausgegliedert werden sollte, erfolgte auf einer Tagung "Naturwissenschaft und Technik im Unterricht" im VDI-Haus in Düsseldorf 1980. Von der Seite der Technikdidaktik aus entwickelten *Füssel* und *Traebert* die Forderung, einen eigenständigen Technikunterricht einzurichten, was die Ausgliederung der Technik aus dem Physikunterricht impliziert. Eine grundsätzliche Schwierigkeit allerdings konnten auch sie nicht lösen: die Technik ist heterogen, und es gibt keine allgemeine Techniklehre, aus der heraus man ein Schulfach mit fundamentalen Inhalten und Methoden entwickeln könnte. Es gibt nur eine Vielzahl unterschiedlicher Ingenieurwissenschaften. Selbst angehende Ingenieure studieren nicht Technik, sondern sie müssen sich nach dem Vorexamen spe-

zialisieren. Nur das Grundstudium absolvieren sie gemeinsam, und hier finden wir bezeichnenderweise die klassischen Grundlagenfächer wie Mathematik, Physik und Chemie. Dies muß auch *Traebert* (1980) zugeben:

"nicht umsonst vermissen wir in den Veranstaltungsverzeichnissen technischer Lehranstalten eine allgemeine Technologie noch heute."

Auch der auf *Ropohl* (1973) zurückgehende Versuch mit einem "systemtheoretischen Ansatz" die Vielfalt der Technik zu ordnen und als "Systeme zur Wandlung, zum Transport und zur Speicherung von Stoffen, Energie und Information" zu beschreiben, hat sich nicht als tragfähig erwiesen, Studiengänge für die Ausbildung von Technikern darauf zu gründen. Noch weniger konnten diese Ansätze als Grundlage eines neuen Schulfachs Technik überzeugen.
Von der Seite der Physikdidaktik aus begründeten *Dahncke* und *Weltner* demgegenüber den engen Zusammenhang zwischen Physik und Technik, der im Unterricht der allgemeinbildenden Schulen nicht ohne Schaden für die naturwissenschaftlich-technische Bildung und nicht ohne Schaden für den Schüler aufgelöst werden kann. Sie dokumentierten anhand von Beispielen die didaktischen und methodischen Konzeptionen, mit denen technische Inhalte, technisches Denken und technisches Handeln in den Physikunterricht gleichwertig und in zunehmendem Maße einbezogen werden. Eine Annäherung der gegensätzlichen Positionen ist damals nicht erfolgt. Die Grundsatzreferate sind in *Traebert* (1981) dokumentiert.
Seit Mitte der achtziger Jahre wurde die Diskussion über die Ausgliederung der Technik aus dem Physikunterricht dann allerdings überlagert von der Diskussion über den Aufbau und die Notwendigkeit eines neues Unterrichtsfachs "Informatik". Auch die immer stärker werdende Forderung nach einer Verbesserung des Unterrichts in den Fremdsprachen wegen der europäischen Einigung und der Bestrebungen, die in Deutschland vergleichsweise lange Schulzeit von 13 Schuljahren zu verkürzen, begünstigen die Einrichtung neuer Schulfächer nicht.

8.2.2 Historische Entwicklung der Einbeziehung der Technik in den Physikunterricht

Das Problem "Physik und Technik im Unterricht" ist, wenn gleich in anderer Terminologie diskutiert, so alt wie der Physikunterricht überhaupt. *Schöler* (1970) zeigt in seiner Geschichte des naturwissenschaftlichen Unterrichts,

wie im beginnenden 18. Jahrhundert Realschulen als Schulen eines aufkommenden bürgerlich-gewerblichen Mittelstands gegründet wurden. Dabei wurden Lehrgänge entwickelt, die in erster Linie zu Berufen hinführen sollten und diese Hinführung mit naturwissenschaftlicher Unterweisung verbanden. Hier liegt eine enge Verbindung zwischen Naturwissenschaft und der damaligen handwerklich orientierten Technik vor.
In der zweiten Hälfte des 18. Jahrhunderts gründeten die Philanthropen (*Basedow* u.a.) eine Reihe von Reformschulen in Dessau, Schnepfenthal und anderen Orten, die Philanthropinen genannt wurden. (Siehe dazu auch 2.3) Die pädagogische Bildungsidee war, den Widerspruch zwischen Schule und Welt aufzuheben. Darin spiegelt sich das Denken der Aufklärungsphilosophie wieder. Die allgemeine Bildung sollte auf die reale Welt bezogen sein und mit der Vermittlung nützlicher Kenntnisse für Beruf und Lebensführung - also handwerklich-technischer Kenntnisse - verbunden werden. Diese Bildungsidee wurde im Gegensatz zu den Lateinschulen entwikkelt. Sie ist eine Folge der Aufklärung und des liberalen Denkens. Im beginnenden 19. Jahrhundert, in der Epoche der Restauration, wird diese Bildungsidee wegen ihres Zusammenhangs mit der Aufklärungsphilosophie und mit demokratischem Denken unterdrückt. Nun übt der Neuhumanismus einen beherrschenden Einfluß auf die Schule aus. Besonders im höheren Schulwesen, den Gymnasien, werden die Naturwissenschaften zurückgedrängt. Die Naturwissenschaften orientieren sich ihrerseits an neuhumanistischen Bildungsidealen und grenzen sich von allen Nützlichkeitserwägungen und Verbindungen zu Gewerbe und später zur Industrie ab. Damit wird die Verbindung zwischen Physik und Technik aufgelöst, der Unterricht orientiert sich einseitig an der Physik als Wissenschaft. Nur an Realschulen, die nicht zur Hochschulreife führten sondern den Zugang zu verschiedenen technischen Lehranstalten und gewerblichen Schulen eröffneten, behielten Mathematik, Physik und die anderen Naturwissenschaft ihr Gewicht und sie behielten auch ihre Verbindung zur Anwendung und zur Technik. Die Konkurrenz zwischen "realistischer Bildung" und "neuhumanistischer Bildung" wurde seitdem nicht mehr innerhalb des Gymnasiums ausgetragen sondern auf die Konkurrenz zweier Schultypen verlagert, von denen das Gymnasium das weitaus höhere Ansehen genoß.
Die wissenschaftlich-technische Entwicklung im 19. Jahrhundert allerdings stärkte Ansehen und Gewicht der Naturwissenschaften und der Technik. Das hatte Folgen für das Bildungswesen. Sonderformen der Realschulen wie das Realgymnasium und die Oberrealschule wurden schließlich 1900 mit

den Gymnasien gleichgestellt und durften mit dem Abitur die Hochschulreife verleihen. Im gleichen Jahr erst wurde den technischen Hochschulen - gegen den Widerstand der Universitäten - das Promotionsrecht verliehen. Diese Hinweise machen verständlich, daß es für den Physikunterricht unterschiedliche Traditionsstränge gibt, in denen die Technik auch unterschiedlichen Stellenwert hat. Im Bereich der Volksschule, die noch vor wenigen Jahren die Schule für die überwiegende Mehrheit der Bevölkerung war, steht der Physikunterricht - damals als Naturlehre mit der Chemie vereinigt - in der Tradition einer realistischen Bildung. Der Unterricht ist nur zum Teil an der Fachsystematik orientiert und bezieht gleichzeitig Kenntnisse ein, die für die Lebensbewältigung notwendig sind. Als Lehrgegenstände werden die technischen Entwicklungen aufgenommen, die sich im 19. Jahrhundert ausbreiteten: Dampfmaschine, Eisenbahn, Elektrifizierung, Telegraph, Telefon, Kraftfahrzeug, Flugapparat, Luftschiff u.a. Für die Ausrichtung des Unterrichts an den Bedürfnissen des späteren Berufs entwickelt *Seifert* ein Konzept der "Arbeitskunde" (1895).
Dieser Ansatz wurde für den Volksschulbereich in moderner Form von *Schietzel* (1960) für eine fächerübergreifende Sachkunde weitergeführt. Der Ansatz war dadurch charakterisiert, daß für den Unterrichtsaufbau die naturwissenschaftliche Systematik aufgegeben wurde und dafür Themenbereiche aus der Technik und der Lebensumwelt der Schüler behandelt wurden wie "Boote und Schiffe", "die Leuchtstofflampe", aber auch bereits ein damals ganz neues Thema "Automatische Steuerung" u.a.. Die Technik, die der Schüler in seiner Lebensumwelt vorfindet, wird hier bewußt in das Zentrum des Unterrichts gestellt. Dies löste eine intensive, gelegentlich sehr scharfe Diskussion aus, ob die Physik oder die Technik im Mittelpunkt zu stehen habe, führte aber auch zu begrifflichen Klärungen und einem besseren Verständnis der Rollen von Physik und Technik im naturwissenschaftlichen Unterricht. Deutlich wurde, daß Technik ein Bereich sui generis ist und nicht als Anwendung der Physik verstanden und beiläufig behandelt werden kann; daß aber auch umgekehrt die auf Erkenntnis ausgerichtete Naturwissenschaft nicht als Theorie der Technik verstanden und an den Rand gedrückt werden kann. Für den Physikunterricht ergab sich daraus die Forderung nach einer gleichgewichtigen Behandlung beider Bereiche und der Entwicklung von methodischen Konzepten, die der Technik adäquat sind. Ein Physikunterricht, der sowohl der Technik wie der Physik gerecht werden will, muß in Inhalten, Ordnungsgesichtspunkten und Arbeitsformen wechseln. Ein Teil der heute schwer zugänglichen Beiträge von *Schietzel,*

Stückrath, Mothes, Bleichroth und *Weltner* zu dieser Diskussion findet sich in dem Auswahlband "Didaktische Probleme der Physik" von *Bleichroth* (1978).
Der Physikunterricht an den Gymnasien ist demgegenüber seit dem Beginn des 19. Jahrhunderts vor allem Physikunterricht in der Oberstufe. Er richtet sich an ältere Schüler und orientiert sich unter dem Einfluß des Neuhumanismus ausschließlich an der Physik als Wissenschaft. Lebenspraktische Kenntnisse werden nicht vermittelt, Technik und Anwendungen sind hier an den Rand gedrängt. Das ändert sich erst mit Beginn dieses Jahrhunderts. In dem "Bericht über den Unterricht in der Physik an den neunklassigen höheren Lehranstalten" der Unterrichtskommission der Gesellschaft deutscher Naturforscher und Ärzte (1905), siehe auch 2.3, bekannt als "Meraner Beschlüsse", wird die Technik erwähnt aber noch sehr zurückhaltend:

"*wenn auch die technischen Anwendungen der Physik neben der Erkenntnis der uns umgebenden Natur erst in zweiter Reihe in Betracht kommen, so ist doch zu fordern, daß die Grundlagen für das Verständnis der Wirkungsweise der wichtigsten technischen Einrichtungen dargeboten werden, und daß an allen geeigneten Stellen auf die technischen Anwendungen hingewiesen wird*".

Seitdem hat die Bedeutung der Technik für den Physikunterricht des Gymnasiums stetig und deutlich zugenommen. Dies sei durch Beispiele aus den bereits erwähnten "*Empfehlungen zum Physikunterricht an den Schulen des Sekundarbereichs*" (1980) gezeigt. Der Bereich Physik und Technik wird als Ganzes gesehen:

"*Zu den Inhalten des Physikunterrichts gehören nicht nur Themen aus der Physik, sondern auch aus Nachbarbereichen und aus der Technik. Für die Auswahl sind zwei Ziele maßgebend:*

- *Vermittlung eines Basiswissens von Inhalten und Methoden der Physik.*
- *Vermittlung der Anwendung der Physik in Nachbarbereichen und Vermittlung technischer Sachverhalte in ihrem Zusammenhang*".

Dann präzisieren die "Empfehlungen", was von der Schule zu leisten ist.

Vier Aufgaben seien zitiert.

a) *Vermittlung von Wissen in den Bereichen von Natur und Technik.*

"*Der Physikunterricht soll den Schülern grundlegende Vorgänge ihrer natürlichen und technischen Umwelt erschließen*".

b) *Das Interesse an Physik und Technik soll im Unterricht geweckt werden*

"Es ist eine Aufgabe des Physikunterrichts, das Interesse der Schüler an Physik und Technik zu wecken, zu erhalten und so zu festigen, daß der Schüler auch nach Ablauf der Schulzeit fähig und bereit ist, sich mit diesen Bereichen zu befassen."

Physik und Technik werden hier in einem Atemzuge und als gleichwertige Elemente genannt. Das kommt im übrigen auch in einem anderen Tatbestand zum Ausdruck: In den Schullehrbüchern für den Physikunterricht sind Sachverhalte aus Physik und Technik heute nahezu mit gleichem Anteil am Text und an den Abbildungen vertreten.

c) *Der Unterricht soll Orientierungshilfen für die Technologiekontroversen der Gegenwart geben*

"Im Physikunterricht sollte auf aktuelle Fragen eingegangen werden, und es sollten dabei Möglichkeiten, Nutzen, Gefahren und ökologische Folgen technischer Entwicklungen aufgezeigt werden. Damit wird der Schüler vorbereitet, an der öffentlichen Diskussion über Umwelt- und Technologieprobleme teilzunehmen und zu urteilen."

Neben das Bürgerrecht auf Bildung tritt in dieser Auffassung die Bürgerpflicht zur naturwissenschaftlichen Bildung.

d) *Förderung der* Handlungsfähigkeit *im physikalisch-technischen Bereich*

"Durch Eigentätigkeit beim Experimentieren und beim konstruktiven Bau technischer Modelle soll die Handlungsfähigkeit gefördert werden."

Hier wird auf eine spezielle Entwicklung innerhalb unserer technischen Zivilisation reagiert: Der Gebrauch technischer Geräte und die Verfügungsmöglichkeiten über technische Geräte steigen an. Demgegenüber sinkt oft die Handlungsfähigkeit gegenüber diesen technischen Geräten selbst, denn in deren Funktionsabläufe können immer weniger Menschen eingreifen. Diesen Verlust gilt es zu kompensieren.

Die *Empfehlungen* zum Physikunterricht sind aus einem bestimmten Grunde so ausführlich zitiert. Sie werden getragen von der Deutschen Physikalischen Gesellschaft (DPG), dem Deutschen Verein zur Förderung des mathematischen und naturwissenschaftlichen Unterrichts (MNU) und der Konferenz der Fachbereiche Physik (KFP). Hinter diesen Empfehlungen stehen nicht nur die Physiklehrer sondern auch die für die Ausbildung der

Physiklehrer verantwortlichen Hochschullehrer. Hier drückt sich ein Wandel im Verständnis der Ziele des Physikunterrichts aus, der sich in der täglichen Unterrichtspraxis, in der Lehrplanentwicklung und in der Entwicklung von Schulbüchern sowie in der didaktischen Diskussion widerspiegelt. Technische Sachverhalte und Unterrichtsmethoden unter technischem Aspekt sind auch im Physikunterricht des Gymnasiums neben die klassischen Inhalte und Methoden des Physikunterrichts getreten und haben eigenständigen Rang und eigenständiges Gewicht gewonnen. Die getrennten Traditionsstränge "realistische Bildung" und "neuhumanistische Bildung" laufen heute zusammen.

8.2.3 *Wege zur Einbeziehung der Technik in den Physikunterricht*

Wenn mit der Einbeziehung der Technik in den Physikunterricht Physik und Technik sowohl in ihrer jeweiligen Eigenständigkeit wie in ihrem Zusammenhang zu ihrem Recht kommen sollen, müssen unterschiedliche Inhalte, Methoden und Schwerpunkte einander folgen. Das ist in diesem Buch ebenso klar gesagt, wie in den "*Empfehlungen*" gefordert:

"*... daß sich Unterrichtsphasen abwechseln, die entweder mehr auf die Physik und Erkenntnisgewinnung oder mehr auf Technik und Anwendung hin orientiert sind.*"

Der Physikunterricht nähert sich dabei auf drei Wegen dieser Anforderung: Anreicherung der Inhalte, Anreicherung der Arbeitsformen, Entwicklung neuer Lehrgänge.

8.2.3.1 Anreicherung der Inhalte:

Es werden mehr technische Sachverhalte in den Unterricht integriert, die unter zwei Aspekten betrachtet werden:

- Wirkungsprinzip, Naturgesetzlichkeit - physikalischer Aspekt,
- Zwecke, Verwendungszusammenhang, Randbedingungen - technischer Aspekt.

Dabei findet eine Akzentverlagerung zur Technik hin statt. Anwendungsbezüge gewinnen größeres Gewicht. Beispiel: Die Reibung ist für den Physiker bei physikalischen Experimenten meist eine Störung. Für den Ingenieur ist Reibung häufig eine fundamentale Voraussetzung für Kraftübertragungen.

Sie ist nützlich und sie kann oft gar nicht groß genug sein. Die Kraftübertragung vom Auto auf die Straße, von der Lokomotive auf die Schiene, vom Keilriemen auf die Lichtmaschine erfolgt durch Reibung. Nur über die Kenntnis der Reibungskoeffizienten kann man die "Bergfreude" des Autos und die "Bergfaulheit" der Bahn verstehen. Reibung soll also nicht nur als Störung beim Experimentieren sondern vor allem unter dem Gesichtspunkt ihrer Bedeutung für den Verkehr behandelt werden.
Der Physiklehrer orientiert sich gemäß seiner Ausbildung am Vorgehen der Physik. Er untersucht vornehmlich "reine Fälle", nur sie sind einfach zu beschreiben und an ihnen kommen naturgesetzliche Zusammenhänge deutlich zum Ausdruck: "Freier Fall", "Zentripetalbeschleunigung", "*Ohm*sches Gesetz - bei konstanter Temperatur", "Ideales Gas", "Dünne Linse" u.a.. Es ist geradezu ein Charakteristikum physikalisches Vorgehens, Phänomene in Natur und Technik so zu präparieren, daß "reine Fälle" entstehen. Demgegenüber sind in der Technik die Randbedingungen selten so wohldefiniert. Beim Autofahren geht es um Probleme des Anfahrens, des Bremsens, des Bremsverhaltens, des Einflusses der unterschiedlichen Straßenbeläge, der Reifen, der Temperatur. Darüber findet man wenig in Physikbüchern, viel aber in Motorsportzeitschriften. Hier geht es darum, den Unterricht auch durch Phasen anzureichern, in den Vorgänge unter technischen Gesichtspunkten und unter Berücksichtigung aller Umstände betrachtet werden.
Ausgeführte Beispiele für technisch orientierte Unterrichtseinheiten gibt *Effertz* (1982) für den Bereich der Elektrotechnik; *Schmidt* (1982) zeigt die Behandlung moderner Kommunikationstechniken (Kopieren, Bildübertragung durch Modellversuche). In diesen Zusammenhang gehört auch die zunehmende Nutzung des Computers zur Meßwerterfassung und die damit verbundene Einführung in die Nutzungsweisen und Funktionsweisen des Computers überhaupt.
Schließlich soll ein letzter Gesichtspunkt erwähnt werden: Bei der Anreicherung der Inhalte bleibt die lehrplanmäßige Anordnung nach physikalischen Bereichen weitgehend erhalten. Dafür gibt es einen guten Grund. Die physikalischen Zusammenhänge und Gesetzmäßigkeiten haben eine längere Lebensdauer als die aktuellen technischen Lösungen. Dies ist ein wichtiger Grund, die Technik von der Physik her aufzuschließen. Durch ihre Aktualität sind die technischen Entwicklungen für den Schüler interessant und motivierend. Hier kann und soll der Unterricht anknüpfen, aber dabei müssen die zeitlich invarianten Grundlagen hervorgehoben werden, die auch das Verständnis zukünftiger Technik ermöglichen.

8.2.3.2 Anreicherung der Arbeitsformen

Das Defizit des traditionellen Physikunterrichts war weniger, daß keine technischen Sachverhalte behandelt wurden, sondern vor allem, daß technisches Denken und technisches Handeln zu kurz gekommen sind.
Arbeitsformen im Physikunterricht, die technischem konstruktivem Denken entsprechen, sind in Kapitel 5 bereits beschrieben, als "Nacherfindender Unterricht" (5.3.2). Arbeitsformen, die technischem Handeln entsprechen sind beschrieben als "Nachmachender Unterricht, Arbeit nach Plan" (5.3.5).
Auch im Aufbau von Versuchsanordnungen, bei der Fehlersuche und vor allem beim Selbstbau von Modellen technischer Apparate, Maschinen und Anlagen kann technisches Denken und Handeln gefördert werden, *Schramm* (1989).
Schließlich bietet die Durchführung von Projekten und von Projektwochen viele Möglichkeiten, Schüler zu einer konstruktiv handelnden Beschäftigung mit technischen Sachverhalten hinzuführen wie dem Bau von Schiffsmodellen, Fernsteuerungsanlagen, Flugmodellen, Modellanlagen für Energiegewinnung und Energieumwandlung, u.a.

8.2.3.3 Entwicklung neuer Lehrgangselemente

Komplexe technische Bereiche, die nicht durch ein einziges korrespondierendes physikalisches Prinzip erschlossen werden können, sind in ihrem technischen Zusammenhang darzustellen. Dafür gilt es, Lehrgangselemente zu entwikkeln, die nicht unter die Systematik der Physik gestellt werden. Bereits geschehen ist dies für Themen wie "Energie und Energietechnik", "Nachrichtentechnik", "Steuern und Regeln". Andere Themenbereiche wären Mikroelektronik, Technik und Physik des Verkehrs, Physik und Technik des Fliegens, der Raumfahrttechnik, der Bautechnik und der Bauphysik. Ein Beispiel für das letzte Thema ist die Unterrichtseinheit "Entwicklung des Brückenbogens" von *Heinrich* und *Teichmann* (1983).
Von rasch zunehmender Bedeutung ist in diesem Zusammenhang der weite Themenkomplex "Umweltbelastung, Umweltgefährdung und Umweltschutz". Gerade hier wird zwingend deutlich, daß ein an Konstruktion und Produktion orientierter Technikunterricht grundsätzlich zu kurz greift. Im Einwirken der Technik auf die Umwelt verschränken sich naturwissenschaftliche und technische Aspekte unauflöslich. Die hier vorliegenden Probleme sind nur durch integrierende und interdisziplinäre Betrachtungen

sachgerecht zu erfassen. Die Entwicklung von Lehrgangselementen zu diesem Themenkreis schließt nicht nur Beiträge aus der Physik und Technik ein, sondern auch aus Chemie und Biologie. Die vorläufigen und auch heterogenen Ergebnisse einer Tagung zu diesem Thema sind dokumentiert in *Wiebel* (1987.

8.2.4 Konsequenzen für die Ausbildung von Physiklehrern

Im Hinblick auf die Einbeziehung der Technik in den Physikunterricht ist ein bereits erwähntes Defizit noch nicht behoben. Die Studiengänge der Physiklehrer sind eindeutig am Studium der Physik orientiert. Der künftige Lehrer begegnet in seinem Studium nur Physikern, Chemikern und Mathematikern. Er begegnet keinen Ingenieurwissenschaftlern. Ein Weg, dieses Defizit zu beheben, wäre, in die Studiengänge Elemente einzubeziehen, die unter ingenieurwissenschaftlichen Gesichtspunkten stehen. Konkret könnte dies bedeuten, daß dabei vier zweistündige Veranstaltungen vorgesehen werden wie

- Energietechnik,
- Kommunikationstechnik,
- Produktions- und Maschinentechnik,
- Verkehrstechnik,
- Technik des Umweltschutzes,
- Meßverfahren zur Ermittlung der Umweltbelastung.

Damit könnte der künftige Lehrer besser in den Stand gesetzt werden, das zu vermitteln, was vom jeweiligen Technikbereich her als Bestandteil einer Allgemeinbildung angesehen werden kann. Dies würde auch eine sachgerechte Orientierung in den kontroversen Diskussionen über die Folgen moderner Technik erleichtern und helfen, daß sinnvolle Urteile gebildet werden. Dies ist eine Integrationsaufgabe. Sie ist lösbar, denn eine viel weitergehende Aufgabe wird ebenfalls als lösbar angenommen: Die Integrationsaufgabc für den Schüler. Er muß nicht nur Physik und Technik in seinem Kopf integrieren sondern auch noch dazu die anderen Fächer wie Biologie, Chemie, Geschichte, Erdkunde, Kunst, Mathematik und schließlich noch die Sprachen.

Der Einbeziehung der Technik in den Physikunterricht sollte also auch eine Einbeziehung der Technik in die Ausbildung des Physiklehrers entsprechen. Hier liegt eine Aufgabe für die Zukunft vor.

8.3. Curriculumentwicklung

8.3.1 Wurzeln der Curriculumentwicklung

Der Begriff Curriculum ist über die amerikanische Pädagogik (wieder) in unseren Gebrauch gekommen. Ursprünglich bedeutet das Wort im Lateinischen "Lauf" und in einem erweiterten Sinne auch "Kreisbahn". Es war bei uns zunächst im unmittelbaren Sinn als Fremdwort üblich, z.B. in "curriculum vitae" mit der Bedeutung Lebenslauf. Überträgt man die Bedeutung Lauf auf den Lauf der Dinge im Unterricht, dann kann man Curriculum mit der Reihenfolge der Unterrichtsinhalte in Zusammenhang bringen. Genau in diesem Sinne wurde das Wort im Englischen, insbesondere auch in den USA, zu Beginn des zwanzigsten Jahrhunderts benutzt. Die von *Dewey* ausgelösten reformpädagogischen Aktivitäten brachten dann den auch heute bei uns üblichen Curriculumbegriff hervor (*Bobbitt,* 1918). Die wichtigste Idee dabei war, die früheren, als reine Stoffsammlungen angelegten *Lehr*pläne zu sehr anspruchsvollen *Lern*plänen weiterzuentwickeln.
Es dauerte jedoch noch mehr als vierzig Jahre, bis die Idee der Curriculumentwicklung auch in Deutschland größeres Interesse fand. Dies geschah zunächst zögernd und dann mit erheblicher Intensität von der Mitte der sechziger bis etwa zum Ende der siebziger Jahre. Aus heutiger Sicht ist es keine Übertreibung, von einer Curriculumbewegung zu sprechen. Sie hatte wissenschaftliche und politische Wurzeln. Im wissenschaftlichen Bereich war es insbesondere der Gedanke, daß es jeweils eine "Struktur der Disziplin" gibt (*Bruner,* 1960/1979), die Lernziele liefert, und daß man Lernziele verläßlich beurteilen, bewerten und ordnen kann (*Bloom*, 1956/1972). Die wichtigste politische Wurzel war der "Sputnik-Schock" in den USA. Die Erfahrung, daß es der sozialistischen Führungsmacht UdSSR eher als der westlichen Führungsmacht USA gelang, einen Satelliten in eine Umlaufbahn um die Erde zu bringen, löste eine erhebliche Kritik am naturwissenschaftlichen Bildungsstand in den USA und nachfolgend in der gesamten westlichen Welt aus. Die Folge war eine intensive Aktivität, von der auch die Curriculumbewegung gefördert und getragen wurde.

In Deutschland hatte die Arbeit von *Robinsohn* (1967) über eine Bildungsreform als Revision des Curriculum beträchtlichen Einfluß. Zwar konnten die anspruchsvollen Ideen, die erforderlichen Qualifikationen aus der Analyse der Lebenssituationen des Individuums und der Gesellschaft abzuleiten, nicht umgesetzt werden, aber sie bildeten einen wichtigen Denkanstoß für die Orientierung der Unterrichtsziele und -inhalte an der Lebensumwelt der Schüler.
Dieser Gedanke spielte eine große Rolle bei der Entwicklung der Curricula für den naturwissenschaftlichen Unterricht in Deutschland, insbesondere bei denen des Instituts für die Pädagogik der Naturwissenschaften (IPN), das 1967 mit Mitteln der Stiftung Volkswagenwerk gegründet wurde.
In der Entwicklung in Deutschland wurde ein sehr umfassender, weit vom üblichen Lehrplan abweichender Curriculumbegriff verwendet. Zwar schreibt das IPN (1970 a) sehr vorsichtig: "Unter dem Curriculum für ein Schulfach soll hier ein nach didaktischen Gesichtspunkten aufgebautes System von Unterrichtselementen verstanden werden.", die Praxis ging aber darüber hinaus und entsprach recht genau einer heute gängigen Lexikondefinition: "Curriculum (lat.), zusammenfassende Bezeichnung für Auswahl, Aufbau und Abfolge von Lehrinhalten im Hinblick auf ein definiertes Lernziel, einschließlich der Überprüfung des Lernziels selbst."

Dies wird im folgenden Abschnitt noch deutlicher werden.

8.3.2 Beispiele von Curricula für den naturwissenschaftlichen Unterricht

Die Curriculumentwicklung in Deutschland orientierte sich an Vorbildern im englischsprachigen Raum. Teilweise wurde versucht, die fertigen Curricula zu adaptieren, z.B. Science - A Process Approach (SAPA) oder Science 5/13. In all diesen Fällen zeigte sich, daß die Übertragung auf die bei uns vorhandenen Bedingungen sehr schwierig war und daß man im Grunde jeweils ein neues Curriculum zu entwickeln hatte. Diese Versuche führten deshalb nicht zum Erfolg. Es erwies sich als zweckmäßiger, von den vorhandenen Vorbildern vor allem das Verfahren der Entwicklung zu übernehmen und weiterzuführen, ansonsten aber eigenständig vorzugehen. Wir werden im folgenden ein Beispiel dieser Art, nämlich das IPN-Curriculum Physik, genauer betrachten. Weitere Beispiele sind im Curriculum-Handbuch (*Frey* u.a. 1975) und bei *Lockard* (1967ff.) genannt.

Um ein Curriculum auch nur im Ausschnitt vorzustellen und zu erläutern, bedarf es eines beträchtlichen Aufwands, der hier nicht möglich ist. Dies ergibt sich bereits aus der Liste des didaktischen Materials. Es umfaßt beim IPN-Curriculum Physik:

1. didaktische Anleitungen für den Lehrer;
2. Karteiblätter zu den Experimenten;
3. Arbeitsbögen für die Schüler;
4. Tests zur Messung der Kenntnisse und Fähigkeiten;
5. Anweisungen zur Auswertung der Tests;
6. Geräte zur Demonstration und für Schülerexperimente.

Für eine Einheit von 10 Unterrichtsstunden ergeben allein die ersten drei Positionen ein Büchlein von mehr als 100 Seiten. Um dem Leser einen kleinen Einblick zu geben, zitieren wir hier die didaktischen Anleitungen von nur einer Stunde der Unterrichtseinheit 5.2 "Arbeit und Energie"

(IPN-Curriculum Physik, Unterrichtseinheit 5.2 "Arbeit und Energie". Erprobungsfassung, Stuttgart, 1970, S. 36-39.)

Die Abkürzungen bedeuten:

Z:	= Ziel	B:	= Arbeitsbogen
V:	= Versuch	KG:	= Klassengespräch
DL:	= Demonstration durch den Lehrer	HA:	= Hausaufgabe
DS:	= Demonstration durch Schüler	ZV:	= Zusatzversuch
HE:	= Hefteintrag		

Spannungsenergie

---

7. Stunde Für die Stunde werden benötigt:

Versuche: V 5.2.13 (DL, DS), V 5.2.14 (DL, DS), V 5.2.15 (HA)
Arbeitsbogen: B 5.2.15, B 5.2.16 (HA), B 5.2.17 (HA).

Z 5.2.18 Die Schüler sollen beim "Federgewehr" und beim "Spielzeugauto mit Feder" richtige Aussagen über die Spannungsenergie und ihre Umwandlung machen können (vgl. B 5.2.15).

Z 5.2.19 Die Schüler sollen die Tatsache, daß ein aufgezogenes Spielzeugauto bergab schneller fährt als bergauf, mit Hilfe der ausgenutzten Energien und zu verrichtenden Arbeiten erklären können.

Z 5.2.20 Die Schüler sollen an Beispielen aus der Umwelt beschreiben können, wie Spannungsenergie ausgenutzt und in andere Energieformen umgewandelt wird.

Stundenverlauf:

V 5.2.13	Eine gespannte Feder beschleunigt eine Kugel (Federgewehr).
ZV	Untersuchung einiger Abhängigkeiten (z.B. Spannung der Feder - maximale Höhe der Kugel)
HE	Eine verformte Feder besitzt Spannungsenergie (Umwandlungskette) (B 5.2.15)
HE	Aufschreiben einiger Je-desto-Sätze (B 5.2.15)
V 5.2.14	Ein aufgezogenes Spielzeugauto fährt auf der Ebene, bergauf und bergab.
KG	Warum fährt das aufgezogene Spielzeugauto schneller bergab als bergauf?
HE	Umwandlungsketten, freie Versuchsbeschreibung (evtl. B 5.2.16)
HA	B 5.2.16 (Spielzeugauto), B 5.2.17 (Beispiele)

Ergebnisse des Vortests

88 %	aller Schüler begründeten anschaulich richtig, daß der Pfeil von einem stärker gespannten Bogen weiter fliegt.
0 %	benutzten dabei das Wort Energie oder Spannenergie.
28 %	nannten ein richtiges Beispiel, bei dem eine gespannte Feder eine Arbeit verrichtet und sich dabei entspannt.
42 %	schrieben, daß die Zeiger einer Uhr ihre Energie von der Feder erhalten.
45 %	kreuzten an, daß das Beispiel "die gespannte Feder in einem Luftgewehr" am besten zu folgenden Beispielen paßt: "Ein aufgeblasener Luftballon", "eine aufgezogene Uhr", "ein zusammengedrücktes Stück Kaugummi".
27 %	ordneten ein zusammengedrücktes Stück Schaumgummi dem Begriff Spannungsenergie zu.
66 %	ordneten die Feder in einem gespannten Luftgewehr dem Begriff Spannungsenergie zu.
18 %	ordneten einen aufgeblasenen Luftballon dem Begriff Spannungsenergie zu.

Methodische Hinweise

In dieser Stunde soll der Begriff Spannungsenergie als neue Energieform eingeführt und anschaulich dargestellt werden. Dies kann vor allem durch die Beschreibung einiger Umwandlungsketten geschehen. Bei Versuchen mit dem aufgezogenen Spielzeugauto wird ein Vorteil von Energiebetrachtungen sichtbar: sie können den Ablauf von Vorgängen erklären.

Wegen der zu erwartenden Zeitknappheit empfiehlt es sich, die Besprechung der Hausaufgabe wegzulassen. Es werden auch in dieser Stunde wieder Umwandlungsketten besprochen.

V 5.2.13
DL
DS

Der Lehrer kann das "Federgewehr" vorzeigen und auf Äußerungen der Schüler warten. Dabei kann man verabreden, daß derjenige Schüler seinen Versuchsvorschlag selbst vorführen darf, der ihn in der "Fachsprache" vorbringt. Erfahrungsgemäß gelingt den Schülern dabei die Erarbeitung der "Spannungsenergie" im freien Klassengespräch mit geringen Hilfen des Lehrers. Beim Ausfüllen des Arbeitsbogens kann der Schüler alle Teile des Versuchsablaufs nochmals durcharbeiten. Der Versuch beginnt in jedem Falle mit einer Verformungsarbeit (Wiederholung). Dann kann die Feder die Kugel in die Höhe schießen, also an der Kugel Arbeit verrichten. Der Lehrer sollte darauf achten, wieweit die Kinder dabei auch ohne Suggestivfragen von Energie reden. Auf die Einzelheiten der Umwandlungskette (z.B. gleichzeitiges Auftreten von Bewegungs- und Höhenenergie während der Aufwärtsbewegung) solltc im Klassengespräch nur dann eingegangen werden, wenn mehrere Schüler dies fordern. Wichtig sind vor allem die Glieder Spannungsenergie, Bewegungsenergie, Höhenenergie, die an den entsprechenden Punkten des Versuchsablaufs einzeln vorkommen. Die Kugel aus Knetgummi ermöglicht zusätzlich eine Demonstration der Verformungsarbeit.

ZV
DL, DS 5'

Durch Veränderung der Federspannung und der Größe der Knetgummikugel können Abhängigkeiten untersucht und anschaulich oder in der Fachsprache formuliert werden. Dabei können z.B. folgende Zusammenhänge gefunden und formuliert werden: Je stärker man die Feder spannt, desto höher fliegt die Kugel (anschaulich). Je größer die Spannungsenergie der Feder gemacht wird, desto größer ist die Höhenenergie der Kugel in ihrem höchsten Punkt (Fachsprache). Je größer die Spannungsenergie der Feder ist, desto höher fliegt die Kugel (Umgangs- und Fachsprache).

HE 8'

Nach dem freien Klassengespräch sollen die Schüler nun die Lücken in dem Arbeitsbogen B 5.2.15 ausfüllen und dabei den Versuch systematisch durcharbeiten. Die Schüler können zu gegenseitiger Hilfe ermuntert werden. Anschließend können die Eintragungen in der Klasse besprochen und verbessert werden.

HE 5'

Für einen Hefteintrag über das Ergebnis der Zusatzversuche ist auf dem Arbeitsbogen B 5.2.15 Platz gelassen.

V 5.2.14
DL, DS 5'

Der Lehrer zeigt nun das Spielzeugauto und läßt die Schüler Aussagen und Versuchsvorschläge machen.

Besonderes Interesse finden erfahrungsgemäß folgende Versuchsvarianten: Fahren auf der Ebene, bergauf und bergab. ("Welche Energie ist für dieses Spielzeugauto wichtig?" - "Woher erhält es diese Spannungsenergie?" - "Was geschieht bei den verschiedenen Versuchen mit dieser Spannungsenergie?"). Es empfiehlt sich, an einer passenden Stelle des Klassengesprächs die Form der Feder vor und nach dem Aufziehen sowie während des Ablaufens in der Hand beobachten zu lassen.

KG 10'

Der Unterschied der Geschwindigkeit bei Bergauf- und Bergabfahrt ist so auffallend, daß sich darüber leicht ein Gespräch anschließen läßt. Im Zusammenhang mit dem vorausgegangenen Unterricht wird diese Frage unter dem Energieaspekt betrachtet. Dabei werden von einigen Schülern zunächst naive Theorien geäußert, andere werden ansatzweise mit Energiebetrachtungen argumentieren. (Energien können dabei mit Guthaben und Arbeiten mit Ausgaben verglichen werden, ohne daß diesem Vergleich zu viel Bedeutung beigemessen werden sollte). Eine Energiebilanz kann mit dem Arbeitsbogen B 5.2.16 in der Stunde oder als Hausaufgabe durchgeführt werden.

HE Als Gegensatz zur starren Versuchsbeschreibung durch Arbeitsbogen wird an dieser Stelle ein freier, auch in der Form von den Schülern mitbestimmter Hefteintrag empfohlen.

Das vorgestellte Material enthält so viele Hinweise auf die anderen Positionen (Geräte, Arbeitsbögen ...), daß der Leser sich ein Bild von ihnen machen kann. Es dürfte auch deutlich sein, daß das didaktische Material insgesamt sehr viele und sehr detaillierte Hilfsangebote an den Lehrer und an die Schüler enthält. Dies wird allerdings nicht von jedem Adressaten als Hilfe verstanden, sondern ggf. auch als ein Versuch zur Anleitung, Anweisung oder gar zur Gängelung. In der Tat haben sich sowohl Lehrer als auch Schüler besonders nach der Erprobung bei späterer Einführung des Curriculums im letzteren kritischen Sinn geäußert. Der hohe Detaillierungsgrad wurde in der abschließenden Form (für das genannte Beispiel IPN, 1975) insbesondere durch Blockbildung aus mehreren Stunden etwas zurückgenommen, blieb aber im Grundsatz erhalten. In der Kritik wurde darüber hinaus immer wieder beklagt, daß zu wenig Material für die Hand der Schüler zur Verfügung gestellt wurde, insbesondere, daß ein Schülerbuch fehlte. Dies sind vermutlich die wichtigsten Gründe dafür, daß sich dieses Curriculum (wie andere auch) auf Dauer nicht in unseren Schulen durchsetzen konnte. Zu diesen "inneren" Gründen kommen eine Reihe anderer. Insgesamt zeigte sich mittelfristig, daß die unbezweifelbar großen Erfolge des Erprobungsteams in der Entwicklungsphase nicht genügend auf die unterrichtliche Normalsituation übertragen werden konnten. Sie blieben dort teilweise aus. Dies führte zu einer gewissen Enttäuschung und zum langsamen Auslaufen der Curriculumbewegung. *Aebli* (1987) schreibt "Die Helden der Curriculumkonstruktion sind müde geworden." Das ist gewiß eine zutreffende Formulierung. Man sollte aber nicht übersehen, daß die sehr detailgenaue Arbeit bei der Entwicklung, Erprobung und z.T. bei der Einführung der Curricula im Physikunterricht sehr viele Denkanstöße und Einsichten für den "normalen" Physikunterricht ergeben hat. Wir verdanken der Curriculumbewegung vieles. Dies mag teilweise deutlich werden, wenn wir einige Kennzeichen von Curricula im Physikunterricht beschreiben.

8.3.3 Kennzeichnung von Curricula

An Curricula können sich prinzipiell alle Verfahren und Stile des Lehrens und Lernens zeigen. Deshalb findet man unter ihren Kennzeichen natürlich auch die für den normalen Unterricht üblichen. Insofern umfassen die Curriculumtheorie und die Curriculumdiskussion viele Aspekte, die eigentlich nicht für Curricula allein typisch sind, sondern den Unterricht insgesamt betreffen. Wir begnügen uns damit, hierzu einige Stichworte zu nennen.

- *Inhaltsorganisation*: Sie ist in Curricula (auf *Bruner*, 1960/1979, zurückgehend) fast ausschließlich in der "Spiralform" vorhanden (siehe dazu auch Abschnitt 2.3 Lehrpläne).
- *Disziplinorientiertes versus integriertes Curriculum*: Im englischsprachigen Raum gibt es sehr viele integrierte naturwissenschaftliche Curricula (science), bei uns mehr disziplinorientierte (Physik). Der integrierte naturwissenschaftliche Unterricht findet bei uns, wenn überhaupt, dann überwiegend in den Gesamtschulen oder in einzelnen Projekten statt. Hier überwiegt dann die Orientierung an einer Lebensumweltsituation (situativer Ansatz) gegenüber der auch möglichen Orientierung an einem disziplinübergreifenden Konzept (z.B. Energie, Teilchen, Steuerung ...).
- *Prozeßorientierung*: Davon spricht man, wenn die sogenannten Prozeßziele überwiegen oder doch zumindest im Vordergrund stehen. Beispiele für die zu vermittelnden physikalischen oder übergreifend naturwissenschaftlichen Prozesse sind "Messen", "Experimente planen", "Experimente aufbauen", "Hypothesen entwicklen" usw. Ein amerikanisches Curriculum mit einer (auch schon im Titel) ausgesprochenen Prozeßorientierung war Science - A Process Approach (SAPA). Ein deutsches Curriculum mit so deutlicher Prozeßorientierung hat es nicht gegeben.
- *Konzeptorientierung*: Wenn nicht die Prozeßziele im Vordergrund stehen, sondern die inhaltlichen Ziele, dann geht es im Physikunterricht um Phänomene, Begriffe (Konzepte) und die sie bestimmenden Theorieelemente. In einem solchen Fall liegt eine Konzeptorientierung vor. Natürlich werden auch in einem solchen Curriculum Prozeßziele verfolgt und erreicht, überwiegen jedoch nicht. Ein amerikanisches Curriculum, das sich schon im Titel als konzeptorientiert auswies, war für die Primarstufe COPES, das Concept Oriented Program for Elementary

Science. Ein deutsches Curriculum für die Primarstufe NUG, Naturwissenschaftlicher Unterricht für die Grundschule (*Spreckelsen*, 1969 ff.) war deutlich an übergreifenden Konzepten (Energie, Teilchen, Wechselwirkung) orientiert und versuchte zugleich dem Gedanken *Bruners* der "structure of the discipline" zu entsprechen. Auch das weiter oben skizzierte IPN-Curriculum Physik war konzeptorientiert.

Über diese nicht allein für Curricula charakteristischen Stichworte hinaus gibt es kennzeichnende Elemente, die für Curricula spezifisch sind oder es doch zumindest zunächst waren, bevor sie sich auch für Unterrichtsmaterial sonst durchsetzten. Davon nennen wir hier das Erarbeitungsverfahren, die Zielvorgabe im Detail, das abgestimmte didaktische Material und das Gesamtkonzept.
Für das Erarbeitungsverfahren war eine aufwendige Teamarbeit (oft unter Einsatz von sehr großen Geldsummen) charakteristisch. Es wurden i.a. mehrere Entwicklungs- und Erprobungsstufen durchlaufen. Bei der Erprobung gab es sowohl eine direkte Unterrichtsbeobachtung, die protokolliert wurde, als auch Datenerhebungen in Tests mit einem anspruchsvollen Auswertungssystem. Die ausgewerteten Daten bildeten die Grundlage für die Revision der jeweiligen Erprobungsfassung. I.a. wurde zumindest die Sequenz: Entwurf - Vorerprobung - Revision - Erprobung - Endfassung durchlaufen.
Die Zielvorgabe im Detail war aufwendiger und sorgfältiger als vor der Curriculumbewegung. Überhaupt stellt die (Neu-)Besinnung auf die Ziele einen sehr wichtigen Fortschritt dar, der über die Curricula hinaus Bestand hat. Freilich würde man heute nicht mehr akzeptieren, was in den sechziger und siebziger Jahren (noch) möglich war, den Einfluß des Behaviorismus. Unter diesem Einfluß (Bücher wie die von *Mager*, 1969, und *Gagné*, 1965, hatten erhebliche Wirkungen auf die Curriculumteams) wurden überwiegend operationalisierte Lernziele formuliert. An den Zielen aus der oben zitierten Beispielstunde ist dies deutlich ablesbar: Es ging vor allem um *beobachtbares* Verhalten (genauer Verhaltensänderungen) der Schüler, was an Vokabeln wie "richtige Aussagen machen", "erklären", "beschreiben" erkennbar ist. Zugleich wird an unserem Beispiel auch deutlich, daß anderes, prinzipiell beobachtbares Verhalten wie "messen", "experimentieren" usw. fehlt. Dies ist nicht immer, aber doch überwiegend der Fall. Es liegt daran, daß solches Verhalten zwar oft direkt beobachtbar und protokollierbar ist, sich aber der Überprüfung durch gut auswertbare Testaufgaben entzieht.

Ein nicht unbeträchtlicher Teil der Kritik an den Curricula (eigentlich mehr am Behaviorismus) zielte auf dieses Defizit.
Das angeordnete und sorgfältig aufeinander abgestimmte didaktische Material macht ein Curriculum *instrumentell* jedem anderen Unterrichtsentwurf überlegen. Kein Lehrer allein könnte sich eine solche Materialkombination entwickeln. Dies ist in dem Material zu der o.g. Beispielrunde "Spannungsenergie" gewiß deutlich geworden. Dieser Vorteil ist aus einer anderen Perspektive gesehen aber zugleich ein Nachteil. Er bedingt eine sehr starke Bindung und Lenkung des Curriculumbenutzers, die ein gut ausgebildeter Lehrer auf Dauer nicht hinnehmen wird. In diesem Sinne stellt das didaktische Material eher einen Fundus für späteren frei gestalteten Unterricht dar als den Unterricht selbst.
Schließlich ist für Curricula kennzeichnend, daß sie sich auf ein explizit angegebenes Gesamtkonzept mit Grundsätzen und Leitlinien (in den USA würde man sagen auf eine Philosophie) stützen. Im Fall des NUG-Curriculum von *Spreckelsen* läßt sich dies schlagwortartig mit der *Strukturbetonung* und den *übergreifenden Konzepten* (Energie, Teilchen, Wechselwirkung, ...) zusammenfassen. Beim IPN-Curriculum Physik gibt das Einführungsheft (IPN, 1970 a) umfassend Auskunft. Aus drei Grundsätzen und fünf Hypothesen werden dort insgesamt sechzehn Leitsätze entwickelt, die den drei Gruppen "Ziele und Inhalte", "Methoden" und "Kontrolle" zugeordnet sind. Dabei geht es z.B. um so unterschiedliche Dinge wie das Umweltverständnis der Schüler, die Motivationsaufgabe des Lehrers oder die Förderung des Schülers durch regelmäßige Kontrolle usw. Es geht darüber hinaus um das Gesamtsystem des Physikunterrichts in einer Schulstufe, nämlich vom fünften bis zum zehnten Schuljahr.
Auch diese Gesamtkonzepte haben über die Curricula hinaus Bestand. Sie haben ohne Frage die heutigen Lehrpläne, Schülerbücher und Experimentieranleitungen deutlich beeinflußt.

8.3.4 Wirkungen der Curriculumentwicklung auf die heutige Didaktik

Wir haben schon auf *Aebli* (1987) hingewiesen und auf sein Urteil, wonach die "... Helden der Curriculumkonstruktion ..." müde geworden sind. Damit werden allerdings die Curricula keineswegs zu einer insgesamt vernachlässigbaren didaktischen Erscheinung. Das Curriculum-Handbuch (*Frey* u. a., 1975, Bd. III, S. 472 - 478) nennt in einer tabellarischen Übersicht 41 Beispiele naturwissenschaftlicher Curricula, darunter zwei deutschsprachige für

den Physikunterricht (IPN-Curriculum Physik und NUG). Es ist deshalb naheliegend, noch einen Blick auf die Wirkungen der Curriculumentwicklung zu werfen.
Gewiß ist es richtig, daß es zu der von allen Curriculumkonstrukteuren auch erhofften breiten Einführung in den allgemeinbildenden Schulen nicht gekommen ist. Eine direkte Implementation gab es kaum und wo sie versucht wurde, hatte sie nicht auf Dauer Bestand. Es gab aber starke indirekte Wirkungen, die insbesondere von den jüngeren Physiklehrern nicht mehr mit den Curricula in Verbindung gebracht werden. Wir nennen hier die (Neu-)Besinnung auf die Ziele, die inzwischen charakteristisch geworden ist für nahezu alle Lehrpläne, das Nachdenken über inhaltliche und methodische Bindungen und Freiheiten des Lehrers, das auf die entsprechende Rigidität in den Curricula zurückgeht und die Erforschung von Bedingungen des Lernens im Physikunterricht, die ohne die aufwendige Empirie bei der Entwicklung und Erprobung der Curricula so nicht möglich gewesen wäre. So hat sich z.B. an Untersuchungen des IPN-Curriculum Physik gezeigt, daß *Gagné* (1965) für das Physiklernen ein bereits außerordentlich kompliziertes Erklärungsmuster anbot (*Dahncke* u. a. 1973) und doch zugleich theoretisch zu kurz griff (*Jung*, 1975). Auch zahlreiche Untersuchungen zu Vorkenntnissen und zu Alltagsvorstellungen von Schülern haben ihre Wurzeln in der früheren Curriculumentwicklung. So hat also die Curriculumbewegung ohne Frage mit dazu beigetragen, daß die "kognitive Wende" der Psychologie in der Physikdidaktik relativ rasch nachvollzogen werden konnte.
Über diese mehr prinzipiellen Wirkungen hinaus bleiben zwei Dinge, die die jetzt schon "älteren" Physik-Curricula weiterhin für den Lehrer von heute interessant und bedeutsam machen. Zum einen ist da der Funduscharakter: Sie bieten didaktisches Material und didaktische Ideen in einer erstaunlichen Fülle an und sind schon aus diesem Grunde eine lohnende Lektüre. Zum anderen eignen sie sich (gerade wegen des oben kritisierten Detaillierungsgrades) immer noch gut für die Berufseinführung junger Lehrer. Von diesen wird ein sehr detailliertes Material ja gerade gesucht und zumindest in den ersten Jahren keineswegs als "Gängelung" empfunden. Die schrittweise Lösung vom Curriculum vollzieht der erfahrener werdende Lehrer dann ganz selbstverständlich - ebenso wie es die Didaktik und die Unterrichtspraxis in der Entwicklungsgeschichte der Curricula ihrerseits getan haben.

8.4 Integrierter naturwissenschaftlicher Unterricht

Die Zuordnung von Schulfächern zu wissenschaftlichen Fächern bzw. Disziplinen ist oft als problematisch empfunden worden, allerdings nicht in gleichem Maße für alle Schulstufen und -typen. *Humboldts* Idee der Universität implizierte die bruchlose Umsetzung des Universitätsfachs in das Gymnasialfach. Für die Bürgerschulen, Realschulen, erst recht die Volksschulen, konnte das schon deshalb nicht so sein, weil das Ziel dieser Schulen nicht die Propädeutik der Wissenschaften war, sondern Vorbereitung auf einen praktischen Beruf. Das Zusammentreffen und Zusammenwachsen von Handwerk, technischer und wissenschaftlicher Spezialisierung, das sich in großem Maßstab und immer rascher etwa in der zweiten Hälfte des 19. Jahrhunderts zu vollziehen begann, hat zu einer Anpassung der Fächerstruktur in Haupt-, Realschulen und Gymnasien geführt: Gab es in der Volksschule nach dem 1. Weltkrieg noch die Naturkunde, so hat man heute überall den gefächerten Unterricht (Physik, Chemie, Biologie), der an den Hochschulfächern orientiert ist. Schon in der Bezeichnung "Kunde" deutete sich die Distanz zum wissenschaftlichen Fach an, und zwar in doppelter Hinsicht: Einmal sollte die Anknüpfung an sich erweiternde Lebenskreise betont werden, zum anderen wurde der Akzent auf das praktische Kennen gelegt, nicht auf den einem strengen Methodenkanon unterworfenen - einer "Disziplin" - Wissenserwerb. Wurde im 19. Jahrhundert dieses Konzept der Kunde negativ verstanden - wissenschaftlich-disziplinäres Wissen war der Masse des Volkes nicht erreichbar (Relikte noch bei *C. Schietzel*) -, so begann die Reformpädagogik im ersten Drittel des 20. Jahrhunderts das Prinzip der Kunde positiv zu sehen im Zusammenhang mit der rasch zunehmenden disziplinären Spezialisierung und der Dominanz des Intellekts im schulischen Unterricht.

"*Insbesondere setzt jede Wissenschaft mit ihrer Abstraktion und Isolierung eine Kunde des Gebiets voraus, das sie bearbeitet. Wo solche* Kunde *fehlt, hängt die Wissenschaft in der Luft. Es ist ein Fehler unserer wissenschaftlichen Ausbildung, daß sie viel zu früh und zu schnell mit der Abstraktion beginnt und jenes pragmatische Wissen vernachlässigt, mit dem wir tatsächlich leben,*" (H. Nohl *1933, S. 73*).

Dieses "zu früh" und "zu schnell" ist nach dem 2. Weltkrieg in der Physikdidaktik aufgegriffen worden (*Wagenschein, M.*) und bildet bis heute einen Topos reformerischer Argumentationen. In den letzten Jahren hat der Rekurs auf "jenes pragmatische Wissen" "mit dem wir tatsächlich leben", in der didaktischen Diskussion unter dem von *Husserl* geprägten Stichwort "Lebenswelt" eine erhebliche Bedeutung erlangt (*Böhme, G., v. Engelhardt, M.* 1979, *Redekker, B.* 1982, *Schütz, A. - Luckmann, Th.* 1979). Die Problematik einer diese Basis verlassende, gar verleugnende, an den wissenschaftlichen Disziplinen orientierte Fächerung des Schulunterrichts ist der Kern aller Versuche, den gefächerten Unterricht durch Integration von Fächern, durch integrierten naturwissenschaftlichen Unterricht, zu ergänzen oder gar zu ersetzen. Das Nohl-Zitat macht deutlich, daß die Problemlage nicht neu ist. Noch schärfer wird das so ausgedrückt:

"die mangelnde Kontinuität zwischen Schule und Leben ist gewiß die Wurzel der Interesselosigkeit der Jugend, über die die Schule klagt ..." (Nohl, H., *o.c. S. 77*)

Die Diskussion in der Reformpädagogik nach dem 1. Weltkrieg hat aber auch das Proteushafte dieser Bezugnahme auf lebensweltliche Kunde herausgearbeitet. Bei *Nohl* war sie die Grundlage der Fächerung. In den folgenden Darlegungen von *Weniger* wird ein ganz anderer Akzent gesetzt:

*"Die Fachwissenschaft sieht im Schulunterricht gewöhnlich nur eine Propädeutik des wissenschaftlichen Unterrichts ... Die Schule aber kann sich nicht darauf einlassen, daß ihr ganzes Bemühen nur propädeutischen Charakter erhält und dadurch mediatisiert wird ... Sie ist darauf angewiesen, daß in den einzelnen Fächern jedesmal ein in sich sinnvoller Zusammenhang und eine in sich geschlossene Zielsetzung zum Ausdruck kommt und daß sie selber zu ... einem wirklichen Abschluß kommt. (*Weniger, E. *1930, S. 27). Die Schule, formuliert er, ist "eine selbständige Bildungsmacht" (o.c. S. 41).*

"Das Arbeitsverfahren der Schule ist nicht die Methode der Wissenschaft, sondern eine selbständige Organisation des Lebensverständnisses und des Lebensverhaltens. ... soll sich die Jugend wirklich und nicht nur scheinbar die Wirklichkeit erarbeiten und die Dinge zum Reden zwingen ..." (l.c.)

Das ist eine Absage an Fachunterricht, wie er vor allem in der gymnasialen Mittelstufe verstanden wird, und markiert das Problem des Unterrichts auf der Sekundarstufe I, der keine (gymnasiale) Oberstufe folgt: Wie vermeidet man, daß am Ende Wissensbestände der Wissenschaft angehäuft sind, die ihre Wurzeln nicht in der "Lebenswelt" haben - sondern in Apparaten im Labor - und die dem Leben in der Welt, in der "wir tatsächlich leben" (*Nohl*), nicht dienlich sind? Es wäre kurzsichtig, dies für eine überspitzte bzw. für eine leicht zu beantwortende Frage zu halten. Sie bedrängt die Physikdidaktik, und die Physiklehrer, bis heute. Integrierter naturwissenschaftlicher Unterricht war, und ist, ein Versuch, das Problem zu lösen.

Aus dem Aufriß des Problems anhand vom Äußerungen führender Reformpädagogen wird klar, daß es zwei Arten gibt, das Fachliche in das Lebensweltliche einzubinden:

(1) das Herauswachsen des Fachlichen aus Lebenszusammenhängen zu vollziehen, und die

(2) fachliche Spezialisierungen zusammenzuführen.

Den ersten umfassenden Versuch nach dem 2. Weltkrieg, beide Aspekte in einem Gesamtkonzept zu vereinen, hat der "Deutsche Ausschuß für das Bildungs- und Erziehungswesen" unternommen: In der Förderstufe sollte eine "ungefächerte Naturbetrachtung" zur Ausdifferenzierung fachlicher Aspekte führen, die dann eine zeitlang selbständig entwickelt werden, um am Schluß in einem Lehrgang "Naturwissenschaft" zusammengeführt zu werden. (Empfehlungen und Gutachten des Deutschen Ausschusses 1966, S. 297 und S. 574 ff.) Zwar ist dieses Gesamtkonzept, das in einen integrierten naturwissenschaftlichen Lehrgang mündet, für die Zeit von Klasse 5 bis 13 angelegt, das Konzept als solches ist aber von dieser zeitlichen Spezialisierung unabhängig.

Es lohnt sich daher, das Programm etwas ausführlicher zu dokumentieren:

Funktionsziele des Lehrgangs Naturwissenschaft

1. *Der Schüler soll erfahren, wie die verschiedenen naturwissenschaftlichen Disziplinen in den Erscheinungen gemeinsam verwurzelt sind und wie ihre Zusammenarbeit - sei sie konvergent oder komplementär - die eine Natur erschließt. In der Arbeit verschiedener Disziplinen an ein und demselben Phänomen soll er deren spezifische Möglichkeiten schärfer erkennen - die Unterschiede sollen also keineswegs verwischt oder aufgehoben werden.*
2. *Der Schüler soll mit der kausalen Methode kritisch arbeiten lernen, um zu erfahren, was sie leistet, was sie noch nicht leistet und was sie nicht leisten kann. Insbesondere gilt das für die Betrachtung des Lebendigen, das als ein Geschehen sui generis die Erforschung auch durch andere Methoden, besonders die morphologische, erfordert.*

3. *Dem Schüler soll die Geschichtlichkeit der Naturforschung deutlich werden, nicht indem er den ganzen Ablauf ihrer Geschichte kennenlernt, sondern indem er an Beispielen die Einsicht gewinnt, daß die heutige Naturwissenschaft nicht nur einfach als ein Bestand von Sachwissen betrachtet werden darf, sondern daß es einen "Stilwandel der Naturforschung" gibt und daß "Naturwissenschaft eine menschliche Angelegenheit" ist* (Hans Lipps).

Die Funktionsziele lassen sich nur dadurch erreichen, daß man sich auf gründliches und ernsthaftes naturwissenschaftliches Arbeiten am Phänomen einläßt.

4. *Für den Lehrgang Naturwissenschaft werden - im Hinblick auf die Funktionsziele - Themenkreise ausgewählt. Ein Themenkreis läßt, ausgehend von einer erregenden Frage, eine Gruppe zusammenhängender Phänomene bedenken und deutlich werden, wie der Ansatz der Disziplinen, z.B. der Physik, den Fragen gerecht wird und wo die Grenzen einer Betrachtungsweise liegen. Dabei kann der Rückgang auf eine geeignete historische Quelle hilfreich sein. Die Themenkreise sind also nicht - wie z.B. "Trinkwasserversorgung" - als "Rahmenthemen" mit "Querverbindungen" gedacht. Ein Themenkreis soll vielmehr so konzipiert sein, daß das Bedenken der Phänomene zu einer Differenzierung in Fachaspekte treibt, so daß diese in ihrem inneren Zusammenhang wie in ihren Unterschieden erkennbar werden."* (Bohnenkamp *et al. 1966, S. 574 f.*).

Hier wurde dem Umstand Rechnung getragen, daß heute in der Tat nach einer Phase der Wissenschaftsentwicklung, in der die Isolierung von Systemen unter möglichst elementaren Aspekten im Vordergrund stand - Stichwort "Spezialisierung" -, eine Bearbeitung hochkomplexer und damit auch lebensnäherer Systeme möglich ist. Man denke an Molekulargenetik, an Festkörpereigenschaften, an die Informationsverarbeitung im Zentralnervensystem, um nur drei Bereiche zu nennen, in denen mathematische, naturwissenschaftliche und technische Disziplinen bei der Beantwortung von Fragen zusammengewirkt haben und weiter zusammenwirken.

Am gründlichsten wurde danach das Problem in zwei IPN-Symposien analysiert, sowohl im Grundsätzlichen (*Frey/Häussler*, 1973), wie hinsichtlich der vorliegenden Realisierungen in Schulversuchen (*Frey/Blänsdorf*, 1974).

Vom Grundsätzlichen her lassen sich aus der Fülle der dargestellten Überlegungen vor allem fünf Gesichtspunkte hervorheben:

(a) Alle Naturwissenschaften wurzeln gemeinsam in lebensweltlicher Praxis.

(b) Es gibt fachübergreifende, allen Naturwissenschaften gemeinsame Konzepte (z.B. System, Erhaltung, Wechselwirkung, Gradient etc.)

(c) Es gibt fachübergreifende, allen Naturwissenschaften gemeinsame "Prozesse", d.h. Elemente methodischen Verhaltens (z.B. Beobachten, Experimentieren etc.).

(d) Es gibt fachübergreifende, für alle Naturwissenschaften gemeinsame Einflußnahmen der Naturwissenschaften auf Individuum und Gesellschaft (z.B. Objektivität als Dispens von Teilnahme, Verdinglichung, Beherrschung).

(e) Es gibt fachübergreifende Einflußnahme der Gesellschaft oder von Teilen der Gesellschaft, auf die Naturwissenschaft.

Aus allen diesen Gesichtspunkten - und für jeden lassen sich Gründe geltend machen - lassen sich die Vorstellungen über integrierten Unterricht gewinnen.
Ein konkretes Beispiel ist "Rohstoff Öl" (*Freise* et al. 1973). In solchen integrierten Unterrichtseinheiten wird so vorgegangen, daß einerseits zuvor erworbenes fachliches Wissen aus verschiedenen Disziplinen zusammengeführt wird, andererseits aber auch neues Wissen erarbeitet wird. Besonders charakteristisch ist die Öffnung der Perspektive: Es bleibt nicht bei im engeren Sinn naturwissenschaftlichen Untersuchungen, sondern es werden auch soziale und ethische Aspekte einbezogen.
Es muß aber festgestellt werden, daß weder das in den beiden IPN-Symposien auf über 1000 Seiten ausgebreitete Material, noch Beispiele der erwähnten Art einen erkennbaren Schub in Richtung auf die Einführung eines integrierten naturwissenschaftlichen Unterrichts bewirkt haben. In Deutschland gibt es solche Versuche in der Orientierungsstufe von Gesamtschulen. In anderen Ländern (z.B. USA, England), scheint der Ansatz stärker verbreitet zu sein (z.B. Nuffield Combined Science). In Deutschland dominiert, auch in der Lehrerausbildung, das Prinzip der Fachlichkeit.

8.5 Projektunterricht

8.5.1 Reformansatz Projektunterricht

Zu den Reformansätzen der Bildungsreform am Ende der 60er und in den 70er Jahren zählt auch die Wiederentdeckung der Idee des Projektunterrichts. Die Projektidee war schon zu Beginn dieses Jahrhunderts von den Vertretern des amerikanischen Pragmatismus, vor allem *Dewey* und *Kilpatrick* (1935), entwickelt und ausgearbeitet worden. Ihr didaktischer Ansatz war bestimmt durch folgende Grundgedanken:

- Nicht fachsystematisch aufbereitete Inhalte und eine damit verbundene Erkenntnismethode sollen den Unterricht bestimmen, sondern das Leben und die Erfahrungen, die die Jugendlichen darin machen.
- Ausgangspunkt für Lernprozesse sind von den Schülern gestellte Probleme, die tätig und aktiv handelnd bewältigt werden.
- Die Schüler können sich nur weiterentwickeln, wenn die Lehrer mit ihnen sympathisieren, wenn es keine Abhängigkeitsverhältnisse und daraus folgende Angst und Unterwürfigkeit gibt.
- Wissenschaftliche Informationen werden erst dann in den Lernprozeß eingebracht, wenn sie benötigt werden, d.h. wenn die Schüler sie für die Lösung ihres Problems verlangen.

Kilpatrick kennzeichnet den Kern aller schulischen Lernprozesse nicht als Reproduktion vorgegebener Wissensbestände, sondern als gemeinsames Erarbeiten des Unbekannten: "*Daß Lehrer und Schüler an ungelösten Problemen gemeinsam arbeiten, ist offenbar die erzieherischste aller Bemühungen in Schulen*" (1935, 79). Schulen sollten daher nach seiner Meinung an dem Konzept von Projekten orientiert sein.

Einige dieser Grundgedanken sind in Deutschland bereits von der pädagogischen Reformbewegungen der 20er Jahre mit den Konzepten Arbeitsschule, Gesamtunterricht und Vorhaben aufgenommen worden.

In den Reformdiskussionen der 60er/70er Jahre griffen engagierte Pädagogen und Didaktiker die Idee des Projektunterrichts wieder auf. Sie sahen darin eine Möglichkeit, wesentlichen kritischen Einwänden gegen Defizite der Schulen und des Unterrichts zu begegnen. Diese Einwände richteten sich vor allem gegen

- die Abschottung der Schule vor dem alltäglichen Leben,
- die überkommene Fächergliederung,
- einen an der Fachsystematik orientierten Unterricht,
- die Ignorierung der Interessen und Bedürfnisse der Lernenden,
- eine technokratische Sichtweise dessen, was Lernen eigentlich ist,
- hierarchische Strukturen zwischen Lehrenden und Lernenden.

Die meisten dieser Kritikpunkte galten insbesondere dem naturwissenschaftlichen Unterricht. Die gewachsene Trennung der drei naturwissenschaftlichen Schulfächer Physik, Chemie, Biologie wurde erneut in Frage gestellt, und es setzte eine lebhafte Diskussion um einen integrierten naturwissenschaftlichen Unterricht ein (vgl. hierzu den Abschn. 8.4 dieses Kapitels). Im Projektunterricht wurde eine Möglichkeit gesehen, die Fächergliederung zu überwinden. Darüber hinaus wurde das Lernen im Rahmen von Projektunterricht mit den folgenden Zielsetzungen verbunden, wie sie richtungsweisend Anfang der 70er Jahre von einer Autorengruppe des Förderprogramms "Curriculumentwicklung im Bereich der Naturwissenschaften" (CUNA) formuliert wurde:

"- *Der künstliche, realitätsferne und abgeschlossene Lernraum Schule soll geöffnet werden, um in und an der Lebensrealität zu lernen.*
- *Die meist wirkungslose Belehrung oder die von anderen gemachten Erfahrungen sollen ergänzt bzw. ersetzt werden durch ein Erfahrungslernen, bei dem die Schüler selbst handeln können.*
- *Die Ausrichtung des Unterrichts nach vorgegebenen Stoffplänen und Lernzielkatalogen wird ersetzt durch eine Öffnung des Unterrichts für Initiativen, Interessen und Aktivitäten der Schüler.*" (*Cuna-Autorengruppe* 1981, 61)

Zahlreiche Projekte wurden in der Folgezeit unter diesen Zielsetzungen vornehmlich an Gesamtschulen, Hauptschulen und Versuchsschulen erprobt und dokumentiert.

Ehe wir uns dem gegenwärtigen Stand des Projektunterrichts im Rahmen und in Verbindung mit dem Schulfach Physik zuwenden, sollen in den beiden folgenden Abschnitten zunächst die Merkmale dieser besonderen Unterrichtsform und seine methodische Struktur erörtert werden.

8.5.2 *Merkmale des Projektunterrichts*

Die mit dem Projektunterricht verfolgten Zielsetzungen haben bereits in Umrissen erkennen lassen, wodurch sich diese Unterrichtsform vom konventionellen Unterricht unterscheiden müßte, wenn sie die gesteckten Ziele erreichen will. Wir geben hier in gekürzter Form einen Katalog von 7 Merkmalen wieder, den *Otto, G.* (1974) im Anschluß an ein Arbeitspapier von *Schulz, W.* (1973) herausgearbeitet hat. Die folgenden Merkmale stellen zugleich Kriterien dar, an denen eine Unterrichtsform als Projektunterricht zu messen ist:

1. *Bedürfnisbezogenheit*: Das Projekt wird ausgelöst und vorangetrieben durch das Bedürfnis der Lernenden, eine ihnen wichtige Aufgabe aus ihrem Erfahrungsbereich zu lösen.
2. *Situationsbezogenheit*: Ein Projekt soll sich auf die Bewältigung von Lebenssituationen auch außerhalb der Schule beziehen.
3. *Interdisziplinarität*: Ein Projekt überschreitet wegen der Komplexität der damit verbundenen Lernaufgaben die Grenzen fachspezifischer Betrachtungs- und Aktionsweisen.
4. *Selbstorganisation des Lehr-Lern-Prozesses*: Zielsetzung, Planung und Ausführung des Projekts, sowie die Bewertung des Ergebnisses, werden von den Lernenden selbst oder zumindest mitbestimmt.
5. *Produktorientiertheit*: Ein Projekt erbringt ein konkretes Handlungsergebnis als Nutzen der Lernanstrengungen.
6. *Kollektive Realisierung*: Durch gemeinsame Problemlösung wird erfahrbar, daß komplexe Probleme am besten arbeitsteilig gelöst werden können.
7. *Gesellschaftliche Relevanz*: Die Berücksichtigung der subjektiven Bedürfnisse der Lernenden, als Ausgangspunkt eines Projekts (Merkmal 1) wird relativiert durch die Forderung, die gesellschaftlichen Bedingungen mit zu artikulieren, unter denen diese Bedürfnisse stehen.

Mit diesem Merkmalskatalog wird ein Idealtypus des Projektunterrichts beschrieben. Unter den gegenwärtigen Bedingungen von Schule und ihrem traditionell gefächerten Unterricht ist dieser Idealtypus allerdings kaum zu verwirklichen. Wohl aber lassen sich projektartige Arbeitsformen realisieren, für die der Merkmals- und Kriterienkatalog als Orientierungsrahmen

dienen kann. Der herkömmliche, an Fächern orientierte Schulunterricht wird dabei nicht aufgegeben, sondern es werden Projekte mehr oder weniger fachspezifisch und zeitlich begrenzt einbezogen. Der Lehrer gibt seine Entscheidungs- und Planungskompetenz nicht vollständig auf, sondern macht Angebote oder gibt Anregungen, zwischen denen sich die Schüler entscheiden können. Das schließt nicht aus, daß die tatsächlichen Lernbedürfnisse der Schüler berücksichtigt werden und daß das Projekt auch der Bewältigung von Lebenssituationen dienen kann. Die gesellschaftliche Relevanz muß dabei nicht unbedingt im Vordergrund stehen. Die Selbstorganisation der Lehr- und Lernprozesse kann sich beschränken auf die Kooperation von Lehrern und Schülern, bei der der Lehrer als sachkompetenter Partner genügend Freiraum für die Handlungsmöglichkeiten der Schüler läßt und ihnen gleichzeitig mit Hilfen bei der Planung und Durchführung zur Verfügung steht.
Die Interdisziplinarität muß nicht durch Zusammenarbeit mit anderen Kollegen gewährleistet werden, sondern kann auch von einem Lehrer wahrgenommen werden, der bereit ist, eine fächerübergreifende Sichtweise der Probleme zu vermitteln.
Die strengen Kriterien des Projektunterrichts werden also bei dieser Unterrichtsform nur näherungsweise erfüllt. *Otto, G.* (1974) hat dafür den Begriff des "projektorientierten Unterrichts" eingeführt.

8.5.3 Methodische Struktur des Projektunterrichts

Projektunterricht läßt sich auch als ein besonderes methodisches Konzept auffassen, das neben anderen Konzepten, wie z.B. dem analytisch-synthetischen Unterricht oder dem programmierten Unterricht, eingesetzt werden kann. Unter diesem methodischen Aspekt hat *Frey, K.* (1982) das Grundmuster eines idealisierten Projektablaufs beschrieben und eine Anleitung für die Einführung dieses methodischen Konzepts gegeben. Er nennt die folgenden sieben Komponenten der Projektmethode:

Komponente 1: Projektinitiative

Lehrer und Schüler sammeln gemeinsam Vorschläge, d.h. sie äußern eine Idee, eine Anregung, eine Aufgabe, ein Problem, ein bemerkenswertes Erlebnis oder einen Betätigungswunsch. Die Initiative bildet eine offene Ausgangssituation insofern, als die Beteiligten sich erst noch darüber klar werden müssen, ob sie einen der Vorschläge aufgreifen wollen oder nicht. Dies geschieht im nächsten Schritt.

Komponente 2: Auseinandersetzung mit der Projektinitiative

Die Schüler wählen (zusammen mit dem Lehrer) unter den Projektinitiativen eine aus und präzisieren sie mit einigen Stichworten. Die Diskussion und die Entscheidung soll in einem vorher vereinbarten organisatorischen und zeitlichen Rahmen ablaufen. Ergebnis dieses Prozesses, bei dem die Initiative Gestalt gewinnt und sich mit Sinn und Leben erfüllt, ist die Formulierung einer Projektskizze. Sie gibt einen Überblick, was getan werden soll, grenzt ein, setzt Schwerpunkte, gibt eine Richtung an. Die Projektskizze ist aber noch kein Betätigungsplan, sondern markiert lediglich eine Etappe auf dem Weg zum späteren Projektplan. Ist die Projektskizze akzeptiert, so folgt der nächste Schritt:

Komponente 3: Entwicklung des Betätigungsgebietes (Ergebnis Projektplan)

Hier wird ein erster Arbeitsplan erstellt, der die anfallenden Probleme genauer definiert, die zu bearbeitenden Aufgaben festlegt, die zu beschaffenden Materialien bestimmt. Der Arbeitsplan muß noch nicht endgültig sein, sondern wird sich im weiteren Verlauf des Projektes weiter differenzieren und durch Ergänzungen anreichern. Im Rahmen der Überlegungen zum Arbeitsplan müssen die Teilnehmer ihre Betätigungswünsche äußern können, um so in der Projektgruppe zu einer Verteilung der anfallenden Aufgaben auf einzelne Schüler oder Teilgruppen zu kommen. Auch ein Zeitplan muß aufgestellt werden. Am Ende dieser 3. Komponente der Projektmethode steht der Projektplan, in dem ausgemacht und festgelegt ist, *wer* im weiteren Verlauf des Projektes *welche* Art von Tätigkeit

wie

warum

wann und

wo

durchführen wird.

Komponente 4: Verstärkte Aktivitäten im Betätigungsgebiet (Ausführung des Projektplans)

Der aufgestellte Projektplan wird nun ausgeführt. Dabei werden die schon im vorhergehenden Schritt aufgenommenen Aktivitäten (z.B. Materialbeschaffung) verstärkt fortgesetzt. Das gesamte Material wird verarbeitet. Je sorgfältiger der Projektplan ausgearbeitet wurde desto erfolgreicher gestaltet sich der Ablauf. Häufig aber zeigt sich im Arbeitsverlauf, daß die ursprüngliche Planung an einzelnen Stellen auf unvorhergesehene Schwierigkeiten stößt. Der Plan muß dann entsprechend abgeändert, ergänzt und neu optimiert werden.

Komponente 5: Abschluß des Projekts

Häufig endet ein Projekt mit einem Produkt, z.B. einem funktionsfähigen Sonnenkollektor, einem flugfähigen Heißluftballon oder mit dem Aufbau einer Ausstellung zum Projektthema. Durch ein solches Produkt wird bewußt das Ende des Projektes markiert.
Ein Projekt kann aber auch abgeschlossen werden durch eine gemeinsame Diskussion. Die Teilnehmer greifen die Projektinitiative wieder auf, vergleichen den Endstand mit den Anfängen und bewerten das Ergebnis des Projekts.
Eine dritte Variante ist gegeben, wenn das Projekt einfach ausläuft und in den Alltag mündet. Produkte, Verfahren, gewonnene Erkenntnisse und erworbene handwerkliche Fähigkeiten werden direkt im Alltag angewendet. So können z.B. nach einem Projekt "Elektronik-Platinen" die erworbenen Einsichten und Fähigkeiten dazu anregen, eigene elektronische Schaltungen aufzubauen und in Funktion zu setzen.

Komponente 6: Fixpunkt

Diese Komponente hat ihre Bedeutung vor allem in länger dauernden Projekten, die sich über mehrere Tage erstrecken. Der Fixpunkt ist das Mittel gegen blinde Betriebsamkeit, Orientierungslosigkeit und fehlende Abstimmung zwischen den Arbeitsgruppen. Er wird je nach Bedarf eingeschoben und dient als organisatorische Schaltstelle. Der Fixpunkt erfüllt darüber hinaus aber auch die Funktion der gegenseitigen Information, der Mitteilung von Zwischenergebnissen, der Änderung der Arbeitsweise oder der Ergänzung und Abänderung des Projektplans sowie der Überprüfung der

Zeitplanung. Bei mehrtägigen Projekten empfiehlt es sich, am Abschluß jedes Projekttages jeweils eine halbe Stunde als Fixpunkt einzuplanen.

Komponente 7: Metainteraktion

Auch die Komponente 7 wird nur im Bedarfsfall eingeschoben und ist, ebenso wie der Fixpunkt, nicht Bestandteil des chronologischen Ablaufs des Projektes. Der abstrakte Begriff drückt aus, daß die Teilnehmer gelegentlich im Verlauf oder auch ganz am Ende des Projektes dazu geführt werden sollen, in Distanz zu ihrer inhaltlichen Arbeit zu treten und von einer höheren Ebene aus die zwischenmenschlichen Beziehungen bei der Projektarbeit zu thematisieren. Wie die Gruppenmitglieder miteinander umgehen, wie sie Konflikte austragen und Toleranz üben, wie sie mit dem Projektleiter auskommen, was zur Verbesserung des Arbeitsklimas getan werden kann, sind Gegenstände sozialen Lernens, über die gemeinsam geredet werden sollte. Auf diesem Wege läßt sich die erzieherische Potenz der Projektarbeit wirksam entfalten.

Die folgende Graphik zeigt noch einmal die sieben Komponenten der Projektmethode im Überblick (*Frey* 1982, 54):

Grundmuster der Projektmethode
(dargestellt anhand eines idealisierten Projektablaufs)

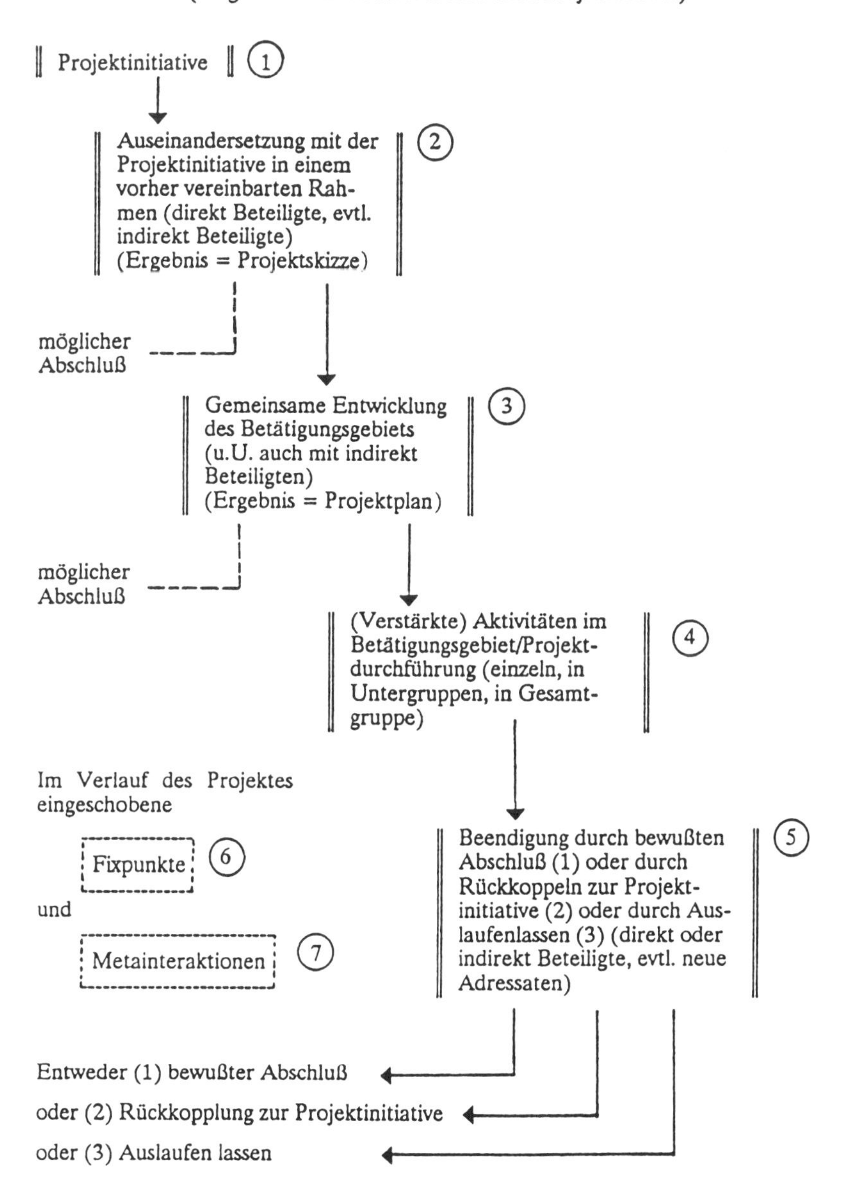

8.5.4 *Projekte im Physikunterricht*

Nachdem Ziele, Merkmale und ein methodisches Konzept des Projektunterrichts für die Schule allgemein dargestellt wurden, stellt sich nun die Frage nach den Möglichkeiten der Realisierung im Zusammenhang mit dem Physikunterricht. Da Projekte nach dem bisher Gesagten nur dann sinnvoll erscheinen, wenn hinreichend zusammenhängende Zeit zur Verfügung steht, lassen sie sich innerhalb des regulären Physikunterrichts mit seinen höchstens zwei Wochenstunden kaum durchführen. Auch Wahlpflichtkurse in Physik oder Arbeitsgemeinschaften bieten durch die wöchentliche Unterbrechung in der Regel nicht den erforderlichen Zeitrahmen, es sei denn, man nimmt die zeitliche Stückelung in Kauf. Dies gilt in gleicher Weise auch für die meisten anderen Unterrichtsfächer. Viele Schulen sind daher dazu übergegangen, in gewissen Zeitabständen Projektwochen oder Projekttage einzurichten, in denen der reguläre gefächerte Unterricht zugunsten eines vielfältigen Projektangebots ausgesetzt wird. Die Fachlehrer bieten entsprechende Projektthemen an, meist altersstufenbezogen und mit einigen Erläuterungen versehen, oft aufgrund von Schülerwünschen und Anregungen. Die Schüler müssen sich unter den konkurrierenden Angeboten für eine Projektgruppe entscheiden und geben damit ihre Zugehörigkeit zu ihrem Klassenverband für die Dauer des Projekts auf.
Da die Schüler häufig ein von einem Lehrer vorgeschlagenes und in Umrissen vorgeplantes Thema wählen müssen, kommen sie nicht dazu, eigene Initiativen zu entwickeln oder zumindest daran beteiligt zu sein. Sie verbleiben in der Haltung des Konsumenten, der sie im regulären Unterrichtsbetrieb ohnehin weitgehend unterliegen und die durch die Idee des Projektunterrichts gerade überwunden werden soll. Zwar sind die Lehrer bei dieser Organisationsform der Projektwochen oder Projekttage genötigt, selbst Projektinitiativen (vgl. Komponente 1 nach *Frey*) zu entwickeln und möglichst attraktive Angebote zu machen, sie können dabei aber in vorhergehenden Diskussionen die Schüler ganz wesentlich mitbeteiligen, und in der Praxis geschieht dies oft.
Trotz dieser Einwände hat die Idee der Projektwochen dem Projekt- oder projektorientierten Unterricht in allen Schularten überhaupt erst zum Durchbruch verholfen. Im Jahre 1976 wurde zum ersten Mal eine Projektwoche an einer Gesamtschule in Nordrhein-Westfalen erfolgreich durchgeführt. Seitdem sind viele Schulen diesem Beispiel gefolgt und es liegen inzwischen zahlreiche Berichte über Projekte und projektorientierte Unter-

richtsvorhaben zu fast allen schulischen Unterrichtsbereichen vor. So hat z.B. die *Arbeitsgruppe Oberkircher Lehrmittel* (1986) eine Sammlung von 250 Projekten und Ideen für eine lebendige Schule u.a. aus den Bereichen Technik und Naturwissenschaften herausgegeben.
Speziell für projektorientierten Physikunterricht oder Projektunterricht mit den Schwerpunkten Physik und Technik ist auf zwei Publikationen hinzuweisen, aus denen der Physiklehrer viele Anregungen entnehmen kann:
Der Band von *Löffler* (1986) enthält neben einer ausführlichen, historisch orientierten Einführung in den Projektunterricht Beispiele zu den Themen Lochkamera, Elektronischer Würfel, Energie (ein Projektthema für die Hauptschule), Bau eines Sonnenspiegels, Alternative Energie, Physik am Mofa.
Das von *Mie* und *Frey* (1988) herausgegebene Buch "Physik in Projekten" enthält eine Sammlung von Berichten über Projekte, die teils im regulären Physikunterricht oder in Arbeitsgemeinschaften durchgeführt wurden, in der Mehrzahl aber aus Projektwochen stammen. Die Berichte sind nach den von *Frey* angegebenen 7 Komponenten der Projektmethode gegliedert abgefaßt worden.

Im Auszug seien hier einige der Projektthemen angegeben:

- Stehleuchten in Serien- und Einzelanfertigung, (8. - 10. Klasse)
- Sparen von Heizenergie, (7. - 8. Klasse)
- Fahrradstandlicht, (5. - 10. Klasse)
- Projekt Kernphysik, (13. Klasse)
- Das Thermometerprojekt, (9. - 10. Klasse)
- Das Dampfboot-Projekt, (5. - 7. Klasse)
- Das Bumerang-Projekt, (10. - 12. Klasse)
- Das Fahrradprojekt in Klassenstufe 5,
- Physikalische Spiele für Schulfeste, (9. und 10. Klasse)
- Das Projekt "Fliegen". (7. Klasse)

Der Band enthält außerdem als stichwortartige Anregung eine umfangreiche Liste von Projektthemen, die aus mehr als 100 Themenlisten von Projektwochen zusammengestellt wurde.

Die genannten Beispielsammlungen können dem Physiklehrer Anregungen geben und ihn ermutigen, es selbst einmal mit dem Projektunterricht zu versuchen. Zum schlichten Nachmachen sind sie jedoch nicht geeignet. Die Ausgangssituation und der Verlauf des Projekts müssen in jedem Fall offen gehalten werden für die Initiativen, Entscheidungen, Aktivitäten und Interessen der Schüler. Jedes Projekt nimmt daher einen einmaligen, nicht wiederholbaren Verlauf.

Literaturhinweise

Zu 8.2: Einbeziehung der Technik in den Physikunterricht

Die grundsätzliche Diskussion über die Einbeziehung der Technik in den Physikunterricht unter pädagogischen und didaktischen Gesichtspunkten ist in dem von *Bleichroth* (1977) herausgegebenen Sammelband dokumentiert. Die Diskussionsbeiträge beziehen sich dabei vor allem auf den Unterricht in Hauptschule und Realschule.

Die Probleme, die bei einer Ausgliederung der Technik aus dem Physikunterricht und der Einrichtung eines eigenständigen Technikunterrichts entstehen, sind unter didaktischen und fachpolitischen Aspekten auf der vom VDI 1980 durchgeführten Tagung sowohl aus der Sicht der Didaktik des Physikunterrichts wie aus der Sicht einer Didaktik des Technikunterrichts diskutiert. Der von *Traebert* (1981) herausgegebene Berichtsband enthält außer den im Text zitierten Beiträgen noch aufschlußreiche Stellungnahmen von Schulpolitikern und Vertretern der Ingenieurwissenschaften.

Die Gesichtspunkte für eine Einbeziehung der Technik in den Physikunterricht werden anhand unterschiedlicher Ansätze und anhand konkreter Unterrichtsbeispiele in dem Themenheft "Physik und Technik im Unterricht" der Zeitschrift "Der Physikunterricht", Heft 4, 1983 vorgestellt.

Zu 8.3: Curriculumentwicklung

Eine Ideengeschichte der Curricula und der Curriculumbewegung liegt bisher nicht vor. Man findet allenfalls kurz gefaßte Beschreibungen und Wertungen des Curriculum-Ansatzes, wie z.B. bei *Aebli* (1987, S. 322 - 328).

Das Curriculum-Handbuch (*Frey, K.* u. a. 1975) gibt umfassende Auskunft über Theorie und Praxis der Curricula. Für den Physikunterricht kommen insbesondere der Band III und dort insbesondere die Seiten 465 - 479 in Betracht. Dort ist auch eine Liste der aus der Sicht der Autoren wichtigsten Curricula angegeben. Diese Liste erleichtert dem Leser den Zugang zu einer eventuellen Lektüre der Original-Curricula. Nicht nur für ein weiterführens Studium zum Sachbereich Curricula, sondern darüber hinaus auch für eine Ideensammlung und Vorbereitung von Physikunterricht ist nach unserer Auffassung die Lektüre der dort genannten Original-Curricula lohnend.

Literatur

Zu 8.1: Exemplarisches Lehren und Physikunterricht

Hunger, E.: Die Bildungsfunktion des Physikunterrichts. Ein Beitrag zum Problem der Stoffauswahl für höhere Schulen. Braunschweig: Vieweg 1959.

Köhnlein, W.: Exemplarischer Physikunterricht. Bad Salzdetfurth: B. Franzbecker-Verlag 1982.

Klafki, W.: Das pädagogische Problem des Elementaren und die Theorie der Kategorialen Bildung. Weinheim: Beltz 1959.

Scheuerl, H.: Die exemplarische Lehre. Tübingen: Niemeyer 1958

Wagenschein, M.: Konstruktive Stoffbeschränkung im physikalischen Unterricht. Der mathematische und naturwissenschaftliche Unterricht 7 (1954/55), 165-172. Auch in: Wagenschein, M. (1965) 250-262.

Wagenschein, M.: Natur physikalisch gesehen. Frankfurt/M.: Diesterweg 1960[2].

Wagenschein, M.: Ursprüngliches Verstehen und exaktes Denken. - Päd. Schriften-. Stuttgart: Klett 1965.

Wagenschein, M.: Verstehen lehren. Weinheim: Beltz 1968

Zu 8.2: Einbeziehung der Technik in den Physikunterricht

"*Empfehlungen zum Physikunterricht an den Schulen des Sekundar-Bereichs*" verabschiedet 1980 von der Deutschen Physikalischen Gesellschaft (DPG), dem Deutschen Verein zur Förderung des Mathem. und Naturw. Unterrichts (MNU), und der Konferenz der Fachbereiche Physik (KFP), Bad Honnef, 1980.

Bleichroth, W. (Hrsg.): Didaktische Probleme der Physik, Darmstadt, 1978.

Denkschrift des Vereins Deutscher Ingenieure (VDI): Forderung des VDI zur Einführung des Technikunterrichts in allen Schulformen und Schulstufen. Düsseldorf, 1980.

Effertz, F.H.; Hüsch, H.W.; Scheler, K.; Schenk, B.: Der Regelkreis als Nachrichtenübertragungssystem - Ein dreistufiges Verfahren zur experimentellen und begrifflichen Einführung. Naturwissenschaften im Unterricht. Physik/Chemie 32, 1984, S. 1-7.

Heinrich, B., Teichmann, J.: Technikgeschichte im Physikunterricht am Beispiel "Brückenbogen". In: Der Physikunterricht, Jhrg. 17, Heft 4, 1983, S. 42-52.

Ropohl, G.: Prolegomena zu einem neuen Entwurf einer allgemeinen Technologie. In: Lenk, H, und Moser, S. (Hrsg.) Techne-Technik-Technologie. Pullach, 1973, S. 160-163.

Schietzel, C.: Technik und Natur - Theorie und Praxis einer Sachkunde. Braunschweig, 1960.

Schmidt, K.: Funktionsmodelle - eine motivationsfördernde Möglichkeit der Erschließung technischer Gegenstandsbereiche im Physikunterricht. In: Der Physikunterricht. Stuttgart, Jhrg. 17, Heft 4, S. 28-41.

Schöler, W.: Geschichte des naturwissenschaftlichen Unterrichts. Berlin, 1970.

Schramm, H.: Werken im Physikunterricht. In: NiU, Heft 49, 1989, S. 2-5.

Traebert, W.E. (Hrsg.): Technik als Schulfach, Band 4. Düsseldorf, 1981.

Unterrichtskommission der Gesellschaft Deutscher Naturforscher und Ärzte: Bericht über den Unterricht über Physik an den neunklassigen höheren Lehranstalten, 1905.

Weltner, K.: Physik und Technik im Unterricht. In: Der Physikunterricht, Heft 4, 1983, Seite 5-21.

Weltner, K.: Technik und naturwissenschaftlicher Unterricht. In: Der Mathematische und Naturwissenschaftliche Unterricht (MNU), 24. Band, Heft 2. S. 65-75, 1971.

Wiebel, K.H. (Hrsg.): Zur Didaktik der Physik und Chemie. Vorträge auf der Tagung für Didaktik der Physik und Chemie in Oldenburg, 1986. Alsbach, 1987.

Zu 8.3: Curriculumentwicklung

Aebli, H.: Grundlagen des Lehrens. Stuttgart, Klett, 1987.

Bloom, B.S., Engelhart, M.D., Furst, E.J., Hill, W.H., Krathwohl, D.R.: Taxonomy of educational objectives. New York, 1956 deutsch: Taxonomie von Lernzielen im kognitiven Bereich. Weinheim, Beltz, 1972.

Bobbitt, F.: The curriculum. Boston, 1918, Zitat nach *Aebli* (1987).

Bruner, J.S.: The process of education, Cambridge, Mass., 1960. Deutsch: Der Prozeß der Erziehung. Düsseldorf, 1979.

Dahncke, H., Duit, R., Niedderer, H.: A hierarchy of concepts and principles, some types of learning and some results concerning the concept of energy for 5th graders in the IPN-Curriculum Physik. In Frey, K., Lang, J. (Hrsg.):Kognitionspsychologie und naturwissenschaftlicher Unterricht. Bern, Huber, 1973, S. 341 - 366

Frey, K. u. a. (Hrsg.): Curriculum-Handbuch. Piper, München, 1975, insbesondere Band III, S. 465 - 479.

Gagné, R.M.: Die Bedingungen des menschlichen Lernens. Schroedel. Hannover, 1965.

Institut für die Pädagogik der Naturwissenschaften, IPN, (Hrsg.): Einführungsheft zum IPN-Curriculum Physik. Stuttgart, Klett, 1970 a.

IPN (Hrsg.): IPN-Curriculum Physik, Unterrichtseinheit 5.2 "Arbeit und Energie", Erprobungsfassung, Stuttgart, Klett 1970 b.

IPN (Hrsg.): IPN-Curriculum Physik, Unterrichtseinheiten für die Orientierungsstufe, O. S. 2 "Arbeit und Energie". Stuttgart, Klett, 1975.

Jung, W.: Was heißt: Physik lernen? - Didaktik der Physik zwischen Physik und Wissenschaftstheorie. In Ewers, M. (Hrsg.): Naturwissenschaftliche Didaktik zwischen Kritik und Konstruktion. Weinheim, Beltz, 175, S. 133 - 158.

Lockard, J.D. (Hrsg.): Reports on the international clearing-house on science and mathematics curricular developments. Univerity of Maryland, 1967 ff.

Mager, R.: Operationalisierte Lernziele und programmierter Unterricht. Weinheim, Beltz, 1969.

Robinsohn, S.B.: Bildungsreform als Revision des Curriculum. Neuwied, Luchterhand, 1967.

Spreckelsen, K.: Naturwissenschaftlicher Unterricht in der Grundschule (NUG). Braunschweig, Vieweg, 1969 ff.

Spreckelsen, K.: Strukturbetonender Unterricht in der Grundschule. In Hamburger Lehrerzeitung, 1971, S. 152 - 155.

Zu 8.4: Integrierter naturwissenschaftlicher Unterricht

Bohnenkamp, H., Dirks, W., Knab, D.: Empfehlungen und Gutachten des Deutschen Ausschusses für das Erziehungs- und Bildungswesen 1953-1965. Gesamtausgabe. Stuttgart, Ernst Klett Verlag 1966.

Böhme, G., v. Engelhardt, M.: Entfremdete Wissenschaft. Frankfurt a.M., Suhrkamp 1979.

Freise, G., Keßler, A., Nehring, B., Ströhlein, G.: Rohstoff Öl. Modell einer integrierten Unterrichtseinheit. Heidelberg, Quelle & Meyer 1973.

Frey, K., Häußler, P. (Hrsg.): Integriertes Curriculum Naturwissenschaft: Theoretische Grundlagen und Ansätze. Bericht über das 4. IPN-Symposium. Weinheim-Basel, Beltz Verlag 1973.

Frey, K., Blänsdorf, K. (Hrsg.): Integriertes Curriculum Naturwissenschaft der Sekundarstufe I: Projekte und Innovationsstrategien. Bericht über das 5. IPN-Symposium. Weinheim-Basel, Beltz Verlag 1974.

Jung, W.: Grenzen der Integration der Naturwissenschaften im Curriculum: Disziplin-spezifische Methoden und Theorien. In: Frey/Häussler (Hrsg.) 1973, S. 147-163.

Kocka, J. (Hrsg.): Interdisziplinarität. Frankfurt, Suhrkamp 1987.

Mie, K., Frey, K. (Hrsg.): Physik in Projekten. Köln, Aulis Verlag 1989.

Nuffield Secondary Science: Teachers' guide Interdependence of living things; Continuity of life; Biology of man; Harnessing energy; Extension of sense perception; Movement; Using materials; The Earth and its place in the Universe. Longman, London 1971.

Nohl, H.: Die Theorie der Bildung. In: Handbuch der Pädagogik Bd. 1, Hrsg. H. Nohl, L. Pallat. Langensalza, J. Beltz Verlag 1933.

Redeker, B.: Zur Sache des Lernens. Braunschweig, Vieweg Verlag 1982.

Richmond, P.E.: New trends in integrated science teaching. Vol. I 1969-70. Paris, The Unesco Press 1971.

dto. Vol. III. Paris, Theo Unesco Press 1974.

Schietzel, C.: Technik, Natur und exakte Wissenschaft. Teil I. Die Theorie. Braunschweig: Westermann Verlag 1968.

Schütz, A., Luckmann, Th.: Strukturen der Lebenswelt, Bd. 1. Frankfurt a.M., Suhrkamp 1979.

Seidelmann, K., Lorenz, G.-E., Brakemeier, H., Fackiner, K., Franz, W., Jung, W., Lisop, I., Lohse, H., Ludwig, K.H.: Überfachliche Bildungsbereiche im gymnasialen Unterricht. Neuwied-Berlin, Luchterhand Verlag 1966.

Seyfert, R.: Die Arbeitskunde. Ein Vorschlag zur Vereinheitlichung der Naturlehre, Chemie, Steinkunde, Kultur- und Gewebekunde usw. (1. Aufl. 1895). Leipzig, Ernst Wunderlich Verlag 1922 (9. Auflage).

Wagenschein, M.: Die pädagogische Dimension der Physik. Braunschweig, Westermann Verlag 1962.

Weniger, E.: Die Theorie der Bildungsinhalte. In: Handbuch der Pädagogik, Bd. III, Hrsg. Nohl, H., Pallat, L., Langensalza, Beltz Verlag 1930.

Zu 8.5: Projektunterricht

Arbeitsgruppe Oberkircher Lehrmittel (Hrsg.): Das AOL-Projekte Buch. 250 Projekte und Ideen für eine lebendige Schule. Reinbek: Rowohlt, rororo Sachbuch 8098, 1986.

Cuna-Autorengruppe: Unterrichtsbeispiele zu Natur und Technik in der Sekundarstufe I. Köln: Aulis 1981.

Dewey, J., Kilpatrick, W.H.: Der Projekt-Plan. Grundlegung und Praxis. In: Petersen, P. (Hrsg.): Pädagogik des Auslandes, Bd. VI. Weimar 1935.

Fischler, H. (Hrsg.): Projektunterricht Physik/Chemie. Themenheft 12. Naturwissenschaften im Unterricht - Physik/Chemie 31 (1983) 2.

Frey, K.: Die Projektmethode. Weinheim: Beltz 1982.

Löffler, G.: Projektorientierter Physikunterricht. Köln: Aulis 1986.

Mie, K., Frey, K. (Hrsg.): Physik in Projekten. Beispiele für fachübergreifende, projektorientierte Vorhaben mit Schwerpunkten aus der Physik. Kiel, IPN 1988.

Otto, G.: Merkmale und Realisierungsschwierigkeiten einer Lehr-Lern-Form. In: Frey, K., Blänsdorf, K. (Hrsg.): Integriertes Curriculum Naturwissenschaft der Sekundarstufe I: Projekte und Innovationsstrategien. Weinheim: Beltz 1974.

Schulz, W.: Arbeitspapier: Das Projekt. Basel, ULEF-Werkstattseminar 871, 1973.

Register